技工院校汽车类专业教材（中级技能层级）
中等职业学校汽车类专业教材

汽车电气设备构造与维修

（第三版）

邹龙军　主编

中国劳动社会保障出版社

简介

本书主要内容包括汽车电气系统概述、汽车电源系统构造与维修、汽车起动系统构造与维修、汽车照明与信号系统构造与维修、汽车仪表与警报系统构造与维修、汽车辅助电气设备构造与维修、汽车空调系统构造与维修、汽车电路分析等。

本书由邹龙军任主编，李春发、杨臣尉任副主编，鲁洪波、刘敏、尹晖、欧阳博、贺可、彭弘哲、黄广培参与编写，羌春晓审稿。

图书在版编目（CIP）数据

汽车电气设备构造与维修 / 邹龙军主编．-- 3 版．
北京：中国劳动社会保障出版社，2024．--（技工院校汽车类专业教材）（中等职业学校汽车类专业教材）．
ISBN 978-7-5167-6791-7

Ⅰ．U472.41

中国国家版本馆 CIP 数据核字第 20248EZ649 号

中国劳动社会保障出版社出版发行

（北京市惠新东街 1 号　邮政编码：100029）

*

北京市艺辉印刷有限公司印刷装订　新华书店经销

787 毫米 ×1092 毫米　16 开本　21.75 印张　450 千字

2024 年 12 月第 3 版　2025 年 5 月第 2 次印刷

定价：49.00 元

营销中心电话：400-606-6496

出版社网址：https://www.class.com.cn

https://jg.class.com.cn

前　言

为了更好地满足全国技工院校汽车类专业的教学要求，全面提升教学质量，我们组织有关院校的骨干教师和行业、企业专家，在充分调研企业生产和院校教学实际、广泛听取教材用户反馈意见的基础上，对技工院校汽车类专业教材（中级技能层级）进行了修订和新编。技工院校汽车类专业教材（中级技能层级）包括通用基础模块和汽车维修、汽车检测、汽车电器维修、汽车营销、汽车钣金与美容等五个专业方向模块。

其中，通用基础模块已在2022年完成全部修订（新编）工作，本次修订（新编）的是汽车维修、汽车检测和汽车电器维修三个专业方向模块，修订（新编）重点是：

第一，贯彻最新教育方针，明确人才培养目标。教材与人力资源社会保障部颁布的《技工院校汽车维修专业教学计划和教学大纲（2015）》《技工院校汽车电器维修专业教学计划和教学大纲（2015）》《汽车维修工国家职业技能标准（2018年版）》紧密对接，旨在提升学生的专业技能和知识水平，同时增强就业竞争力和社会适应能力。

第二，紧跟时代发展步伐，把握技术创新趋势。教材围绕汽车专业技术领域的最新发展，根据汽车类专业毕业生所从事岗位的需要和教学实际情况变化，合理确定学习目标，对内容的深度、难度做了适当调整，同时注重综合职业能力培养，充实新知识、新技术、新材料、新工艺等方面的内容，体现教材的先进性，并引用最新国家技术标准，使教材更加科学、规范。

第三，突出汽车专业特色，创新教材表现形式。教材选取当前市面上广泛使用的汽车车型和汽车行业案例作为教学载体，增加了实操内容在教材中的比重，充分体现职业教育特色。同时，为激发学生的学习兴趣，力求让学生更直观地理解和掌握所学内容，教材大量使用高质量的实物图片，多数教材采用四色印刷，图文并茂，进一步提高了教材的可读性。

第四，构建教学资源体系，优化教学服务水平。为方便教师教学和学生学习，教材配有电子课件、习题册和习题册参考答案，部分教材还配有工作页、技能训练学生手册和微视频，以满足不同教学模式的使用需求。其中，电子课件、习题册参考答案、微视频可通过技工教育网（https://jg.class.com.cn）下载使用或在线观看。

编者

2024 年 8 月

目录

项目一

汽车电气系统概述

任务1　汽车电气系统认知

学习目标

1. 能描述汽车电气系统的组成。
2. 能描述汽车电气系统的基本特点。
3. 能以小组合作方式，在教师指导下，认知汽车电气系统各组成部件的安装位置，遵循“8S”管理规定。

任务描述

一辆汽车进厂维修，班组长检查后，初步判断为汽车电气系统故障。现班组长安排你采用小组合作的方式，通过查阅维修手册等资料，在规定时间内完成汽车电气系统认知的任务。

相关知识

一、汽车电气系统的组成

汽车电气系统主要由电源系统、起动系统、点火系统、照明与信号系统、仪表与警报系统、辅助电气设备和空调系统等组成。

1. 电源系统

电源系统又称电源系，主要由蓄电池、发电机、电压调节器和点火开关等组成，如图 1-1-1 所示。电源系统为汽车提供足够的电功率和稳定的工作电压。

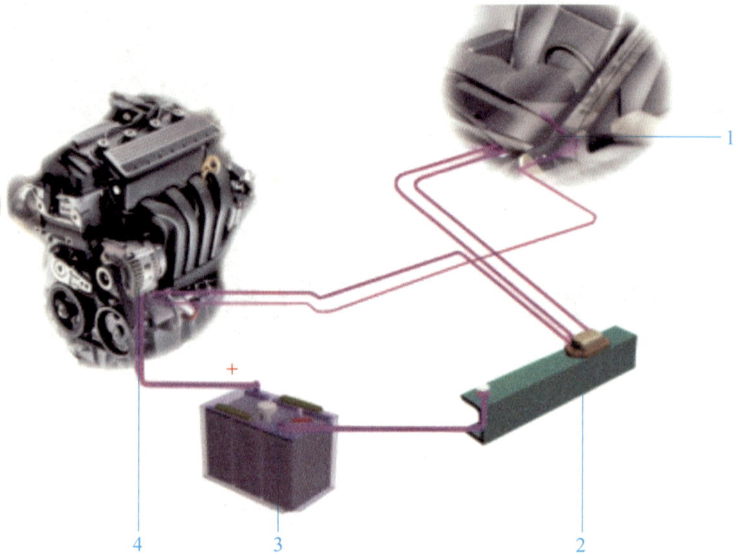

图 1-1-1　电源系统

1—点火开关　2—电压调节器　3—蓄电池　4—发电机

2. 起动系统

起动系统又称起动系，主要由蓄电池、起动机和起动控制装置（包括起动按钮或点火开关、起动继电器）等组成，如图 1-1-2 所示。起动系统仅用来起动汽车发动机，发动机起动后，起动系统自动断电，停止工作。

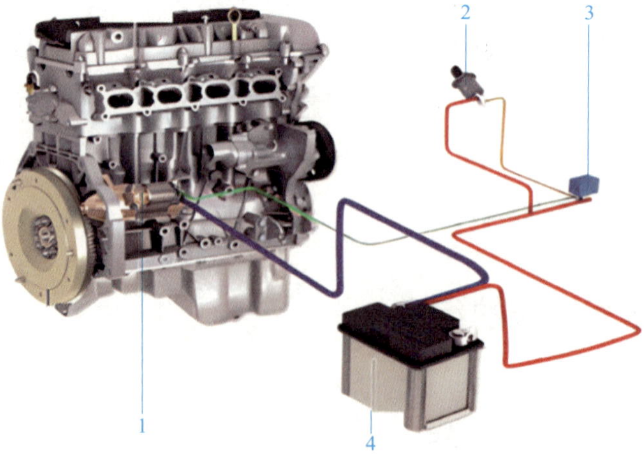

图 1-1-2　起动系统

1—起动机　2—点火开关　3—起动继电器　4—蓄电池

3. 点火系统

点火系统又称点火系，主要由点火线圈、火花塞、电子控制单元和各种传感器等组成，如图 1-1-3 所示。点火系统产生高压电火花，以点燃发动机气缸内的可燃混合气体。

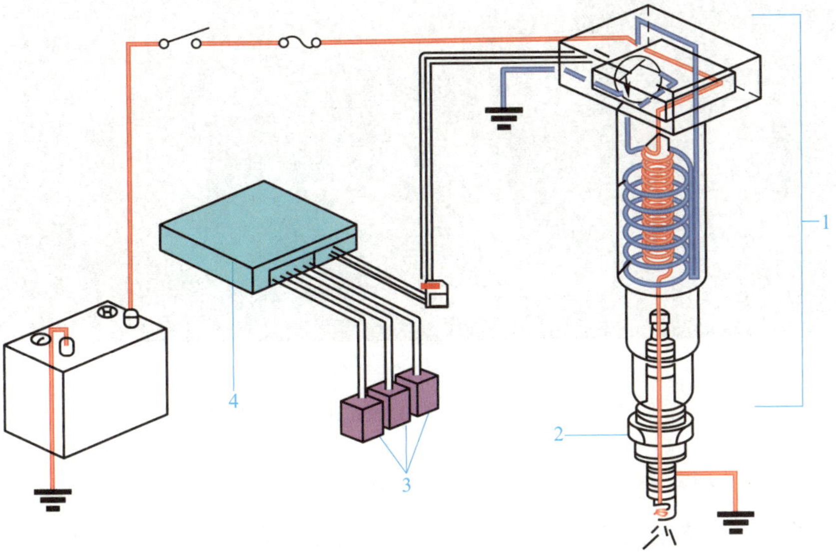

图 1-1-3　点火系统

1—点火线圈　2—火花塞　3—传感器　4—电子控制单元

4. 照明与信号系统

照明与信号系统包括车内外照明灯具（照明系统）和灯光、声音信号装置（信号系统），如图 1-1-4 所示。照明与信号系统用来提供安全行车必需的照明和信号。

图 1-1-4　照明与信号系统

5. 仪表与警报系统

仪表与警报系统包括各种汽车仪表（如车速表、转速表、燃油油量表等）和警报装置（如转向指示灯等），如图 1-1-5 所示。仪表与警报系统用来监测、指示汽车运行工况和性能状况。

图 1-1-5　仪表与警报系统

1—转速表　2—转向指示灯　3—燃油油量表　4—车速表

6. 辅助电气设备

辅助电气设备主要包括电动刮水器、风窗玻璃洗涤器、电动座椅、电动车窗、汽车音响系统、倒车影像和倒车雷达等，其主要作用是为驾驶员和乘员提供良好、舒适的驾驶和乘坐环境，提高汽车运行的安全性。

7. 空调系统

空调系统主要由制冷系统、采暖系统、通风装置、空气净化装置等组成，其主要作用是调节车内的温度、湿度和洁净度，为驾驶员和乘员提供舒适的环境和新鲜空气。

二、汽车电气系统的基本特点

1. 双电源供电

汽车电气系统通过蓄电池和发电机并联供电。汽车起动时，蓄电池向起动机供电，起动发动机，发动机起动后带动发电机发电。当发电机输出电压高于蓄电池的电压时，发电机单独供电，蓄电池处于充电状态。当发电机输出电压低于蓄电池的电压时，发电机和蓄电池并联供电。

2. 低压直流

汽车电气系统的额定电压主要包括 12 V 和 24 V 两种规格。汽油车一般采用 12 V 额定电压，柴油车多采用 24 V 额定电压。低压的优点是所需蓄电池单格数少，使得蓄电池的体积和质量减小，安全性好。

蓄电池是直流电源，放电后必须采用直流电源进行充电，因此汽车电气系统采用直流系统，发电机也必须输出直流电。

3. 并联单线

汽车所有用电设备均采用并联连接，电流从蓄电池正极出发，经点火开关、熔丝（俗称保险丝）、继电器到用电设备，用电设备直接或间接通过导线与车身或金属构件相连，将电流导至车身，车身仅用一根导线连接蓄电池负极，形成回路。这种方式不但可以节约一根连接用电设备与蓄电池负极的导线，而且可以使电路简化、清晰，便于安装与维修。

任务实施

一、任务准备

1. 设备：实训车辆、工具车、零件车、工作台、举升机等。
2. 工具：常用工具、手电筒等。
3. 资料：维修手册、工作页。

二、操作步骤

汽车电气系统认知见表 1-1-1。

表 1-1-1　　汽车电气系统认知

图示	说明
	1. 安装车辆防护用品 （1）安装车内防护五件套（转向盘套、座椅套、变速杆套、脚垫纸和驻车制动器操作杆套） （2）打开发动机罩，安装车外防护三件套（前格栅布和左右翼子板布）
	2. 认知电源系统 查阅维修手册，在车辆上认知电源系统的主要组成部件及其安装位置 （1）点火开关

续表

图示	说明
 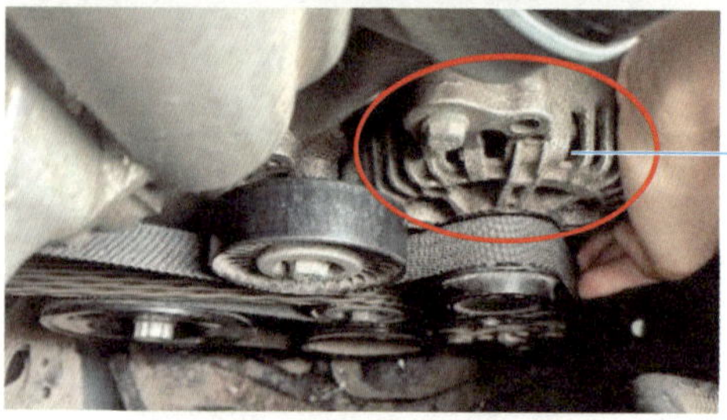 	（2）蓄电池 （3）发电机
  	3. 认知起动系统 查阅维修手册，在车辆上认知起动系统的主要组成部件及其安装位置 （1）起动机 （2）起动继电器
 	4. 认知点火系统 查阅维修手册，在车辆上认知点火系统的主要组成部件及其安装位置 （1）点火线圈 （2）火花塞

续表

图示	说明
  	5. 认知照明与信号系统 查阅维修手册，在车辆上认知照明与信号系统的主要组成部件及其安装位置 （1）前照灯 （2）组合后灯（制动灯、倒车灯、转向灯、后雾灯）
 	6. 认知仪表与警报系统 查阅维修手册，在车辆上认知仪表与警报系统的主要组成部件及其安装位置 （1）转速表 （2）车速表 （3）燃油油量表 （4）转向指示灯
   	7. 认知空调系统 查阅维修手册，在车辆上认知空调系统的主要组成部件及其安装位置 （1）空调控制面板 （2）出风口 （3）压缩机

续表

图示	说明
	（4）采暖系统水管
	8. 按照“8S”管理规定（整理、整顿、清扫、清洁、素养、安全、节约、学习）整理实训场地

任务 2　汽车电气系统检测工具使用

学习目标

1. 能描述跨接线、测试灯、万用表、钳形电流表等常用的汽车电气系统检测工具的功能、使用方法和注意事项。

2. 能以小组合作方式，在教师指导下，规范使用汽车电气系统检测工具检测电子元器件，遵循“8S”管理规定。

任务描述

某汽车 4S 店计划举办汽车电气系统检测工具使用培训会。现班组长安排你采用小组合作的方式，通过查阅维修手册等资料，在规定时间内完成汽车电气系统检测工具使用的任务。

相关知识

一、跨接线

跨接线是一段多股导线，如图 1–2–1 所示，其两端分别接有鳄鱼夹或不同形式的插接器，主要用于电路故障检测时连接电路。使用时，应根据检测部位和使用的检测仪器，采用带有相应插接器的跨接线连接被测电路。

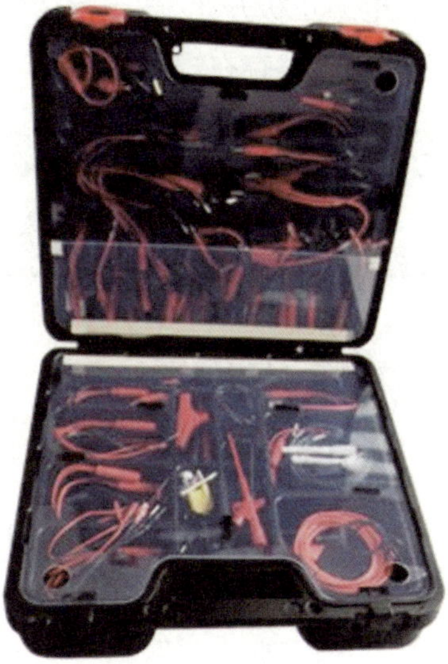

图 1–2–1　跨接线

二、测试灯

测试灯又称试灯，主要用于电路故障检测，可以根据灯的亮、灭及明暗程度判断被测电路有无断路、短路故障以及被测电路是否欠压等。

测试灯分为无源测试灯和有源测试灯两种类型。无源测试灯（见图 1–2–2）主要由灯泡、导线、鳄鱼夹和各种型号的测试端头（探头、探针）等组成。有源测试灯（见图 1–2–3）与无源测试灯的结构基本相同，只是在手柄内加装了 2 节 1.5 V 干电池。

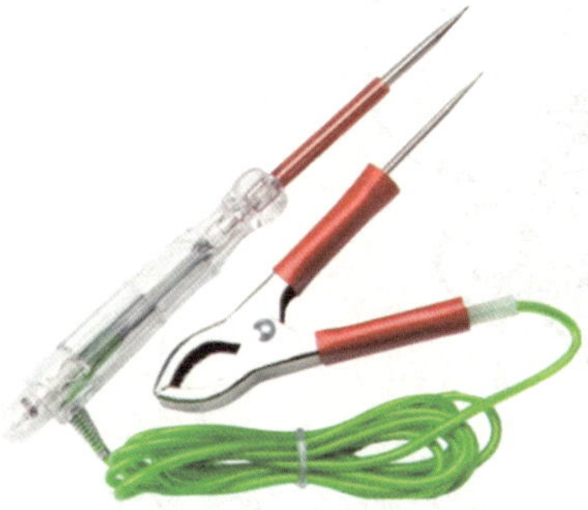

图 1–2–2　无源测试灯

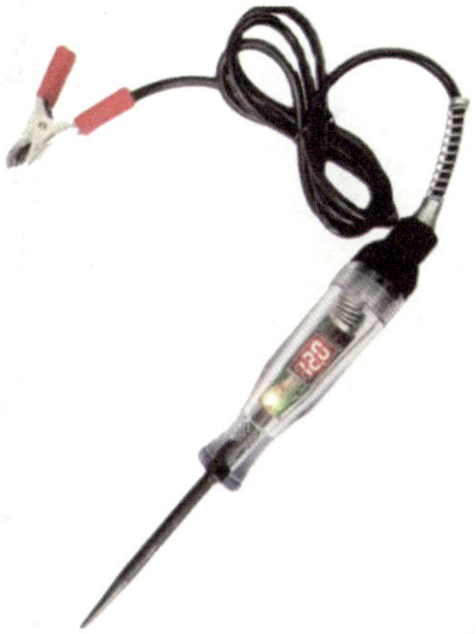

图 1–2–3　有源测试灯

1. 使用测试灯检测电路断路故障

接通电路中的开关，将测试灯鳄鱼夹搭铁，测试端头依次接电路各连接点（从用电设备电流流入端开始）。正常情况下，测试灯应亮；若测试灯不亮，说明测试点至电源正极之间的电路存在断路故障，此时应继续检测，直至测试灯亮，则断路故障位置在测试灯不亮与亮之间的电路中。

2. 使用测试灯检测电路短路故障

断开电路的搭铁，将测试灯鳄鱼夹接蓄电池正极，测试端头依次接电路各连接点（从电源正极开始）。正常情况下，测试灯应不亮；若测试灯亮，说明测试点至用电设备之间的电路存在短路故障。

提示

除非维修手册中有特殊说明，否则不可使用测试灯检测电子控制系统故障。

三、万用表

1. 指针式万用表

指针式万用表如图 1-2-4 所示，一般可测量电阻、直流电压、直流电流、交流电压等参数。

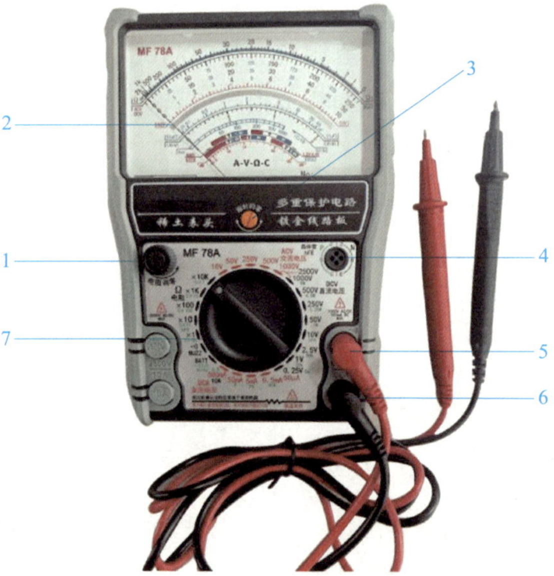

图 1-2-4　指针式万用表

1—电阻调零旋钮　2—刻度盘　3—机械调零旋钮　4—三极管放大倍数测量插孔
5—红表笔插孔　6—黑表笔插孔　7—功能和量程选择开关

指针式万用表的使用方法及注意事项如下：

（1）测量前，应观察万用表刻度盘的指针，若指针未指示左侧零位，可旋动机械调零旋钮，使指针回到左侧零位。测量电阻时，还需要进行电阻调零，选择所需要的电阻挡位和量程，将两表笔短接，此时指针应指示右侧电阻零位，若指针未指示电阻零位，可旋动电阻调零旋钮，使指针回到电阻零位。每更换一次电阻挡量程，均应先进行电阻调零。

（2）测量电阻时，电阻挡的量程应选择适当，一般应使指针停留在刻度盘的中间位置，此时最方便读数。测量时，手不应触及电阻两端和表笔金属部分，否则会接入人体电阻，导致测量结果不准确。测量电路中的电阻时，应断电测量。

（3）测量电压或电流时，应选择适当的量程，如果用小量程测量大电流，会打坏指针甚至烧坏指针线圈。若难以判断被测量的范围，应先选择最大量程进行试测，再根据试测结果调整至适当的量程。调整量程时，应使两表笔离开被测元器件，不可带电调整量程。

（4）测量直流电压或直流电流时，应使被测元器件的高、低电位与万用表的正、负极性一致，万用表的红表笔接被测元器件的高电位端，黑表笔接被测元器件的低电位端。测量电流时，应将万用表串联在被测电路中；测量电压时，应将万用表并联在被测电路中。

（5）测量交流电压时，应考虑被测电压的波形，万用表只适用于测量正弦波电压的有效值，而不能测量非正弦量。

（6）不可使用指针式万用表检测电子控制单元，否则可能烧坏电子控制单元。

2. 数字式万用表

数字式万用表如图 1–2–5 所示，可测量电阻、交流电压、交流电流、直流电压、直流电流等参数。

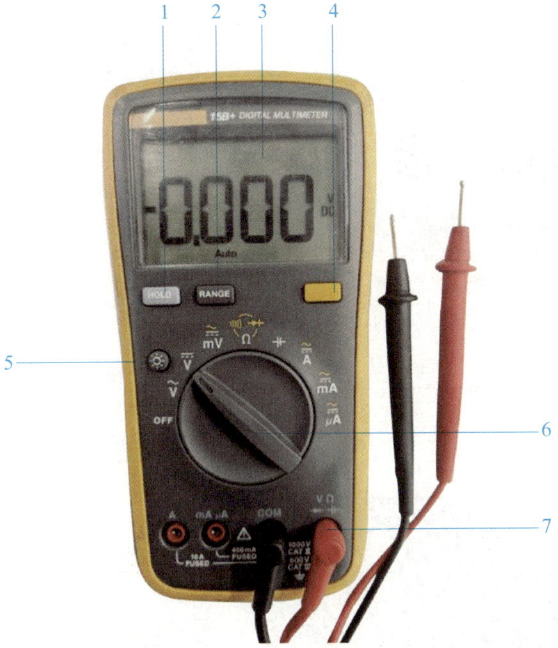

图 1–2–5　数字式万用表

1—数据锁止按键　2—量程切换按键　3—显示屏　4—功能切换按键
5—显示屏背光灯开关按键　6—挡位功能选择开关　7—表笔插孔

（1）数字式万用表简介（见表 1-2-1）

表 1-2-1　　数字式万用表简介

项目	图示	说明
挡位功能		OFF——关闭万用表，测量结束拨到“OFF”挡，避免放电 $\tilde{V}$——交流电压挡 $\overset{=}{V}$——直流电压挡 $\overset{\eqsim}{mV}$——弱电压（mV）挡 Ω——电阻挡 ——电路通断测量（蜂鸣器）挡（与电阻挡共用，按功能切换按键进行切换） →⊢——二极管挡（与电阻挡共用，按功能切换按键进行切换） ——电容挡 $\overset{\eqsim}{A}$——电流挡 $\overset{\eqsim}{mA}$——弱电流（mA）挡 $\overset{\eqsim}{\mu A}$——微电流（μA）挡
表笔插孔		黑表笔只能插入“COM”插孔，红表笔根据测量的数据不同插入不同的插孔 A——红表笔插孔（测量 10 A 及以下大电流时使用） mA μA——红表笔插孔（测量 400 mA 及以下微、弱电流时使用） COM——公共端（负极），黑表笔插孔 ——红表笔插孔（测量电压、电阻、二极管、电容时使用）
功能按键		——数据锁止按键，测量时按下数据锁止按键，松开表笔后数据仍显示在显示屏上 ——量程切换按键，可用于手动调节量程 ——功能切换按键，可切换电阻、二极管、电路通断测量功能 ——显示屏背光灯开关按键

（2）数字式万用表的使用方法（见表 1-2-2）

表 1-2-2　　数字式万用表的使用方法

项目	图示	说明
直流电压的测量		将挡位功能选择开关旋至“$\overline{\text{V}}$”挡，黑表笔插入“COM”插孔，红表笔插入“VΩ”插孔；将两表笔分别接被测元器件两端，从显示屏上读取测量值 提示：如果测量值左边出现“—”，说明万用表的正、负极性与被测元器件的高、低电位相反，此时红表笔接的是被测元器件的低电位端
交流电压的测量	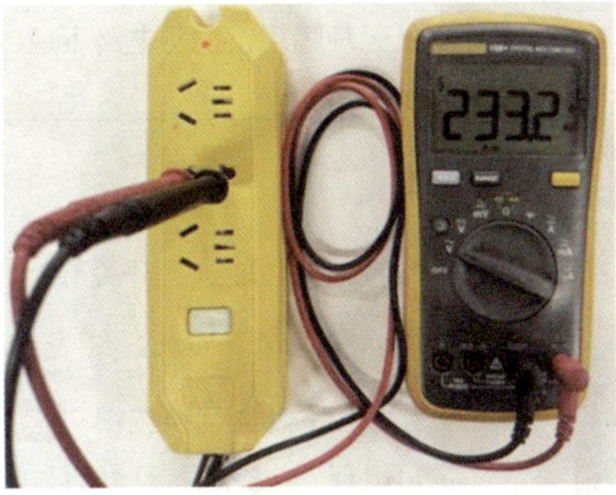	将挡位功能选择开关旋至“$\tilde{\text{V}}$”挡，表笔的安装和接法以及测量方法与测量直流电压时相同 注意：为确保安全，测量高电压时应做好安全防护
电流的测量	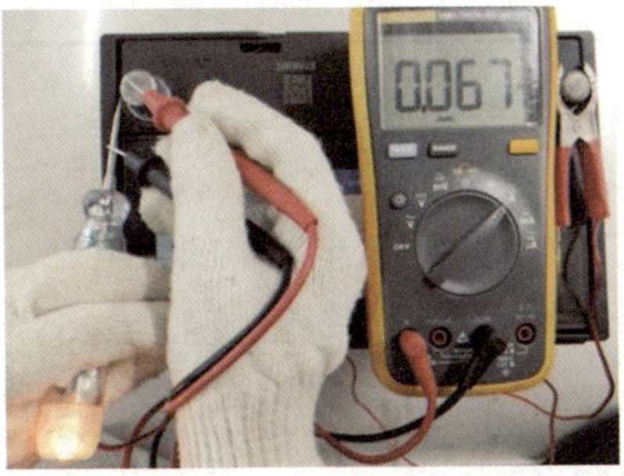	将挡位功能选择开关旋至“$\widetilde{\overline{\text{A}}}$”“$\widetilde{\overline{\text{mA}}}$”或“$\widetilde{\overline{\mu\text{A}}}$”挡，黑表笔插入“COM”插孔，红表笔根据选择的挡位插入“A”或“mA μA”插孔；将万用表串联在被测电路中，从显示屏上读取测量值

续表

项目	图示	说明
电阻的测量	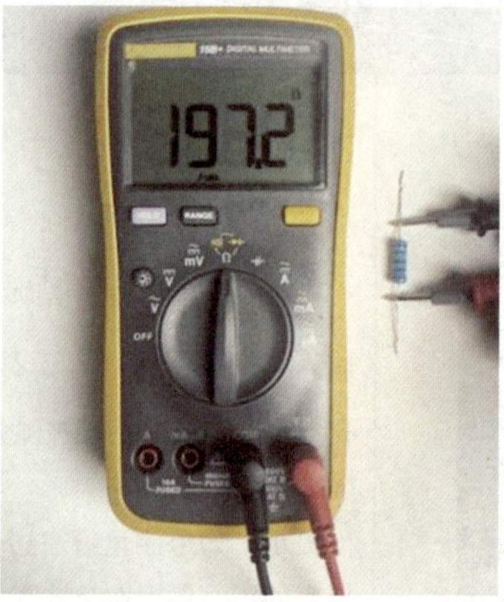	将挡位功能选择开关旋至“Ω”挡，黑表笔插入“COM”插孔，红表笔插入“VΩ”插孔；将两表笔分别接被测电阻两引脚，从显示屏上读取测量值
电路通断的测量	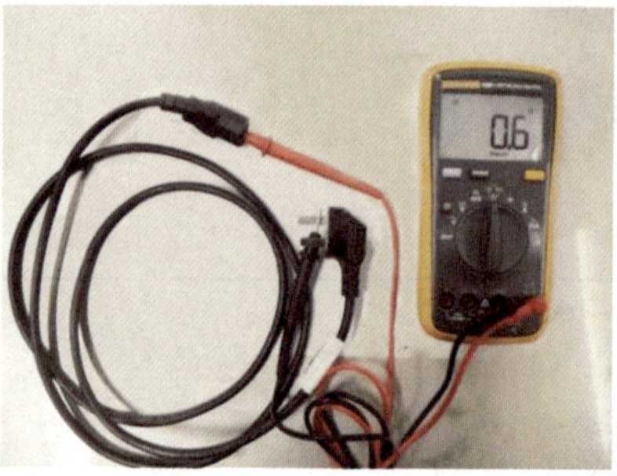	将挡位功能选择开关旋至“Ω”挡，黑表笔插入“COM”插孔，红表笔插入“VΩ”插孔；按下功能切换按键“ ”至显示屏左上角出现“·)))”符号后，将两表笔分别接被测电路两端。如果万用表显示测量值并发出蜂鸣声，说明电路接通；如果万用表显示“OL”且无蜂鸣声，说明电路不通
二极管的测量	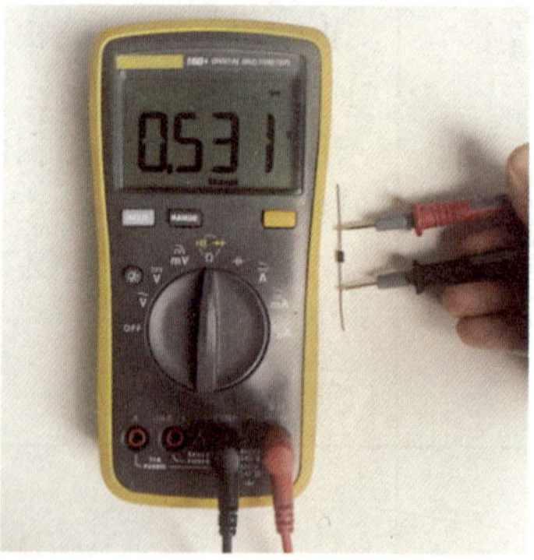	将挡位功能选择开关旋至“Ω”挡，黑表笔插入“COM”插孔，红表笔插入“VΩ”插孔；按下功能切换按键“ ”至显示屏右上角出现“—▶|—”符号后，将两表笔分别接被测二极管两引脚，从显示屏上读取测量值（二极管的正、反向压降）

四、钳形电流表

钳形电流表可以在不断开电路的情况下，直接测量电路中的大电流，如起动机的起动电流等。常用的钳形电流表包括指针式和数字式两种类型，图 1-2-6 所示为数字式钳形电流表。

钳形电流表的使用方法及注意事项如下：

1. 测量交流电流时，将钳形电流表转换开关旋至交流电流挡；先紧握钳把使钳口张开，将被测载流导线放入钳口内中间位置，然后松开钳把使钳口闭合，从显示屏上读取电流的测量值。

2. 测量较小的电流时，为确保读数准确，在条件允许的情况下，可将被测载流导线多绕几圈后再放入钳口内进行测量，线路中的实际电流值等于钳形电流表测量值除以放入钳口内的导线圈数。

3. 测量过程中，应确保被测载流导线位于钳形电流表钳口的中央，以减小测量误差。同时，应确保人体与带电体保持安全距离。

4. 使用钳形电流表时，应尽量远离强磁场，如通电的自耦调压器、磁铁等，以减少磁场对钳形电流表的影响。

5. 测量完毕，应将钳形电流表转换开关旋至“OFF”挡。

图 1-2-6　数字式钳形电流表

任务实施

一、任务准备

1. 设备：实训车辆、工具车、零件车、工作台等。
2. 工具：跨接线、无源测试灯、指针式万用表、数字式万用表等。
3. 资料：维修手册、工作页。

二、操作步骤

汽车电气系统检测工具使用见表 1-2-3。

表 1-2-3　　汽车电气系统检测工具使用

图示	说明
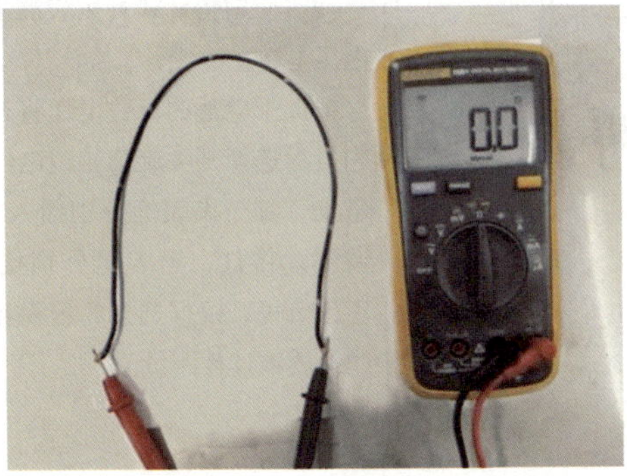	1. 检查跨接线 （1）检查跨接线外观是否破损 （2）检测跨接线是否导通 将万用表挡位功能选择开关旋至“Ω”挡，黑表笔插入“COM”插孔，红表笔插入“”插孔；按下功能切换按键“”至显示屏左上角出现“”符号后，将两表笔分别接跨接线两端。如果万用表显示测量值小于 1 Ω 且发出蜂鸣声，说明跨接线导通；如果万用表显示测量值大于 1 Ω 且无蜂鸣声，说明跨接线有故障

续表

图示	说明
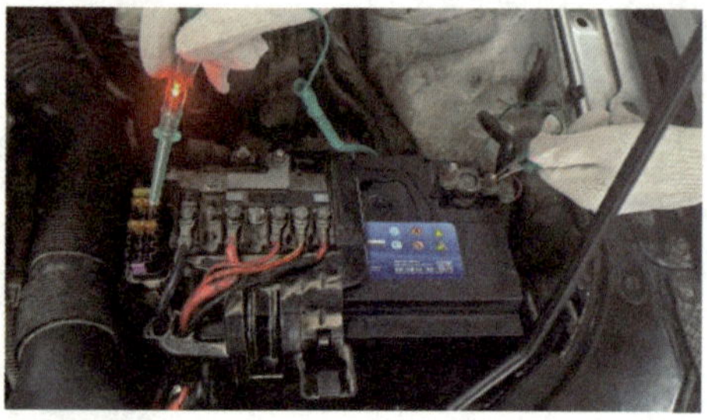	2. 使用测试灯检测汽车电路（以变速器供电电路为例） 检测时，将无源测试灯鳄鱼夹搭铁，测试端头接变速器供电电路 SB4 熔丝输出端。如果灯亮，说明 SB4 熔丝至蓄电池正极之间的电路无断路故障；如果灯不亮，说明 SB4 熔丝至蓄电池正极之间的电路存在断路故障
	3. 使用指针式万用表测量电阻、直流电压 （1）使用指针式万用表测量碳膜电阻器的电阻 根据碳膜电阻器的标称电阻将万用表功能和量程选择开关旋至电阻挡的适当量程，红、黑表笔分别插入对应插孔，调零；将红、黑表笔分别接碳膜电阻器的两引脚，根据选择的量程和电阻刻度线的读数计算测量值
	（2）使用指针式万用表测量干电池的电压 根据干电池的标称电压将万用表功能和量程选择开关旋至直流电压挡的适当量程，红、黑表笔分别插入对应插孔，调零；将红、黑表笔分别接干电池的正、负极，根据选择的量程和电压刻度线的读数计算测量值

续表

图示	说明
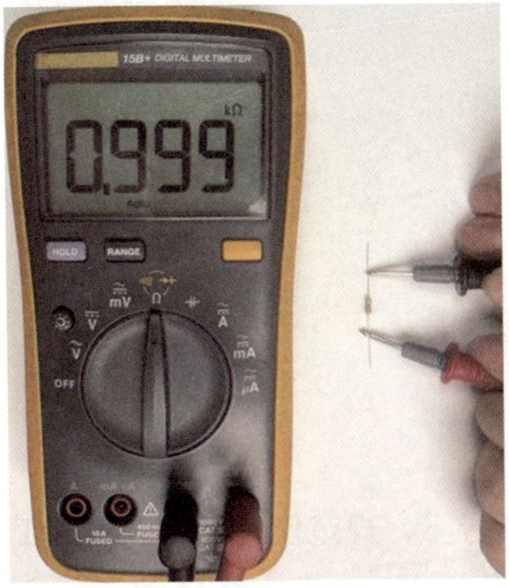	4. 使用数字式万用表测量电阻、直流电压 （1）使用数字式万用表测量碳膜电阻器的电阻 将万用表挡位功能选择开关旋至“Ω”挡，红、黑表笔分别插入对应插孔；将红、黑表笔分别接碳膜电阻器的两引脚，从显示屏上读取测量值
	（2）使用数字式万用表测量干电池的电压 将万用表挡位功能选择开关旋至“$\overline{V}$”挡，红、黑表笔分别插入对应插孔；将红、黑表笔分别接干电池的正、负极，从显示屏上读取测量值
	5. 按照“8S”管理规定整理实训场地

任务 3　汽车电路和电气元件检测

学习目标

1. 能规范测量汽车电路基本电参数。

2. 能规范检测电容器。

3. 能规范检测二极管和三极管。

4. 能以小组合作方式，在教师指导下，规范使用常用的检测工具检测汽车电路和电气元件，遵循“8S”管理规定。

任务描述

某汽车 4S 店计划举办汽车电路和电气元件检测培训会。现班组长安排你采用小组合作的方式，通过查阅维修手册等资料，在规定时间内完成汽车电路和电气元件检测的任务。

相关知识

一、汽车电路基本电参数的测量

电压、电流和电阻是汽车电路的三个基本电参数。

1. 电压的测量

如图 1–3–1 所示，测量汽车电路的电压时，将万用表置于直流电压挡，万用表并联在被测电路中，红表笔接高电位端，根据选择的量程和电压刻度线的读数计算电压测量值或从显示屏上读取电压测量值。

2. 电流的测量

如图 1–3–2 所示，测量汽车电路的电流时，将万用表置于直流电流挡，万用表串联在被测电路中，红表笔接高电位端，根据选择的量程和电流刻度线的读数计算电流测量值或从显示屏上读取电流测量值。

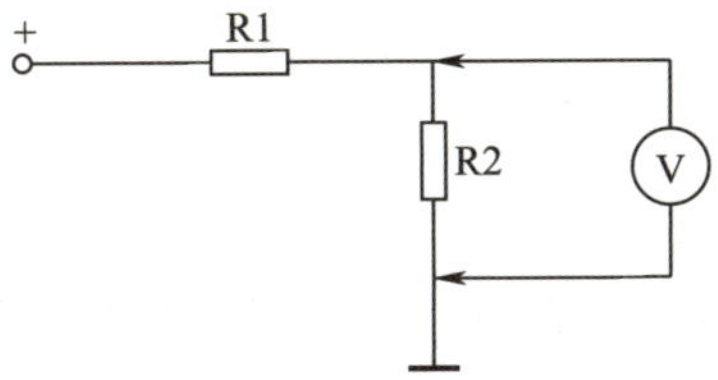

图 1-3-1　电压的测量

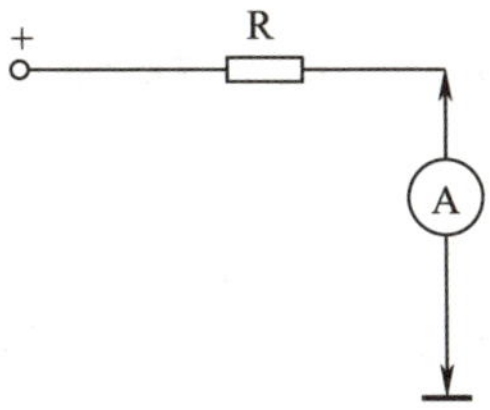

图 1-3-2　电流的测量

3. 电阻的测量

如图 1-3-3 所示，测量汽车电路中的电阻时，应先将电阻的某引脚从电路中断开，将万用表置于电阻挡，两表笔分别接电阻的两引脚，根据选择的量程和电阻刻度线的读数计算电阻测量值或从显示屏上读取电阻测量值。对于指针式万用表，由于表内电池使用一段时间后电压会有所变化，因此，每次测量前，均应短接两表笔，使指针指示电阻零位；若指针不能指示电阻零位，应更换表内电池。

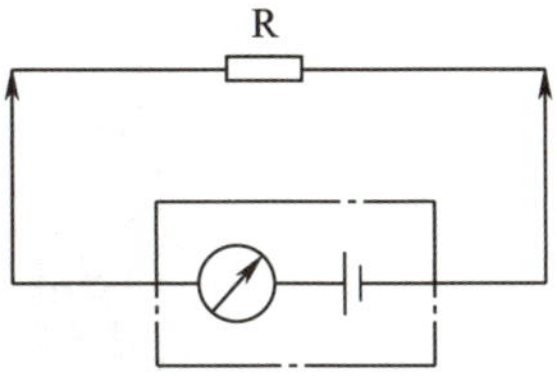

图 1-3-3　电阻的测量

二、电容器的检测

使用指针式万用表可以简易判断小容量电容器的质量好坏。

小容量电容器（如电子点火系中使用的电容器）体积较小，引脚较细，其检测方法如图 1-3-4a 所示。检测时，将万用表置于电容挡（与电阻挡共用）的适当量程，红、黑表笔分别接被测电容器的两引脚，观察刻度盘指针，若指针先产生较大偏转再稍回转至稳定，说明电容器正常，否则为不正常。

注意：检测过程中，两只手不能同时捏住电容器的两引脚，否则会引入人体电阻，导致检测不准确，如图 1-3-4b 所示。

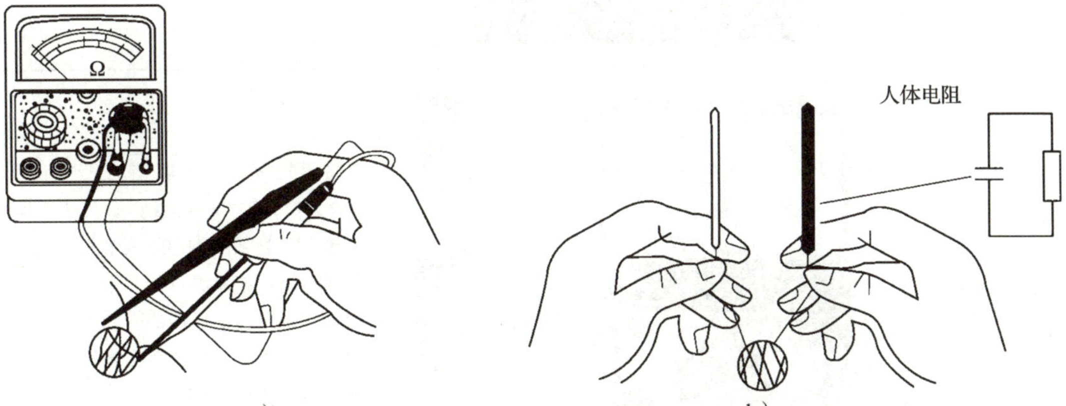

a）　b）

图 1-3-4　小容量电容器的检测

a）正确　b）不正确

三、二极管和三极管的检测

1. 使用指针式万用表检测二极管和三极管

使用指针式万用表可以简易判别二极管和三极管的引脚极性，判断二极管的质量好坏，见表 1–3–1。

表 1–3–1　　使用指针式万用表检测二极管和三极管

项目	图示	说明
二极管的检测	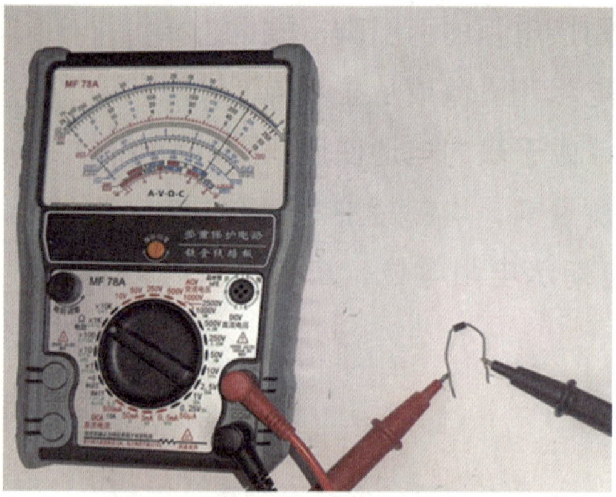 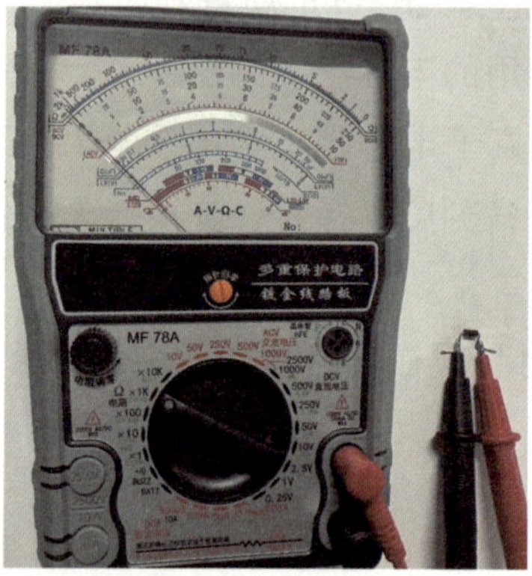	将万用表置于电阻挡的适当量程（“×100”或“×1k”挡），红、黑表笔分别接二极管的两引脚，测量二极管的正、反向电阻 如果两次测量中，一次测得的电阻较小（几千欧以下），另一次测得的电阻接近于∞，则测得的较小电阻为二极管的正向电阻，此时黑表笔所接的引脚为二极管的正（阳）极，红表笔所接的引脚为二极管的负（阴）极，也说明二极管质量良好 如果测得的二极管正向电阻接近 0，说明二极管短路；如果测得的二极管正向电阻接近于∞，说明二极管断路；如果测得的正、反向电阻接近，说明二极管被击穿
三极管的检测：三极管基极的判别	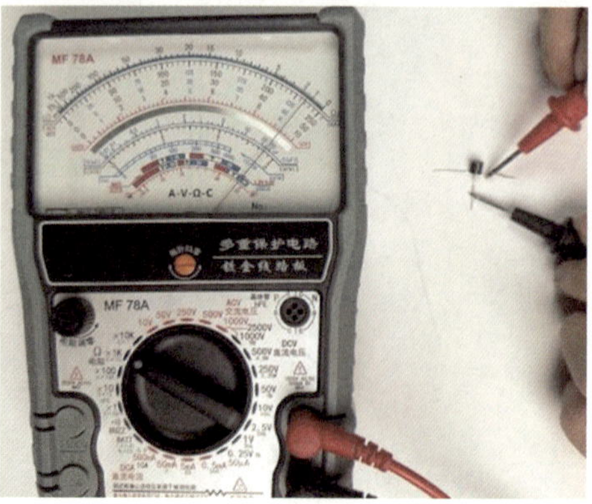	将万用表置于电阻挡的适当量程（“×100”或“×1k”挡），黑表笔固定接三极管某引脚，红表笔先后接其余两引脚。如果测得的两个电阻基本相等，则黑表笔所接的引脚为三极管的基极；否则，应调换黑表笔所接引脚再测，直至确定基极

续表

项目		图示	说明
三极管的检测	三极管类型的判别	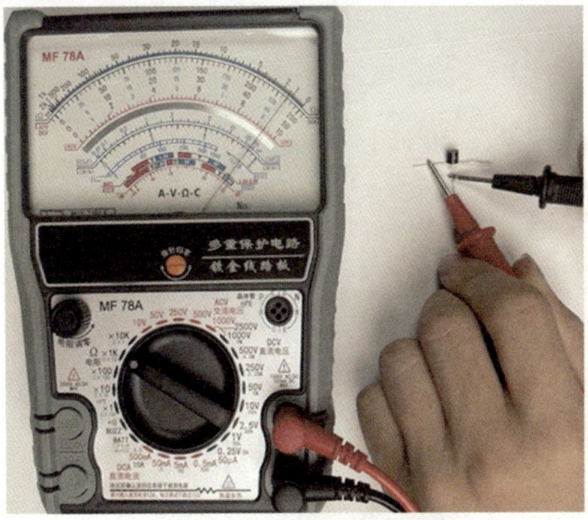	在判别基极的过程中，如果测得的两个基本相等的电阻都较小，则三极管为 NPN 型，反之为 PNP 型
	其余引脚极性的判别		三极管的基极和类型确定后，将万用表置于“hFE”挡（与电阻“×10”挡共用），将三极管各引脚分别插入万用表的三极管放大倍数测量插孔，观察万用表刻度盘指示的三极管放大倍数测量值。如果测量值在合理范围内（对照三极管技术参数），说明三极管各引脚极性与插孔对应一致；否则，应调整三极管各引脚插入的插孔位置再测

2. 使用数字式万用表检测二极管和三极管

使用数字式万用表同样可以简易判别二极管和三极管的引脚极性，判断二极管的质量好坏，见表 1–3–2。

表 1–3–2　　使用数字式万用表检测二极管和三极管

项目	图示	说明
二极管的检测		将万用表置于二极管挡（与电阻挡共用，按功能切换按键进行切换），红、黑表笔分别接二极管的两引脚，测量二极管的正、反向压降 如果显示屏显示的测量值为 0.2 ~ 0.7 V，则为二极管的正向压降，红表笔所接的引脚为二极管的正极，黑表笔所接的引脚为二极管的负极，也说明二极管质量良好

续表

项目	图示	说明
二极管的检测	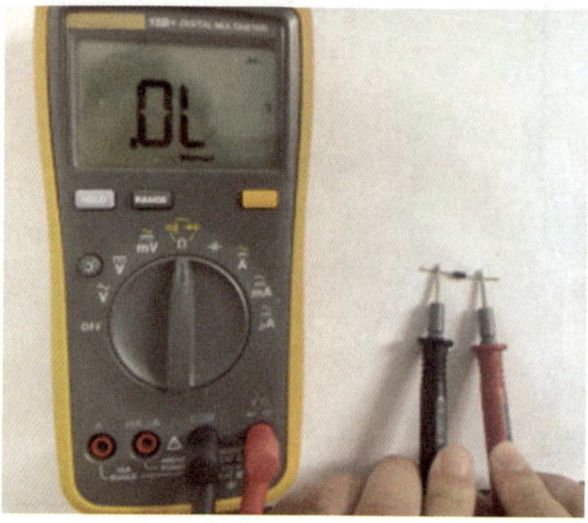	如果显示屏显示“OL”，则红表笔所接的引脚为二极管的负极，黑表笔所接的引脚为二极管的正极 如果测得的二极管正向压降为 0，说明二极管被击穿
三极管的检测（基极和类型的判别）	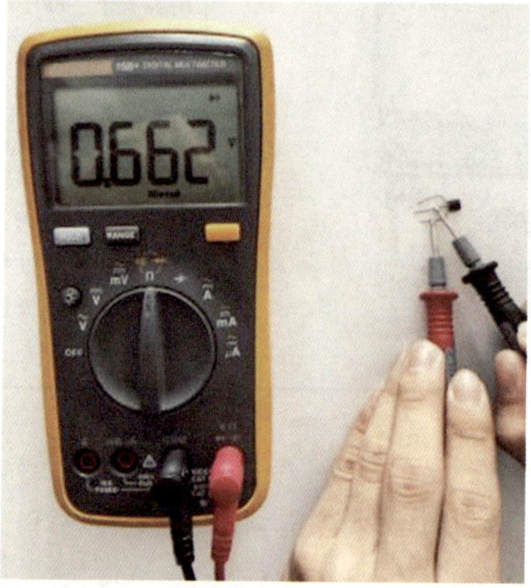 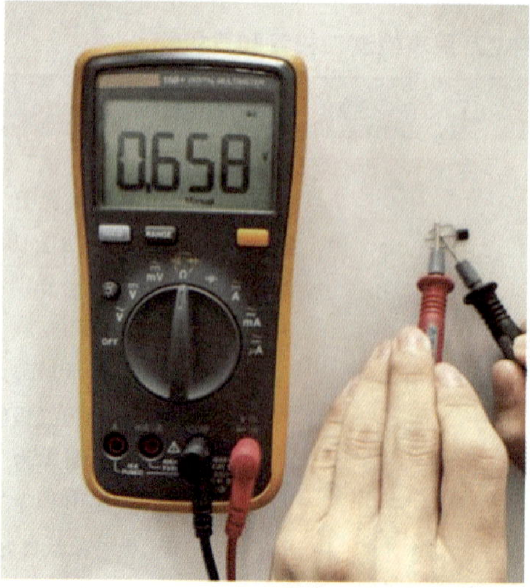	将万用表置于二极管挡（与电阻挡共用，按功能切换按键进行切换），用一支表笔固定接三极管任一引脚，另一支表笔先后接其余两引脚，如果两次测量都显示“OL”，则调换表笔重新测量；直至两次测量都有示值（示值均为“0.7 V”或“0.3 V”左右，即 PN 结导通电压），则表笔固定接的引脚为基极。此时，可根据固定表笔的颜色来判别三极管的类型。如果固定表笔为红表笔，则三极管为 NPN 型；如果固定表笔为黑表笔，则三极管为 PNP 型

任务实施

一、任务准备

1. 设备：实训车辆、工具车、零件车、工作台等。
2. 工具：常用工具、指针式万用表、数字式万用表等。
3. 资料：维修手册、工作页。

二、操作步骤

汽车电路和电气元件检测见表 1–3–3。

表 1–3–3　　　　汽车电路和电气元件检测

图示	说明
	1. 安装车辆防护用品
	2. 使用万用表测量汽车蓄电池的静态输出电压 将万用表挡位功能选择开关旋至“$\overline{\text{V}}$”挡，红、黑表笔分别接蓄电池的正、负极，从显示屏上读取测量值

续表

图示	说明
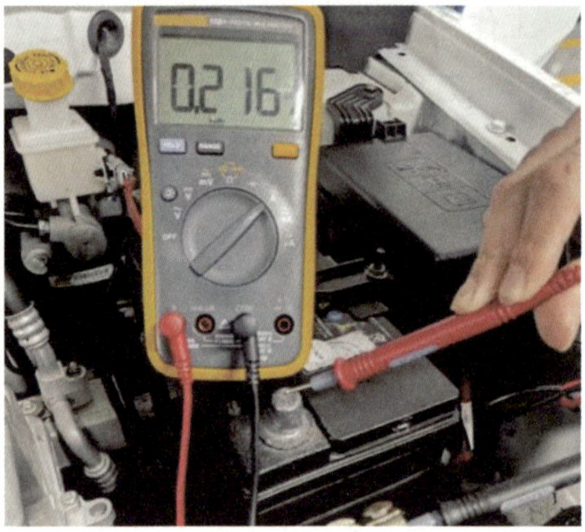	3. 使用万用表测量汽车蓄电池的静态输出电流 断开蓄电池正极电缆，将万用表挡位功能选择开关旋至“$\overset{\simeq}{A}$”挡，红表笔接蓄电池正极、黑表笔接正极电缆端子，从显示屏上读取测量值
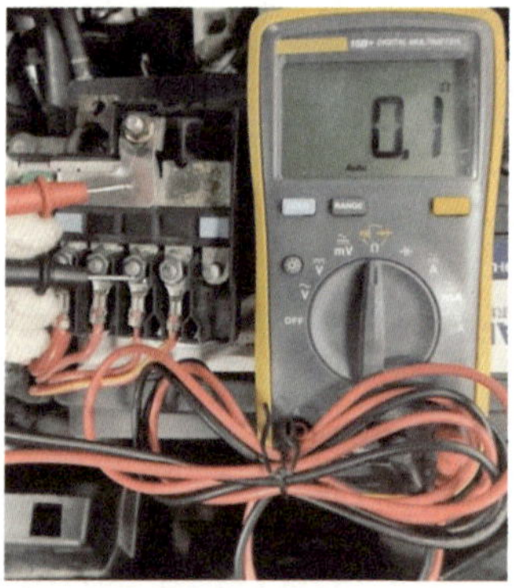	4. 使用万用表测量汽车发动机舱中起动熔丝的电阻 断开点火开关，将万用表挡位功能选择开关旋至“Ω”挡，红、黑表笔分别接起动熔丝两端，从显示屏上读取测量值 注意：使用万用表测量电阻时，应确认被测元器件中无电流通过，即测量前需断电，以防损坏万用表
	5. 使用指针式万用表检测电解电容器 将万用表功能和量程选择开关旋至“C×10”挡（与电阻“×1k”挡共用），调零，红表笔接电解电容器长引脚，黑表笔接电解电容器短引脚，观察刻度盘指针，判断电解电容器是否正常 注意：电解电容器是有极性元器件，红、黑表笔不能接反

续表

图示	说明
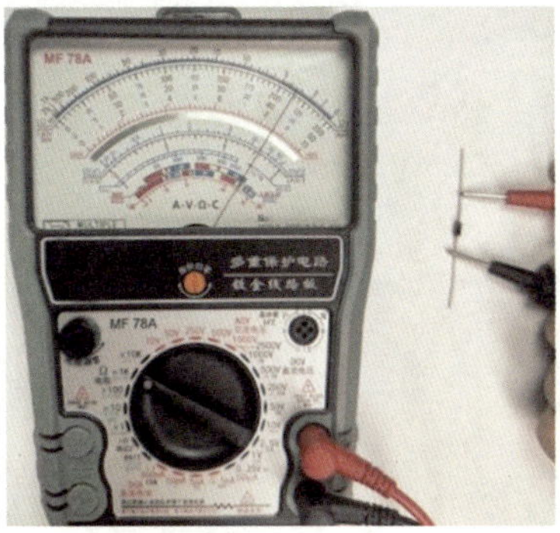	6. 使用万用表检测二极管，判别其引脚极性和质量好坏 （1）使用指针式万用表检测二极管
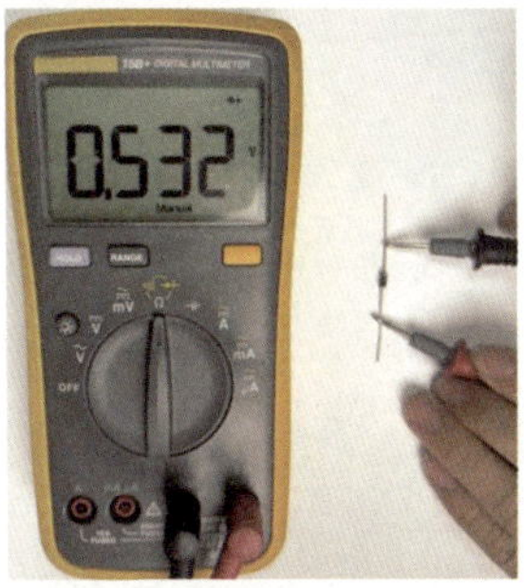	（2）使用数字式万用表检测二极管
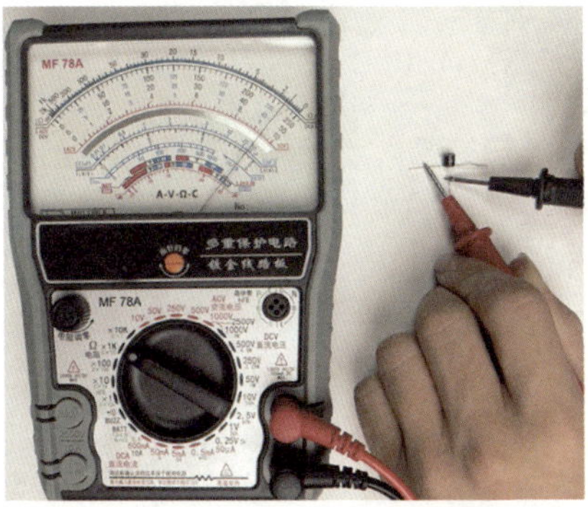	7. 使用万用表检测三极管，判别其引脚极性 （1）使用指针式万用表检测三极管
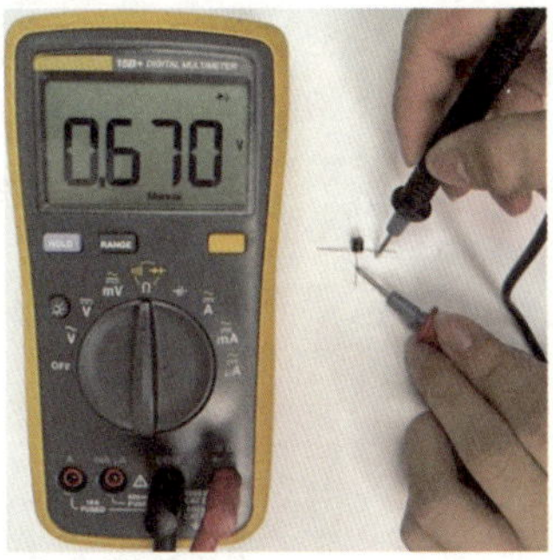	（2）使用数字式万用表检测三极管

续表

图示	说明
	8. 按照“8S”管理规定整理实训场地

项目二

——汽车电源系统构造与维修

任务1　蓄电池认知

学习目标

1. 能描述汽车电源系统的组成。
2. 能描述蓄电池的作用和类型。
3. 能认知蓄电池的安装位置。
4. 能以小组合作方式，在教师指导下，规范进行蓄电池外观检查，遵循“8S”管理规定。

任务描述

一辆汽车进厂维修，客户反映在起动车辆时出现起动无力甚至起动困难的现象。班组长检查后，初步判断为汽车电源系统的蓄电池故障。现班组长安排你采用小组合作的方式，通过查阅维修手册等资料，在规定时间内完成蓄电池外观检查的任务。

相关知识

一、汽车电源系统的组成

汽车电源系统主要由蓄电池、发电机（含电压调节器）、充电状态指示装置、点火开关等组成，如图 2–1–1 所示。蓄电池和发电机并联在汽车电路中，发电机是主要电源，蓄电池是辅助电源。

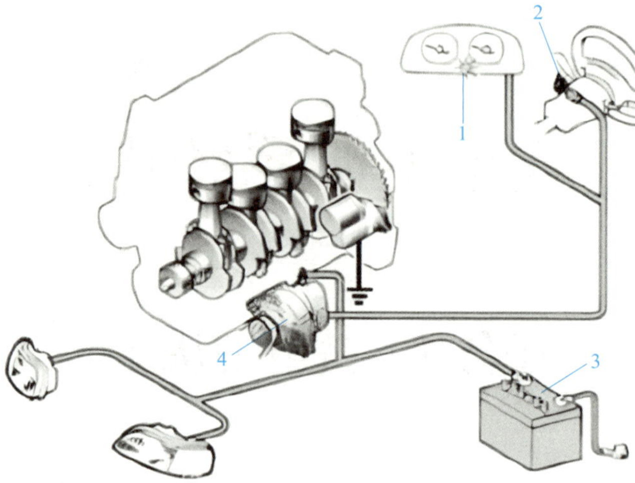

图 2–1–1　汽车电源系统的组成

1—充电状态指示装置　2—点火开关　3—蓄电池　4—发电机（含电压调节器）

二、蓄电池的作用

蓄电池是一种储能装置，是一种低压直流电源，是汽车的两大电源之一。蓄电池的作用如下：

1. 当发动机不工作时，蓄电池向有需求的用电设备供电。
2. 当发动机起动时，蓄电池向起动机和发动机控制系统供电。
3. 当发电机输出电压较低时，蓄电池向用电设备和发电机供电。
4. 当发电机过载时，蓄电池协助发电机向用电设备供电。
5. 当发电机输出电压高于蓄电池电压时，蓄电池将发电机多余的电能转化为化学能储存起来（即充电）。
6. 蓄电池可以保持整车电气系统电压的相对稳定，缓和电气系统中的冲击电压，保护用电设备和电子元器件。

三、蓄电池的类型

蓄电池包括铅酸蓄电池和碱性蓄电池两种类型。汽车一般采用铅酸蓄电池，因为铅酸蓄电池放电能力强。起动发动机时，蓄电池要在 5 s 内向起动机连续供给强大电流（汽油车一般需要 100 ~ 600 A，柴油车一般需要 400 ~ 800 A，甚至更大）。

铅酸蓄电池可分为湿式荷电蓄电池、干式荷电蓄电池、少维护蓄电池和免维护蓄电池等类型。现代轿车基本上都采用免维护蓄电池，如图 2–1–2 所示。

图 2-1-2　免维护蓄电池

四、蓄电池的安装位置

蓄电池在汽车上的安装位置根据车型和结构而定，一般轿车的蓄电池安装在发动机舱内（见图 2-1-3a），有些车型安装在行李舱内（见图 2-1-3b）。

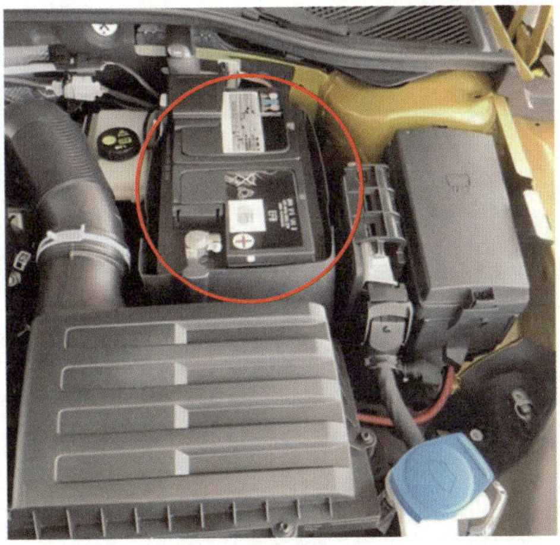

a）

b）

图 2-1-3　蓄电池在汽车上的安装位置

a）发动机舱内　b）行李舱内

任务实施

一、任务准备

1. 设备：实训车辆、工具车、零件车、工作台等。
2. 工具：常用工具等。
3. 资料：维修手册、工作页。

二、操作步骤

蓄电池外观检查见表 2-1-1。

表 2-1-1　　　　　　　　　　　　　　蓄电池外观检查

图示	说明
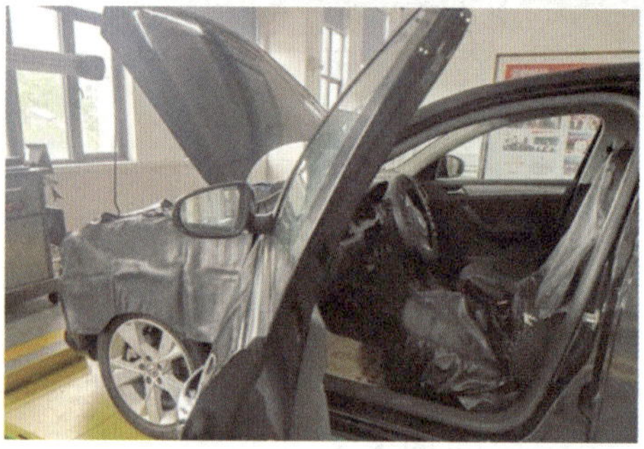	1. 安装车辆防护用品
	2. 认知蓄电池在车辆上的安装位置 蓄电池安装在发动机舱内左前方
	3. 识别蓄电池铭牌 （1）型号：6-QW-85 min （2）冷起动电流：420 A

续表

图示	说明
	4. 检查蓄电池外壳 （1）检查蓄电池外壳是否破损、膨胀或变形 （2）检查排气孔是否堵塞 （3）检查电池盖连接处是否开裂
	5. 检查蓄电池观察孔 （1）检查观察孔是否破损 （2）检查观察孔内小球颜色（正常为绿色）
	6. 检查蓄电池负极 （1）检查负极端子是否腐蚀 （2）检查负极端子是否磨损
	7. 检查蓄电池正极 （1）检查正极端子是否腐蚀 （2）检查正极端子是否磨损

续表

图示	说明
	8. 按照“8S”管理规定整理实训场地

任务2　蓄电池构造和工作原理

学习目标

1. 能描述铅酸蓄电池的结构和型号。
2. 能描述蓄电池的工作原理和技术参数。
3. 能以小组合作方式，在教师指导下，规范进行蓄电池性能检测，遵循“8S”管理规定。

任务描述

一辆汽车进厂维修，客户反映在起动车辆时出现起动无力甚至起动困难的现象。班组长检查后，初步判断为蓄电池故障，需要进行性能检测。现班组长安排你采用小组合作的方式，通过查阅维修手册等资料，在规定时间内完成蓄电池性能检测的任务并确认故障。

相关知识

一、铅酸蓄电池的结构

汽车用蓄电池一般为铅酸蓄电池，铅酸蓄电池主要由极板、隔板、电解液、外壳、电池盖、观察孔、极端（正极端子、负极端子）等组成，其结构如图 2–2–1 所示。

1. 极板

现代汽车使用的铅酸蓄电池一般由若干个单格（单体）电池串联而成。单格电池极群组如图 2–2–2 所示。

极板是蓄电池的主要元件，极板与电解液中的硫酸相互作用完成能量的转化。极板分为正极板和负极板。正极板由栅架及黏附其上的棕色活性物质二氧化铅构成。负极板上的活性物质为深灰色的海绵状纯铅。为增大蓄电池的容量，将多片正、负极板分别并联，用连接条焊接起来分别构成正、负极群。连接条上装有极端，各片极板间留有空隙。安装时，各片正、负极板相互嵌合，中间插入隔板后装入蓄电池单格内，便形成单格电池。

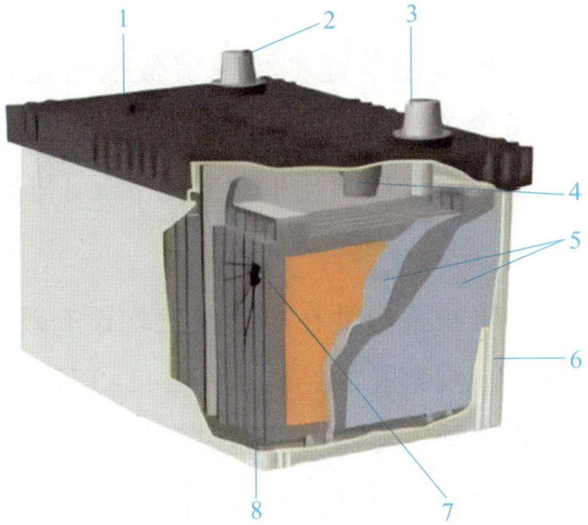

图 2–2–1 铅酸蓄电池的结构

1—电池盖 2—正极端子 3—负极端子 4—观察孔 5—隔板 6—外壳 7—极板 8—电解液

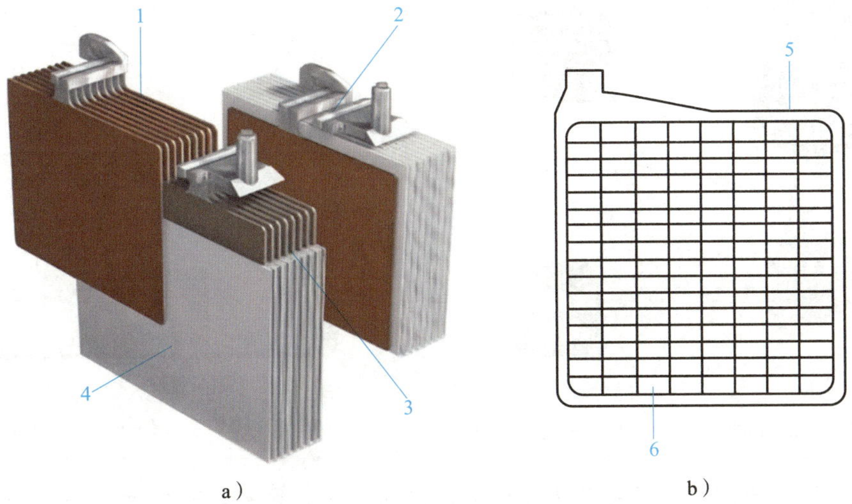

图 2–2–2 单格电池极群组

a）单格电池极群组的结构 b）极板的组成

1—正极群 2—连接条 3—负极群 4—隔板 5—栅架 6—活性物质

提示

在每个单格电池中，负极板总比正极板多一片，以使正极板的两侧放电均匀。

2. 隔板

隔板在正、负极板之间，起绝缘作用，以减小蓄电池的体积。隔板一般用多孔、耐酸、抗氧化的绝缘材料制成。

3. 电解液

电解液由蒸馏水和纯硫酸按一定比例配制而成。

每个单格电池的中间都有一个注液孔，可加注电解液。注液孔装有一个排气帽，排气帽上有一个排气孔（安全孔），可排出蓄电池内的气体。

4. 观察孔

免维护蓄电池在电池盖上均设有观察孔，可根据蓄电池电解液密度变化来监测蓄电池状态。观察孔的结构如图 2–2–3 所示，蓄电池里装着一个特殊的容器，容器里装着一个绿色小球，容器上面通过一根透明管连通观察孔。

当蓄电池充足电时，电解液密度大，绿色小球会浮起来，顶着透明管，此时外界的光线被透明管引入蓄电池内部，照亮小球，通过观察孔就能看到绿色小球，如图 2–2–4 所示。

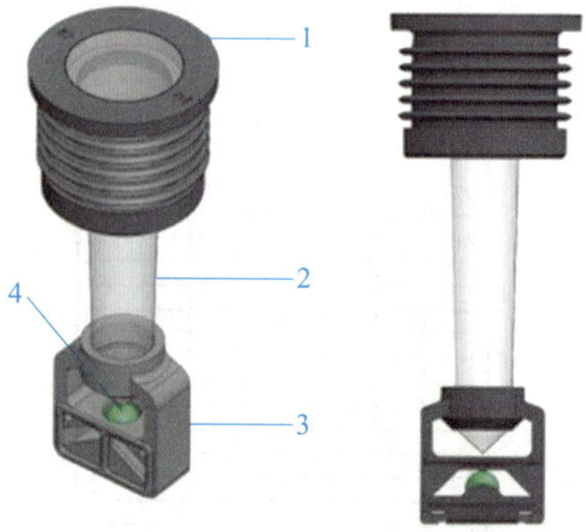

图 2–2–3　观察孔的结构

1—观察孔　2—透明管　3—容器　4—绿色小球

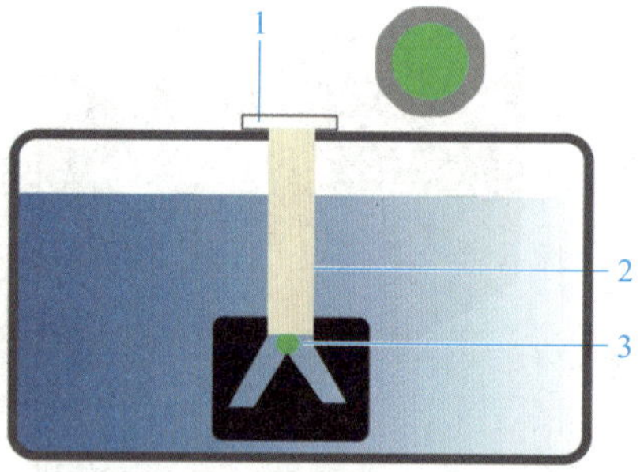

图 2–2–4　蓄电池充足电时的观察孔

1—观察孔　2—透明管　3—绿色小球

当蓄电池亏电时，电解液浮力下降，小球沉下去，留在容器侧面，虽然透明管仍然向蓄电池内部引入了一部分光线，但是由于透明管被电解液包围，电解液会把引入的光线吸收掉，因此通过观察孔只能看到一片漆黑，如图 2–2–5 所示。

当蓄电池电解液大量流失时，透明管四周没有电解液，透明管把一部分光线引入蓄电池内部，通过光线的反射就能看到透明管原本的样子，因此通过观察孔看到的是一片透明或淡黄色，如图 2–2–6 所示。

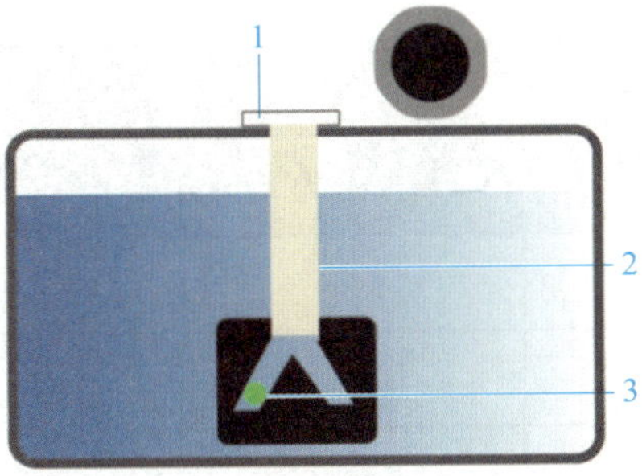

图 2-2-5　蓄电池亏电时的观察孔

1—观察孔　2—透明管　3—绿色小球

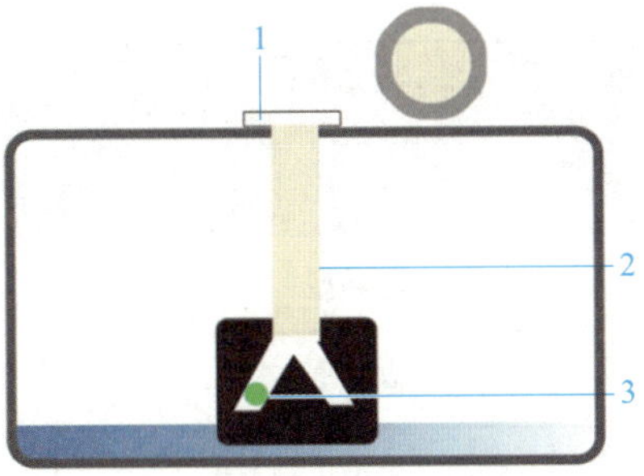

图 2-2-6　蓄电池电解液大量流失时的观察孔

1—观察孔　2—透明管　3—绿色小球

5. 外壳

蓄电池的极板、隔板和电解液置于外壳壳体中。外壳应具有耐酸、耐寒、耐高温、抗冲击的特性和足够的机械强度。壳体内部一般分成 3 个或 6 个互不相通的单格电池槽，构成 3 个或 6 个 2.1 V 单格电池。各单格电池槽底部都有凸肋，以放置极群，凸肋间的空腔可积存极板脱落下来的活性物质，以防止极板间短路。蓄电池内单格电池之间使用联条串联，形成 6 V 或 12 V 蓄电池。单格电池之间的连接如图 2-2-7 所示。

二、铅酸蓄电池的型号

《铅酸蓄电池名称、型号编制与命名办法》（JB/T 2599—2012）规定，铅酸蓄电池的型号主要由三部分组成。

第一部分为串联的单体蓄电池数。串联的单体蓄电池数是指在一个整体蓄电池槽或一个组装箱内所包括的串联蓄电池数目。

第二部分为蓄电池用途、结构特征代号。蓄电池用途、结构特征代号应符合表 2-2-1、表 2-2-2 的规定。

第三部分为标准规定的额定容量。额定容量以阿拉伯数字表示，其单位为安培小时（A · h），在型号中单位可省略。

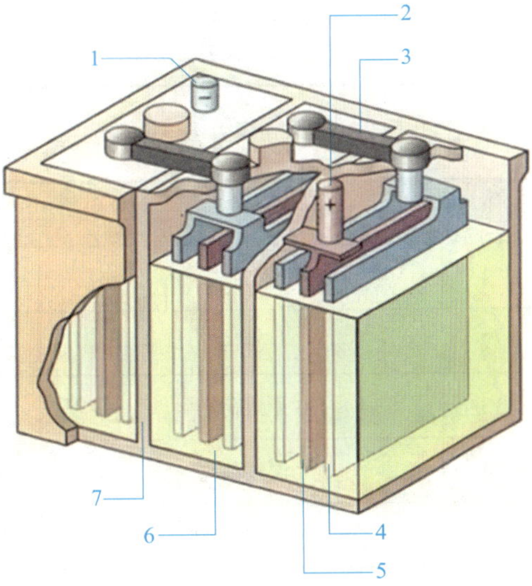

图 2-2-7　单格电池之间的连接

1—负极端子　2—正极端子

3—联条　4—负极板　5—正极板

6—单格电池槽　7—电池槽隔板

此外，《起动用铅酸蓄电池 第 2 部分：产品品种规格和端子尺寸、标记》（GB/T 5008.2—2023）规定，额定容量可用 20 小时率额定容量数值（A · h 可省略）或额定储备容量数值（min）表示。

表 2-2-1　　蓄电池用途代号

序号	蓄电池类型（主要用途）	型号	汉字及拼音或英语字头		
			汉字	拼音	英语
1	起动型	Q	起	qi	
2	固定型	G	固	gu	
3	牵引（电力机车）用	D	电	dian	
4	内燃机车用	N	内	nei	
5	铁路客车用	T	铁	tie	
6	摩托车用	M	摩	mo	
7	船舶用	C	船	chuan	
8	储能用	CN	储能	chu neng	
9	电动道路车用	EV	电动车辆		electric vehicles
10	电动助力车用	DZ	电助	dian zhu	
11	煤矿特殊	MT	煤特	mei te	

表 2-2-2　　蓄电池结构特征代号

序号	蓄电池特征	型号	汉字及拼音或英语字头	
1	密封式	M	密	mi
2	免维护	W	维	wei
3	干式荷电	A	干	gan
4	湿式荷电	H	湿	shi
5	微型阀控式	WF	微阀	wei fa
6	排气式	P	排	pai
7	胶体式	J	胶	jiao
8	卷绕式	JR	卷绕	juan rao
9	阀控式	F	阀	fa

例如，型号 6-QW-60 表示 6 个单体串联的额定容量为 60 A · h 的起动型免维护蓄电池。

三、蓄电池的工作原理和特性

1. 蓄电池的放电

（1）放电过程

蓄电池将化学能转化为电能而向外供电的过程，称为放电过程。当接通电路时，在蓄电池正、负极板间电位差作用下，电流从正极流出，经过用电设备流回负极。在放电过程中，极板上的活性物质与电解液反应生成硫酸铅（$PbSO_4$）和水（H_2O），电解液中的硫酸（H_2SO_4）被消耗，而水增多，电解液密度逐渐降低。

放电时的化学反应方程式如下：

$$PbO_2+Pb+2H_2SO_4 \rightarrow 2PbSO_4+2H_2O$$

（2）放电过程特征

1）正、负极板上的活性物质逐渐转变为 $PbSO_4$。

2）随着放电的进行，电解液中的 H_2SO_4 减少，H_2O 增多，电解液密度降低。

3）随着 $PbSO_4$ 的增多，蓄电池内阻增大。同时，由于 $PbSO_4$ 附着在极板表面，电解液与 PbO_2 和 Pb 的接触面积越来越小，蓄电池的供电能力逐渐下降。

（3）放电终了特征

1）单格电池电压降到放电终止电压（单格电池放电终止电压与放电电流有关）。

2）电解液密度降到最低值。

2. 蓄电池的充电

（1）充电过程

蓄电池与其他直流电源相连而将电能转化为化学能储存起来的过程，称为充电过程。当外加直流电源电压高于蓄电池正、负极板间电位差时，电流将沿与放电电流相反的方向流过蓄电池，使蓄电池正、负极发生与放电相反的化学反应。在充电过程中，电解液中的 H_2O 被消耗，而 H_2SO_4 增多，电解液密度逐渐升高。

充电时的化学反应方程式如下：

$$2PbSO_4+2H_2O \rightarrow PbO_2+Pb+2H_2SO_4$$

（2）充电过程特征

1）正、负极板上的活性物质逐渐由 $PbSO_4$ 转变为二氧化铅（PbO_2）和铅（Pb）。

2）随着充电的进行，电解液中的 H_2O 减少，H_2SO_4 增多，电解液密度升高。

3）随着 $PbSO_4$ 的减少，PbO_2 和 Pb 的增多，蓄电池内阻减小；同时，蓄电池的供电能力逐渐恢复。

（3）充电终了特征

1）单格电池电压和电解液密度升到最高，且 2 ~ 3 h 内不再升高。

2）电解液剧烈冒气泡，呈“沸腾”状态。

四、蓄电池的技术参数

1. 开路电压

当蓄电池处于静止状态时，其正、负极板之间的电位差称为蓄电池的开路电压，即放电电流为零时蓄电池的电压。一般情况下，铅酸蓄电池电解液密度为 1.12 ~ 1.30 g/cm^3 时，单格电池的开路电压为 1.97 ~ 2.15 V。

2. 放电电压

蓄电池在放电时两个端子间的电压称为蓄电池的放电电压。放电电压通常使用高率放电计来检测，用来判断蓄电池的放电程度和工作能力。

3. 内阻

电流流过蓄电池时受到的阻力称为蓄电池的内阻，其大小与蓄电池的容量、极板、电解液、工作状态和制造工艺等有关。例如，型号为 6–QA–100S 的蓄电池内阻为 0.005 16 ~ 0.008 16 Ω。

4. 容量

蓄电池的容量表示蓄电池对外供电的能力。蓄电池在规定的放电条件下输出的电荷（电量）称为蓄电池的容量。蓄电池的容量等于放电电流与放电时间之积，即

$$C=I_f t_f$$

式中 C——蓄电池的容量，A · h；

I_f——放电电流，A；

t_f——放电时间，h。

蓄电池的容量和放电电流的大小与电解液的温度有关。

蓄电池的额定容量是检验蓄电池质量的重要指标之一。在规定条件下测得的并由制造商宣称的蓄电池容量称为蓄电池的额定容量。铅酸蓄电池的额定容量可用 20 小时率额定容量表示。

5. 冷起动电流

冷起动电流（CCA）是指在规定的低温状态下（通常为 –18 ℃），蓄电池在电压降至规定的终止电压前，连续 30 s 释放出的最大电流。

CCA 表示蓄电池的低温起动能力。

6. 荷电状态

荷电状态（SOC）是指蓄电池的剩余容量与额定容量的比值，表示蓄电池容量的剩余程度。当 SOC=0 时，表示蓄电池已经完全放电；当 SOC=1 时，表示蓄电池完全充足电。

7. 健康状态

健康状态（SOH）是指当前蓄电池完全充足电时的容量与新的蓄电池完全充足电时的容量的比值，用来反映当前蓄电池相对于新的蓄电池储存电能的能力。新的蓄电池 SOH 为 100%。

任务实施

一、任务准备

1. 设备：蓄电池、工具车、零件车、工作台等。
2. 工具：常用工具、万用表、高率放电计、蓄电池检测仪等。
3. 资料：维修手册、工作页。

二、操作步骤

蓄电池性能检测见表 2–2–3。

表 2–2–3　蓄电池性能检测

图示	说明
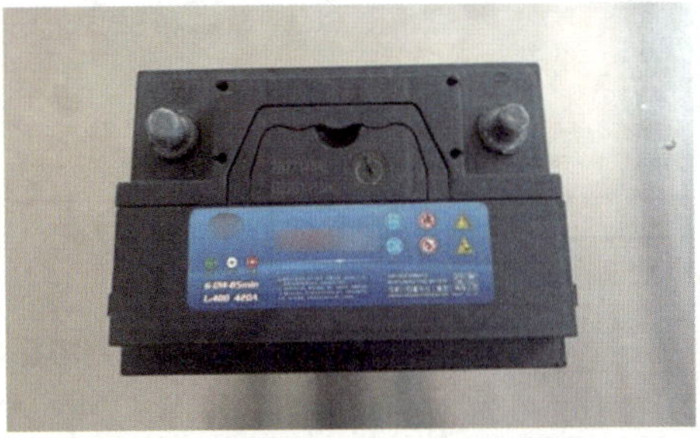	1. 将蓄电池平稳、可靠地放置在工作台上
	2. 使用万用表检测蓄电池开路电压 将万用表置于直流电压挡，红表笔接蓄电池的正极，黑表笔接蓄电池的负极，从显示屏上读取电压测量值（正常为 12 V 左右）

续表

<table>
<tr><th>图示</th><th>说明</th></tr>
<tr><td>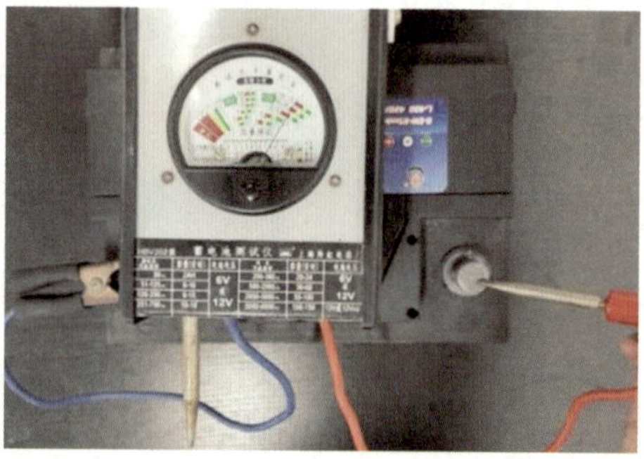</td><td>3. 使用高率放电计检测蓄电池放电电压（蓄电池放电检测）
将高率放电计的鳄鱼夹接蓄电池的负极，红色探头接蓄电池的正极，等待 5 s 后，从刻度盘上读取电压测量值
若放电电压高于 10.5 V，说明蓄电池完全符合标准；若放电电压为 9 ~ 10.5 V，应及时对蓄电池进行补充充电；若放电电压低于 9 V 且很不稳定，说明蓄电池有故障；若放电电压为 0，说明蓄电池内部短路或断路</td></tr>
<tr><td>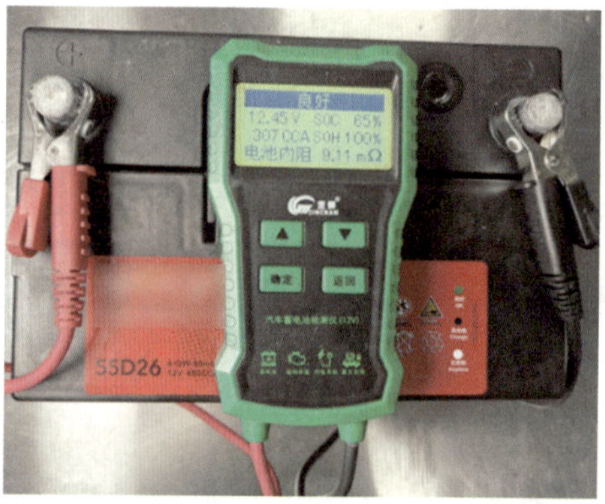
</td><td>4. 使用蓄电池检测仪检测蓄电池使用性能
将蓄电池检测仪红色鳄鱼夹接蓄电池正极，黑色鳄鱼夹接蓄电池负极，按照显示屏提示进行操作，检测蓄电池内阻、CCA、SOC 和 SOH</td></tr>
<tr><td><table>
<tr><th>蓄电池内阻</th><th>蓄电池质量</th></tr>
<tr><td>3 ~ <5 mΩ</td><td>优</td></tr>
<tr><td>5 ~ <8 mΩ</td><td>良</td></tr>
<tr><td>8 ~ <20 mΩ</td><td>差</td></tr>
<tr><td>≥ 20 mΩ</td><td>报废</td></tr>
</table></td><td>5. 判断蓄电池性能
根据上述检测结果判断蓄电池是否正常，是否需要维修或更换
提示：蓄电池内阻参照左侧标准，CCA 不应小于初始值的 50%</td></tr>
<tr><td>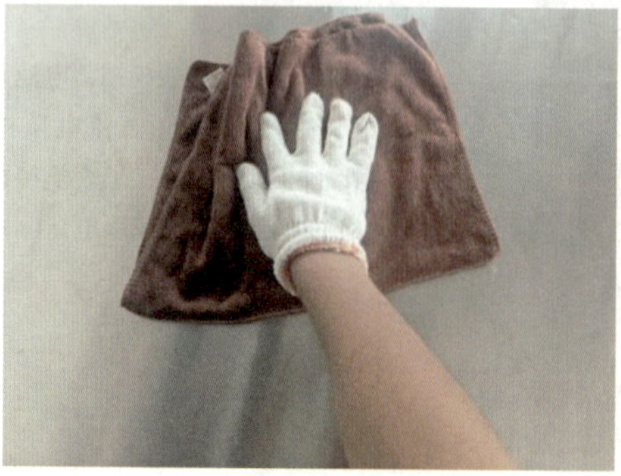</td><td>6. 按照“8S”管理规定整理实训场地</td></tr>
</table>

任务 3　蓄电池维修

学习目标

1. 能描述蓄电池的使用与维护方法。
2. 能描述蓄电池的补充充电过程。
3. 能描述蓄电池的常见故障及其排除方法。
4. 能以小组合作方式，在教师指导下，规范进行蓄电池更换，遵循“8S”管理规定。

任务描述

一辆汽车进厂维修，客户反映在起动车辆时出现起动无力甚至起动困难的现象。班组长检查后，初步判断为蓄电池故障，需要进行更换。现班组长安排你采用小组合作的方式，通过查阅维修手册等资料，在规定时间内完成蓄电池更换的任务。

相关知识

为了保证蓄电池的使用性能、延长蓄电池的使用寿命，必须正确地储存与使用蓄电池，并及时对蓄电池进行检查和维护。

一、蓄电池的储存与使用

1. 蓄电池的储存注意事项

（1）新的蓄电池储存时，储存室要干燥、清洁、通风良好，室温保持在 5 ~ 30 ℃之间，应密封注液孔和排气孔，远离热源和有害气体，不能挤压，不能倒置，不能超过保管期限。

（2）使用过的蓄电池长时间储存时，应将其完全充足电，用蒸馏水清洗注液孔和排气孔并密封后，放置在储存室内。储存期间应每隔 1 ~ 2 个月补充充电一次。

（3）对于车辆上正常使用中的蓄电池，如果车辆超过一周可能不用，应将蓄电池的负极电缆断开，以防止蓄电池出现严重亏电现象。

2. 蓄电池的使用注意事项

（1）不超时、连续起动车辆，避免蓄电池大电流放电时间过长。每次起动的时间应不超过 5 s，相邻两次起动的间隔时间应大于 15 s，最多连续起动三次；连续三次起动不成功，应查明故障原因，排除故障后再起动。

（2）蓄电池在车辆上应安装牢固可靠，搬运时应轻搬轻放。

（3）冬季使用蓄电池时，应特别注意保持其处于充足电的状态，以防电解液密度降低而结冰。

（4）冬季补充蒸馏水应在蓄电池充电时进行，以防结冰。

（5）冬季蓄电池容量会降低，冷起动前应预热发动机。

（6）冬季由于气温低，蓄电池充电困难，应经常通过观察孔检查其状态。蓄电池的状态显示如图 2-3-1 所示，绿色表示充足电，黑色表示需要补充充电，透明或淡黄色表示已损坏。

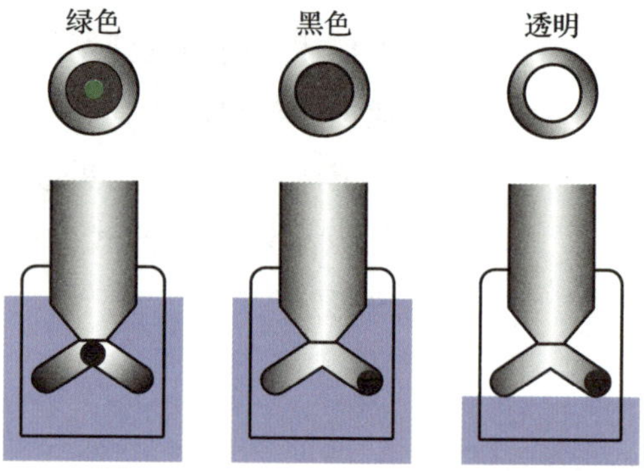

图 2-3-1　蓄电池的状态显示

二、蓄电池的维护

蓄电池的维护可概括为四个定期和五个防止。

1. 四个定期

（1）定期检查蓄电池外观，经常清除蓄电池表面的灰尘、污物，保持蓄电池表面清洁、干燥，经常疏通蓄电池排气孔。

（2）定期检查电解液液面高度，以防止液面过低。

（3）定期检查蓄电池放电程度，蓄电池亏电时，应及时补充充电。

（4）定期对蓄电池进行补充充电，长时间不使用的蓄电池，每两个月至少补充充电一次。

2. 五个防止

（1）防止长时间过充电和充电电流过大。

（2）防止过度放电。

（3）防止电解液液面过低。

（4）防止电解液密度过高。

（5）防止电解液内混入杂质。

三、蓄电池的补充充电

当蓄电池放电超过额定容量的 50% 时，供电能力明显不足（如灯光暗淡、起动无力等），若继续放电，蓄电池将出现故障而导致性能下降，此时可采用均衡充电方式对蓄电池进行补充充电。均衡充电是指蓄电池在使用过程中，由于蓄电池的个体差异、温度差异等因素造成蓄电池电压不平衡，为了避免这种不平衡趋势恶化，需要提高充电电压，以对蓄电池进行活化充电。以温度为 25 ℃为例，平均充电电压一般为 14.5 V，充电时间不超过 10 h。

均衡充电过程分为三个阶段。

第一阶段：恒流充电。当蓄电池电压较低时，为了避免充电电流过大而损坏蓄电池，应限制充电电流，同时为了缩短充电时间，应使用允许的最大电流进行充电。在恒流充电过程中，充电机始终以恒定的电流（一般为 0.1 ~ 0.3 C，C 为蓄电池的额定容量）自动调整输出电压对蓄电池进行充电，使蓄电池电压逐渐升高。当蓄电池电压升至 13.8 V 时，恒流充电结束，转入恒压充电阶段。

第二阶段：恒压充电。当恒流充电结束后，充电机的输出电压保持不变，以 14.5 V 恒定电压对蓄电池进行充电。在恒压充电过程中，蓄电池电压越来越高，电流越来越小。当充电电流降至 0.01 C 时，恒压充电结束，转入浮充充电阶段。恒压充电阶段实际上就是对蓄电池进行补充充电，恒压充电结束时电池已基本充足电。

第三阶段：浮充充电。浮充充电也称涓流充电，浮充充电阶段实际上也是恒压充电，只是充电电流较小，属于保养性充电，允许较长时间安全充电。在浮充充电过程中，充电机的输出电压一般控制在 13.6 ~ 13.8 V 之间，充电电流比自放电电流略大，一般为 0.002 ~ 0.005 C。通过浮充充电，可以将蓄电池充至接近完全充足电状态。此外，小电流的长时间充电，具有消除负极板硫化的作用。

四、蓄电池的常见故障及其排除方法

1. 极板硫化

（1）故障现象

蓄电池极板上生成白色的粗晶粒硫酸铅的现象称为硫化。轻度硫化时，蓄电池内阻增大，容量变小。严重硫化时，蓄电池充电、放电都会出现异常。例如，放电时内阻显著增大，电压迅速降低，不能持续供给电流；充电时单格电池电压过高（可达 2.8 V 以上），电解液密度升高慢，温度升高快，过早出现“沸腾”现象。

（2）故障原因

1）蓄电池长期充电不足或长时间不使用的蓄电池未及时补充充电，升温时，极板上的一部分硫酸铅溶于电解液中，降温时，溶解度减小，部分硫酸铅再结晶形成粗大颗粒的硫酸铅黏附在极板上，使之硫化。

2）电解液液面过低，极板露出部分与空气接触而氧化（主要是负极板）。

3）电解液不纯或密度过高、温度变化大都会促使极板硫化。

4）蓄电池长期过度放电或小电流深度放电。

5）新的蓄电池初充电不彻底。

（3）排除方法

轻度硫化时，可采用去硫化充电法进行充电；严重硫化时，应予以报废。

2. 故障性自放电

蓄电池的能量未通过放电进入外电路而是以其他方式损失的现象称为自放电。蓄电池的自放电是不可避免的。

（1）故障现象

完全充足电的蓄电池在30天内每昼夜自放电超过额定容量的2%，称为故障性自放电。

（2）故障原因

1）电解液不纯，杂质与极板之间以及黏附在极板上的不同杂质之间形成电位差，通过电解液产生局部放电。

2）电解液溢出并堆积在电池盖上，使正、负极端子之间短路。

3）极板上的活性物质脱落，电解液下部沉淀物过多，使正、负极板间短路。

4）蓄电池长时间不使用，硫酸下沉，电解液下部密度比上部密度大，极板上、下部产生电位差，引起自放电。

（3）排除方法

1）使用符合标准的硫酸和蒸馏水配制电解液，配制电解液的容器要保持清洁，并防止杂质进入电解液。

2）清洁电池盖上的电解液并保持干燥。

3）采用补充充电进行修复。

3. 极板短路

（1）故障现象

蓄电池充电电压很低或为零，电解液密度升高很慢或不升高，气泡很少或无气泡。

（2）故障原因

1）极板上的活性物质大量脱落，堆积在电解液中。

2）隔板破损。

3）极群弯曲。

4）导电杂质进入电解液。

（3）排除方法

拆开蓄电池，查明故障原因并排除故障。

4. 活性物质脱落

（1）故障现象

蓄电池容量下降，电解液混浊并呈棕色。

（2）故障原因

1）充电电流过大。

2）长期过充电。

3）低温大电流放电。

4）汽车颠簸等造成活性物质脱落。

（3）排除方法

轻度脱落时，可更换电解液；严重脱落时，应予以报废。

任务实施

一、任务准备

1. 设备：实训车辆、蓄电池、工具车、零件车、工作台等。
2. 工具：常用工具、故障诊断仪、数字式万用表等。
3. 资料：维修手册、工作页。

二、操作步骤

蓄电池更换见表 2–3–1。

表 2–3–1　　蓄电池更换

图示	说明
	1. 安装车辆防护用品

续表

图示	说明
	2. 检查车辆状况 （1）检查仪表板上的蓄电池充电警报灯是否点亮 （2）使用故障诊断仪读取故障码和数据流（蓄电池电压） 提示：当蓄电池出现故障导致电压过低时，车载诊断系统（OBD）会记录故障信息，部分车辆还会将故障相关信息显示在仪表板上
	3. 断开点火开关 提示：拆卸蓄电池时，应先断开点火开关，以保护车载用电设备
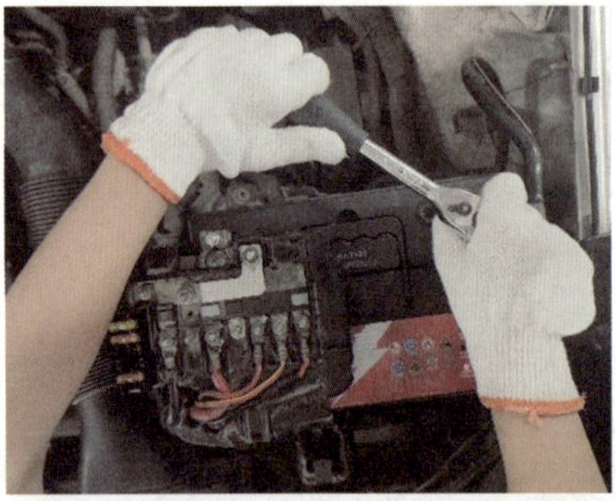	4. 断开蓄电池正、负极电缆 （1）断开蓄电池负极电缆 使用 10 mm 套筒和棘轮手柄拆卸蓄电池负极端子紧固螺栓，断开负极电缆，安装端子保护套 提示：使用套筒工具时，一只手按压套筒工具，另一只手向内拉动手柄；为避免蓄电池负极电缆意外连接蓄电池，必须安装端子保护套
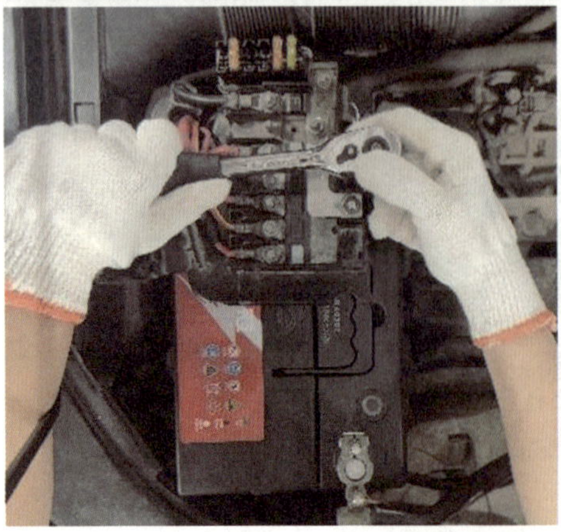	（2）断开蓄电池正极电缆 使用 10 mm 套筒和棘轮手柄拆卸蓄电池正极端子紧固螺栓，断开正极电缆，安装端子保护套

续表

图示	说明
	5. 拆卸蓄电池 （1）拆卸蓄电池限位螺栓 注意：拆卸时应避免工具或零件掉落
	（2）取出蓄电池 注意：蓄电池较重，取出时应避免磕碰
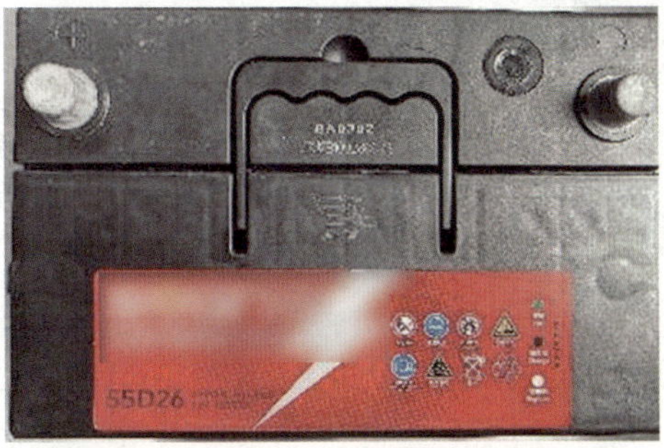	6. 检查新的蓄电池 检查新的蓄电池外观，确认型号匹配
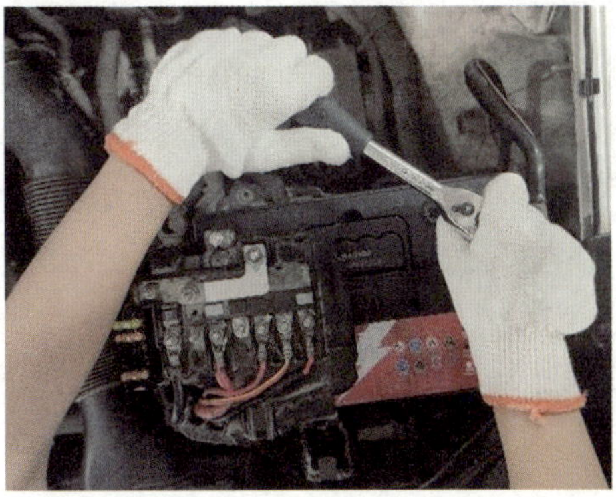	7. 安装新的蓄电池 按照与拆卸相反的顺序安装新的蓄电池 提示：蓄电池限位螺栓拧紧力矩为 15 ~ 20 N·m，蓄电池正、负极端子紧固螺栓拧紧力矩为 8 ~ 12 N·m

续表

<table>
<tr><th>图示</th><th>说明</th></tr>
<tr><td>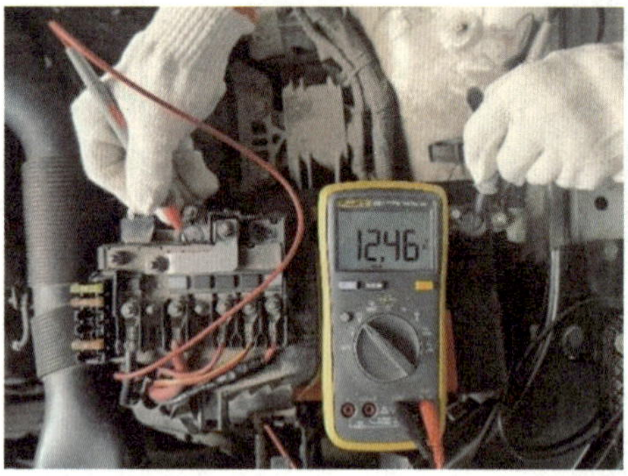
</td><td>8. 检查、验证车辆
（1）检查新的蓄电池安装情况
检查蓄电池限位螺栓是否拧紧，正、负极端子紧固螺栓是否拧紧
（2）检测蓄电池电压是否正常</td></tr>
<tr><td></td><td>（3）验证车辆起动情况
1）接通点火开关，检查车辆能否正常起动
2）检查仪表板上的蓄电池充电警报灯是否熄灭，使用故障诊断仪读取故障码和数据流
提示：部分车型还需要使用故障诊断仪对车辆进行复位（如电动车窗、电动天窗、时钟、电动座椅等）</td></tr>
<tr><td>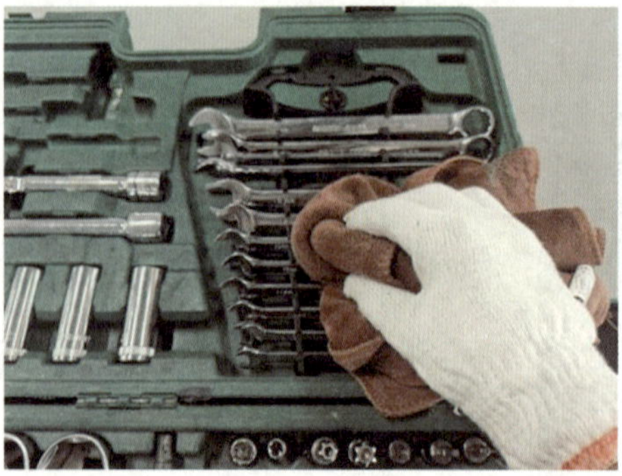</td><td>9. 按照“8S”管理规定整理实训场地</td></tr>
</table>

任务 4　交流发电机认知

学习目标

1. 能描述发电机的作用和类型。

2. 能认知交流发电机的安装位置。

3. 能以小组合作方式，在教师指导下，规范进行交流发电机及其相关部件检查，遵循“8S”管理规定。

任务描述

一辆汽车进厂维修，客户反映仪表板上的蓄电池充电警报灯常亮，车辆无法充电。班组长检查后，初步判断为交流发电机故障，需要进行检查。现班组长安排你采用小组合作的方式，通过查阅维修手册等资料，在规定时间内完成交流发电机及其相关部件检查的任务。

相关知识

一、发电机的作用

发电机是汽车电气系统的主要电源，由发动机驱动。发动机起动后，发电机工作，向起动机之外的所有用电设备供电，并对蓄电池进行补充充电。

二、发电机的类型

发电机包括直流发电机和交流发电机两种类型，交流发电机因具有体积小、质量小、结构紧凑、发电性能好、维修方便、使用寿命长等优点而被广泛使用。

按总体结构不同，交流发电机可分为普通型、整体式、带泵式、无刷式、永磁式等类型。

按励磁绕组搭铁方式不同，交流发电机可分为内搭铁式和外搭铁式两种类型。

三、交流发电机的安装位置

汽车用交流发电机主要由三相同步交流发电机和硅二极管整流器组成，又称为硅整流交流发电机。

如果交流发电机的输出电压没有控制，其输出电压将超出汽车电路的安全极限，因此，需要采用电压调节器使交流发电机的输出电压保持在 14 V 左右。电压调节器一般安装在交流发电机内部，这样的交流发电机称为整体式硅整流交流发电机，如图 2-4-1 所示。

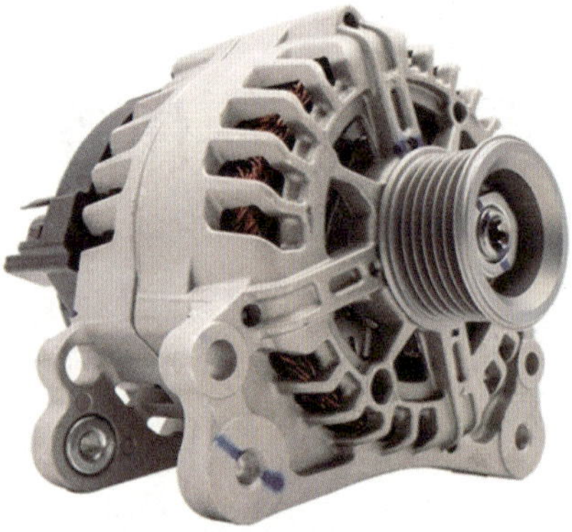

图 2-4-1　整体式硅整流交流发电机

一般轿车的交流发电机安装在发动机舱内发动机的旁边，如图 2-4-2 所示。

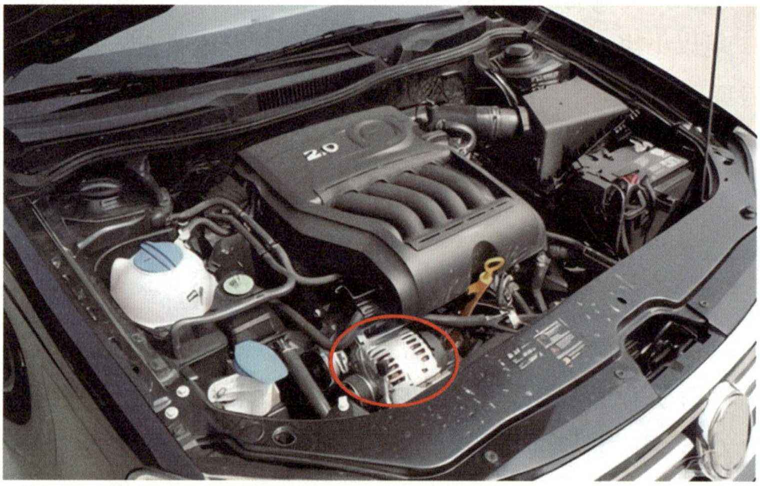

图 2-4-2　交流发电机在汽车上的安装位置

为了使驾驶员了解交流发电机的工作状态，汽车仪表板上设有蓄电池充电警报灯，如图 2-4-3 所示。若汽车起动后或行驶过程中蓄电池充电警报灯熄灭，表示交流发电机工作正常，蓄电池处于充电状态。

图 2-4-3　蓄电池充电警报灯

任务实施

一、任务准备

1. 设备：实训车辆、工具车、零件车、工作台等。
2. 工具：常用工具、手电筒等。
3. 资料：维修手册、工作页。

二、操作步骤

交流发电机及其相关部件检查见表 2–4–1。

表 2–4–1　　交流发电机及其相关部件检查

图示	说明
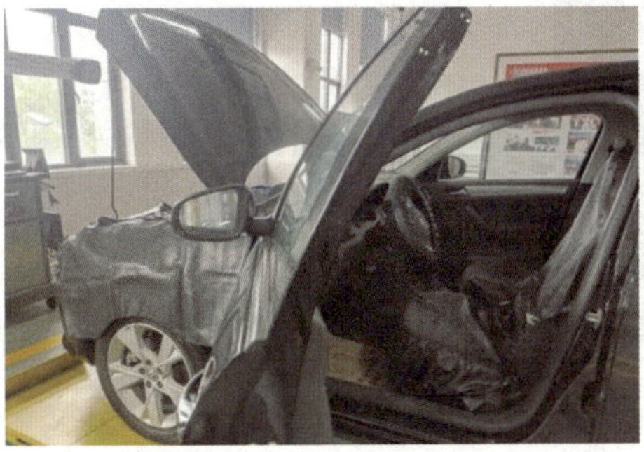	1. 安装车辆防护用品
	2. 认知交流发电机在车辆上的安装位置 交流发电机安装在发动机舱内发动机旁边

续表

图示	说明
	3. 识别交流发电机铭牌 识别交流发电机的型号、额定电压和额定功率 提示：交流发电机铭牌通常设在交流发电机后端盖侧或后端盖罩上，为完整展示交流发电机铭牌，需将交流发电机拆卸下来
	4. 检查交流发电机 检查交流发电机外观是否破损
	5. 检查相关部件 （1）检查交流发电机输出端接线柱是否连接可靠
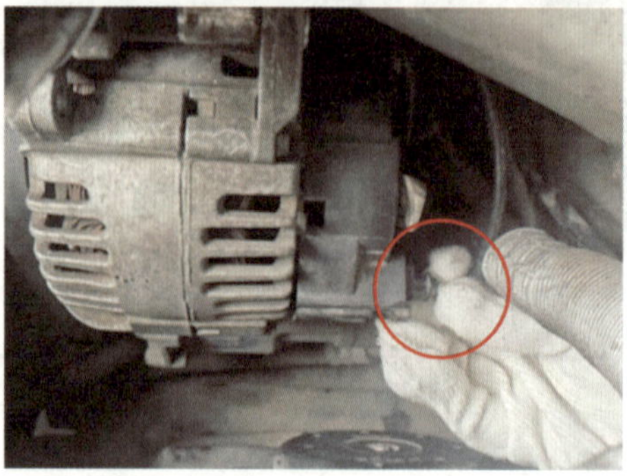	（2）检查电压调节器插接器是否连接可靠

续表

图示	说明
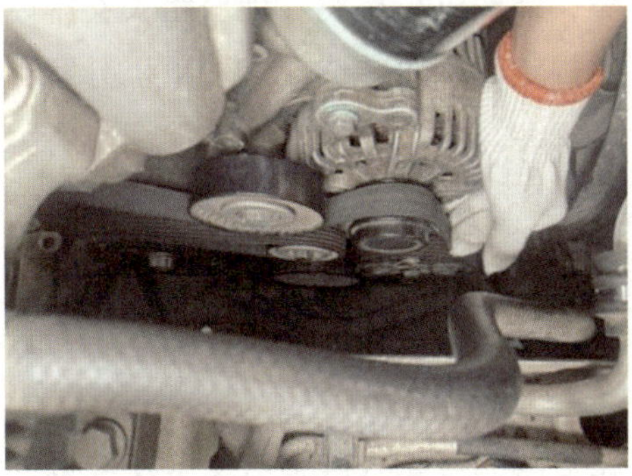	（3）检查交流发电机传动带是否破损、张紧度是否正常
	6. 按照“8S”管理规定整理实训场地

任务 5　交流发电机构造和工作原理

学习目标

1. 能描述交流发电机的结构和型号。
2. 能描述交流发电机的工作原理。
3. 能描述电压调节器的作用、工作原理和类型。
4. 能以小组合作方式，在教师指导下，规范进行交流发电机分解、检测与组装，遵循“8S”管理规定。

任务描述

一辆汽车进厂维修，客户反映仪表板上的蓄电池充电警报灯常亮，车辆无法充电。班组长检查后，初步判断为交流发电机故障，需要进行检测。现班组长安排你采用小组合作的方式，通过查阅维修手册等资料，在规定时间内完成交流发电机分解、检测与组装的任务并确认故障范围。

相关知识

一、交流发电机的结构

目前，汽车用交流发电机（内装电压调节器的整体式硅整流交流发电机）结构基本相同，主要由转子、定子、整流器、端盖、电刷组件（含电压调节器）、带轮和风扇等组成，其结构如图 2–5–1 所示。

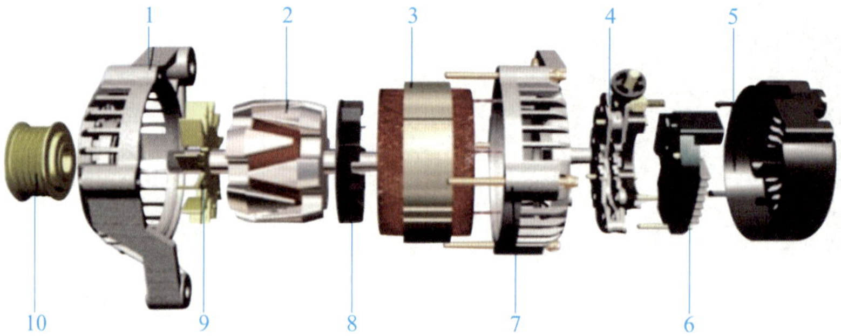

图 2–5–1　交流发电机的结构

1—前端盖　2—转子　3—定子　4—整流器　5—后端盖罩
6—电刷组件（含电压调节器）　7—后端盖　8—后风扇　9—前风扇　10—带轮

1. 转子

转子是交流发电机的磁极部分，其作用是产生旋转磁场。转子主要由转子轴、励磁绕组、爪形磁极、磁轭和集电环等组成，如图 2–5–2 所示。

两块低碳钢爪形磁极压装在转子轴上，爪形磁极的空腔内装有磁轭并绕有励磁绕组，励磁绕组的两端引出线分别焊接在与转子轴绝缘的两个集电环（彼此绝缘的铜制滑环）上，两个集电环又分别与交流发电机后端盖内的两个电刷接触，将直流电流引入励磁绕组（该电流称为交流发电机的励磁电流）。

当两个电刷接通直流电时，励磁电流经集电环流过励磁绕组，产生磁通，两块爪形磁极分别被磁化为 N 极和 S 极，形成相互交错的磁极（一般为 4 ~ 8 对磁极）。当转子旋转时，磁极交替地在定子铁芯中穿过，产生旋转的磁场。

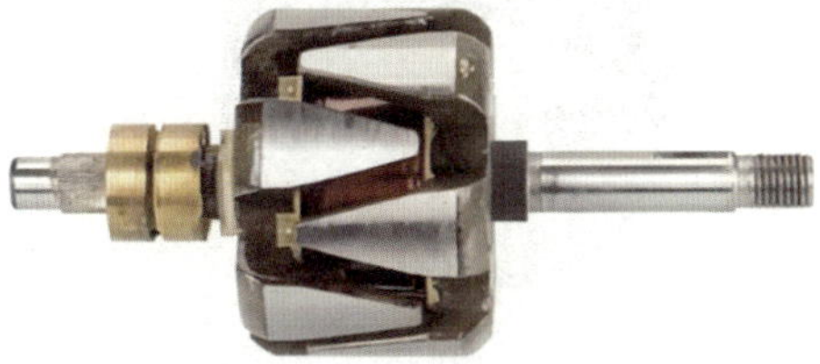

a）

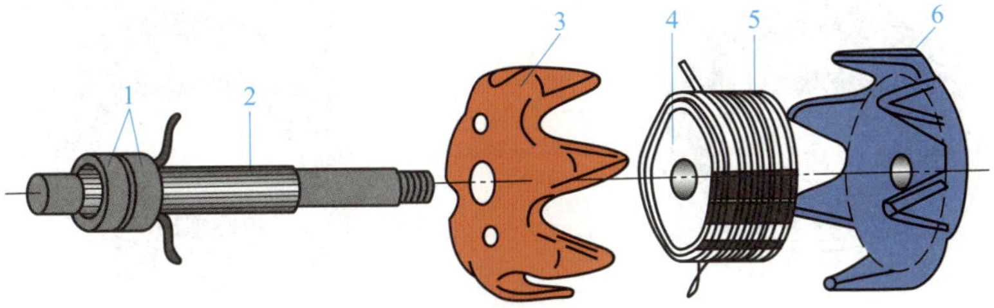

b）

图 2-5-2　交流发电机的转子

a）转子实物　b）转子结构组成

1—集电环　2—转子轴　3、6—爪形磁极　4—磁轭　5—励磁绕组

2. 定子

定子是交流发电机的电枢部分，其作用是产生交流电动势。定子主要由定子铁芯和三相定子绕组（定子线圈）等组成，如图 2-5-3a、b 所示。

定子铁芯一般由彼此绝缘且内圆带嵌线槽的环状硅钢片叠成，相互独立且三相对称的定子绕组嵌入在定子铁芯的嵌线槽内。三相定子绕组内部是转子，当转子转动时，三相定子绕组切割旋转磁场的磁感线而产生三相交流电动势。

三相定子绕组的连接方法可分为星形联结和三角形联结两种，如图 2-5-3c、d 所示。星形联结是每相绕组的一端都接到一个公共端点（中性点），每两相绕组形成串联电路。三角形联结是三相绕组的首、尾端依次相接，形成一个闭合的串联电路。星形联结在交流发电机低速旋转时也能发出足够的电，因此，汽车交流发电机多采用星形联结。

3. 整流器

（1）整流器的作用

由于汽车电气系统使用直流电，因此，交流发电机产生的交流电必须转变为直流电，这个过程称为整流。整流器的作用是将三相定子绕组产生的三相交流电转变为直流电输出。

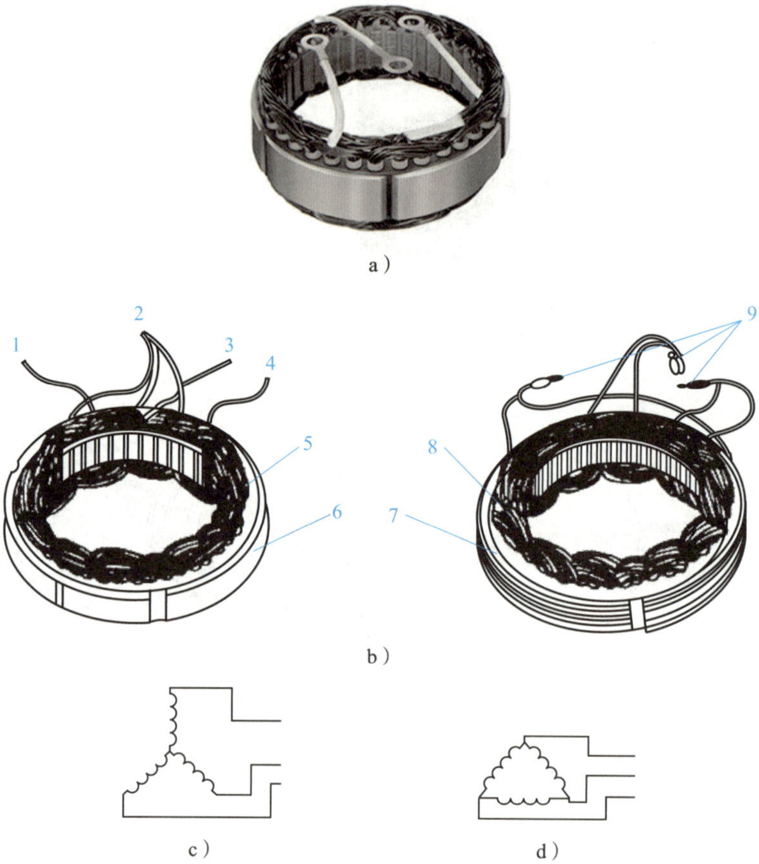

图 2-5-3　交流发电机的定子

a）定子实物　b）定子结构组成　c）三相定子绕组的星形联结　d）三相定子绕组的三角形联结
1、3、4、9—接整流器　2—三相定子绕组中性点　5、8—三相定子绕组　6、7—定子铁芯

（2）整流器的结构组成

整流器主要由六只硅整流二极管和散热板等组成，六只硅整流二极管组成的三相桥式全波整流电路，利用二极管的单向导电性将交流电整流为直流电。部分汽车交流发电机还带有三只小功率励磁二极管和两只中性点二极管。

交流发电机使用的整流二极管分为正极管和负极管两种。正极管的中心引线为正极，外壳为负极，管壳底部一般有红字标记。三只正极管的外壳压装或焊接在一块散热板的三个孔中，共同组成交流发电机的正极，称为正整流板（正极板）。负极管的中心引线为负极，外壳为正极，管壳底部一般有黑字标记。三只负极管的外壳压装或焊接在另一块散热板的三个孔中（此板与后端盖连接），或者直接压装在后端盖的三个孔中，与交流发电机的外壳共同组成交流发电机的负极，称为负整流板（负极板）。正整流板与后端盖用绝缘垫隔开，固定在后端盖上，由固定散热板的螺栓引至后端盖外部作为交流发电机的电源输出端，并在后端盖上铸有标记“B”“+”或“电枢”，如图 2-5-4 所示。

a）

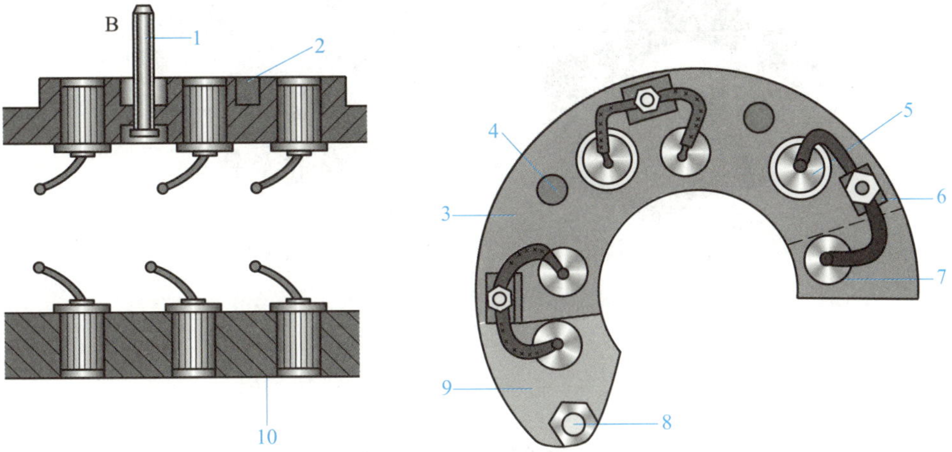

b）

图 2-5-4　交流发电机的整流器

a）整流器实物　b）整流器结构组成

1、8—输出端接线柱（接蓄电池正极）　2、9—正整流板　3、10—负整流板

4—整流板安装孔　5—正极管　6—绝缘垫　7—负极管

（3）整流器与三相定子绕组的连接方法

正、负极管的中心引线通过三个接线柱一一对应连接，并分别与三相定子绕组的三个接线端一一对应连接，组成三相桥式全波整流电路，连接方法分为星形联结和三角形联结两种，如图 2-5-5 所示。星形联结是把三相定子绕组的 3 个尾端接在一起作为中性点，由 3 个首端引出 3 条线与整流器相连；三角形联结是把三相定子绕组的首、尾端依次相接形成 3 个连接点，由 3 个连接点引出 3 条线与整流器相连。

（4）整流器的形状

整流器的形状各异，包括马蹄形、半圆形等，如图 2-5-6 所示。

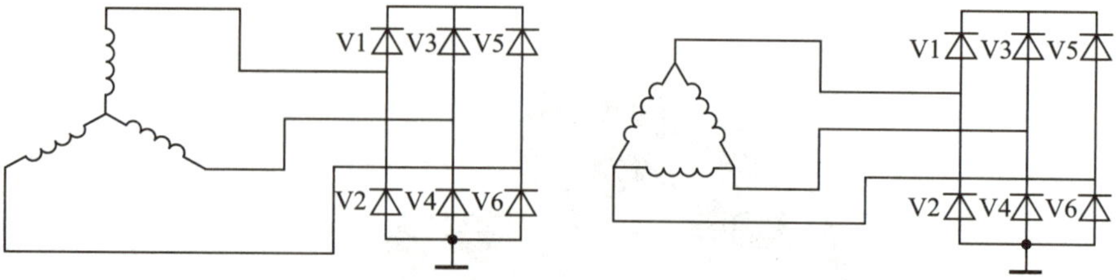

a）　　b）

图 2-5-5　整流器与三相定子绕组的连接方法

a）星形联结　b）三角形联结

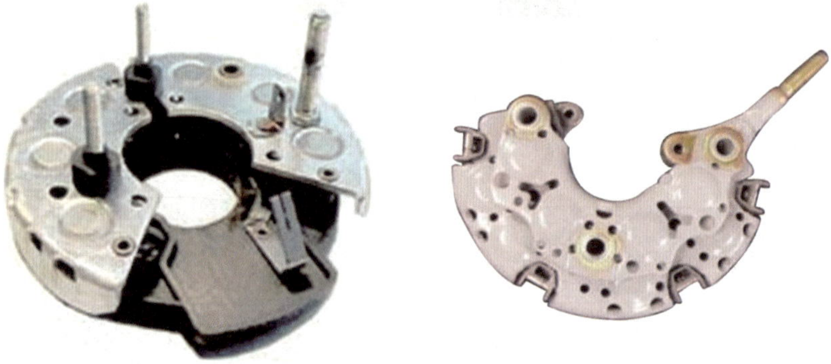

a）　　b）

图 2-5-6　整流器的形状

a）马蹄形　b）半圆形

4. 端盖

端盖的作用是固定转子、定子、整流器和电刷组件。交流发电机的前、后端盖均由铝合金铸造而成。铝合金为非导磁材料，可减少漏磁，并具有质量小、散热性能好等优点。前端盖铸有安装臂、调整臂和出风口，后端盖铸有安装臂和进风口，如图 2-5-7 所示。

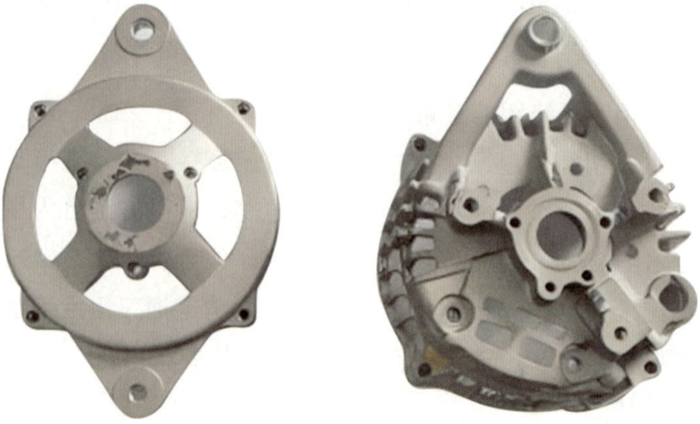

a）　　b）

图 2-5-7　交流发电机的端盖

a）前端盖　b）后端盖

5. 电刷组件

电刷组件安装在后端盖内，主要包括电刷、电刷架和电刷弹簧。

电刷安装在电刷架的方孔内，通过电刷弹簧与转子轴上的集电环保持接触。电刷的作用是将直流电流通过集电环引到旋转的励磁绕组，如图 2–5–8a 所示。

电刷组件分为两种结构形式。一种是外装式，从交流发电机的外部拆下电刷弹簧盖板即可拆下电刷，如图 2–5–8b 所示；另一种是内装式，需要分解交流发电机后才能拆下电刷，如图 2–5–8c 所示。

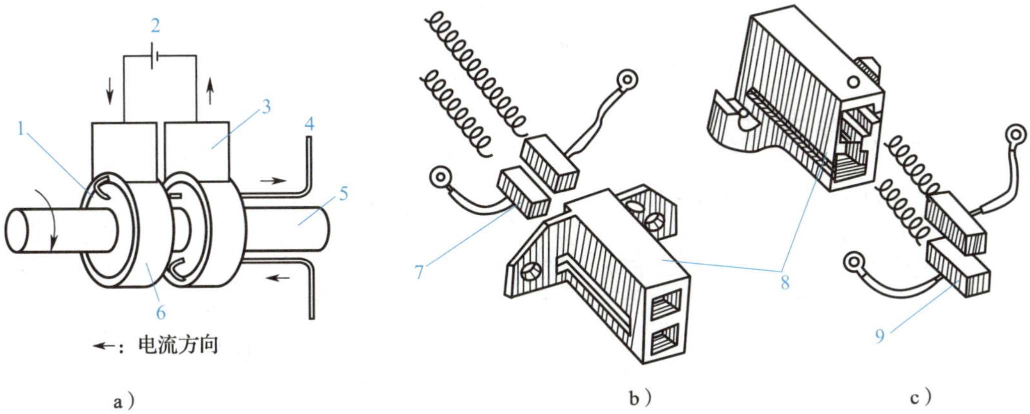

图 2–5–8　交流发电机的电刷组件

a）电刷的供电　b）外装式　c）内装式

1—绝缘树脂　2—蓄电池　3、7、9—电刷　4—转子励磁绕组引出线

5—转子轴　6—集电环　8—电刷架

外装式因拆装电刷在交流发电机外部即可进行，拆装、检修方便，因此被广泛使用；内装式因拆装电刷必须将交流发电机解体，拆装、检修不方便，现在已很少使用。

大部分汽车交流发电机将电刷组件与电压调节器集成于一体，如图 2–5–9 所示。

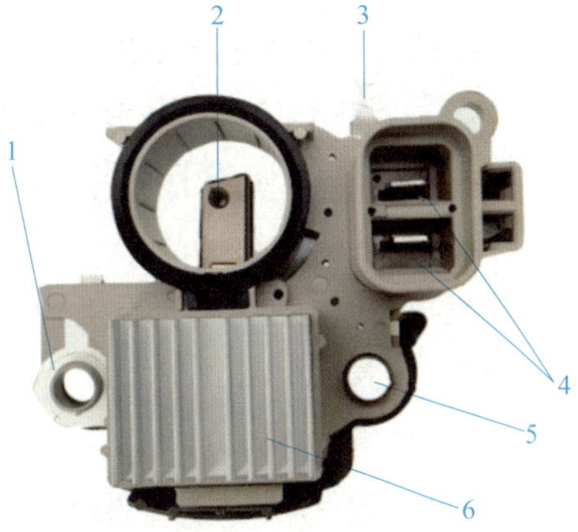

图 2–5–9　交流发电机的电刷组件和电压调节器

1—接地　2—电刷　3—接 B

4—交流发电机 L、S 端子

5—安装孔　6—电压调节器

6. 带轮和风扇

带轮和风扇（见图 2–5–10）安装在交流发电机的转子轴上。带轮由发动机通过传动带驱动交流发电机的转子旋转。风扇用于对交流发电机进行强制通风散热。

a） b）

图 2–5–10　交流发电机的带轮和风扇

a）带轮　b）风扇

二、交流发电机的型号

交流发电机的型号组成分为五部分，如图 2–5–11 所示。

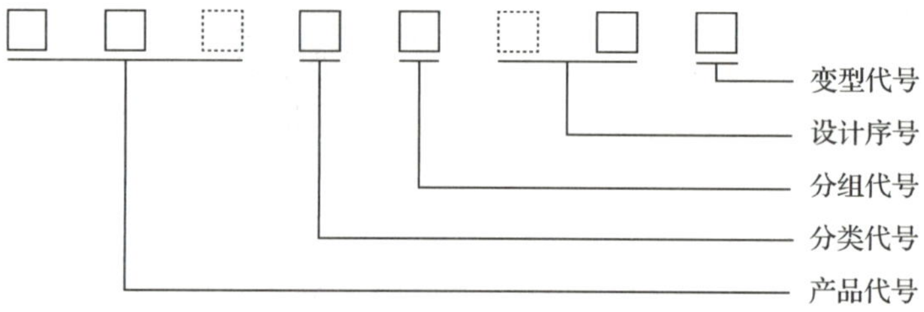

图 2–5–11　交流发电机的型号组成

1. 产品代号

按产品的名称适当选择其中 2 ~ 3 个单字，并由这些单字汉语拼音的第一个大写字母组成。交流发电机的产品代号包括 JF、JFW、JFZ、JFB 和 JFY，分别表示交流发电机、无刷式交流发电机、整体式交流发电机、带泵式交流发电机和永磁式交流发电机。

2. 分类代号

交流发电机以电压等级为分类代号，用 1 位阿拉伯数字表示，其中，1 表示 12 V，2 表示 24 V，6 表示 6 V。

3. 分组代号

交流发电机以电流等级为分组代号，用 1 位阿拉伯数字表示，应符合表 2–5–1 的规定。

表 2–5–1　交流发电机的分组代号

分组代号	1	2	3	4	5	6	7	8	9
电流等级 /A	~ 19	≥ 20 ~ 29	≥ 30 ~ 39	≥ 40 ~ 49	≥ 50 ~ 59	≥ 60 ~ 69	≥ 70 ~ 79	≥ 80 ~ 89	≥ 90

4. 设计序号

按产品设计先后顺序，由 1 ～ 2 位阿拉伯数字组成。

5. 变型代号

产品的主要电气参数和基本结构不改变的情况下，一般电气参数和结构作某些改变称为变型，以汉语拼音大写字母 A、B、C……顺序表示。交流发电机以调整臂的位置作为变型代号，从驱动端看，调整臂在右边时以 Y 表示，调整臂在左边时以 Z 表示，调整臂在中间时不加标记。

三、交流发电机的工作原理

1. 交流发电机的发电原理

交流发电机产生交流电的基本原理是电磁感应原理。

交流发电机的工作原理如图 2-5-12 所示。交流发电机的转子为磁极，转子的励磁绕组通过电刷和集电环引入直流电流而产生磁场，转子的两个爪形磁极分别被磁化为 N 极和 S 极。当转子由发动机通过带轮驱动旋转时，产生一个旋转的磁场，磁感线与三相定子绕组之间产生相对运动，使三相定子绕组切割磁感线而产生三相交流感应电动势。

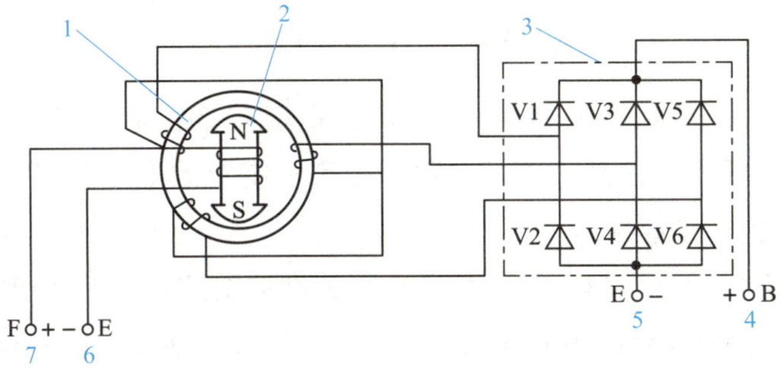

图 2-5-12　交流发电机的工作原理

1—定子　2—转子　3—整流电路　4—接蓄电池正极
5、6—接地　7—接励磁绕组正极

由于三相定子绕组对称分布在定子铁芯的嵌线槽内，因此，其产生的感应电动势按正弦规律变化，频率相同、幅值相等、相位差互为 120°。

每相定子绕组的感应电动势有效值与转子转速和磁极磁通成正比，即

$$E=Cn\Phi$$

式中　E——每相定子绕组感应电动势的有效值，V；

C——交流发电机结构常数；

n——转子转速，r/min；

Φ——磁极磁通，Wb。

2. 交流发电机的整流原理

交流发电机产生的交流电转变为直流电的基本原理是二极管的单向导电性，即交流发电机三相定子绕组中产生的三相交流电，通过六只硅整流二极管组成的三相桥式全波整流电路转变为直流电输出。

三相桥式全波整流电路及电压波形如图 2-5-13 所示。

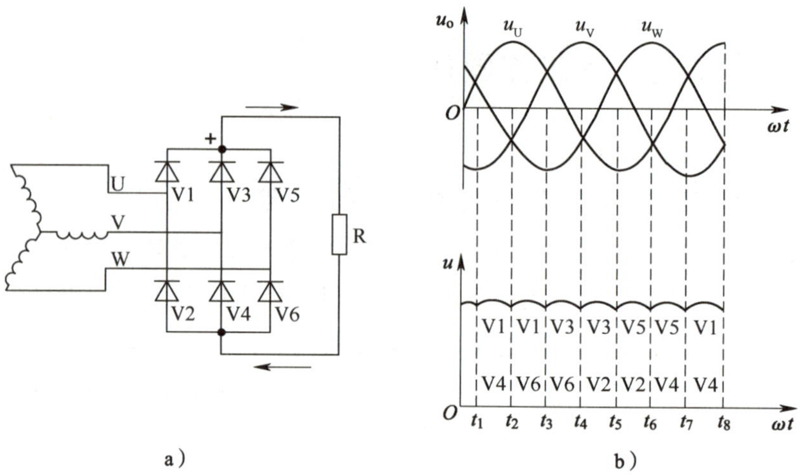

图 2-5-13　三相桥式全波整流电路及电压波形

a）整流电路　b）整流前、后电压波形

（1）三个正极管（V1、V3、V5）的正极分别接交流发电机三相定子绕组的首端，负极共同接在散热板上。在某一瞬间，哪一相定子绕组的电压最高（相对其他两相而言），则该相连接的正极管导通。

（2）三个负极管（V2、V4、V6）的负极也分别接交流发电机三相定子绕组的首端，正极共同接在后端盖或与后端盖连接的散热板上。在某一瞬间，哪一相定子绕组的电压最低（相对其他两相而言），则该相连接的负极管导通。

（3）在交流发电机运转过程的每一个时间区间，总有一相电压最高、一相电压最低，整流电路的六只二极管中，始终保持有且只有一对二极管导通（一个正极管、一个负极管），负载 R 两端得到的是两相间的线电压。这样以此类推，周而复始，六只二极管一对一对地轮流导通，使得负载 R 两端得到一个比较平稳的脉动直流电压，每个周期内有六个波形。

有的交流发电机带有中性点接线柱（中心抽头），是从三相定子绕组的中性点引出来的，标记为“N”，中性点对外壳之间的电压称为中性点电压 U_N，它等于三相桥式全波整流电路输出电压的一半，如图 2-5-14 所示。交流发电机的中性点电压用途很广，一般用来控制各种用途的继电器，如磁场继电器、蓄电池充电警报灯继电器等。

部分交流发电机在中性点接两只中性点二极管，对中性点电压进行全波整流，可以有效利用中性点电压，使交流发电机的输出功率增加 10% ~ 15%。

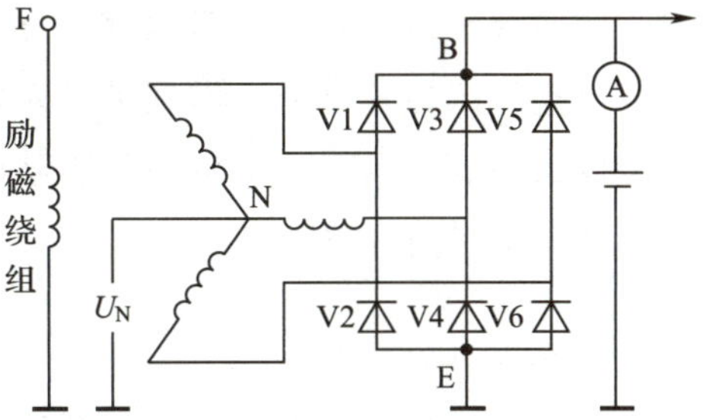

图 2-5-14 交流发电机中性点电压

3. 交流发电机的励磁方式

向交流发电机的转子励磁绕组供电使其产生磁场称为励磁。交流发电机的励磁方式包括两种：一种是由蓄电池供电的，称为他励；另一种是由交流发电机自身所发电能供电的，称为自励。

由于二极管死区电压的存在，在发动机起动期间或发动机转速很低时，交流发电机转子上磁极的剩磁很弱，仅靠剩磁产生的感应电动势不能使二极管导通，交流发电机不能自励发电，此时需要由蓄电池向励磁绕组提供励磁电流，使交流发电机发电。

随着发动机转速的提高，交流发电机产生的感应电动势逐渐增大。当发动机转速达到一定值（如怠速）后，交流发电机的输出电压达到或超过蓄电池电压，交流发电机就能对外供电和向蓄电池充电，并向励磁绕组提供励磁电流，由他励发电转变为自励发电。

交流发电机的励磁电路如图 2-5-15 所示。

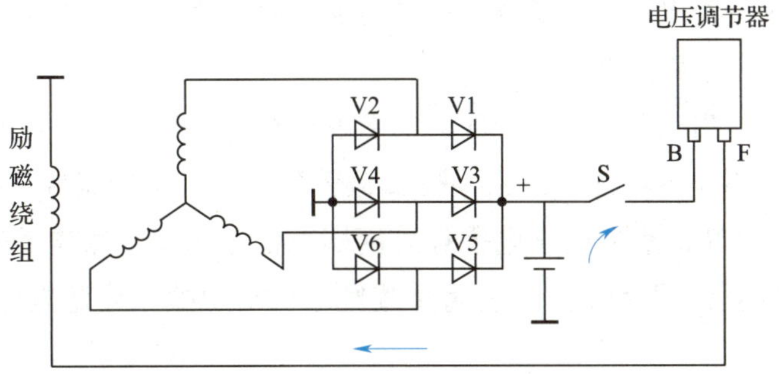

图 2-5-15 交流发电机的励磁电路

（1）当点火开关 S 接通时，蓄电池通过电压调节器向交流发电机励磁绕组提供励磁电流，励磁电流的路径为蓄电池正极→点火开关 S→电压调节器 B 接线柱→电压调节器→电压调节器 F 接线柱→交流发电机励磁绕组→搭铁。

（2）发动机起动后，当交流发电机的输出电压略高于蓄电池电压时，交流发电机向励磁绕组提供励磁电流，励磁电流的路径为交流发电机正极→点火开关 S→电压调节器 B 接线柱→电压调节器→电压调节器 F 接线柱→交流发电机励磁绕组→搭铁。

上述励磁电路只是一个基本电路，此电路存在一个缺点，即如果驾驶员在发动机关闭后忘记将点火开关断开，蓄电池就会通过电压调节器向交流发电机励磁绕组长时间放电。针对这一缺点，很多车型采用了九管交流发电机，其电路如图 2–5–16 所示，即在六只硅整流二极管之外，增加了三只功率较小的硅二极管，专门用来提供励磁电流，称为励磁二极管。励磁二极管同时控制电路中的蓄电池充电警报灯，以提醒驾驶员在发动机关闭后必须断开点火开关。

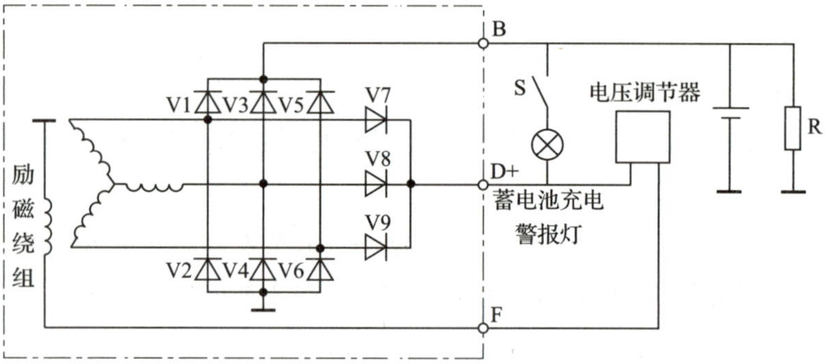

图 2–5–16　九管交流发电机的电路

电路中的蓄电池充电警报灯可以监视交流发电机的工作状态，指示交流发电机是否出现故障，其工作原理如下：

当接通点火开关，发动机起动时，交流发电机输出电压 U_{D+} 小于蓄电池电压，二极管截止，交流发电机不能对外供电，由蓄电池提供励磁电流，励磁电流的路径为蓄电池正极→点火开关 S→蓄电池充电警报灯→电压调节器→交流发电机励磁绕组→搭铁→蓄电池负极，蓄电池充电警报灯点亮。

当发动机转速升高到怠速及以上时，交流发电机能正常发电并对外供电，交流发电机的输出电压高于蓄电池电压，三只励磁二极管和三只负极管组成三相桥式整流电路，D+ 端与 B 端电位相等，蓄电池充电警报灯两端电位差为零，蓄电池充电警报灯熄灭。如果蓄电池充电警报灯没有熄灭，说明交流发电机出现故障或蓄电池充电警报灯电路搭铁。

发动机关闭后，如果点火开关没有断开，则蓄电池充电警报灯点亮，提醒驾驶员及时断开点火开关。

四、电压调节器

1. 电压调节器的作用

汽车交流发电机是由发动机通过带传动驱动旋转的，而发动机转速因汽车运行工况的不同而变化，因此，交流发电机的转速也随汽车运行工况的不同而变化，若不加以调节，其输出电压将很不稳定且变化范围很大，这与汽车上的用电设备要求电压恒定相矛盾。因此，交流发电机必须配备自动调节电压的装置。电压调节器的作用就是当发动机转速变化时，自动对交流发电机的输出电压进行调节，使交流发电机的输出电压稳定，以满足汽车上用电设备的要求。

2. 电压调节器的工作原理

由交流发电机的工作原理可知，在交流发电机结构型式固定的情况下，感应电动势的大小与交流发电机转速和磁极磁通成正比，而交流发电机转速是频繁变化的，只有改变磁极磁通的大小才能改变感应电动势的大小，从而控制交流发电机输出电压不超出设定范围。磁极磁通的大小又取决于励磁电流的大小，因此，交流发电机输出电压调节一般是通过控制励磁电流的大小来实现的。

电压调节器的工作原理如图 2–5–17 所示。电压调节器动作的控制参数为交流发电机输出电压。当交流发电机输出电压升高到设定的上限值 U_2 时，电压调节器动作，使励磁绕组的励磁电流 I_f 减小或断流，从而减小磁极磁通，使交流发电机输出电压降低；当交流发电机输出电压降低到设定的下限值 U_1 时，电压调节器再次动作，使励磁电流 I_f 增大，从而增大磁极磁通，使交流发电机输出电压升高。这样不断重复上述过程，使交流发电机输出电压在设定的范围内波动，得到一个稳定的平均电压 U_e。

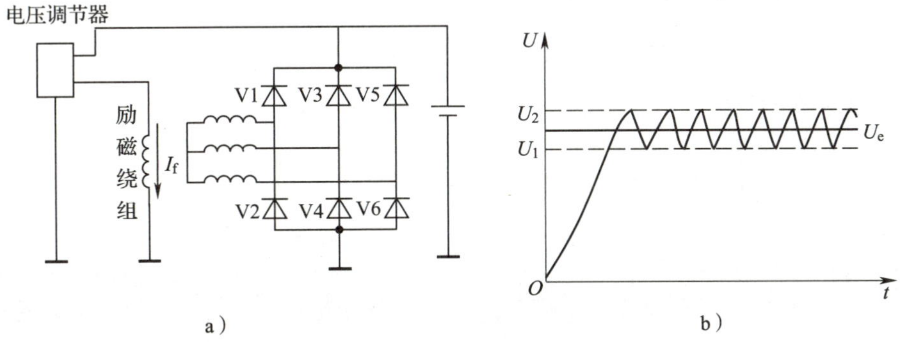

图 2–5–17　电压调节器的工作原理

a）工作原理示意图　b）电压调节器工作时的交流发电机输出电压波形

3. 电压调节器的类型

按控制原理不同，电压调节器可分为电磁振动式和电子式两种类型。电子式电压调节器具有体积小、调节效果好、可靠性高、使用寿命长等优点，应用广泛。电子式电压调节器又可分为晶体管电压调节器、集成电路电压调节器和可控硅电压调节器等。集成电路电压调节器结构紧凑、体积小、调节精度高、故障率低，可直接安装在交流发电机内部，已经成为主流。

按搭铁形式不同，电压调节器可分为内搭铁式（与内搭铁式交流发电机配套使用）和外搭铁式（与外搭铁式交流发电机配套使用）两种类型。

常见的电压调节器如图 2–5–18 所示。

图 2–5–18　常见的电压调节器

任务实施

一、任务准备

1. 设备：交流发电机、工具车、零件车、工作台等。
2. 工具：常用工具、万用表等。
3. 资料：维修手册、工作页。

二、操作步骤

交流发电机分解、检测与组装见表 2–5–2。

表 2–5–2　　交流发电机分解、检测与组装

图示	说明
	1. 将交流发电机平稳、可靠地放置在工作台上

续表

图示	说明
	2. 分解交流发电机 （1）拆卸接线端绝缘体和后端盖罩 注意：使用撬棒拆卸交流发电机后端盖罩时，不要损坏后端盖罩 提示：部分车型交流发电机后端盖罩有紧固螺钉，拆卸后端盖罩前应先拆卸紧固螺钉
	（2）拆卸电刷组件和电压调节器 使用十字旋具拆卸电刷组件和电压调节器的 4 颗紧固螺钉，取下电刷组件和电压调节器
	（3）拆卸前、后端盖紧固螺栓 使用套筒工具按对角顺序先对前、后端盖紧固螺栓卸力，然后拧松并取下前、后端盖紧固螺栓

续表

图示	说明
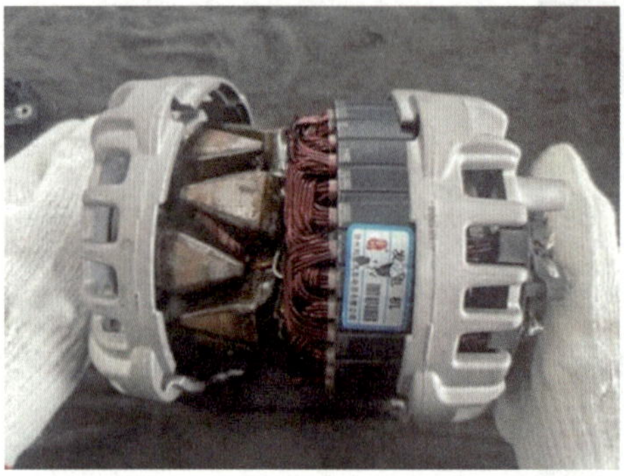	（4）拆卸前、后端盖 提示：必要时可使用橡胶锤轻轻敲击
 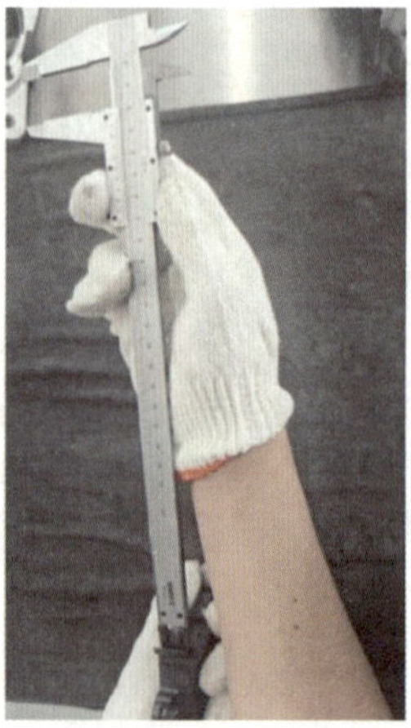	3. 检测电刷长度 （1）清洁电刷组件和电压调节器 （2）使用游标卡尺检测电刷长度（正常为 5 ~ 12 mm）
	4. 检测转子励磁绕组的电阻 （1）清洁转子的励磁绕组 （2）使用万用表检测励磁绕组的电阻（正常为 2 ~ 5 Ω） 提示：红、黑表笔分别接转子的两个集电环

续表

图示	说明
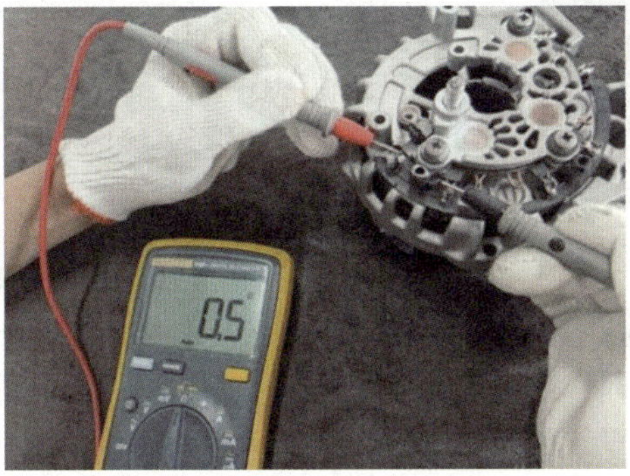	5. 检测三相定子绕组各组的电阻 （1）清洁定子的三相定子绕组 （2）使用万用表检测定子绕组的电阻（正常为 0.1 ~ 1 Ω） 提示：红、黑表笔分别接三相定子绕组三个输出端中的任意两个，两两相连，测量三次
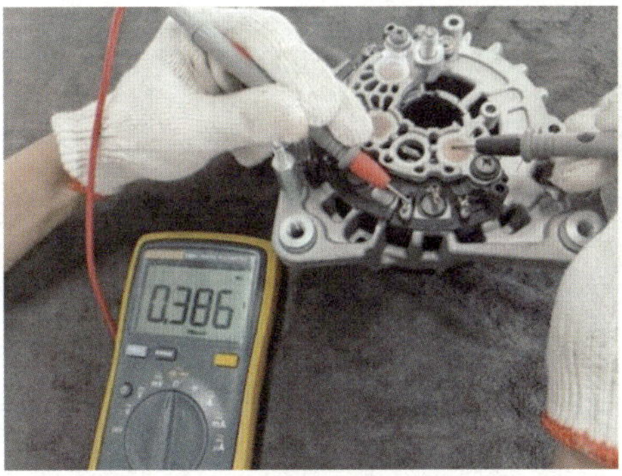	6. 检测正整流板的性能 （1）清洁整流器的正整流板 （2）使用万用表二极管挡检测正极管的正向压降（正常为 0.2 ~ 0.7 V） 提示：黑表笔接正整流板输出端，红表笔依次接三相定子绕组的三个输出端，测量三次
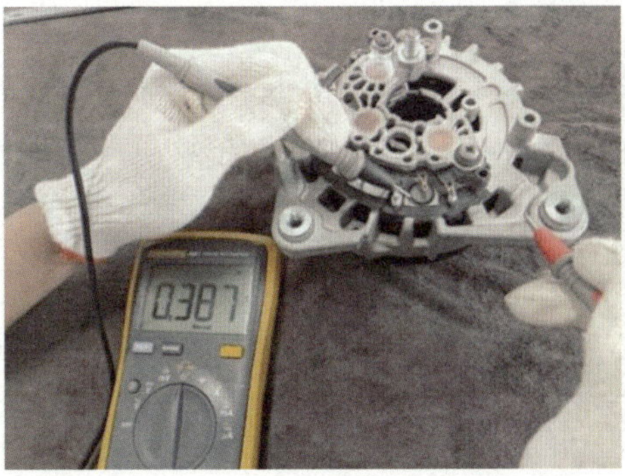	7. 检测负整流板的性能 （1）清洁整流器的负整流板 （2）使用万用表二极管挡检测负极管的正向压降（正常为 0.2 ~ 0.7 V） 提示：红表笔接交流发电机外壳，黑表笔依次接三个负极管输出端，测量三次

续表

图示	说明
	8. 检查后端盖轴承 清洁后端盖轴承，并转动轴承检查有无卡滞、异响等情况
	9. 检查前端盖轴承 清洁前端盖轴承，并转动带轮检查有无卡滞、异响等情况
	10. 组装交流发电机并检查、验证 （1）按照与分解相反的顺序组装交流发电机 提示：前、后端盖紧固螺栓拧紧力矩为 8 N · m （2）组装完成后，检查交流发电机运转情况

续表

图示	说明
	11. 按照“8S”管理规定整理实训场地

任务6　交流发电机维修

学习目标

1. 能描述汽车充电电路的组成和工作过程。
2. 能描述交流发电机和电压调节器的使用注意事项。
3. 能描述汽车电源系统的常见故障及其排除方法。
4. 能描述汽车电源系统的故障诊断与排除流程。
5. 能以小组合作方式，在教师指导下，规范进行交流发电机更换，遵循“8S”管理规定。

任务描述

一辆汽车进厂维修，客户反映仪表板上的蓄电池充电警报灯常亮，车辆无法充电。班组长检查后，初步判断为交流发电机故障，需要进行更换。现班组长安排你采用小组合作的方式，通过查阅维修手册等资料，在规定时间内完成交流发电机更换的任务。

相关知识

一、汽车充电电路

1. 汽车充电电路的组成和工作过程

汽车充电电路原理图如图 2-6-1 所示，其工作过程如下：

（1）当点火开关接通后（发动机不工作），励磁电流路径为蓄电池正极→点火开关→继电器→蓄电池充电警报灯→交流发电机 L 端子→交流发电机内部 D+ 接线柱→交流发电机励磁绕组→交流发电机内部 F 接线柱→电压调节器的三极管 V11→搭铁→蓄电池负极，在交流发电机励磁绕组中产生交流发电机所需的旋转磁场，同时，蓄电池充电警报灯点亮。

（2）发动机起动后，交流发电机的励磁电流由交流发电机自身发出的电能来提供。随着发动机转速的提高，交流发电机的输出电压升高。当交流发电机的输出电压高于蓄电池电压时，交流发电机通过输出端接线柱（B）向蓄电池充电。同时，交流发电机 L 端子处的电压升高，蓄电池与交流发电机 L 端子之间的电位差降为零，蓄电池充电警报灯熄灭。

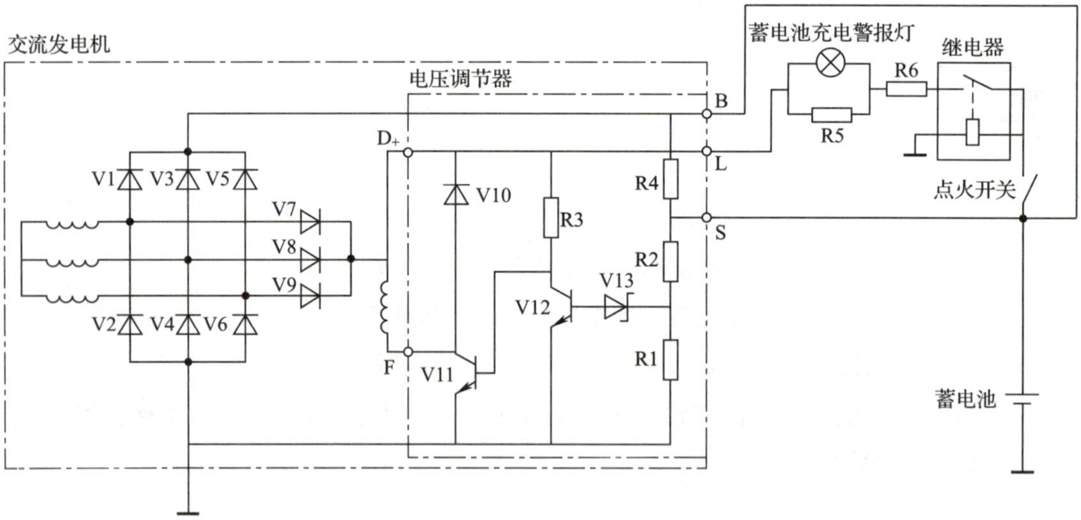

图 2-6-1　汽车充电电路原理图

2. 充电电路实例

图 2-6-2 所示为某型号汽车的充电电路图，其工作过程如下：

（1）当点火开关接通后（发动机不工作），励磁电流路径为蓄电池正极→起动机 30 号端子→继电器盒 Y/3 端子→继电器盒 H1/2 端子→点火开关 ON 端子→继电器盒 H2/4 端子→ 16/10 A 熔丝→继电器盒 U1/4 端子→仪表板 13 号端子→蓄电池充电警报灯→仪表板 16 号端子→继电器盒 U2/12 端子→继电器盒 A2/1 端子→交流发电机 D+ 接线柱→

交流发电机励磁绕组和电压调节器→搭铁→蓄电池负极，在交流发电机励磁绕组中产生交流发电机所需的磁场，同时，蓄电池充电警报灯点亮。

（2）发动机起动后，随着发动机转速的提高，当交流发电机的输出电压高于蓄电池电压时，交流发电机通过输出端接线柱（B）向蓄电池充电，同时，蓄电池充电警报灯熄灭。

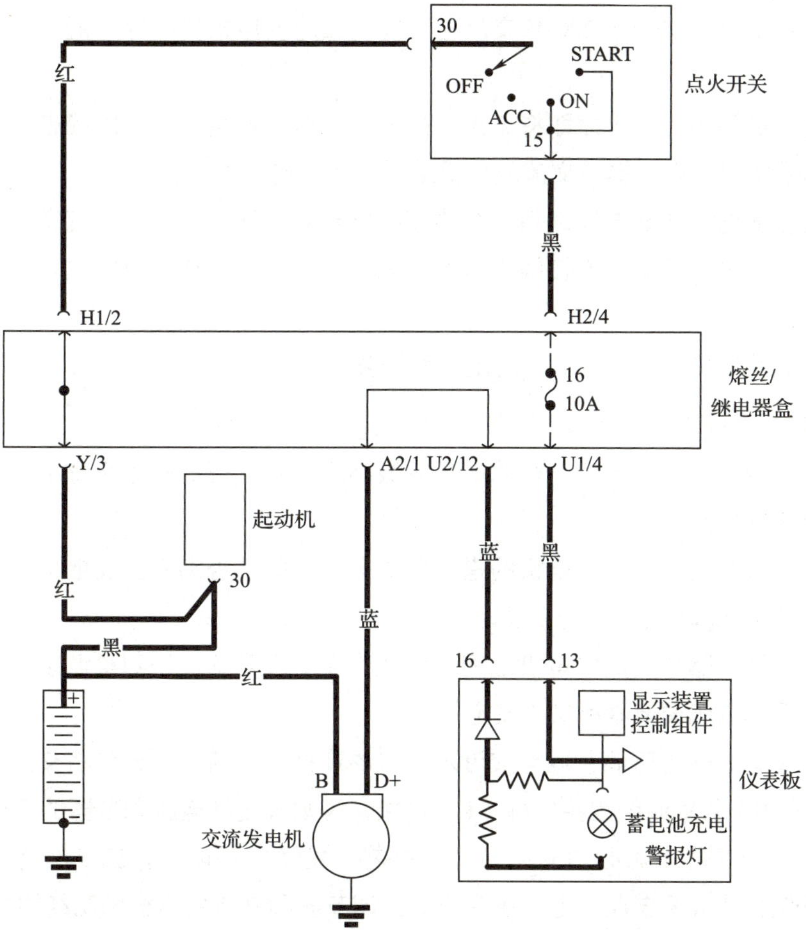

图 2-6-2　某型号汽车的充电电路图

二、交流发电机和电压调节器的使用

交流发电机和电压调节器结构简单、维护方便，若使用得当，不但可以减少故障，还可以延长使用寿命。因此，应正确使用交流发电机和电压调节器。

1. 交流发电机的使用注意事项

（1）汽车用交流发电机均为负极搭铁，蓄电池也必须负极搭铁。若蓄电池搭铁极性接错，交流发电机整流二极管将承受蓄电池正向电压，使整流二极管损坏。

（2）交流发电机正常运转时，不能用搭铁试火的方法检查交流发电机是否正常，否则不仅容易损坏整流二极管，还会造成蓄电池正、负极之间短路，致使蓄电池大电流放电，损坏蓄电池，烧毁线路。

（3）若发现交流发电机不充电或充电电流很小，应及时查明原因并进行检修，不能继续使用，否则交流发电机不仅不能正常工作，还会导致故障越来越严重，甚至烧坏交流发电机及其线路。

（4）禁止使用兆欧表或220 V交流电压检测交流发电机的绝缘性能，否则会损坏整流二极管。

（5）发动机关闭后，应立即将点火开关断开，以免蓄电池长时间经电压调节器对交流发电机励磁绕组供电，损坏交流发电机励磁绕组和电压调节器。

（6）交流发电机与蓄电池之间的线路连接要牢固可靠，而且在交流发电机正常运转时不能随意拆装电气设备的连接线，以免在电路突然断开时产生瞬时过电压，损坏电子元器件。

（7）交流发电机和电压调节器的规格型号要相互匹配。

2. 电压调节器的使用注意事项

（1）电压调节器与交流发电机的电压等级必须一致，否则电源系统不仅不能正常工作，还会损坏有关元器件。

（2）电压调节器与交流发电机的搭铁形式必须匹配，否则交流发电机会因励磁绕组无电流流过而不能输出电压。

（3）电压调节器与交流发电机之间的线路连接必须正确，否则电源系统不能正常工作，甚至会损坏电压调节器和交流发电机。

（4）在没有断开电压调节器与交流发电机的连接线之前，不允许将交流发电机的输出端接线柱（B）与励磁绕组接线柱（F）短接，否则会烧坏电压调节器的高速触点。

（5）电压调节器电源必须受点火开关控制，发动机关闭后，应及时将点火开关断开，否则不仅会造成蓄电池亏电，还会将电压调节器和交流发电机励磁绕组烧坏。

三、汽车电源系统的常见故障及其排除方法

汽车电源系统的常见故障包括不充电、充电电流过小、充电电流过大和充电不稳等，可能的故障范围包括交流发电机传动带、交流发电机、电压调节器、电源系统连接线路、蓄电池、蓄电池充电警报灯、点火开关等。排除电源系统故障时，应综合考虑整个系统各部分之间的关系，仔细阅读维修手册和电路图，按照一定的流程逐步找出故障点。

1. 不充电

发动机以略高于怠速的转速运转时，蓄电池充电警报灯点亮，说明出现不充电故障。不充电故障原因及排除方法见表2–6–1。

表 2-6-1　　不充电故障原因及排除方法

故障部位		故障原因	排除方法
交流发电机传动带		损坏	更换交流发电机传动带
蓄电池充电警报灯		损坏	更换蓄电池充电警报灯
交流发电机	三相定子绕组	断路或搭铁	建议更换交流发电机
	励磁绕组	断路或搭铁	建议更换交流发电机
	集电环或电刷	集电环严重烧蚀、脏污或有裂纹，电刷过度磨损或卡滞	可通过焊接、机加工修复，或更换电刷
	整流器	二极管烧蚀脱焊	脱焊故障可通过补焊修复，或更换整流器
电压调节器		损坏	更换电压调节器
电源系统连接线路		断路或接线柱松脱	修复线路，拧紧接线柱

2. 充电电流过小

发动机转速由低速逐渐提高至中速时，前照灯灯光暗淡或喇叭音量过小，说明出现充电电流过小故障。充电电流过小故障原因及排除方法见表 2-6-2。

表 2-6-2　　充电电流过小故障原因及排除方法

故障部位		故障原因	排除方法
交流发电机传动带		传动带张紧度不够	按要求调整传动带张紧度
交流发电机	三相定子绕组	匝间短路	建议更换交流发电机
	励磁绕组	匝间短路	建议更换交流发电机
	集电环或电刷	集电环轻度烧蚀、脏污，电刷磨损不均	可用细砂纸打磨集电环，更换电刷和电刷弹簧
	整流器	个别二极管损坏	对于压装的二极管可以个别更换，否则更换整流器
电压调节器		电压调节器调节电压过低	更换电压调节器
电源系统连接线路		接线柱松动或接触不良	拧紧接线柱

3. 充电电流过大

发动机转速在中速以上时，蓄电池电解液消耗过快且有气味，点火线圈过热，车载灯具或熔丝经常烧坏等，说明出现充电电流过大故障。充电电流过大故障原因及排除方法见表 2-6-3。

表 2-6-3　　充电电流过大故障原因及排除方法

故障部位	故障原因	排除方法
电压调节器	电压调节器调节电压过高或失控	更换电压调节器
蓄电池	蓄电池内部短路	更换蓄电池

4. 充电不稳

发动机正常运转时，交流发电机时而充电，时而不充电，说明出现充电不稳故障。充电不稳故障原因及排除方法见表 2-6-4。

表 2-6-4　　充电不稳故障原因及排除方法

故障部位		故障原因	排除方法
交流发电机传动带		传动带过松、带轮失圆跳动	按要求张紧或更换带轮
交流发电机	三相定子绕组	接线端松动、接触不良	建议更换交流发电机
	励磁绕组	接线端松动、接触不良	建议更换交流发电机
	集电环或电刷	集电环轻度烧蚀、脏污，电刷磨损不均、接触不良	可用细砂纸打磨集电环，更换电刷和电刷弹簧
电源系统连接线路		接线柱松动或接触不良	拧紧接线柱

四、汽车电源系统的故障诊断与排除流程

汽车发动机运转时，电源系统的工作情况可通过蓄电池充电警报灯来指示。在汽车运行过程中，当蓄电池充电警报灯指示出现异常时，说明电源系统发生故障，应及时诊断并排除故障。电源系统的故障诊断与排除流程如下。

1. 接通点火开关，不起动发动机，此时蓄电池充电警报灯应点亮，如图 2-6-3 所示。如果蓄电池充电警报灯不亮，应检查蓄电池充电警报灯熔丝是否熔断，灯泡是否损坏，蓄电池充电警报灯电路是否正常。

2. 上述故障排除后，再次接通点火开关，不起动发动机，蓄电池充电警报灯应点亮；起动发动机，蓄电池充电警报灯应熄灭。否则，应检查交流发电机。

图 2-6-3　蓄电池充电警报灯

3. 起动车辆，检测交流发电机运行工况。如图 2-6-4 所示，使用数字式万用表测量蓄电池正、负极之间的电压（交流发电机输出电压），如果电压稳定在 14 V 左右，说明交流发电机工作正常。

图 2-6-4　交流发电机输出电压测量

任务实施

一、任务准备

1. 设备：实训车辆、交流发电机、工具车、零件车、工作台等。
2. 工具：常用工具、故障诊断仪、手电筒、数字式万用表等。
3. 资料：维修手册、工作页。

二、操作步骤

交流发电机更换见表 2-6-5。

表 2-6-5　交流发电机更换

图示	说明
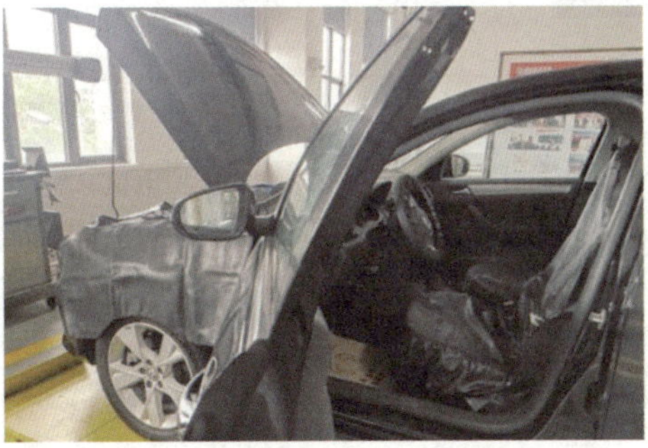	1. 安装车辆防护用品

续表

图示	说明
	2. 检查车辆状况 （1）检查仪表板上的蓄电池充电警报灯是否点亮 （2）使用故障诊断仪读取故障码和数据流 提示：当交流发电机出现故障时，OBD 会记录故障信息
	3. 断开点火开关 提示：拆卸交流发电机时，应先断开点火开关，以保护车载用电设备
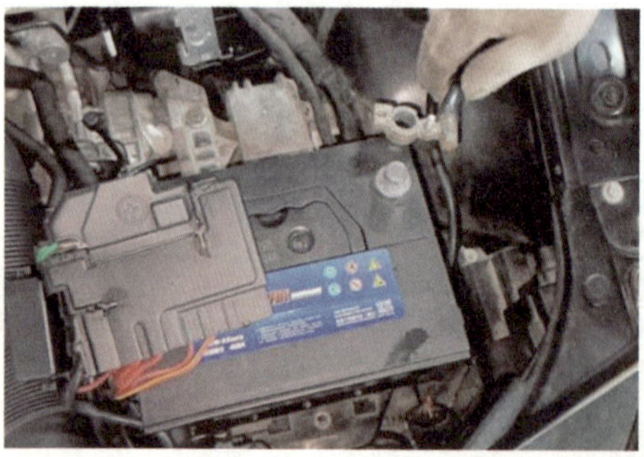	4. 断开蓄电池负极电缆 使用 10 mm 套筒和棘轮手柄拆卸蓄电池负极端子紧固螺栓，并断开负极电缆 提示：为避免蓄电池负极电缆意外连接蓄电池，应安装端子保护套
	5. 拆卸交流发电机 （1）使用 13 mm 呆扳手拆卸交流发电机输出端接线柱（B）紧固螺栓，用拇指按压锁止装置断开交流发电机 L、S 端子连接线束插接器 注意：操作空间狭小，避免磕碰

续表

图示	说明
	（2）拆卸交流发电机传动带，并检查传动带有无毛刺、裂纹和异常磨损等情况 注意：拆卸传动带时，需持续按压张紧轮，建议多人合作；手指不要伸入传动带与带轮之间，以防夹伤
	（3）使用 13 mm 套筒或梅花扳手拆卸交流发电机固定螺栓 提示：固定螺栓有 2 个，上端和下端各 1 个
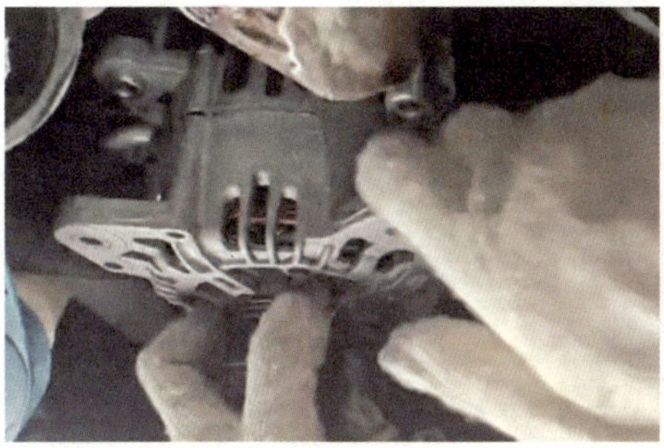	（4）取出交流发电机 注意：不要磕碰，以免损坏线束或交流发电机

续表

图示	说明
	6. 检查新的交流发电机 检查新的交流发电机外观，确认型号匹配
	7. 安装新的交流发电机 （1）按照与拆卸相反的顺序安装新的交流发电机，并按规定力矩（15 ~ 20 N·m）拧紧交流发电机固定螺栓
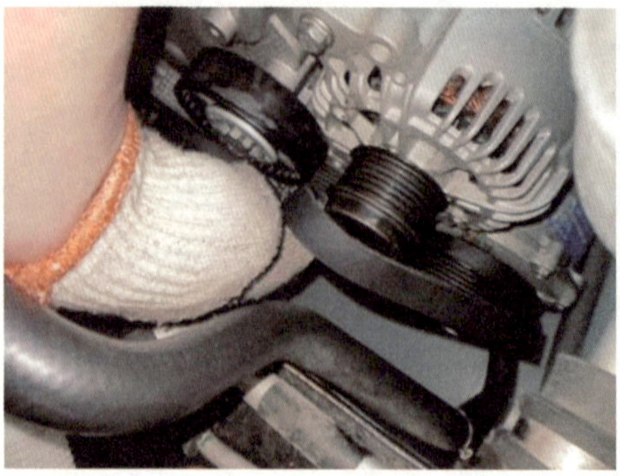	（2）安装交流发电机传动带 注意：安装传动带时，需持续按压张紧轮，建议多人合作；手指不要伸入传动带与带轮之间，以防夹伤

续表

图示	说明
	（3）检查交流发电机传动带张紧度 用拇指按压传动带（压力为30 ~ 40 N），其挠度应为10 ~ 15 mm，若不符合规定，应调整传动带挠度
	（4）装复交流发电机连接线束插接器和输出端接线柱 注意：操作空间狭小，避免磕碰
	（5）装复蓄电池负极电缆 使用10 mm套筒按规定力矩（8 ~ 12 N·m）拧紧蓄电池负极端子紧固螺栓

续表

图示	说明
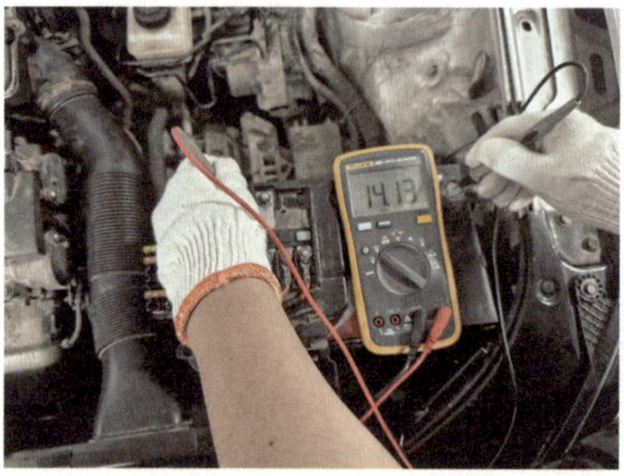	8. 检查、验证车辆 （1）起动车辆，验证交流发电机性能 使用万用表测量蓄电池电压，红表笔接蓄电池正极，黑表笔接蓄电池负极（正常为 14 V 左右）
	（2）检查仪表板上的蓄电池充电警报灯是否熄灭，使用故障诊断仪读取故障码和数据流 提示：部分车型还需要使用故障诊断仪对车辆进行复位（如电动车窗、电动天窗、时钟、电动座椅等）
	9. 按照“8S”管理规定整理实训场地

项目三
—— 汽车起动系统构造与维修

任务1 汽车起动系统认知

学习目标

1. 能描述汽车起动系统的作用、类型和组成。
2. 能认知起动机的安装位置。
3. 能以小组合作方式，在教师指导下，认知汽车起动系统的主要组成部件及其安装位置，遵循“8S”管理规定。

任务描述

一辆汽车进厂维修，客户反映在起动车辆时偶尔出现起动无反应的现象。班组长检查后，初步判断为汽车起动系统故障。现班组长安排你采用小组合作的方式，通过查阅维修手册等资料，在规定时间内完成汽车起动系统认知的任务。

相关知识

一、汽车起动系统的作用

汽车发动机必须依靠外力带动曲轴旋转后，才能进入正常工作状态，通常把汽车发动机在外力作用下，开始转动到怠速运转的全过程，称为发动机的起动。

汽车起动系统的作用是给发动机曲轴提供足够大的转矩，带动发动机达到必需的起动转速，以使发动机进入自行运转状态。当发动机进入自行运转状态后，汽车起动系统立即停止工作。

二、汽车起动系统的类型

发动机常用的起动方式包括人力起动、辅助汽油机起动和电力起动等。

人力起动是指用手摇或绳拉，属于最简单的起动方式，现在仍有部分车型将人力手摇起动作为后备起动方式保留。

辅助汽油机起动只在少数重型汽车上采用。

电力起动是指由直流电动机通过传动机构将发动机起动，具有操作简单、起动迅速可靠、重复起动能力强等优点，绝大多数汽车采用这种方式起动。

三、汽车起动系统的组成

汽车起动系统（电力起动系统）主要由蓄电池、起动机和起动控制装置（包括起动按钮或点火开关、起动继电器）等组成，如图 3–1–1 所示。

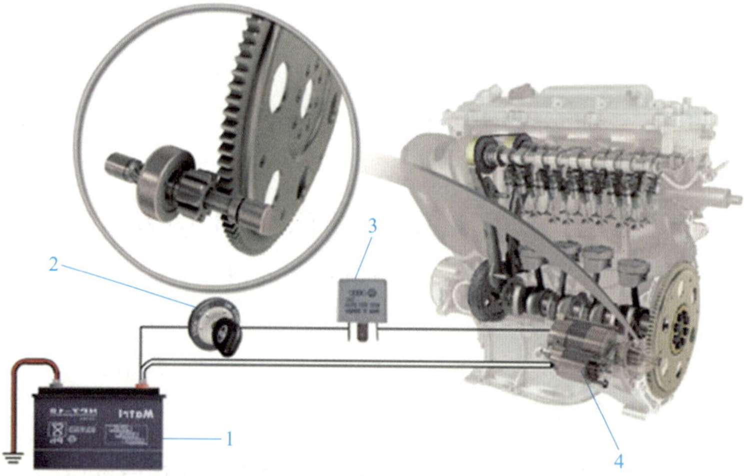

图 3–1–1　汽车起动系统的组成

1—蓄电池　2—点火开关　3—起动继电器　4—起动机

蓄电池的作用是为起动系统提供电能。

起动机的作用是在起动按钮或点火开关控制下，将蓄电池的电能转变为机械能，通过飞轮齿圈带动发动机曲轴旋转，起动发动机。

起动继电器的作用是用小电流电路控制大电流电路，保护起动按钮或点火开关和起动机。

四、起动机的安装位置

起动机安装在汽车发动机飞轮壳的座孔上，用螺栓固定，如图 3–1–2 所示。

图 3-1-2　起动机在汽车上的安装位置

任务实施

一、任务准备

1. 设备：实训车辆、工具车、零件车、工作台、举升机等。
2. 工具：常用工具、手电筒等。
3. 资料：维修手册、工作页。

二、操作步骤

汽车起动系统认知见表 3-1-1。

表 3-1-1　　**汽车起动系统认知**

图示	说明
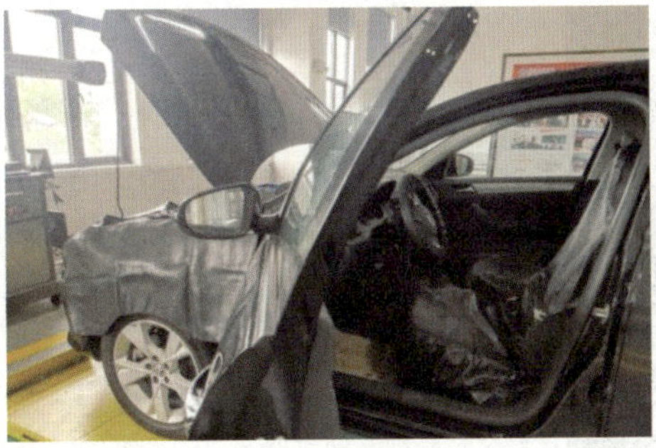	1. 安装车辆防护用品

续表

图示	说明
	2. 认知起动机及其安装位置 起动机安装在发动机舱内发动机飞轮附近
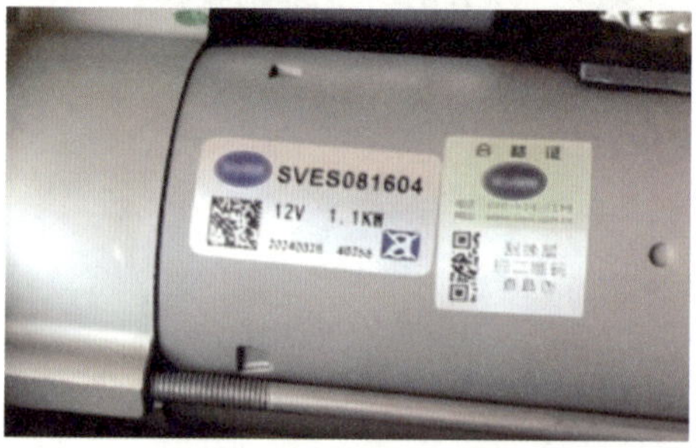	3. 识别起动机铭牌 识别起动机的型号、标称电压和额定功率
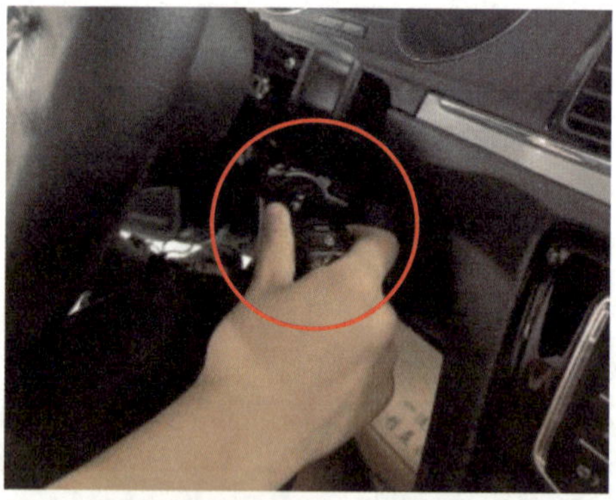	4. 识别点火开关挡位
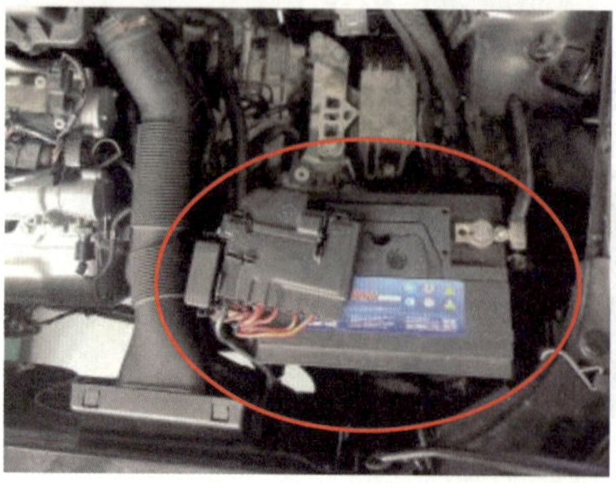	5. 认知蓄电池及其安装位置 蓄电池安装在发动机舱内左前方

续表

图示	说明
	6. 认知起动继电器及其安装位置 起动继电器安装在仪表板下方的继电器支架上
	7. 认知起动熔丝及其安装位置 起动熔丝安装在仪表板侧面的熔丝支架上
	8. 按照“8S”管理规定整理实训场地

任务 2　起动机构造和工作原理

学习目标

1. 能描述起动机的组成。
2. 能描述起动机各组成部件的结构和工作原理。
3. 能描述起动机的类型和型号。
4. 能以小组合作方式，在教师指导下，规范进行起动机分解、检测与组装，遵循“8S”管理规定。

任务描述

一辆汽车进厂维修，客户反映在起动车辆时偶尔出现起动无反应，车辆无法起动的现象。班组长检查后，初步判断为起动机故障，需要进行检查。现班组长安排你采用小组合作的方式，通过查阅维修手册等资料，在规定时间内完成起动机分解、检测与组装的任务并确认故障范围。

相关知识

一、起动机的组成

起动机是汽车起动系统的主要组成部分，主要由直流电动机、传动机构和控制装置三部分组成，如图 3–2–1 所示。

1. 直流电动机

直流电动机的作用是将蓄电池提供的电能转变为机械能，产生转矩。

2. 传动机构

传动机构的作用是通过驱动齿轮将直流电动机产生的转矩传递给飞轮，再通过飞轮将转矩传递给发动机曲轴，使发动机起动（传递动力）；发动机起动后，使驱动齿轮与飞轮自动脱离（切断动力）。

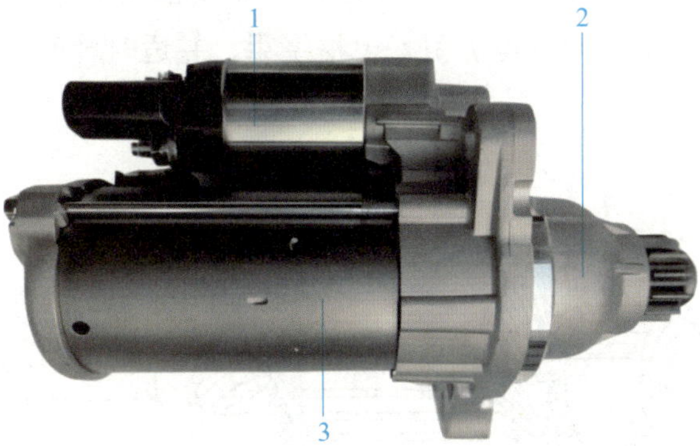

图 3-2-1　起动机的组成

1—控制装置　2—传动机构　3—直流电动机

3. 控制装置

控制装置主要是指电磁开关，其作用是控制驱动齿轮与飞轮的啮合与分离，并控制直流电动机电路的接通与切断。

二、直流电动机的结构和工作原理

1. 直流电动机的结构

直流电动机主要由电枢、磁极（励磁绕组和铁芯）、电刷组件、机壳和端盖等组成，其结构如图 3-2-2 所示。

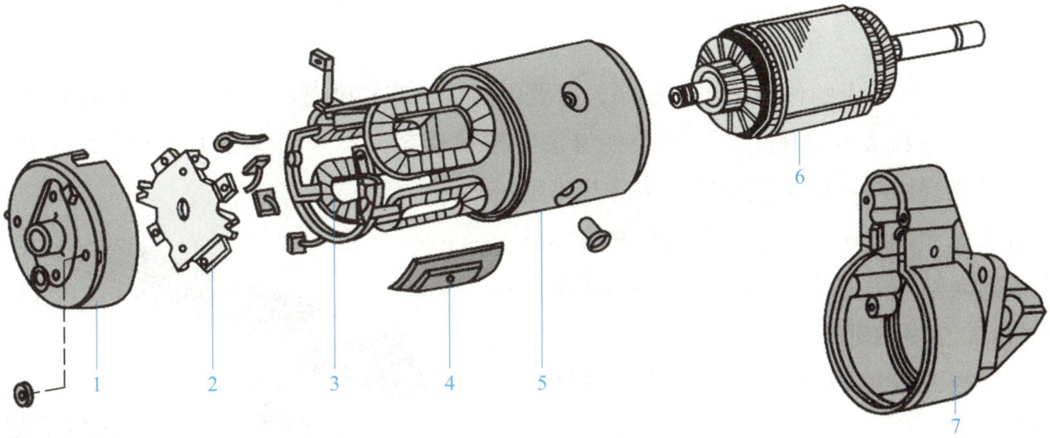

图 3-2-2　直流电动机的结构

1、7—端盖　2—电刷组件　3—磁极励磁绕组　4—磁极铁芯　5—机壳　6—电枢

（1）电枢

电枢（转子）的作用是产生电磁转矩，主要由电枢轴、电枢绕组、换向器和电枢铁芯等组成，如图 3-2-3a 所示，电枢绕组一般采用波绕法，如图 3-2-3b 所示。换向器由

铜质换向片和云母片叠压而成，电枢绕组的两端均匀地焊接在换向器的铜质换向片上，换向器通过电刷组件将蓄电池的电流引入电枢绕组，并适时地改变电枢绕组中电流的流向。

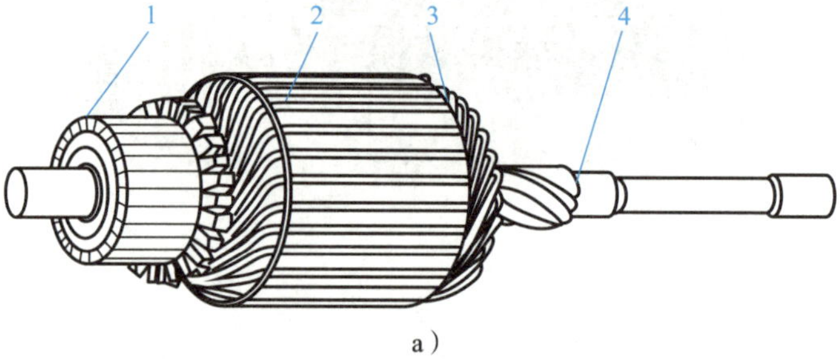

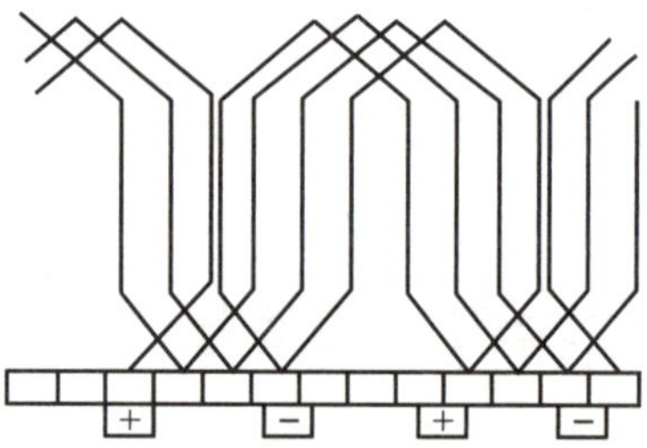

图 3-2-3　直流电动机的电枢和电枢绕组

a）电枢的结构　b）电枢绕组的展开图

1—换向器　2—电枢铁芯　3—电枢绕组　4—电枢轴

（2）磁极

磁极（定子）的作用是产生磁场，主要由磁极铁芯和励磁绕组等组成，磁极铁芯用螺钉紧固在机壳的内壁上，励磁绕组套装在磁极铁芯上，如图 3-2-4 所示。直流电动机的励磁绕组与电枢绕组串联，故称为串励式直流电动机。串励式直流电动机具有转速高、起动转矩大、体积小、质量小、成本低等特点，常用在轿车上。

磁极的数量一般为 4 个，4 个励磁绕组的连接方式分为两种：一种是相互串联再与电枢绕组串联，如图 3-2-5a 所示；另一种是先两两串联后并联再与电枢绕组串联，如图 3-2-5b 所示。不论采用哪一种连接方式，4 个励磁绕组通电后产生的磁极必须是相互交错的。

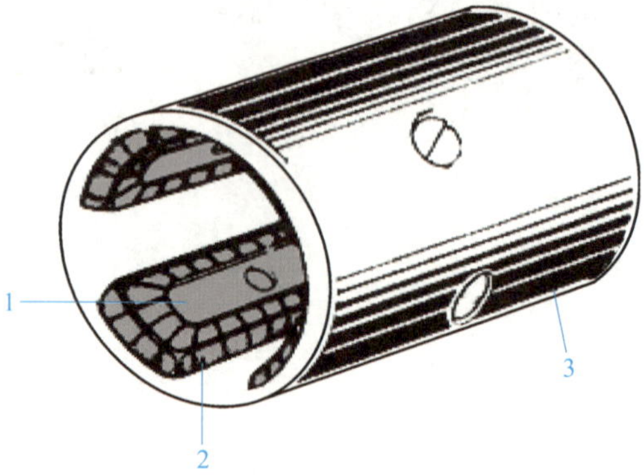

图 3-2-4　直流电动机的磁极

1—磁极铁芯　2—励磁绕组　3—机壳

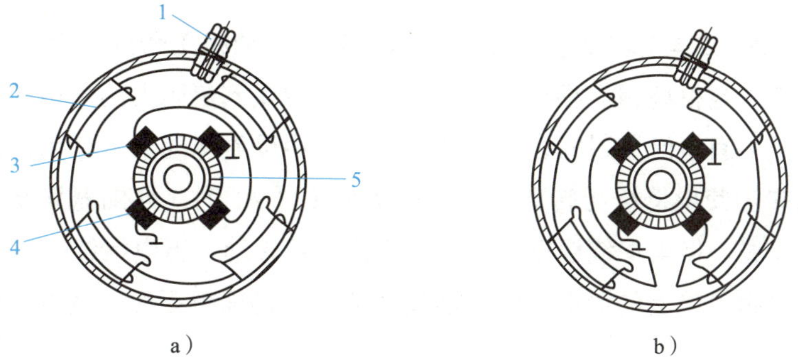

图 3-2-5　励磁绕组的连接方式

a）相互串联再与电枢绕组串联　b）先两两串联后并联再与电枢绕组串联

1—接线柱　2—励磁绕组　3—正电刷　4—负电刷　5—换向器

（3）电刷组件

电刷组件的作用是将蓄电池的电流引入直流电动机的电枢绕组，主要由电刷、电刷架和电刷弹簧等组成，如图 3-2-6 所示。电刷一般用铜粉和石墨粉压制而成，有利于减小电阻、增加耐磨性。电刷安装在电刷架中，并借助电刷弹簧压力压在换向器上。

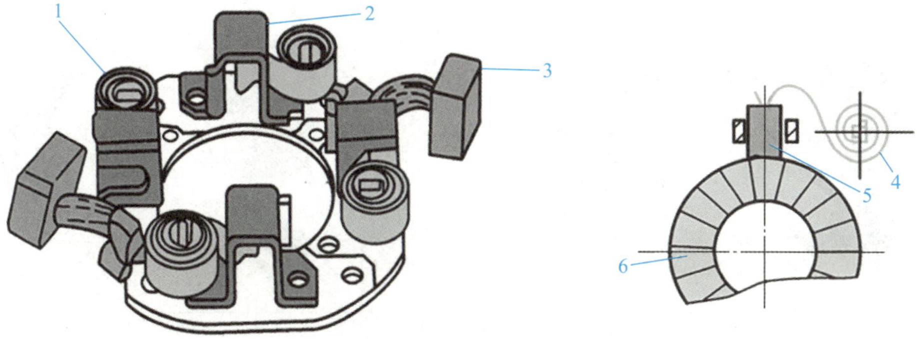

图 3-2-6　直流电动机的电刷组件

1、4—电刷弹簧　2—电刷架　3、5—电刷　6—换向器

（4）机壳

机壳用铸铁或钢材料制成，一端开有窗口，用于观察电刷和换向器，平时用防尘箍盖住。机壳上只有一个电流输入接线柱，并在内部与励磁绕组的一端相连。

（5）端盖

端盖包括前、后两个。前端盖一般用钢板压制而成，其上装有 4 个电刷架；后端盖用灰铸铁铸造而成。两端盖内均装有青铜石墨轴承套或铁基含油轴承套，以支撑电枢轴。

前、后端盖分别装在机壳的两端，通过两个长螺栓与机壳紧固在一起。

2. 直流电动机的工作原理

直流电动机的工作原理如图 3–2–7 所示。直流电动机工作时，蓄电池的电流通过电刷和换向器流入电枢绕组。根据载流导体在磁场中受到电磁力的作用而发生运动的原理，当电枢绕组中有电流流过时，电枢绕组在磁场中受到电磁力的作用，由此产生顺时针方向的电磁转矩使电枢绕组转动；当电枢绕组转过 90° 时，换向器切断电源，电枢绕组中没有电流流过，但电枢绕组在惯性作用下仍继续转动；当电枢绕组转过 180° 时，换向器改变电枢绕组中电流的流向，但电磁转矩的方向仍保持不变，使电枢绕组仍按顺时针方向继续转动。

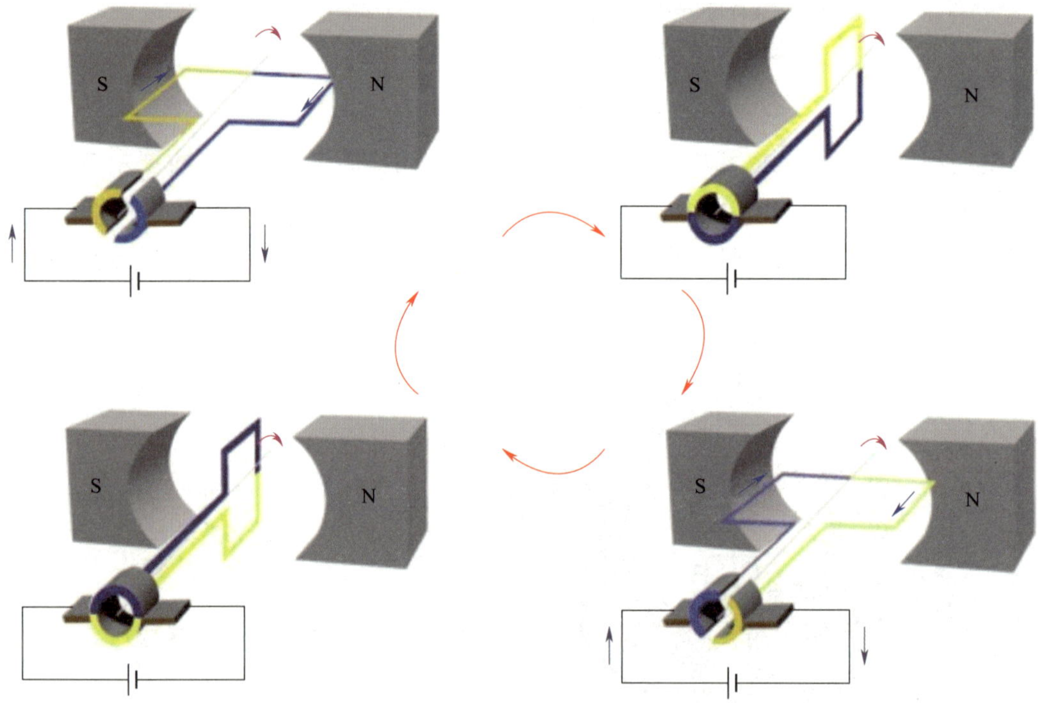

图 3–2–7　直流电动机的工作原理

三、传动机构的结构和工作过程

传动机构主要由带驱动齿轮的单向离合器和拨叉等组成，其结构如图 3–2–8 所示，主要部件是单向离合器。

单向离合器的作用是将直流电动机的转矩传递给发动机的飞轮，使发动机迅速起动，而在发动机起动后自动打滑，防止起动机被飞轮反拖而高速旋转，以保护起动机。

单向离合器主要包括滚柱式、摩擦片式和弹簧式三种类型。目前汽车起动机使用最多的是滚柱式单向离合器。

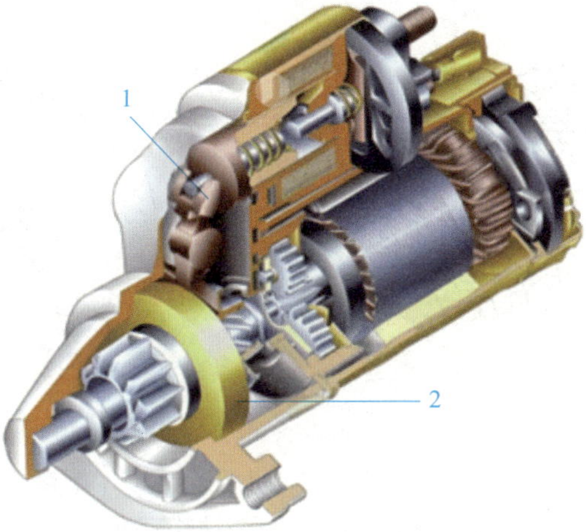

图 3-2-8　传动机构的结构

1—拨叉　2—单向离合器

1. 滚柱式单向离合器

滚柱式单向离合器的结构如图 3-2-9 所示。

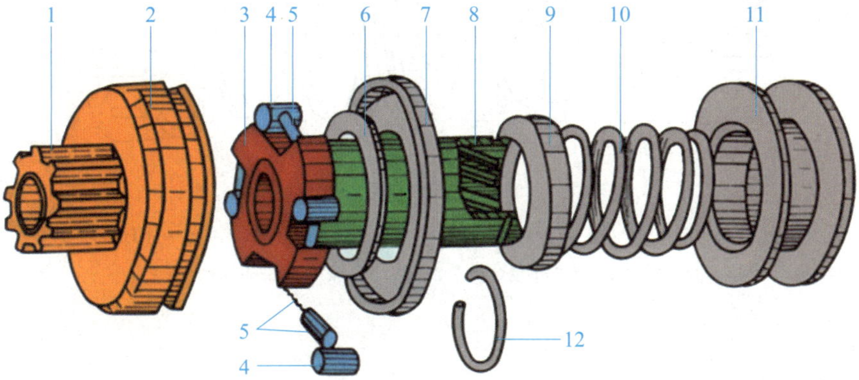

图 3-2-9　滚柱式单向离合器的结构

1—驱动齿轮　2—外壳　3—十字块　4—滚柱　5—弹簧和压帽　6—垫圈
7—护盖　8—传动套筒　9—弹簧座　10—缓冲弹簧　11—拨环　12—卡簧

滚柱式单向离合器的工作过程如图 3-2-10 所示，当直流电动机的电枢旋转时，经传动套筒带动十字块旋转，滚柱滚入楔形槽窄端，将十字块与外壳卡紧，使十字块与外壳之间能传递转矩，于是转矩传递给驱动齿轮，带动飞轮使发动机起动；发动机起动后，飞轮带动驱动齿轮旋转，当转速超过电枢转速时，滚柱滚入楔形槽宽端，使十字块与外壳打滑，这样发动机的转矩就不会传递给起动机，起到保护起动机的作用。

2. 摩擦片式单向离合器

摩擦片式单向离合器的结构如图 3-2-11 所示，它是通过主、从动摩擦片的压紧和松开来实现接合和分离的。

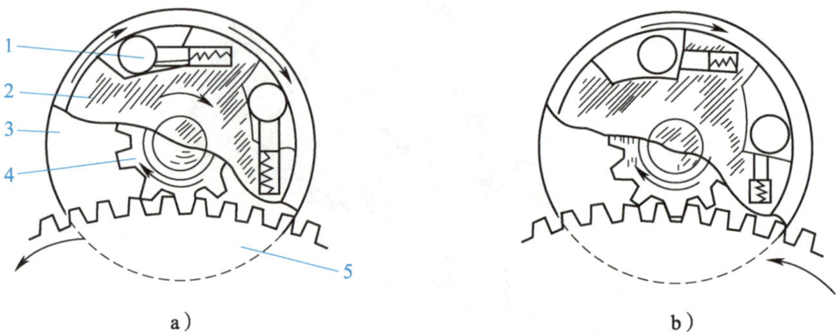

图 3-2-10　滚柱式单向离合器的工作过程

a）发动机起动时　b）发动机起动后

1—滚柱　2—十字块　3—外壳　4—驱动齿轮　5—飞轮

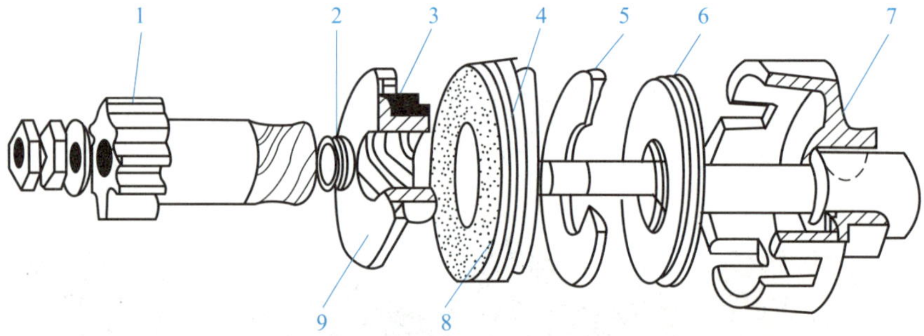

图 3-2-11　摩擦片式单向离合器的结构

1—驱动齿轮　2—减振弹簧　3—小弹簧　4—主动摩擦片　5—压环
6—弹性圈　7—外接合鼓　8—从动摩擦片　9—内接合鼓

3. 弹簧式单向离合器

弹簧式单向离合器的结构如图 3-2-12 所示，它是通过扭力弹簧的径向收缩和放松来实现接合和分离的。

四、电磁开关的结构和工作过程

1. 电磁开关的结构

电磁开关的结构如图 3-2-13 所示，主要由吸引线圈、保持线圈、活动铁芯、接触盘、复位弹簧和主接线柱等组成。

2. 电磁开关的工作过程

电磁开关的工作过程如图 3-2-14 所示。当点火开关接通起动电路后，保持线圈中的电流经起动接线柱进入，通过壳体直接搭铁，吸引线圈中的电流也经起动接线柱进入，并经过直流电动机的励磁绕组和电枢绕组后再搭铁。保持线圈和吸引线圈通电后

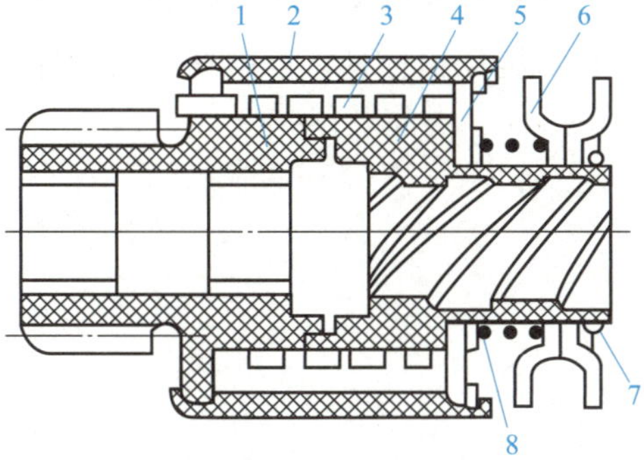

图 3-2-12　弹簧式单向离合器的结构

1—驱动齿轮和套筒　2—护套　3—扭转弹簧
4—传动套筒　5—垫圈　6—移动衬套
7—卡簧　8—缓冲弹簧

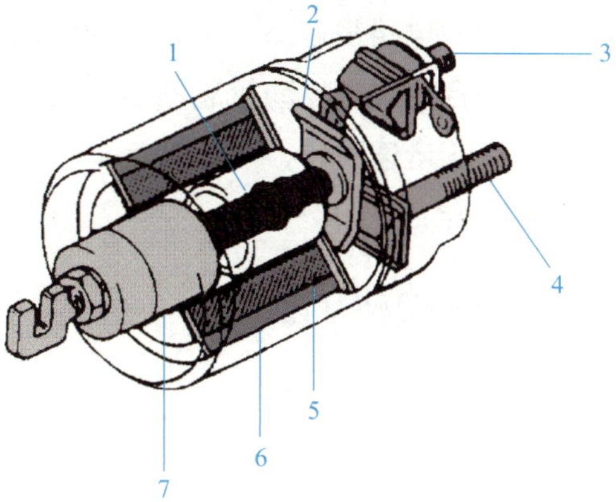

图 3-2-13　电磁开关的结构

1—复位弹簧　2—接触盘
3—接起动机内磁场的主接线柱
4—接蓄电池的主接线柱　5—吸引线圈
6—保持线圈　7—活动铁芯

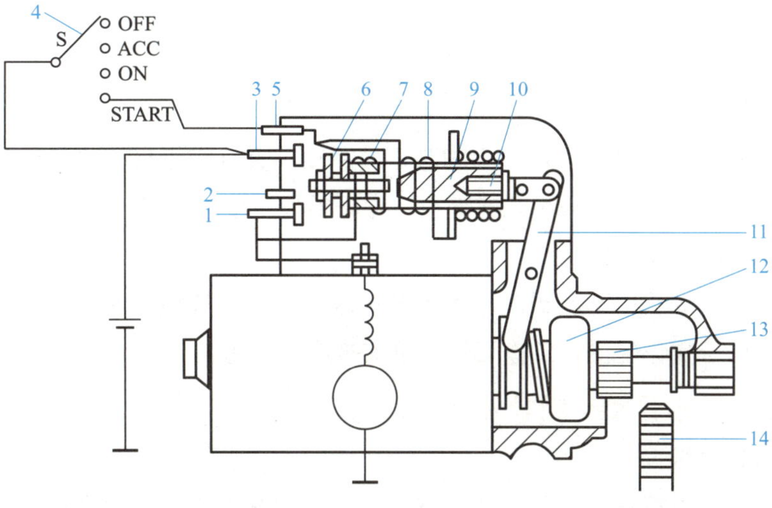

图 3-2-14　电磁开关的工作过程

1—接起动机内磁场的主接线柱　2—电磁开关接线柱　3—接蓄电池的主接线柱　4—点火开关
5—起动接线柱　6—接触盘　7—吸引线圈　8—保持线圈　9—活动铁芯　10—调节螺钉
11—拨叉　12—单向离合器　13—驱动齿轮　14—飞轮

产生较强的电磁力，克服复位弹簧的弹力使活动铁芯移动，一方面通过拨叉带动驱动齿轮移向飞轮并与之啮合，另一方面推动接触盘移向两个主接线柱的触点。在驱动齿轮与飞轮进入啮合之前，由于吸引线圈中的电流也经过了直流电动机，因此直流电动机在这个电流的作用下缓慢旋转，以使驱动齿轮与飞轮进入啮合。在驱动齿轮与飞轮进入啮合后，接触盘将两个主接线柱的触点接通，蓄电池的电流直接通过主接线柱的触点和接触盘进入直流电动机，使直流电动机通电旋转，通过驱动齿轮带动飞轮起动发动机，此时吸引线圈的电路被短路，吸引线圈中无电流流过，活动铁芯在保持线圈电磁力的作用下保持在吸合位置。发动机起动后，切断起动电路，保持线圈断电，在复位弹簧的作用下，活动铁芯迅速回位，切断直流电动机的电流，直流电动机停转，同时使驱动齿轮与飞轮脱离啮合。

五、起动机的类型

1. 按励磁方式分类

（1）励磁起动机

励磁起动机由磁极铁芯和励磁绕组产生磁场，结构稍复杂，但输出转矩和功率都很大，故应用极为广泛。

（2）永磁起动机

永磁起动机以永磁材料作为磁极，取消了励磁起动机中的磁极铁芯和励磁绕组，结构简化，体积小，质量小，并节省了金属材料。但永磁起动机的功率一般较小，使用范围在一定程度上受到限制。

2. 按控制方式分类

（1）机械控制式起动机

机械控制式起动机由驾驶员利用脚踏（或手动）直接操纵机械式起动开关接通或切断起动电路，通常称为直接操纵式起动机。由于操作不便，目前已很少使用。

（2）电磁控制式起动机

电磁控制式起动机由驾驶员旋动点火开关或按下起动按钮，通过电磁开关接通或切断起动电路。由于操作轻便，工作可靠，目前被广泛使用。

3. 按传动机构有无减速装置分类

（1）普通起动机

将直流电动机电枢产生的起动转矩直接通过单向离合器、驱动齿轮传递给飞轮的起动机称为普通起动机。

（2）减速起动机

减速起动机的基本结构与普通起动机相同，只是在电枢和驱动齿轮之间装有减速齿轮（一般减速比为 3 ~ 4），经减速、增矩后，再带动驱动齿轮。

六、起动机的型号

起动机的型号组成分为五部分，如图 3-2-15 所示。

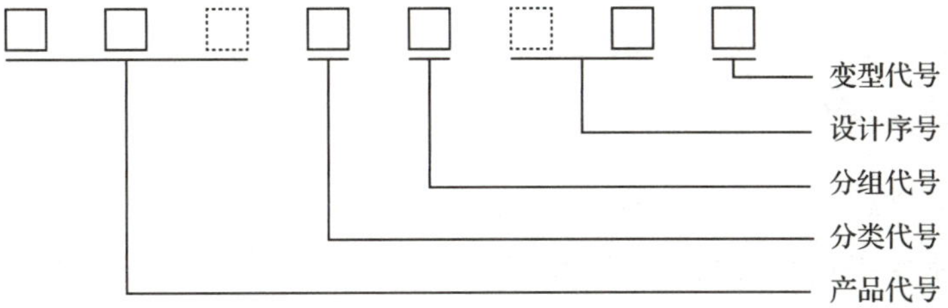

图 3-2-15　起动机的型号组成

1. 产品代号

按产品的名称适当选择其中 2 ～ 3 个单字，并由这些单字汉语拼音的第一个大写字母组成。起动机的产品代号包括 QD、QDJ 和 QDY，分别表示起动机、减速起动机和永磁起动机（包括永磁减速起动机）。

2. 分类代号

起动机以电压等级为分类代号，用 1 位阿拉伯数字表示，其中，1 表示 12 V，2 表示 24 V，6 表示 6 V。

3. 分组代号

起动机以功率等级为分组代号，用 1 位阿拉伯数字表示，应符合表 3-2-1 的规定。

表 3-2-1　　起动机的分组代号

分组代号	1	2	3	4	5	6	7	8	9
功率等级 /kW	～ 1	＞ 1 ～ 2	＞ 2 ～ 3	＞ 3 ～ 4	＞ 4 ～ 5	＞ 5 ～ 6	＞ 6 ～ 7	＞ 7 ～ 8	＞ 8

4. 设计序号

按产品设计先后顺序，由 1 ～ 2 位阿拉伯数字组成。

5. 变型代号

产品的主要电气参数和基本结构不改变的情况下，一般电气参数和结构作某些改变称为变型，以汉语拼音大写字母 A、B、C……顺序表示。

如图 3-2-16 所示起动机的型号为 QDJ1311，表示减速起动机、电压等级为 12 V、功率等级为＞ 2 ～ 3 kW，设计序号为 11。

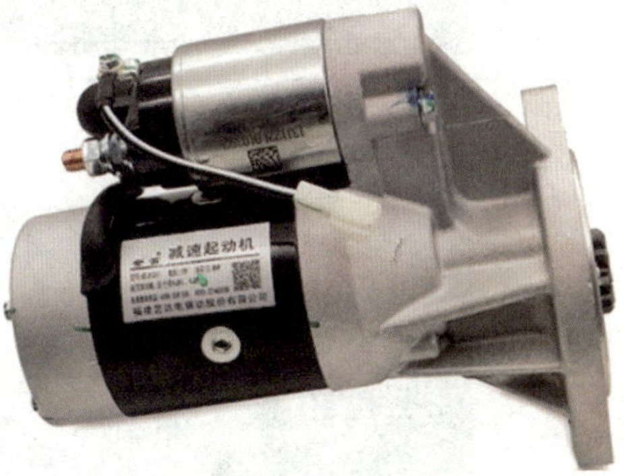

图 3-2-16　起动机的型号

任务实施

一、任务准备

1. 设备：起动机、工具车、零件车、工作台等。
2. 工具：常用工具、万用表、绝缘表等。
3. 资料：维修手册、工作页。

二、操作步骤

起动机分解、检测与组装见表 3–2–2。

表 3–2–2　　起动机分解、检测与组装

图示	说明
	1. 将起动机平稳、可靠地放置在工作台上
	2. 分解起动机 （1）使用 12 mm 套筒和棘轮手柄拆卸电磁开关与直流电动机连接线接线柱紧固螺母，并断开连接线
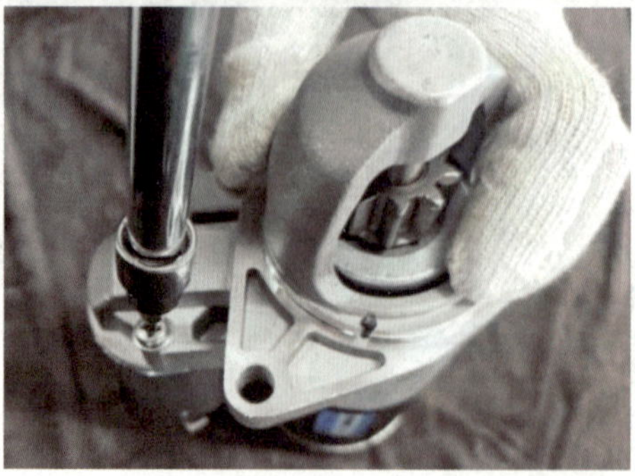	（2）使用套筒十字槽螺钉旋具头和棘轮手柄拆卸电磁开关紧固螺钉 提示：拆卸时，套筒十字槽螺钉旋具头应紧密贴合螺钉，以免损坏螺钉螺纹

续表

图示	说明
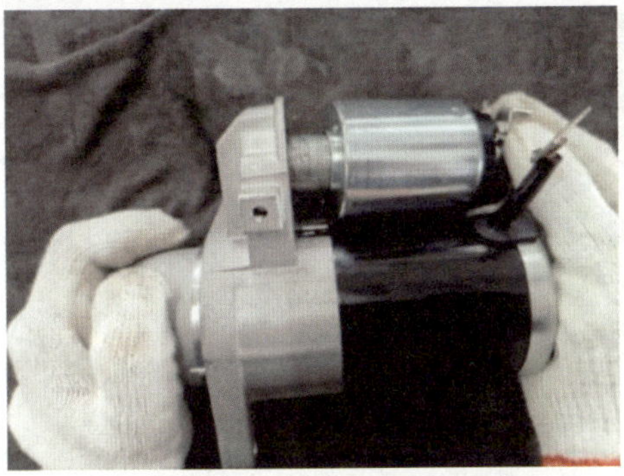	（3）取下电磁开关
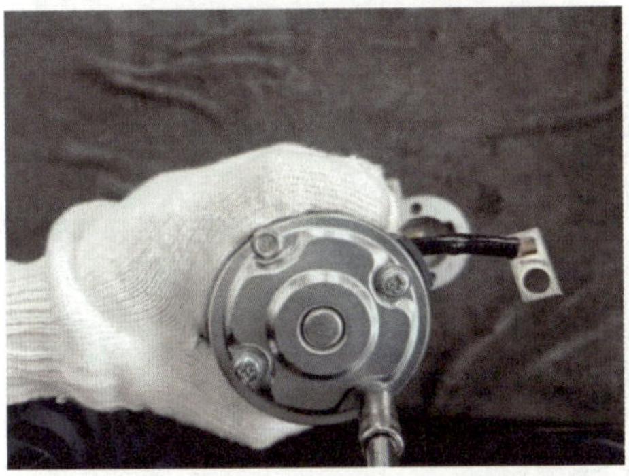	（4）使用 8 mm 套筒和棘轮手柄拆卸直流电动机后端盖紧固螺栓
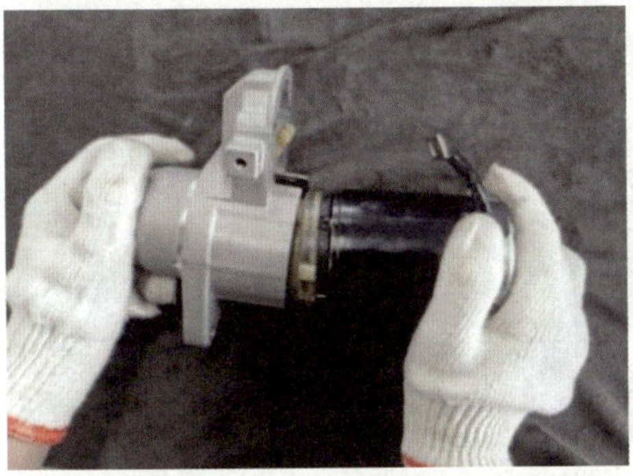	（5）分离直流电动机
	（6）取出电刷组件和电枢

续表

图示	说明
	（7）取出传动机构（拨叉）
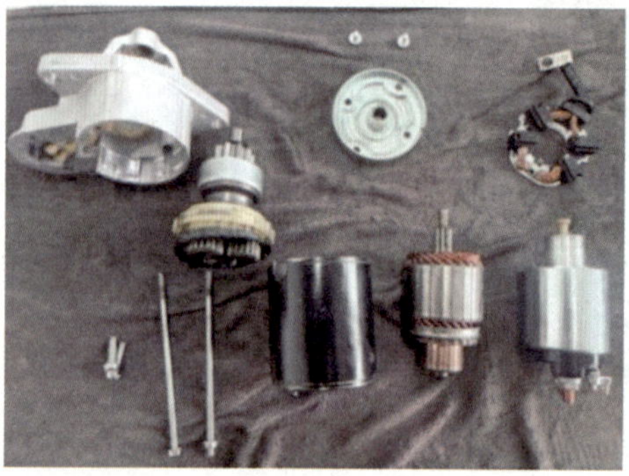	（8）起动机分解完成后，将零部件按顺序摆放在工作台上，并进行清洁
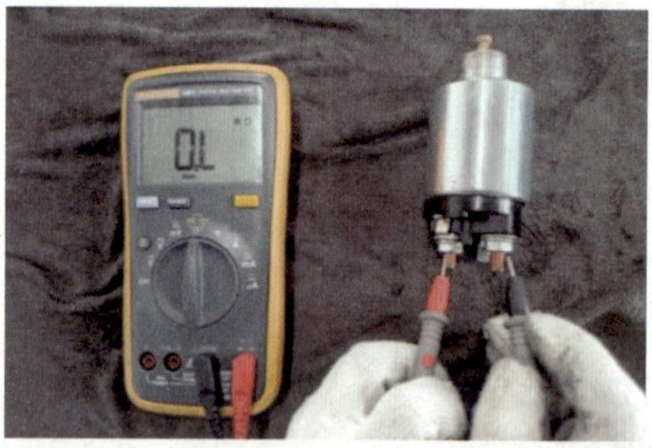	3. 检测电磁开关 （1）检查活动铁芯、接触盘、主接线柱的触点是否损坏 （2）使用万用表测量两主接线柱是否导通
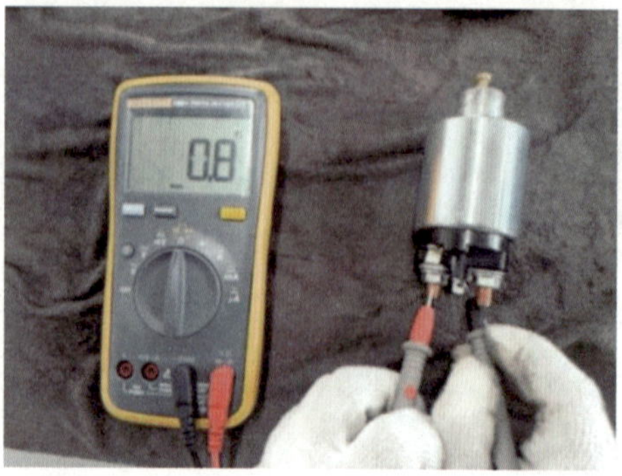	（3）检测吸引线圈 使用万用表测量起动接线柱与接起动机内磁场的主接线柱之间的电阻（正常应为 1 Ω 左右）

续表

<table>
<tr><th>图示</th><th>说明</th></tr>
<tr><td>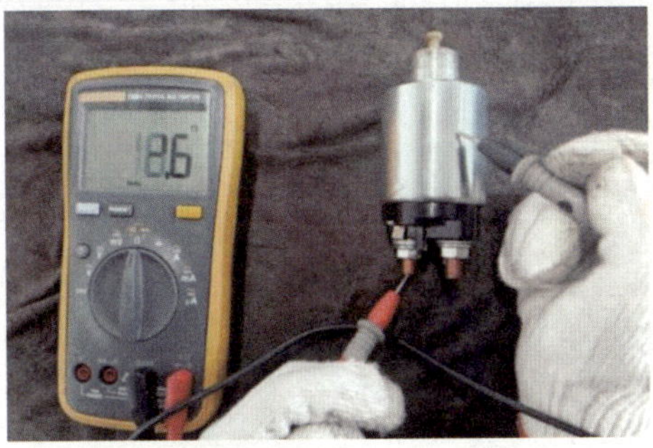
</td><td>（4）检测保持线圈
使用万用表测量起动接线柱与电磁开关壳体之间的电阻（正常应为 3 Ω 左右）</td></tr>
<tr><td>
</td><td>4. 检测直流电动机
使用绝缘表测量电枢的换向器与电枢铁芯之间的电阻，红表笔接换向器，黑表笔接电枢铁芯，按下测试按钮，从显示屏上读取测量值（正常应大于 20 MΩ）
注意：操作时应戴绝缘手套</td></tr>
<tr><td></td><td>5. 检查传动机构
（1）检查电磁开关活动铁芯是否卡滞
（2）检查拨叉是否磨损
（3）检查单向离合器是否松旷</td></tr>
<tr><td></td><td>6. 组装起动机并检查、验证
（1）按照与分解相反的顺序组装起动机
提示：直流电动机后端盖紧固螺栓拧紧力矩为 8 ~ 12 N · m，电磁开关紧固螺钉拧紧力矩为 8 ~ 12 N · m，电磁开关与直流电动机连接线接线柱紧固螺母拧紧力矩为 12 ~ 18 N · m
（2）组装完成后，检查起动机运转情况</td></tr>
</table>

续表

图示	说明
	7. 按照“8S”管理规定整理实训场地

任务 3　汽车起动系统维修

学习目标

1. 能分析汽车起动系统电路。

2. 能描述汽车起动系统的使用注意事项。

3. 能描述汽车起动系统的常见故障及其排除方法。

4. 能以小组合作方式，在教师指导下，规范进行起动机更换，遵循“8S”管理规定。

任务描述

一辆汽车进厂维修，客户反映在起动车辆时偶尔出现起动无反应，车辆无法起动的现象。班组长检查后，初步判断为起动机故障，需要进行更换。现班组长安排你采用小组合作的方式，通过查阅维修手册等资料，在规定时间内完成起动机更换的任务。

相关知识

一、汽车起动系统电路

汽车起动系统电路原理图如图 3-3-1 所示，其工作过程如下：蓄电池正极连接起动机的接蓄电池的主接线柱，蓄电池正极通过熔丝连接点火开关和起动继电器，当点火开关置于起动挡（START）时，起动继电器线圈得电控制起动继电器吸合，将蓄电池的电流引到起动机的起动接线柱，起动机的起动接线柱得电控制电磁开关工作，接通两个主接线柱，起动机工作。

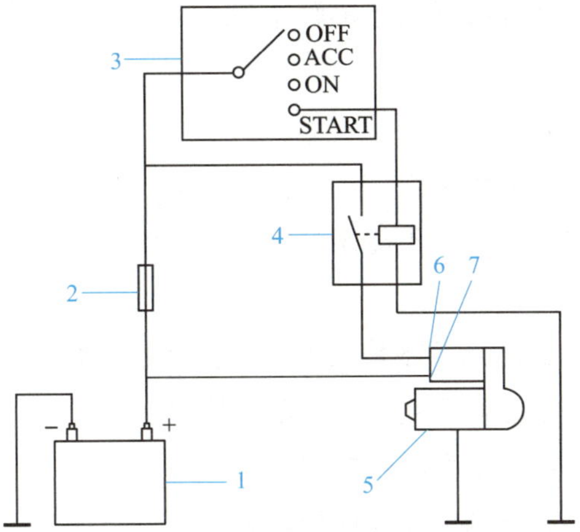

图 3-3-1　汽车起动系统电路原理图

1—蓄电池　2—熔丝　3—点火开关　4—起动继电器
5—起动机　6—起动接线柱　7—接蓄电池的主接线柱

二、汽车起动系统的使用注意事项

1. 为确保汽车发动机可靠起动，应保证起动电路连接牢固、接触良好，保持蓄电池处于充足电的状态。

2. 起动前应将变速杆置于 N 挡或 P 挡，并踩下离合器踏板或制动踏板，严禁用挂挡起动的方法移动车辆。

3. 每次起动的时间应不超过 5 s，相邻两次起动的间隔时间应大于 15 s，最多连续起动三次。

4. 发动机起动后，应及时松开起动按钮或点火开关；发动机正常运转时，不要随意接通起动按钮或点火开关。

5. 若汽车起动系统工作异常，应立即断开起动按钮或点火开关、断开蓄电池负极，查找并排除故障。

三、汽车起动系统的常见故障及其排除方法

1. 起动机不转

（1）故障现象

接通点火开关，起动机不运转。

（2）故障原因

起动机不转的故障原因可以归纳为电源和线路部分、起动继电器、起动机三类。

1）电源和线路部分的故障

①蓄电池严重亏电。

②蓄电池正、负极电缆连接松动或接触不良。

③起动电路断路。

2）起动继电器的故障

①起动继电器线圈烧毁或断路。

②起动继电器触点严重烧蚀或不能闭合。

3）起动机的故障

①电磁开关主接线柱的触点严重烧蚀或两主接线柱的触点高度调整不当，导致触点表面不在同一平面内，使接触盘不能将两个触点接通。

②换向器严重烧蚀，导致电刷与换向器接触不良。

③电刷弹簧压力过小或电刷卡死在电刷架中。

④电刷与励磁绕组断路或电刷搭铁。

⑤励磁绕组或电枢绕组断路、短路或搭铁。

⑥电枢轴偏心或弯曲，导致电枢铁芯与磁极发生摩擦或碰撞。

（3）排除方法

1）检查蓄电池是否亏电，蓄电池正、负极电缆的连接是否松动。

2）接通点火开关，检测起动机接蓄电池的主接线柱对地电压是否为 12 V。若是，说明起动电路正常；否则，说明起动电路出现故障。

3）如果起动机接蓄电池的主接线柱对地电压是 12 V，但起动机仍无法起动，说明起动机损坏。

2. 起动机转动无力

（1）故障现象

接通点火开关，起动机能运转，但转动缓慢无力或不能连续转动。

（2）故障原因

1）蓄电池亏电或出现故障，导致供电能力降低。

2）蓄电池正、负极电缆连接松动或接触不良。

3）起动机的故障

①励磁绕组或电枢绕组匝间短路，导致起动机输出功率降低。

②电磁开关主接线柱或接触盘烧蚀。

③电刷与换向器接触不良。

④换向器烧蚀。

⑤起动机装配过紧。

4）发动机转动阻力矩过大。

（3）排除方法

1）检查蓄电池是否亏电，若是，可用充足电的蓄电池辅助供电的方法进行排除。

2）检查蓄电池正、负极电缆的连接是否松动，起动机电磁开关主接线柱触头是否松动，若是，应连接紧固。

3）若怀疑是起动机出现故障，可用同型号、无故障的起动机替换的方法进行排除。

3. 起动机空转

（1）故障现象

接通点火开关，起动机能运转且转速很高，但发动机不运转。

（2）故障原因

起动机单向离合器打滑，不能传递起动转矩。

（3）排除方法

更换起动机单向离合器。

4. 驱动齿轮与飞轮啮合异响

（1）故障现象

接通点火开关，起动机驱动齿轮不能顺利啮入飞轮，可听到齿轮撞击声。

（2）故障原因

1）驱动齿轮或飞轮轮齿磨损过度或个别轮齿损坏。

2）起动机调整不当，驱动齿轮端面与端盖凸缘间的距离过小。当驱动齿轮与飞轮尚未啮合或刚啮合时，起动机主电路就已接通，于是高速旋转的驱动齿轮与静止的飞轮啮合而发生的撞击声。

（3）排除方法

若是轮齿磨损或个别轮齿损坏，应更换驱动齿轮或飞轮。

若是起动机调整不当，应按要求调整好起动机。

5. 电磁开关异响

（1）故障现象

接通点火开关，可听到电磁开关发出“嗒嗒”声。

（2）故障原因

1）电磁开关保持线圈断路或搭铁不良。

2）蓄电池严重亏电或内部短路。

（3）排除方法

接通点火开关，使用万用表检测蓄电池电压是否低于9.6 V，若是，说明蓄电池严重亏电或内部短路，应更换蓄电池。若蓄电池没有问题，应拆检电磁开关，检查其保持线圈是否断路或搭铁不良。

任务实施

一、任务准备

1. 设备：实训车辆、起动机、工具车、零件车、工作台、举升机等。
2. 工具：常用工具、故障诊断仪、手电筒等。
3. 资料：维修手册、工作页。

二、操作步骤

起动机更换见表3-3-1。

表3-3-1　　起动机更换

图示	说明
	1. 安装车辆防护用品
	2. 检查车辆状况 （1）检查仪表板上有无警报指示灯点亮 （2）使用故障诊断仪读取故障码和数据流

续表

图示	说明
	3. 断开点火开关
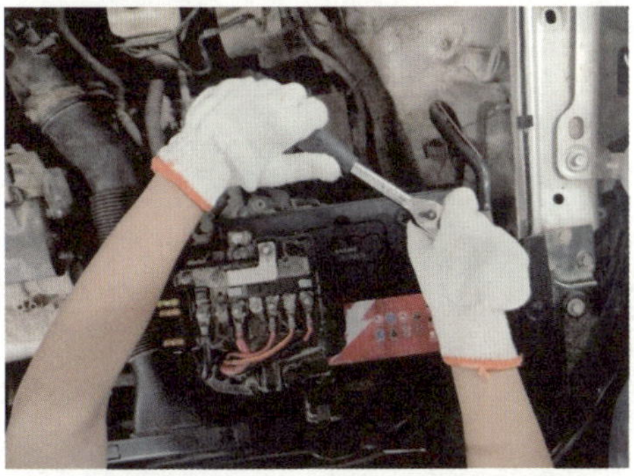	4. 断开蓄电池负极电缆 使用 10 mm 套筒和棘轮手柄拆卸蓄电池负极端子紧固螺栓，并断开负极电缆
	5. 拆卸起动机 （1）断开起动机连接线束 1）移出红色锁块，用大拇指按压起动机起动接线柱线束插接器锁止装置并取下插接器 2）使用 13 mm 套筒和棘轮手柄拆卸起动机接蓄电池的主接线柱的紧固螺母 注意：线束插接器是易损部件，切勿用力过猛
	（2）使用 14 mm 呆扳手拆卸起动机连接线束固定支架螺栓和起动机下方紧固螺栓 提示：起动机紧固螺栓上、下共 2 颗，图示为下方紧固螺栓

续表

图示	说明
	（3）使用 14 mm 套筒和棘轮手柄拆卸起动机上方紧固螺栓，并取出起动机 提示：拆卸起动机上方紧固螺栓前要拆卸蓄电池底座
	6. 检查新的起动机 检查新的起动机外观，确认型号、标称电压和额定功率等匹配
 	7. 安装新的起动机 （1）按照与拆卸相反的顺序安装新的起动机 使用 14 mm 套筒和棘轮手柄安装起动机上方紧固螺栓，使用 14 mm 呆扳手安装起动机下方紧固螺栓和起动机连接线束固定支架螺栓 提示：拧紧起动机紧固螺栓时应上、下同时进行，拧紧力矩为 20 ~ 30 N · m

续表

图示	说明
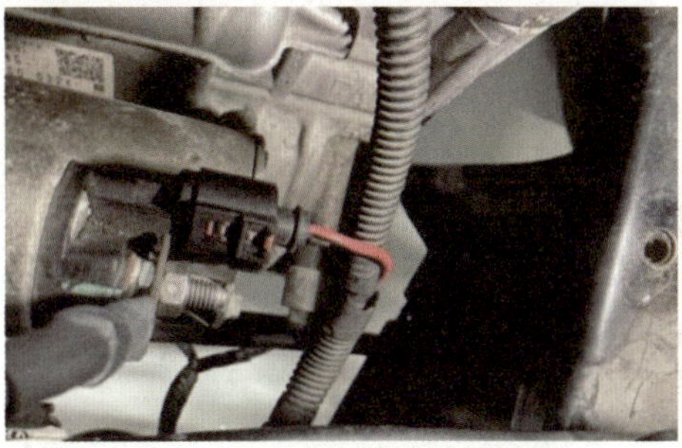	（2）装复起动机连接线束 起动机接蓄电池的主接线柱的紧固螺母拧紧力矩为 20 ~ 30 N·m；安装插接器时，听到“咔”的一声表示安装到位，注意将锁块推入锁止装置
	（3）装复蓄电池负极电缆 蓄电池负极端子紧固螺栓拧紧力矩为 8 ~ 12 N·m
	8. 检查、验证车辆 （1）接通点火开关，检查车辆能否正常起动 （2）检查仪表板上的警报指示灯是否熄灭，使用故障诊断仪读取故障码和数据流
	9. 按照“8S”管理规定整理实训场地

项目四

汽车照明与信号系统构造与维修

任务1　汽车照明与信号系统认知

学习目标

1. 能描述汽车灯具的种类。

2. 能描述汽车照明系统、信号系统的组成和作用。

3. 能以小组合作方式，在教师指导下，认知汽车照明与信号系统的组成和功能，遵循“8S”管理规定。

任务描述

一辆汽车进厂维修，班组长检查后，初步判断为汽车照明与信号系统故障。现班组长安排你采用小组合作的方式，通过查阅维修手册等资料，在规定时间内完成汽车照明与信号系统认知的任务。

相关知识

一、汽车灯具的种类

汽车灯具是用于照明或向其他使用道路者发出光信号的装置。

汽车灯具按照用途不同可分为照明灯具和信号灯具。照明灯具包括前照灯、前 / 后雾灯、牌照灯、仪表灯、顶灯、阅读灯、行李舱灯等，信号灯具包括前/后位灯、转向灯（转向信号灯）、倒车灯、制动灯等。

汽车灯具按照安装位置不同可分为外部灯具和内部灯具。常见的外部灯具包括前照灯、前/后雾灯、牌照灯、前/后位灯、转向灯、倒车灯、制动灯等；常见的内部灯具包括仪表灯、顶灯、阅读灯、行李舱灯等。

二、汽车照明系统的组成和作用

汽车照明系统主要由电源、照明装置及其控制部分等组成。照明装置主要包括车外照明灯具、车内照明灯具和工作照明灯具三部分，控制部分包括各种灯光开关、继电器等。汽车照明系统的作用是为车辆提供内外照明。

车外照明灯具包括前照灯、前/后雾灯、牌照灯等，车内照明灯具包括仪表灯、顶灯、阅读灯等，工作照明灯具包括行李舱灯等。各种照明灯具的位置、用途、功率和光色见表 4-1-1。

表 4-1-1　各种照明灯具的位置、用途、功率和光色

名称	图示	用途	功率/W	光色
前照灯		夜间行车时，照亮车辆前方的道路和物体，前照灯包括远光灯和近光灯	远光灯：50 ~ 100 近光灯：50 ~ 80	白色或黄色
前雾灯		改善在雾天或类似低能见度情况下车辆前方的道路照明	35 ~ 55	白色或选择性黄色

续表

名称	图示	用途	功率 /W	光色
后雾灯	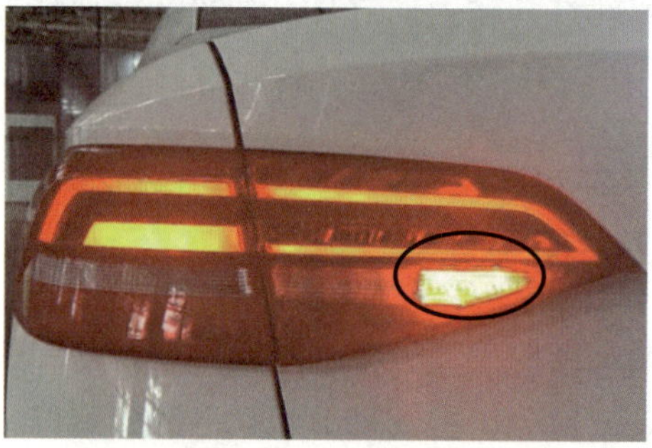	在雾天或类似低能见度情况下，从车辆后方观察，使得车辆更为易见 提示：后雾灯为单侧设置，对称位置设置倒车灯	15 ~ 25	红色
牌照灯		照亮后牌照板空间区域	5 ~ 10	白色
仪表灯		照亮仪表板	1 ~ 5	白色
顶灯		为驾驶员和右前乘员提供车内照明	5 ~ 15	白色
阅读灯	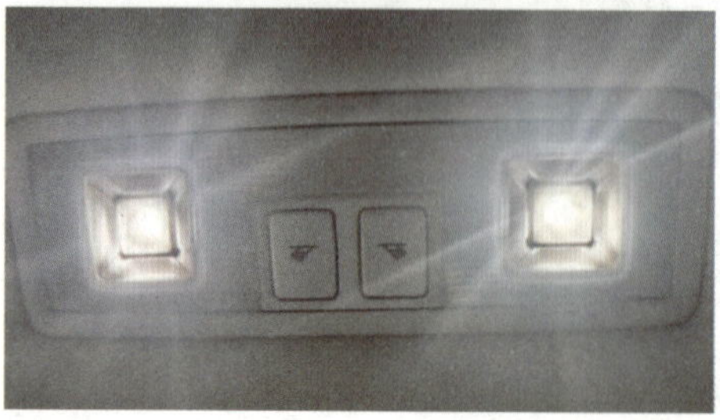	为乘员提供阅读照明	5 ~ 8	白色

续表

名称	图示	用途	功率 /W	光色
行李舱灯	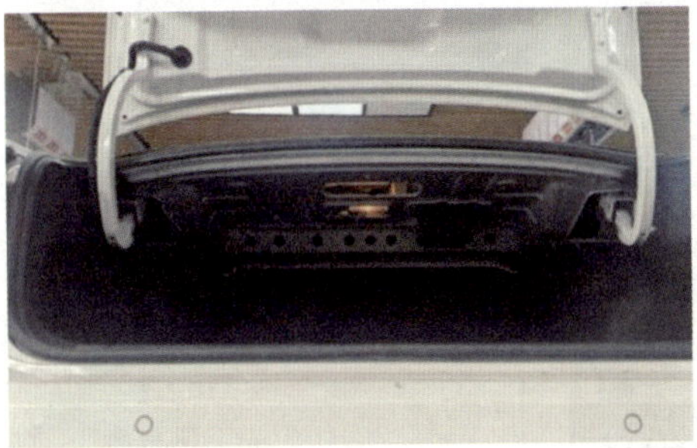	打开行李舱盖时，照亮行李舱	5 ~ 8	白色

三、汽车信号系统的组成和作用

汽车信号系统主要由光信号装置和声音信号装置组成。光信号装置包括前 / 后位灯、转向灯、倒车灯、制动灯等，声音信号装置包括喇叭、蜂鸣器等。汽车信号系统的作用是通过光、声音信号向其他车辆的驾驶员和行人等进行提醒和警示，以引起注意，确保车辆行驶安全。

各种信号装置的位置、用途、功率和光色见表 4–1–2。

表 4–1–2　　各种信号装置的位置、用途、功率和光色

名称	图示	用途	功率 /W	光色
前位灯		从车辆前方观察，表明车辆存在和宽度	15 ~ 25	白色
后位灯	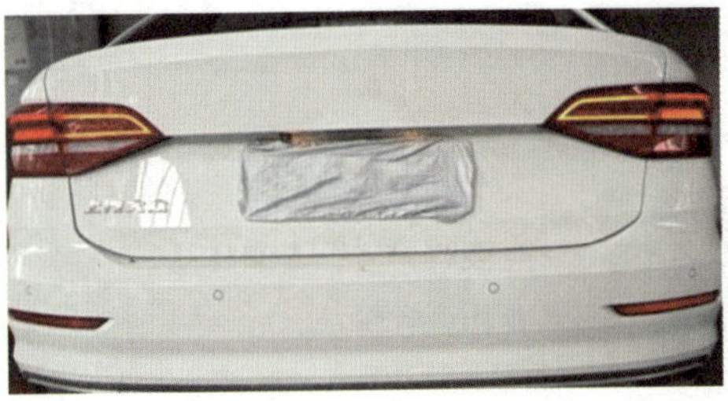	从车辆后方观察，表明车辆存在和宽度	5 ~ 15	红色

续表

名称	图示	用途	功率 /W	光色
转向灯	 	1. 向其他使用道路者表明车辆将向右或向左转向 2. 同时打开车辆上所有的转向灯，以向其他使用道路者表明车辆暂时具有某种特殊危险	8 ~ 20	琥珀色
倒车灯	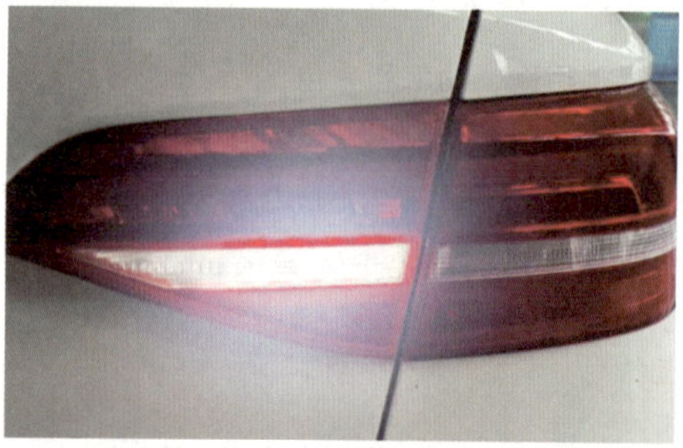	照亮车辆后方道路和警告其他使用道路者，车辆正在或即将倒车	25	白色
制动灯		向车辆后方其他使用道路者表明车辆正在制动	20	红色
喇叭	 	发出声音，提醒其他使用道路者	8 ~ 10	—

任务实施

一、任务准备

1. 设备：实训车辆、工具车、零件车、工作台等。
2. 工具：常用工具等。
3. 资料：维修手册、工作页。

二、操作步骤

汽车照明与信号系统认知见表 4–1–3。

表 4–1–3　　汽车照明与信号系统认知

图示	说明
	1. 安装车辆防护用品
	2. 打开前照灯并检查 两人配合，一人在车内将灯光开关置于  位置，另一人在车外检查近光灯工作情况；将变光开关向下拨至  位置，检查远光灯工作情况
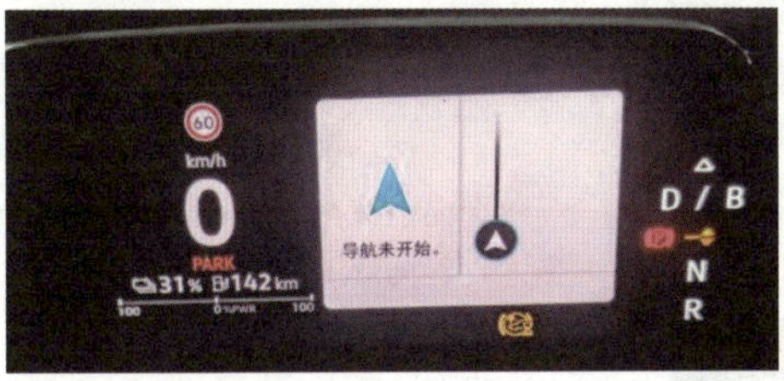	3. 打开仪表灯并检查 将灯光开关置于  位置，检查仪表灯工作情况

续表

图示	说明
	4. 打开顶灯并检查 接通顶灯开关，检查顶灯工作情况
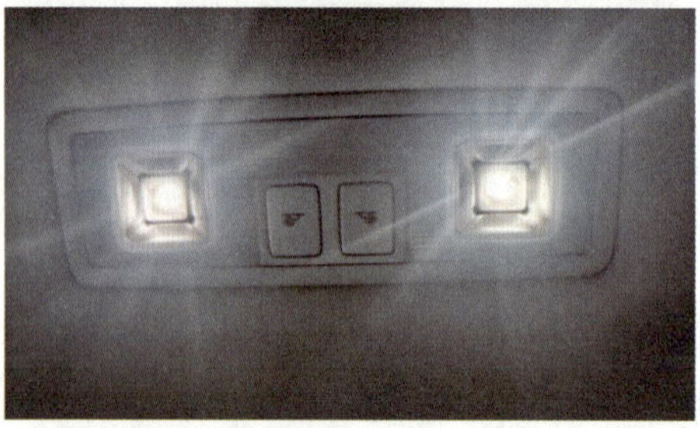	5. 打开阅读灯并检查 接通阅读灯开关，检查阅读灯工作情况
	6. 打开前位灯、后位灯并检查 两人配合，一人在车内将灯光开关置于 位置，另一人在车外检查前位灯、后位灯工作情况
	7. 打开转向灯并检查 两人配合，一人在车内将转向灯开关向前拨至 位置，另一人在车外检查转向灯工作情况

续表

图示	说明
	8. 打开倒车灯并检查 两人配合，一人在车内踩下制动踏板，将变速杆置于 R 挡，另一人在车尾侧面检查倒车灯工作情况
	9. 按照“8S”管理规定整理实训场地

任务 2　汽车照明系统构造与维修

学习目标

1. 能描述前照灯的基本要求、结构、类型和防眩目措施。
2. 能描述前照灯控制电路的组成、前照灯的控制类型。
3. 能描述前照灯的检测与调整方法、汽车照明系统的检测方法。
4. 能描述汽车照明系统的常见故障及其排除方法。
5. 能以小组合作方式，在教师指导下，规范进行前照灯不亮故障检修，遵循“8S”管理规定。

任务描述

一辆汽车进厂维修，客户反映前照灯不亮。班组长检查后，初步判断为前照灯灯泡故障，需要进行更换。现班组长安排你采用小组合作的方式，通过查阅维修手册等资料，在规定时间内完成前照灯不亮故障检修的任务。

相关知识

前照灯俗称大灯，主要用于夜间行车时道路照明。由于前照灯的照明效果直接影响夜间交通安全，各国多以法律形式规定了汽车前照灯的照明标准。因此，对前照灯的光学性能要求较高，其结构也较其他照明灯具复杂。

一、前照灯的基本要求

1. 汽车的前照灯应有远、近光变换功能；当远光变为近光时，所有远光应能同时熄灭。同一辆汽车上的前照灯不应左、右的远、近光灯交叉开亮。

2. 所有前照灯的近光均不应眩目。

3. 前照灯光束照射位置在正常使用条件下应保持稳定。

4. 汽车应具有前照灯光束高度调整装置或功能，以便根据装载情况对光束照射位置进行调整；该调整装置如为手动的，应坐在驾驶座上就能被操作。

二、前照灯的结构和类型

1. 前照灯的结构

前照灯主要由光源、反射镜和配光镜三部分组成，其结构如图 4-2-1 所示。

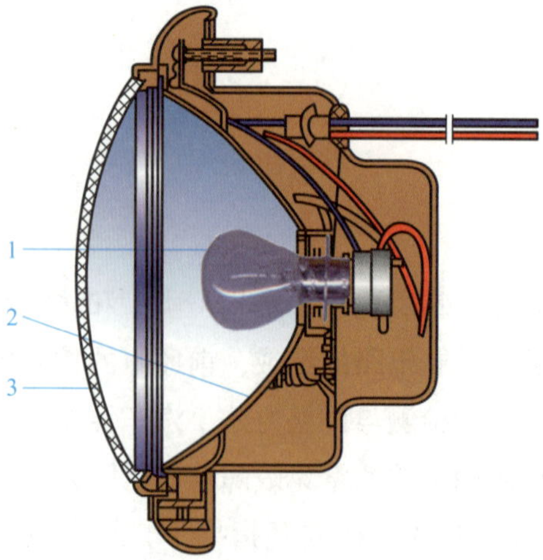

图 4-2-1　前照灯的结构

1—光源　2—反射镜　3—配光镜

前照灯各组成部件的外观、作用和特点见表 4–2–1。

表 4–2–1　　前照灯各组成部件的外观、作用和特点

组成部件	外观		作用和特点
光源	白炽灯泡		灯泡灯丝由钨丝制成，由于钨丝受热后会蒸发，将缩短灯泡的使用寿命。为延长灯泡的使用寿命，制造时先将玻璃泡内空气抽出，然后充入惰性气体以减少钨的蒸发，即为白炽灯泡 白炽灯泡能散发温暖晕黄的光，价格低廉，但因钨在高温下仍然会蒸发，使钨丝损耗变细直至最后熔断，蒸发出来的钨沉积使玻璃壳发黑，导致亮度变低，使用寿命变短，现代汽车应用较少
	卤素灯泡		如果上述充入玻璃泡内的惰性气体中掺有某种卤族元素（一般为碘或溴），即为卤素灯泡（卤钨灯泡） 在相同功率情况下，卤素灯泡的亮度是白炽灯泡的 1.5 倍，使用寿命是白炽灯泡的 2 ~ 3 倍，应用较广
	氙气灯泡		氙气灯泡的亮度是卤素灯泡的 3 倍，使用寿命是卤素灯泡的 5 倍，功耗低，相比卤素灯泡可节约 40% 的电能；但成本比卤素灯泡高
	LED 灯		LED 灯使用寿命长，可达几万至十万小时；发光效率更高，能耗不及卤素灯泡的 1/2；光线质量高，无辐射，属于“绿色”光源；无须热起动时间，亮灯响应速度快；体积小，造型多样

续表

组成部件	外观	作用和特点
反射镜		 反射镜用于最大限度地将灯泡发出的散光线聚合成强光束射向远方 反射镜的表面形状一般是旋转抛物面，内表面镀银、铬、铝等，然后抛光
配光镜		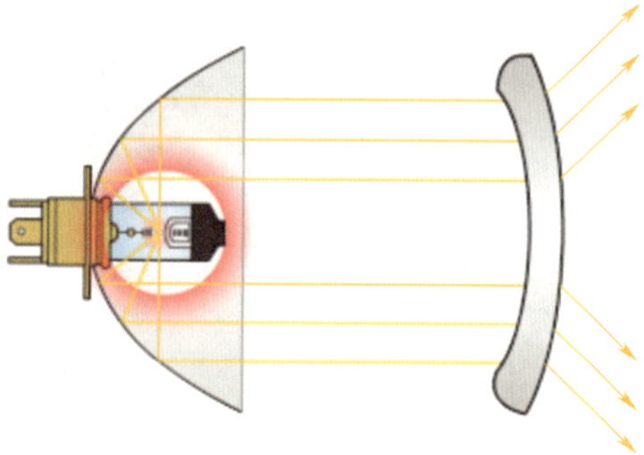 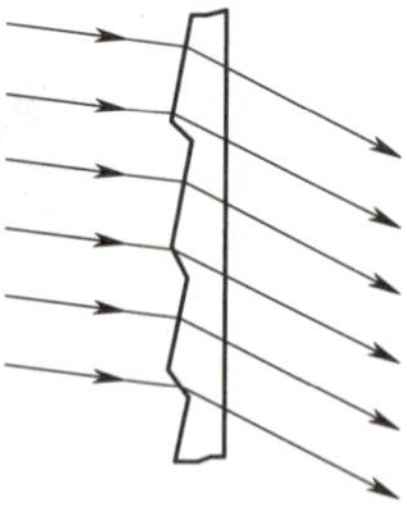 配光镜用于将反射镜反射的平行光束在水平方向扩散，以扩大照射范围；在竖直方向向下折射，使车辆前方路面各处都有良好而均匀的照明

2. 常见前照灯

（1）氙气前照灯

氙气前照灯（HID）主要由氙气灯泡、安定器等组成，如图 4-2-2 所示。氙气灯泡里没有灯丝，里面充满包括氙在内的惰性气体混合物和稀有金属。

图 4-2-2　氙气前照灯

氙气前照灯利用安定器产生的高电压在灯泡两电极之间产生电弧，刺激氙气与稀有金属发生化学反应而发光，如图 4-2-3 所示。

（2）LED 前照灯

LED 灯以前常用于信号灯具，如制动灯、转向灯等。由于 LED 灯具有节能、环保、使用寿命长、稳定可靠、体积小等特点，现在越来越多的车型也使用 LED 灯作为前照灯，如图 4-2-4 所示。

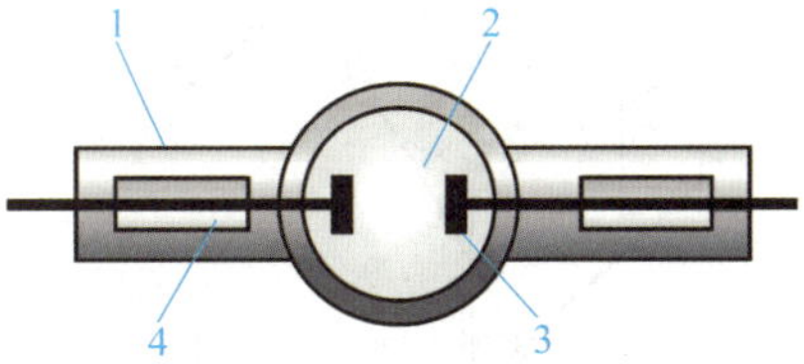

图 4-2-3　氙气前照灯的工作原理

1—灯泡本体　2—放电室　3—电极　4—绝缘物

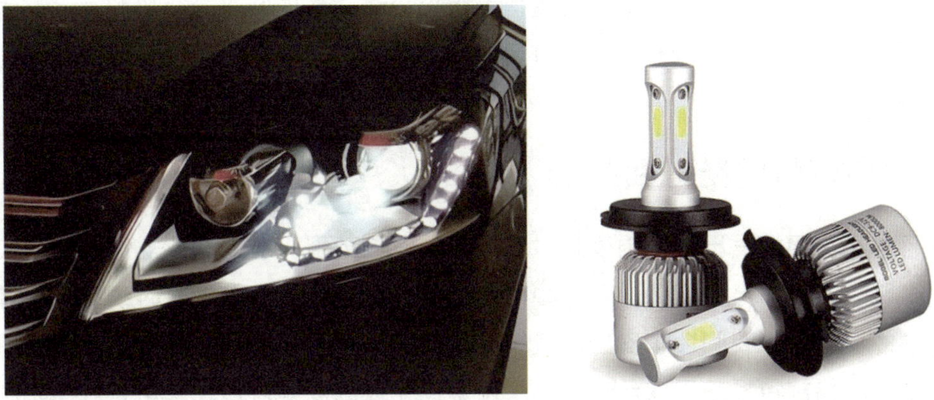

图 4-2-4　LED 前照灯

（3）投射式前照灯

投射式前照灯采用凸形配光镜，反射镜为椭圆形，所以外径很小，如图 4-2-5 所示。投射式前照灯的反射镜有两个焦点，在第一个焦点处放置灯泡，光束经反射汇聚成第二个焦点，凸形配光镜的焦点与第二焦点重合。灯泡发出的光被反射镜汇聚至第二焦点，再通过配光镜将聚集的光射向远方。

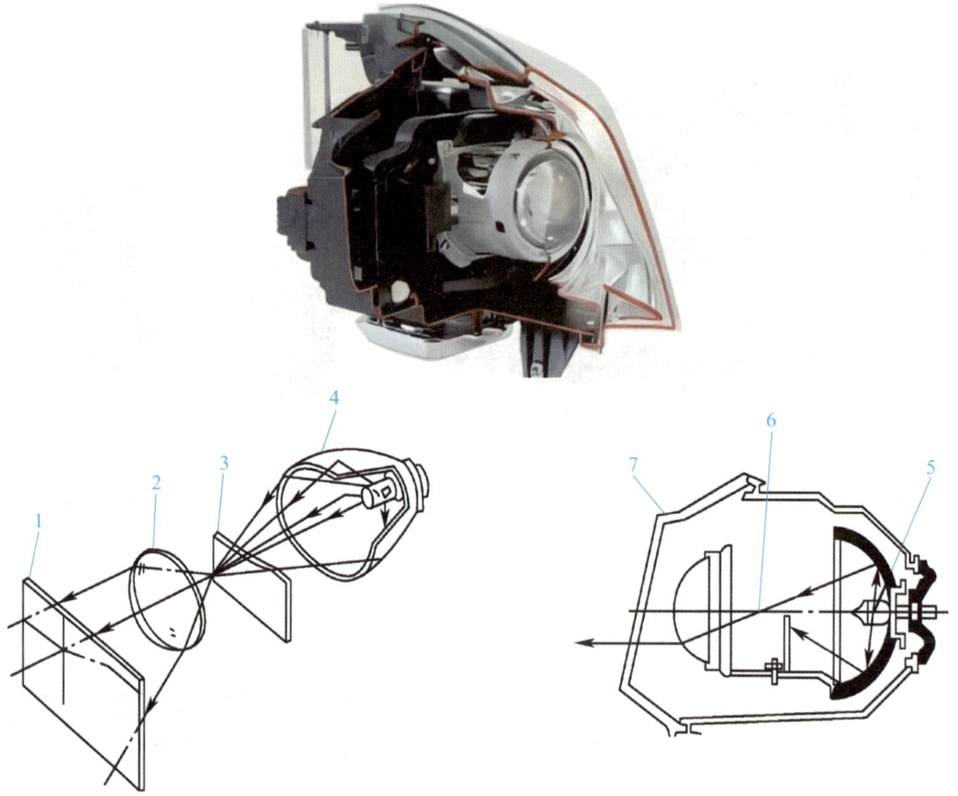

图 4-2-5　投射式前照灯

1—屏幕　2—凸形配光镜　3—遮光板　4—椭圆形反射镜　5—第一焦点　6—第二焦点　7—总成

在第二焦点附近设有遮光板，可遮挡上半部分光，形成明暗分明的配光。这种配光特性可适用于前照灯远、近光灯，也可用作前、后雾灯。采用投射式前照灯，可利用的光束增多。

三、前照灯的防眩目措施

眩目是指前照灯发出的光强度超过了人眼的适应范围，对人造成视觉伤害，使人本能地闭上眼睛或视力严重下降，可见距离变近，严重时甚至会使人暂时致盲，很容易造成交通事故。为保障夜间会车安全，汽车前照灯必须具有良好的防眩目措施。目前汽车常用的防眩目措施包括采用双丝灯泡、采用带遮光罩的双丝灯泡、采用非对称光制式防眩灯和采用智能远光灯控制系统等。

1. 采用双丝灯泡

双丝灯泡包括远光灯丝和近光灯丝，如图 4-2-6 所示。远光灯丝位于反射镜的焦点处，其发出的光线经反射镜聚光、反射后，以平行光束射向远方；近光灯丝位于反射镜焦点的上方或前上方，其发出的光线经反射镜反射后，光束的大部分向斜下方照射，可以减轻眩目。

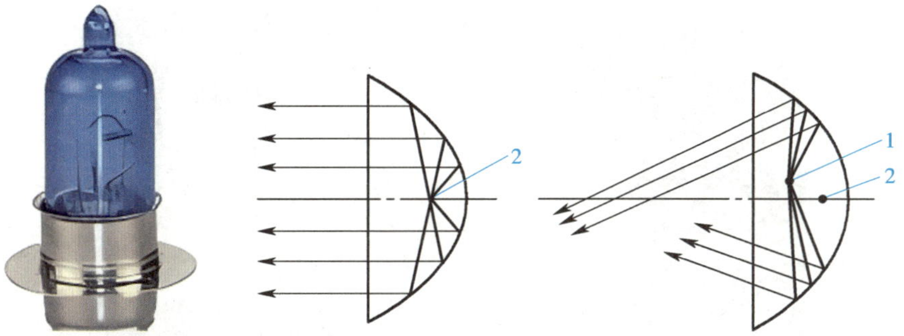

图 4-2-6　双丝灯泡

1—近光灯丝　2—远光灯丝

2. 采用带遮光罩的双丝灯泡

由于散光和经反射后向斜上方照射的光仍会眩目，所以上述防眩目措施只能减轻眩目。为此，在近光灯丝的下方安装遮光罩，用于遮挡射向反射镜下半部的光线，消除反射后向斜上方照射的光束，提高防眩目效果，如图 4-2-7 所示。

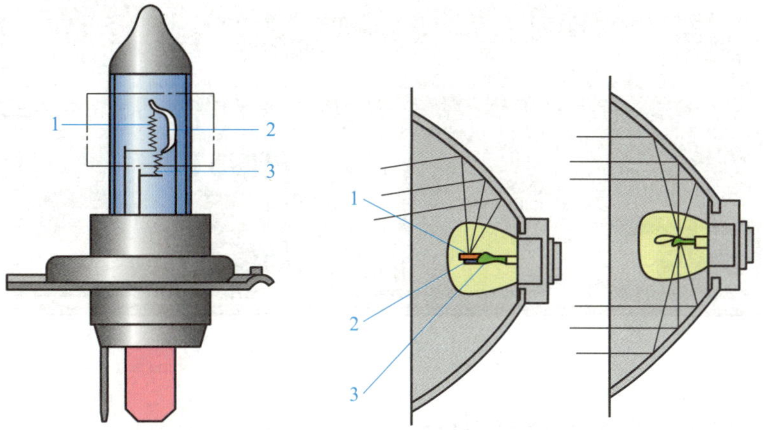

图 4-2-7　带遮光罩的双丝灯泡

1—近光灯丝　2—遮光罩　3—远光灯丝

3. 采用非对称光制式防眩灯

非对称光制式防眩灯安装时将遮光罩偏转一定的角度，使其近光灯的光形分布不对称，将近光灯右侧光线倾斜升高 15°，其配光光形如图 4-2-8 所示。

4. 采用智能远光灯控制系统

智能远光灯控制系统是一种夜间远、近光灯自动切换的辅助装置。如图 4-2-9 所示，一般情况下，汽车保持车速 40 km/h 以上且前方无光源信号时，智能远光灯控制系统推荐开启远光灯；当探测到对向来车的前照灯、同向前车的组合后灯或者其他光源时，自动将远光灯切换到近光灯，避免远光对周围交通参与者造成眩目；当完成会车、超车或周围无交通参与者时，又自动将近光灯切换到远光灯。

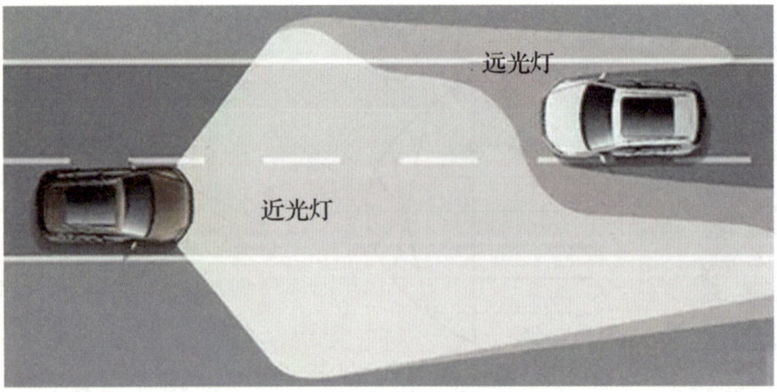

图 4-2-8　非对称光制式防眩灯的配光光形

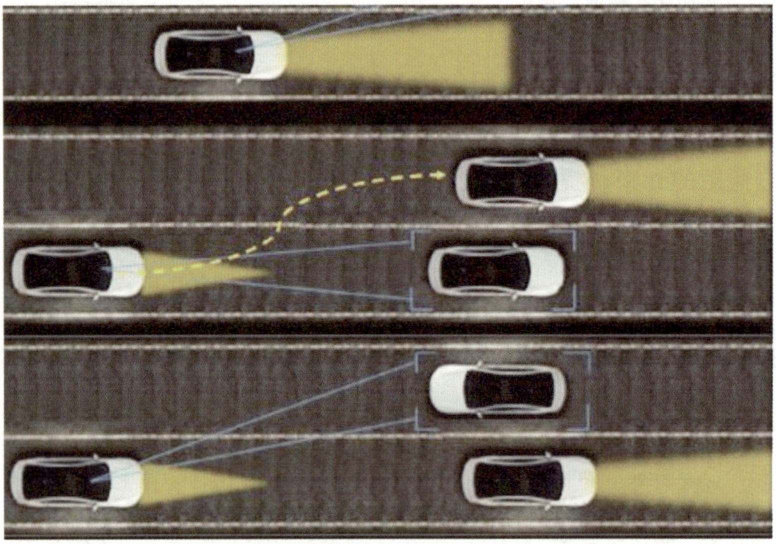

图 4-2-9　智能远光灯控制系统

四、前照灯控制电路的组成

常用前照灯控制电路主要由蓄电池、组合式灯光开关（灯光开关、变光开关）、继电器（前照灯继电器、变光继电器）、熔丝、前照灯、远光指示灯等组成，如图 4-2-10 所示。

1. 灯光开关

灯光开关包括拉钮式、旋钮式（见图 4-2-11）和组合式（见图 4-2-12）等多种形式，现代汽车上使用较多的是将前照灯开关、位置灯开关、雾灯开关、转向灯开关和变光开关等制成一体的组合式灯光开关。

2. 变光开关

变光开关如图 4-2-13 所示，可以根据需要，通过上下拨动（以转向盘平面为基准）来实现远、近光的交替变换。

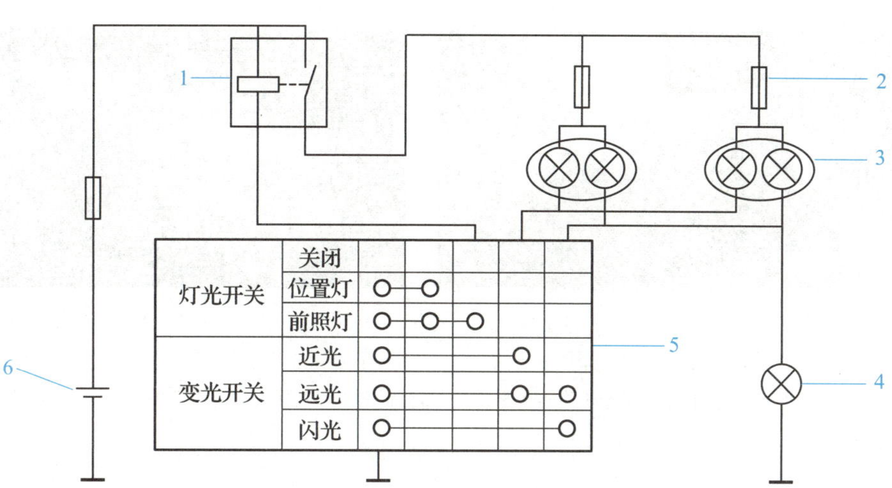

图 4-2-10 常用前照灯控制电路的组成

1—继电器 2—熔丝 3—前照灯 4—远光指示灯 5—组合式灯光开关 6—蓄电池

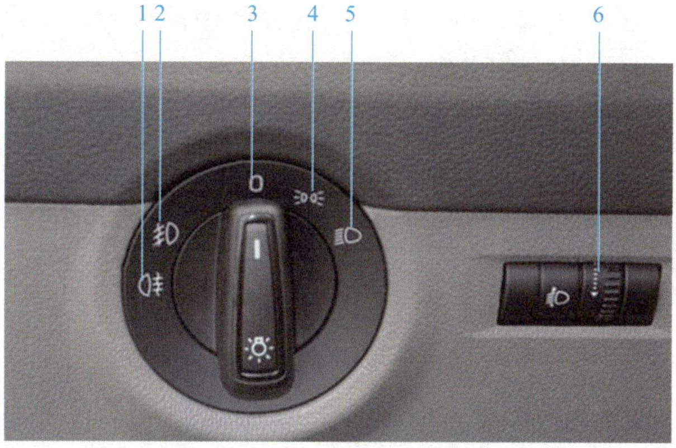

图 4-2-11 旋钮式灯光开关

1—后雾灯指示灯 2—前雾灯指示灯 3—前照灯关闭指示灯 4—位置灯指示灯 5—前照灯指示灯 6—前照灯光束高度调节旋钮

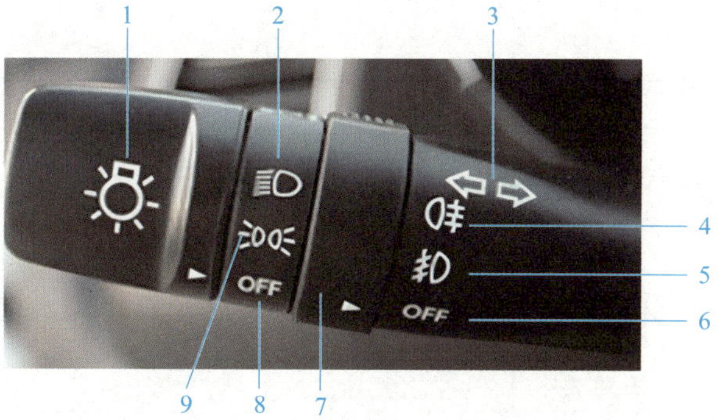

图 4-2-12 组合式灯光开关

1—灯光总开关旋钮 2—前照灯位置 3—转向指示标志 4—后雾灯位置 5—前雾灯位置 6—雾灯关闭位置 7—雾灯开关旋钮 8—灯光关闭位置 9—位置灯位置

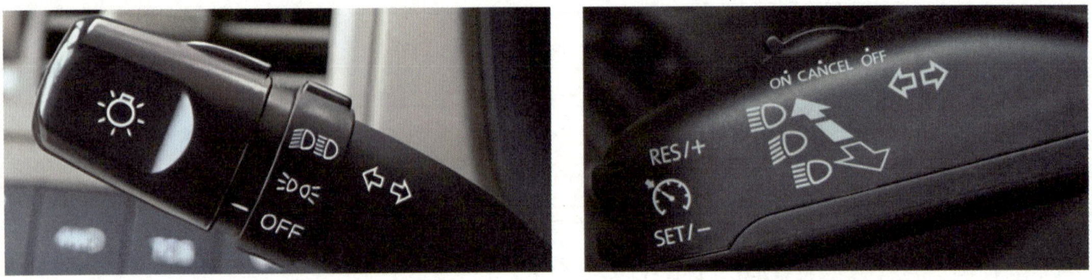

a）　　b）

图 4-2-13　变光开关

a）组合式灯光开关的变光开关　b）旋钮式灯光开关的变光开关

3. 前照灯继电器

前照灯的工作电流较大，如果使用灯光开关直接控制前照灯，灯光开关容易烧坏，因此，在控制电路中设有前照灯继电器。用灯光开关控制前照灯继电器，由前照灯继电器向前照灯提供大电流，可延长灯光开关的使用寿命。前照灯继电器的结构如图 4-2-14 所示。

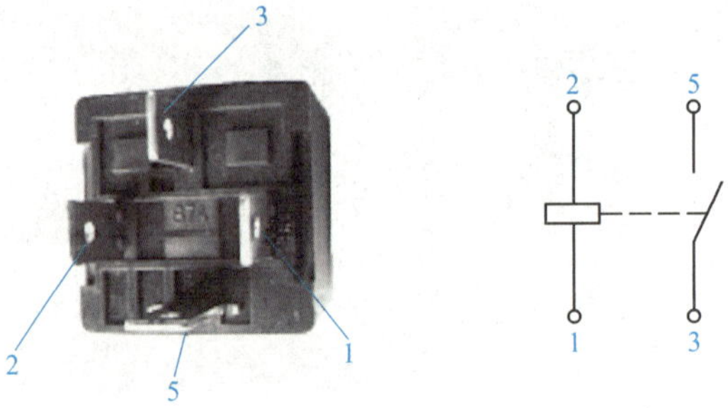

a）　　b）

图 4-2-14　前照灯继电器的结构

a）实物　b）原理示意图

1—控制端　2—接地端　3—电源接线端　5—负载接线端

五、前照灯的控制类型

1. 无前照灯继电器和变光继电器的控制类型

（1）近光状态

当组合式灯光开关置于前照灯和近光位置时，近光灯点亮，电流路径如图 4-2-15 所示。

（2）远光状态

当组合式灯光开关置于前照灯和远光位置时，远光灯点亮，并且仪表板上的远光指示灯点亮，电流路径如图 4-2-16 所示。

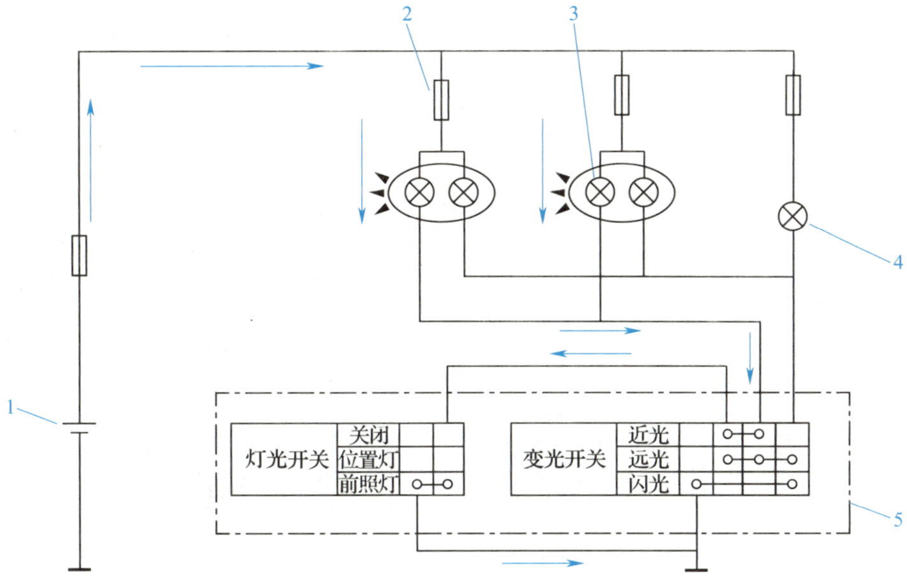

图 4-2-15　近光状态的电流路径

1—蓄电池　2—熔丝　3—近光灯丝　4—远光指示灯　5—组合式灯光开关

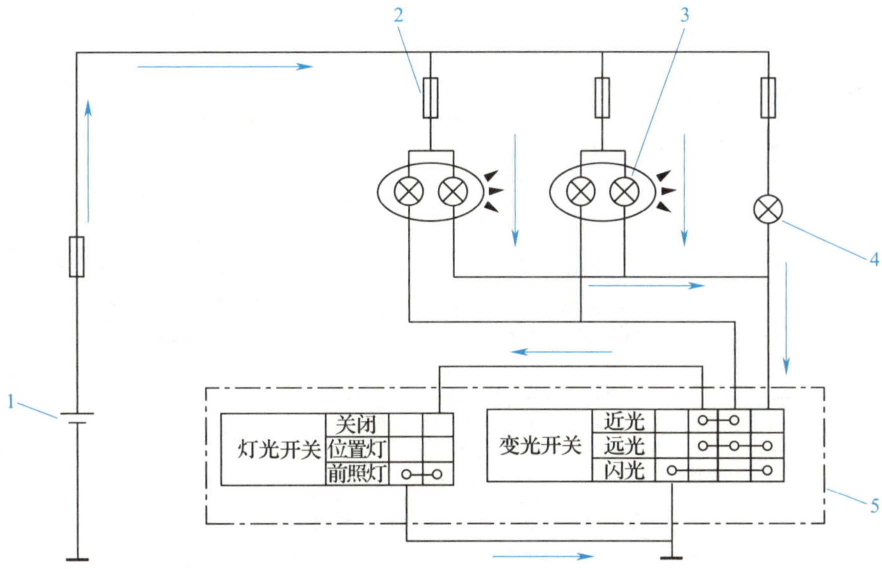

图 4-2-16　远光状态的电流路径

1—蓄电池　2—熔丝　3—远光灯丝　4—远光指示灯　5—组合式灯光开关

（3）闪光状态

当组合式灯光开关置于闪光位置时，远光灯闪亮，电流路径如图 4-2-17 所示。

2. 带前照灯继电器和变光继电器的控制类型

带前照灯继电器和变光继电器的控制电路如图 4-2-18 所示，图 4-2-18a 所示的控制电路控制的是电源线，图 4-2-18b 所示的控制电路控制的是搭铁线。

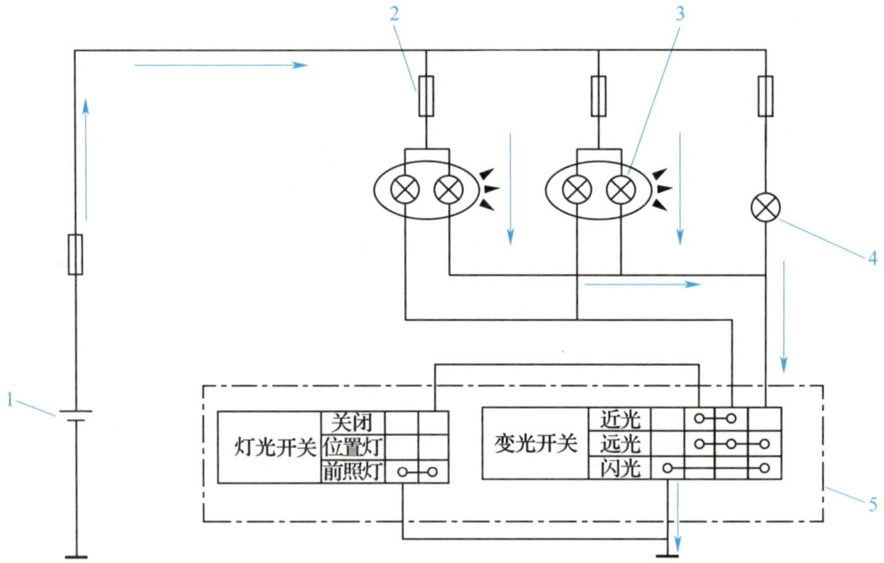

图 4-2-17　闪光状态的电流路径

1—蓄电池　2—熔丝　3—远光灯丝　4—远光指示灯　5—组合式灯光开关

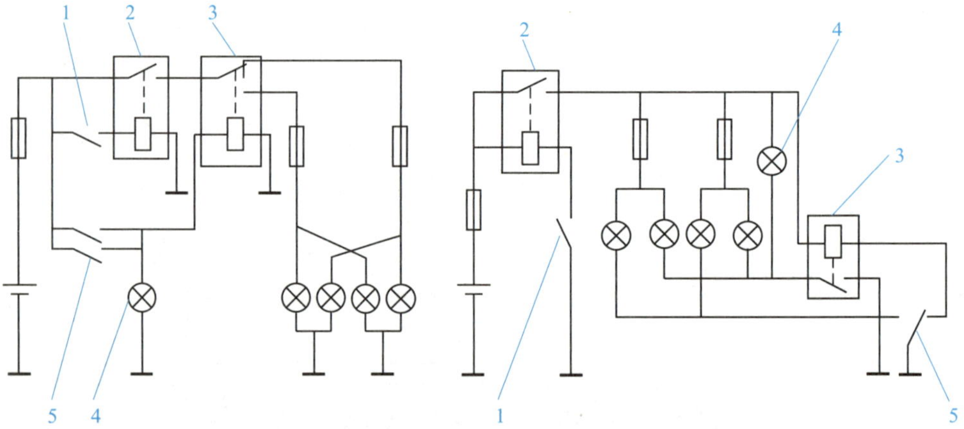

a）　　b）

图 4-2-18　带前照灯继电器和变光继电器的控制电路

a）控制电源线式　b）控制搭铁线式

1—灯光开关　2—前照灯继电器　3—变光继电器　4—远光指示灯　5—变光开关

六、前照灯的检测与调整

1. 前照灯的检测

汽车前照灯检测是汽车安全性能检测的重要项目。如果前照灯发光强度不足或光束照射位置偏斜，会导致夜间行车时驾驶员视线不清晰或致使对面车辆的驾驶员眩目，极大地影响行车安全。根据《机动车运行安全技术条件》（GB 7258—2017）的规定，前照灯检测的主要参数是远光光束发光强度和光束照射位置。

（1）远光光束发光强度要求

根据《机动车运行安全技术条件》（GB 7258—2017）的规定，机动车每只前照灯的远光光束发光强度应达到表 4-2-2 的要求；并且，同时打开所有前照灯（远光）时，其总的远光光束发光强度应符合《汽车及挂车外部照明和光信号装置的安装规定》（GB 4785—2019）的规定。测试时，电源系统应处于充电状态。

表 4-2-2　　前照灯远光光束发光强度最小值要求　　单位：cd

机动车类型		检查项目					
		新注册车			在用车		
		一灯制	二灯制	四灯制[a]	一灯制	二灯制	四灯制[a]
三轮汽车		8 000	6 000	—	6 000	5 000	—
最大设计车速小于 70 km/h 的汽车		—	10 000	8 000	—	8 000	6 000
其他汽车		—	18 000	15 000	—	15 000	12 000
普通摩托车		10 000	8 000	—	8 000	6 000	—
轻便摩托车		4 000	3 000	—	3 000	2 500	—
拖拉机运输机组	标定功率 >18 kW	—	8 000	—	—	6 000	—
	标定功率≤ 18 kW	6 000[b]	6 000	—	5 000[b]	5 000	—

[a] 四灯制是指前照灯具有四个远光光束；采用四灯制的机动车其中两只对称的灯达到两灯制的要求时视为合格

[b] 允许手扶拖拉机运输机组只装用一只前照灯

（2）光束照射位置要求

根据《机动车运行安全技术条件》（GB 7258—2017）的规定，在空载车状态下，机动车前照灯近光光束照射在距离 10 m 的屏幕上，近光光束明暗截止线转角或中点的垂直方向位置，对近光光束透光面中心（基准中心，下同）高度小于或等于 1 000 mm 的机动车，应不高于近光光束透光面中心所在水平面以下 50 mm 的直线且不低于近光光束透光面中心所在水平面以下 300 mm 的直线；对近光光束透光面中心高度大于 1 000 mm 的机动车，应不高于近光光束透光面中心所在水平面以下 100 mm 的直线且不低于近光光束透光面中心所在水平面以下 350 mm 的直线。除装用一只前照灯的三轮汽车和摩托车外，前照灯近光光束明暗截止线转角或中点的水平方向位置，与近光光束透光面中心所在处置面相比，向左偏移应小于或等于 170 mm，向右偏移应小于或等于 350 mm。

2. 前照灯的拆装与调整

前照灯灯泡的拆装方法见表 4-2-3。

表 4–2–3　　前照灯灯泡的拆装方法

图示	说明
	1. 找到前照灯灯泡，拔出插接器
	2. 按逆时针方向旋转灯泡 30° 左右
	3. 取出灯泡 提示：更换卤素灯泡时，如果机油或润滑脂沾在其表面会导致灯泡破裂，而且人体汗液中的盐可能玷污灯泡表面，因此，拆装时应抓住灯泡法兰部分，防止手指接触灯泡表面
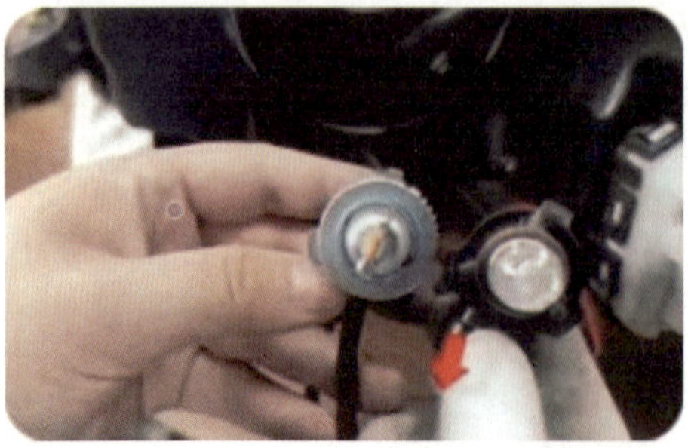	4. 将灯泡卡点对齐

续表

图示	说明
	5. 对准卡点安装新灯泡
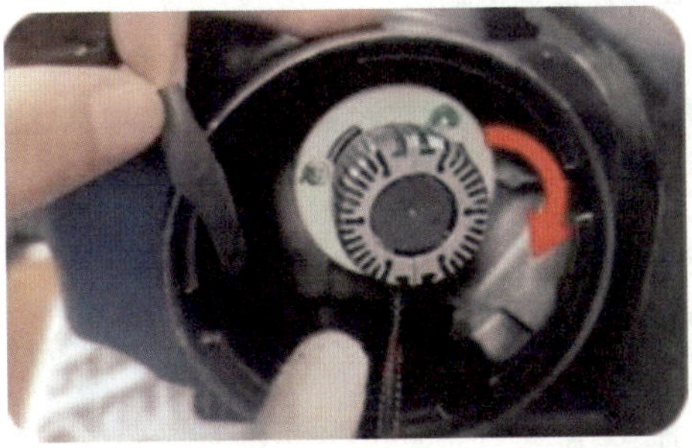	6. 按顺时针方向旋转新灯泡至线束朝下
	7. 连接插接器 提示：如果灯泡不亮，可反接插接器

更换前照灯灯泡后，应根据前照灯光束照射位置对前照灯的照射角度进行调整，前照灯照射角度调整孔位如图 4–2–19 所示，具体调整方法可参照维修手册。

七、汽车照明系统的检测

1. 汽车照明系统部件的检测

汽车照明系统部件的检测见表 4–2–4。

图 4-2-19　前照灯照射角度调整孔位

表 4-2-4　汽车照明系统部件的检测

部件名称	图示	检测方法
灯泡	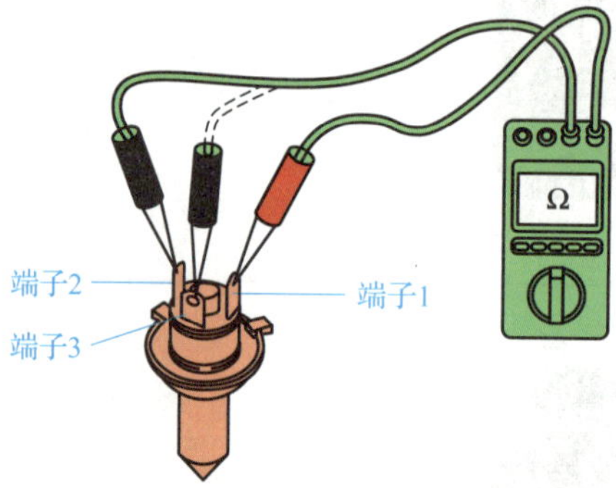	（1）目视检查 观察灯泡是否发黑，灯丝是否烧断 （2）电阻检测 1 号与 2 号端子之间、1 号与 3 号端子之间的电阻均应为 1 ～ 3 Ω
熔丝	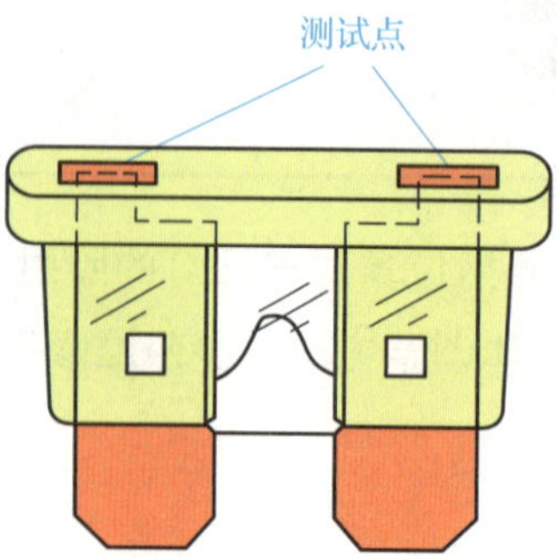	（1）目视检查 观察熔丝是否熔断 （2）开路检测 使用万用表测量熔丝两测试点之间的电阻，正常应小于 1 Ω。若电阻为无穷大，说明熔丝已熔断 （3）电压检测 使用万用表电压挡测量输入端和输出端之间是否有电压，或用试灯接入后观察试灯是否点亮

续表

部件名称	图示	检测方法
继电器	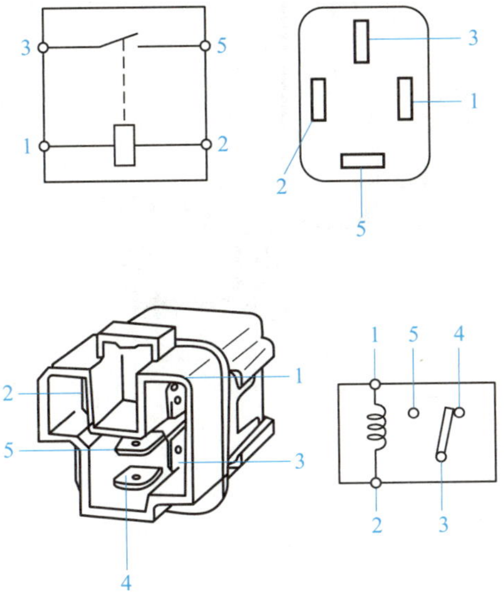	（1）线圈检测 检测 1 号与 2 号端子之间是否导通 （2）开路检测 1 号与 2 号端子之间未加电压时，3 号与 5 号端子之间的电阻应为无穷大 （3）加电检测 在 1 号与 2 号端子之间加 12 V 电压，3 号与 5 号端子之间的电阻应小于 1 Ω

2. 汽车照明系统电路的检测

（1）断路故障的检测

1）试灯法。如图 4-2-20 所示，接通灯光开关，将试灯鳄鱼夹搭铁，测试端头依次接蓄电池正极至灯具之间电路的各连接点（从灯具电流流入端开始）。正常情况下，试灯应亮；若试灯不亮，说明测试点至蓄电池正极之间的电路存在断路故障，此时应继续检测，直至试灯亮，则断路故障位置在试灯不亮与亮之间的电路中。

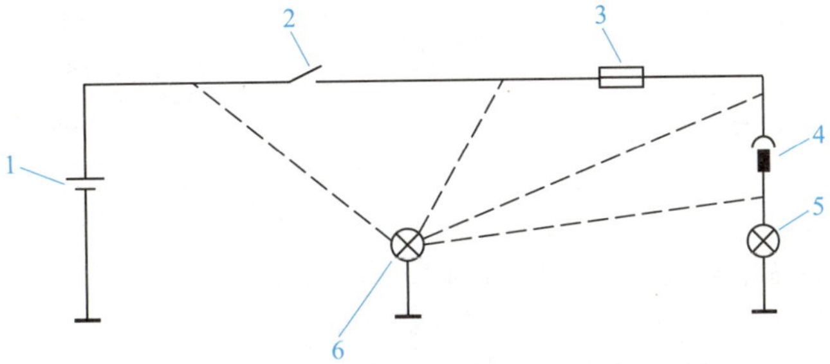

图 4-2-20　使用试灯检测电路断路故障

1—蓄电池　2—灯光开关　3—熔丝　4—插接器　5—灯具　6—试灯

2）万用表法。如图 4-2-21 所示，接通灯光开关，将万用表置于直流电压挡，黑表笔搭铁，红表笔依次接蓄电池正极至灯具之间电路的各连接点，正常情况下，测得的电压应为 12 V，否则说明电压为 0 V 之前的电路存在断路故障。

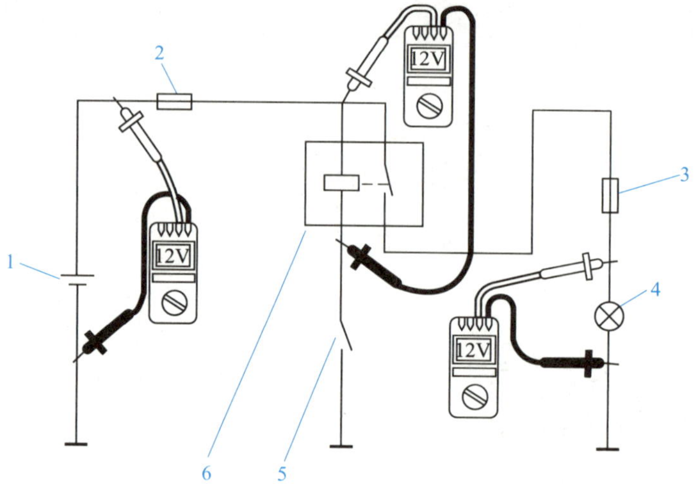

图 4-2-21　使用万用表检测电路断路故障

1—蓄电池　2、3—熔丝　4—灯具　5—灯光开关　6—继电器

（2）短路故障的检测

当接通灯光开关时，熔丝被熔断，不能只更换熔丝，还应检测电路是否存在短路故障。如图 4-2-22 所示，检测时，断开灯具的搭铁，将试灯鳄鱼夹接蓄电池正极，测试端头依次接蓄电池正极至灯具之间电路的各连接点（从电源正极开始）。正常情况下，试灯应不亮；若试灯亮，说明测试点至灯具之间的电路存在短路故障。

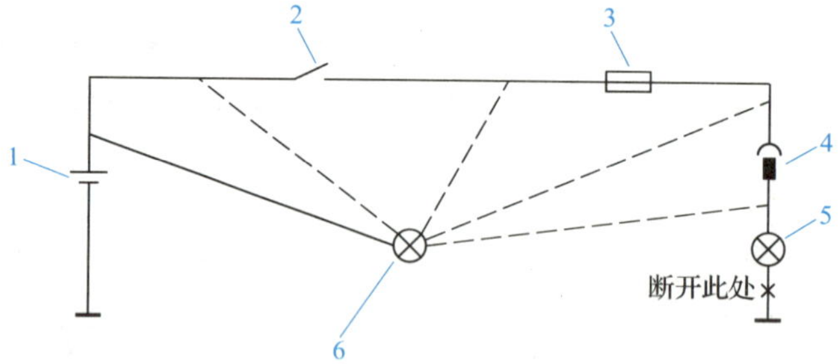

图 4-2-22　使用试灯检测电路短路故障

1—蓄电池　2—灯光开关　3—熔丝　4—插接器　5—灯具　6—试灯

八、汽车照明系统的常见故障及其排除方法

由于汽车使用环境多变，随着使用时间的增加，汽车照明系统可能出现照明亮度不足、照明失效等故障。汽车照明系统发生故障时，应对照维修手册进行检测。汽车照明系统的常见故障及其排除方法见表 4-2-5。

表 4-2-5　　汽车照明系统的常见故障及其排除方法

故障现象	故障原因	排除方法
全部前照灯都不亮	1. 电路连接处松脱 2. 电路断路 3. 灯光开关老化或损坏	1. 检查并紧固前照灯线束插接器与灯光开关的连接处 2. 检查灯光开关的供电和输出，按要求修复 3. 更换灯光开关
单个前照灯不亮	1. 电路连接处松脱 2. 灯泡损坏 3. 灯泡接线端子腐蚀	1. 可靠连接前照灯和搭铁线 2. 更换灯泡 3. 按要求修复或更换
全部前照灯都不亮，组合后灯正常	1. 电路连接处松脱 2. 变光开关老化或损坏 3. 灯光开关老化或损坏 4. 电路断路或搭铁不良	1. 检查并紧固变光开关和灯光开关的连接处 2. 更换变光开关 3. 更换灯光开关 4. 按要求修复
近光灯或远光灯都不亮	1. 电路连接处松脱 2. 变光开关老化或损坏 3. 电路断路	1. 检查并紧固变光开关和灯光开关的连接处 2. 更换变光开关 3. 按要求修复
打开车门时，顶灯不亮	1. 熔丝熔断 2. 插接器松脱 3. 灯泡损坏 4. 电路断路 5. 门控灯开关老化或损坏	1. 更换熔丝，如果更换后熔丝再次熔断，检测电路是否短路 2. 紧固或更换插接器 3. 更换灯泡 4. 按要求修复 5. 更换门控灯开关

任务实施

一、任务准备

1. 设备：实训车辆、工具车、零件车、工作台等。
2. 工具：常用工具、万用表等。
3. 资料：维修手册、工作页。

二、操作步骤

前照灯不亮故障检修见表 4-2-6。

表 4–2–6　　　　前照灯不亮故障检修

图示	说明
	1. 安装车辆防护用品
	2. 检查前照灯功能 接通点火开关，将灯光开关置于前照灯位置，观察两侧前照灯是否正常发光
	3. 检测蓄电池电压 提示：正常应大于 12 V

续表

图示	说明
	4. 检测前照灯灯泡 1 号端子与蓄电池负极之间的电压 提示：正常应大于 12 V
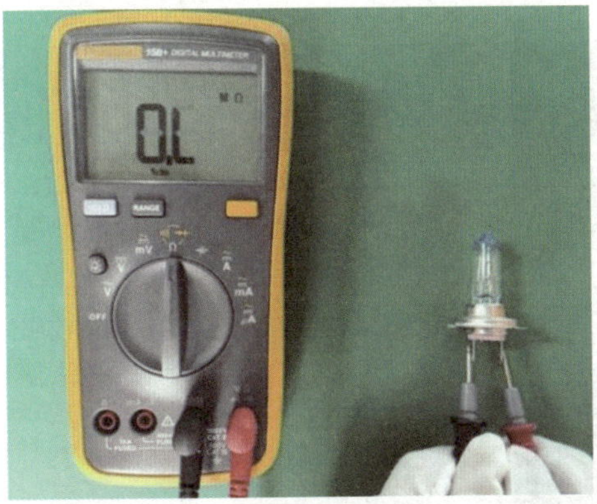	5. 检测前照灯灯泡灯丝电阻 （1）断开点火开关，拆下前照灯灯泡，识别灯泡型号 （2）使用万用表检测前照灯灯泡 1 号与 2 号端子之间的电阻 提示：正常应为 1 Ω 左右
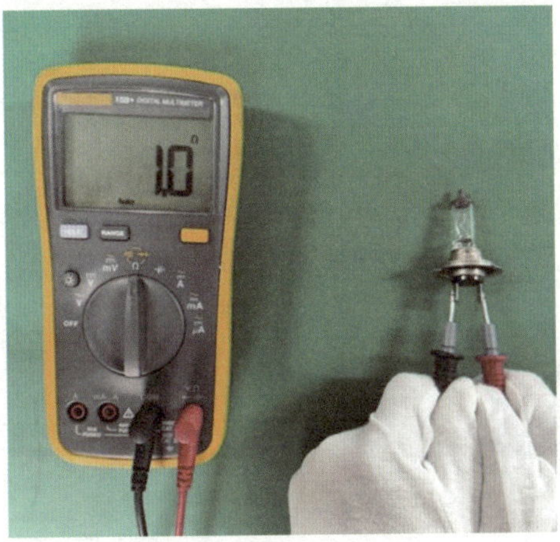	6. 检测新灯泡 选择相同型号的新灯泡，并检测新灯泡的灯丝电阻

续表

图示	说明
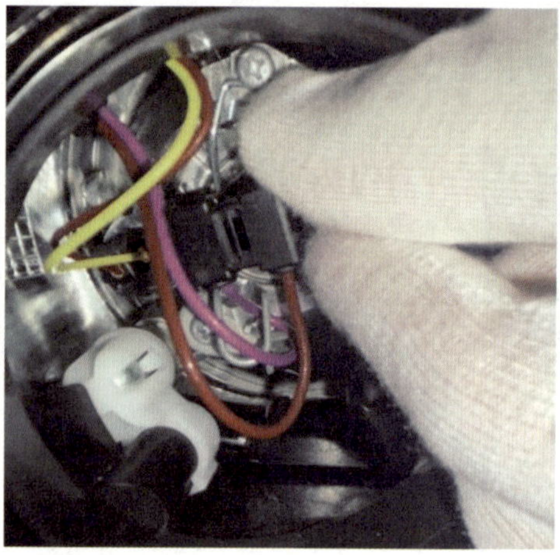	7. 安装新灯泡 提示：参照维修手册进行安装
	8. 检查、验证前照灯功能 接通点火开关，将灯光开关置于前照灯位置，检查确认两侧前照灯正常发光
	9. 按照“8S”管理规定整理实训场地

任务 3　汽车信号系统构造与维修

学习目标

1. 能描述转向、制动、倒车信号装置的组成和工作原理。
2. 能分析转向信号装置电路。
3. 能描述汽车喇叭的作用、分类、结构、工作原理和检测与调整方法。
4. 能描述汽车信号系统的常见故障及其故障原因。
5. 能以小组合作方式，在教师指导下，规范进行汽车喇叭不响故障检修，遵循“8S”管理规定。

任务描述

一辆汽车进厂维修，客户反映前喇叭不响。班组长检查后，初步判断为喇叭损坏，需要进行更换。现班组长安排你采用小组合作的方式，通过查阅维修手册等资料，在规定时间内完成汽车喇叭不响故障检修的任务。

相关知识

一、转向信号装置

转向信号装置采用闪烁的方式指示车辆即将改变行驶的方向，提醒其他车辆和行人，本车将要起步、转向、掉头、变换车道、超车、靠边停车等，以提高车辆行驶的安全性。

转向信号装置主要由转向灯、转向灯开关、闪光器和危险警告信号开关等组成。

1. 转向灯开关

转向灯开关一般为组合式灯光开关（见图 4–3–1），安装在转向盘左下方，用来控制转向灯，可以根据需要，通过前、后拨动（以转向盘平面为基准）来打开相应的转向灯。

图 4-3-1　组合式灯光开关

2. 闪光器

闪光器是控制转向灯按一定时间间隔闪烁的器件，闪烁频率为 60 ～ 120 次 /min。目前常用的闪光器主要包括晶体管式和集成电路式等类型，如图 4-3-2 所示。

a）　　b）

图 4-3-2　闪光器的类型

a）晶体管式　b）集成电路式

（1）晶体管式闪光器

晶体管式闪光器主要由晶体管、电阻器、电容器等构成的非稳态电路和小型继电器组成，其工作原理如图 4-3-3 所示，利用电容器的充放电特性和晶体管的开关特性，交替地接通和切断转向灯电路，使转向灯周期性闪烁。

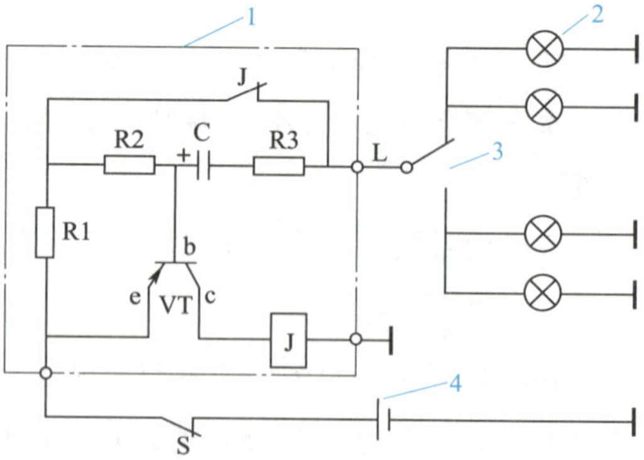

图 4-3-3　晶体管式闪光器的工作原理

1—晶体管式闪光器　2—转向灯

3—转向灯开关　4—蓄电池

当接通转向灯开关时，转向灯点亮。当电流通过电阻器 R1 时，在电阻器 R1 上产生电压降，为晶体管 VT 提供正向偏置电压而使其导通，继电器 J 的线圈通电，使其动断（常闭）触点断开，转向灯熄灭，同时晶体管基极电流开始对电容器 C 充电；随着电容器电荷的积累，充电电流逐渐减小，晶体管的集电极电流随之减小，继电器线圈中的电流也逐渐减小，线圈中产生的电磁力逐渐减小，当电磁力小于动断触点的回弹力时，动断触点闭合，转向灯点亮，同时电容器 C 通过电阻器 R2、继电器动断触点和电阻器 R3 放电，放电电流在电阻器 R2 上产生电压降，为晶体管 VT 提供反向偏置电压而加速其截止。当放电电流接近零时，电阻器 R1 上的电压降又使晶体管 VT 导通。

这样，电容器不断地充电和放电，晶体管也就不断地导通和截止，控制继电器触点反复地断开和闭合，使转向灯不停地闪烁。

晶体管式闪光器具有成本低、可靠性高、维修方便等特点，应用较广。

（2）集成电路式闪光器

集成电路式闪光器使用集成电路进行控制，其基本原理是利用专用集成电路产生稳定的振荡信号，使转向灯稳定闪烁。

集成电路式闪光器具有体积小、性能稳定、使用寿命长等优点，应用广泛。

3. 危险警告信号开关

图 4-3-4 所示为危险警告信号开关，当接通此开关时，所有转向灯同时闪烁作为危险警告信号，表示车辆遇到紧急情况。危险警告信号不受组合式灯光开关的控制。

图 4-3-4　危险警告信号开关

二、制动信号装置

制动信号装置的作用是在车辆制动停车或制动减速行驶时，向跟随的后方车辆发出光信号，防止追尾。

制动灯由制动灯开关控制，制动灯开关可分为机械式、液压式和气压式等类型。

1. 机械式制动灯开关

机械式制动灯开关的安装位置及其电路如图 4-3-5 所示。机械式制动灯开关一般安装在制动踏板上方，为机械触点式。

踩下制动踏板时，触点闭合，电路接通，制动灯点亮；松开制动踏板后，制动灯开关被回弹的制动踏板顶开，电路断开，制动灯熄灭。

2. 液压式制动灯开关

液压式制动灯开关的外形和结构如图 4-3-6 所示。液压式制动灯开关安装在液压制动主缸前端或制动管路中，其电路与机械式制动灯开关的电路相同。

踩下制动踏板时，制动压力增大，膜片 5 向上弯曲，动触片 4 同时接通两个静触头 2，电路接通，制动灯点亮；松开制动踏板后，制动压力减小，动触片 4 在弹簧 3 的作用下复位，电路断开，制动灯熄灭。

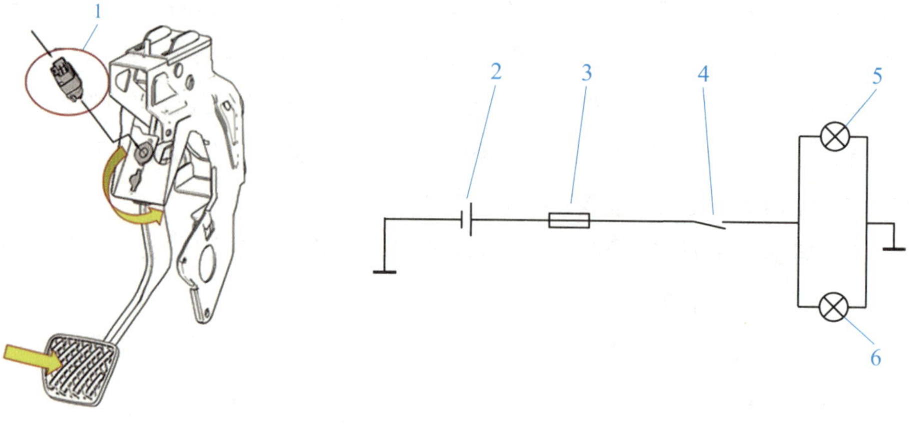

a）　　b）

图 4-3-5　机械式制动灯开关的安装位置及其电路

a）安装位置　b）电路

1、4—制动灯开关　2—蓄电池　3—熔丝　5—左制动灯　6—右制动灯

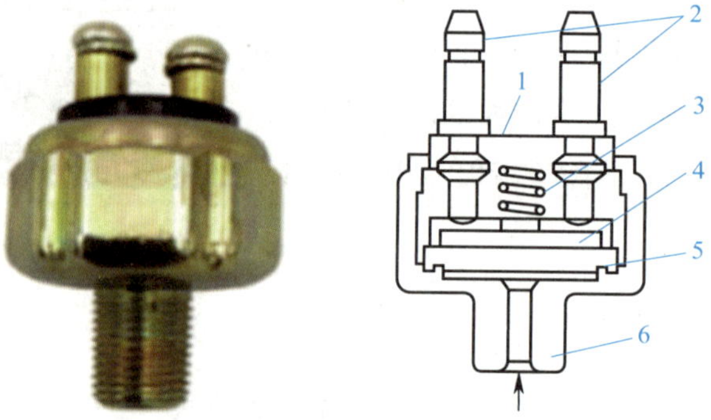

a）　　b）

图 4-3-6　液压式制动灯开关的外形和结构

a）外形　b）结构

1—胶木　2—静触头　3—弹簧　4—动触片　5—膜片　6—接头

3. 气压式制动灯开关

气压式制动灯开关安装在气压制动系统管路中或制动控制阀上，其结构、电路与液压式制动灯开关的结构、电路相同。

三、倒车信号装置

倒车信号装置用于倒车时提醒车辆后方的行人和车辆，以保证倒车安全。倒车信号装置由倒车开关控制。

1. 倒车开关

倒车开关又称倒挡开关，安装在变速器盖上。倒车开关的外形和结构如图 4-3-7 所示。

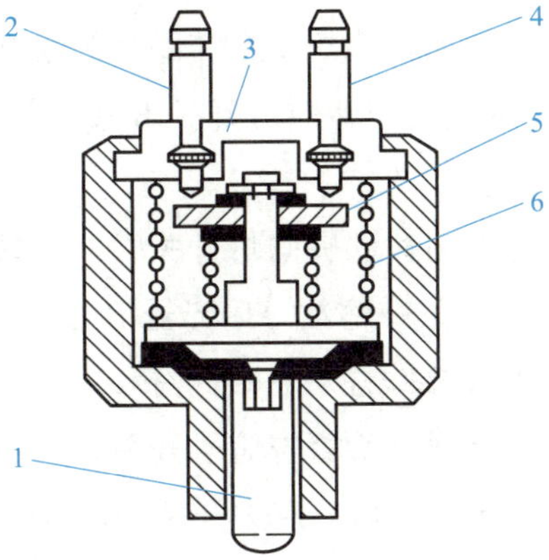

a）　　b）

图 4-3-7　倒车开关的外形和结构

a）实物　b）结构

1—挺杆　2、4—接线柱　3—胶座　5—动触盘　6—弹簧

2. 工作过程

倒车信号装置电路如图 4-3-8 所示。当变速杆置于 R 挡时，倒挡轴将倒车开关上的挺杆 1 顶起，使动触盘 5 同时将接线柱 2、4 接通，电路接通，倒车灯点亮，倒车蜂鸣器同时发出声音；摘下 R 挡后，倒车开关的动触盘 5 在弹簧 6 的作用下复位下移，接线柱 2、4 断开，电路断开，倒车灯熄灭，倒车蜂鸣器也不再发出声音。

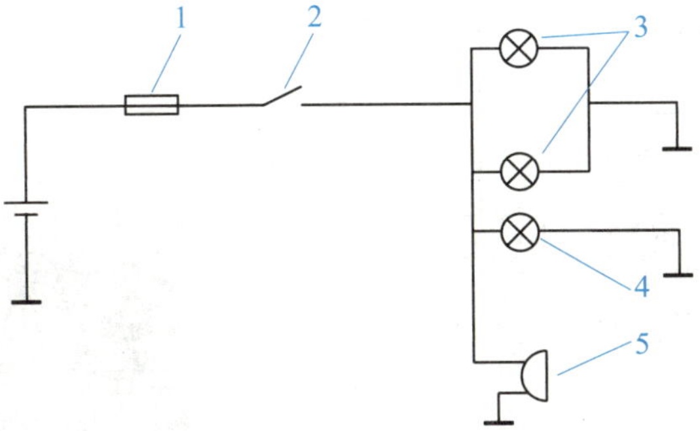

图 4-3-8　倒车信号装置电路

1—熔丝　2—倒车开关　3—倒车灯　4—倒车指示灯　5—倒车蜂鸣器

四、转向信号装置电路

1. 闪光器控制的转向信号装置电路

闪光器控制的转向信号装置电路主要由熔丝、闪光器、转向灯开关、危险警告信号开关、转向灯和转向指示灯等组成，如图 4-3-9 所示。

（1）接通点火开关后，当向后（以转向盘平面为基准）拨动转向灯开关时，左转向灯和左转向指示灯闪烁，电流路径为蓄电池正极→点火开关→熔丝→闪光器 B 接线柱→闪光器 L_2 接线柱→转向灯开关 B 接线柱→转向灯开关 L 接线柱→左转向灯和左转向指示灯→搭铁。

（2）当向前拨动转向灯开关时，右转向灯和右转向指示灯闪烁，电流路径为蓄电池正极→点火开关→熔丝→闪光器 B 接线柱→闪光器 L_2 接线柱→转向灯开关 B 接线柱→转向灯开关 R 接线柱→右转向灯和右转向指示灯→搭铁。

（3）当接通危险警告信号开关时，左、右转向灯和左、右转向指示灯同时闪烁，电流路径为蓄电池正极→点火开关→熔丝→闪光器 B 接线柱→闪光器 L_2、L_1 接线柱→危险警告信号开关 1、4 接线柱→危险警告信号开关 2、3 接线柱→转向灯开关 L、R 接线柱→左、右转向灯和转向指示灯→搭铁。

2. 车身控制模块控制的转向信号装置电路

随着电子技术的发展，车身控制模块（BCM）在汽车上的应用越来越普及。图 4-3-10 所示为大众汽车车身控制模块，负责管理汽车车身电气系统。BCM 安装在仪表板左侧继电器板下方，标注代号为 J519。BCM 通过其插接器的两个 T73 端子与外围电路连接，其中，T73a 为黑色，T73b 为白色。

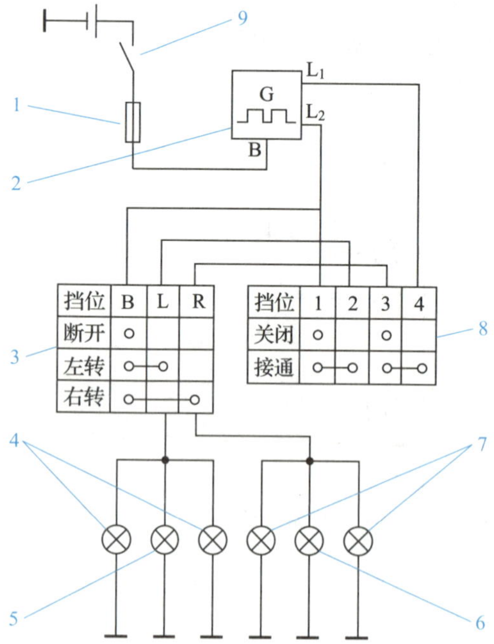

图 4-3-9 闪光器控制的转向信号装置电路

1—熔丝 2—闪光器 3—转向灯开关 4—左转向灯 5—左转向指示灯 6—右转向指示灯 7—右转向灯 8—危险警告信号开关 9—点火开关

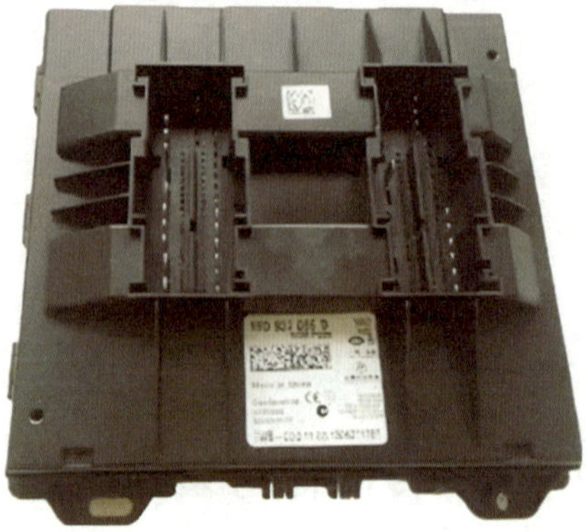

图 4-3-10 大众汽车车身控制模块

图 4-3-11 所示为大众汽车转向信号装置电路，电源通过 SC46 25A 熔丝、J519 的 T73b/13 端子为转向灯供电。

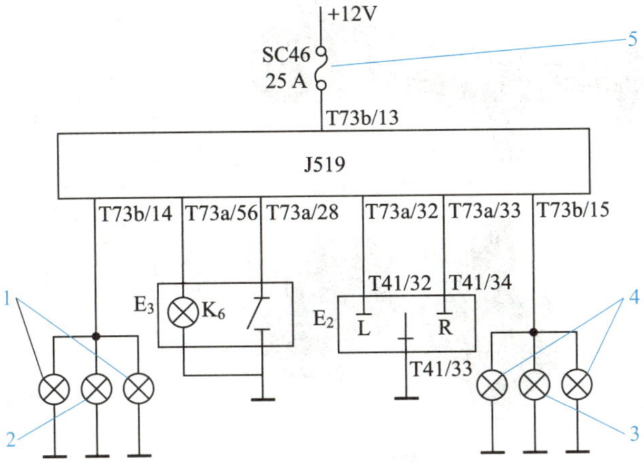

图 4-3-11　大众汽车转向信号装置电路

J519—车身控制模块（BCM）　E_2—转向灯开关　E_3—危险警告信号开关　K_6—危险警告信号指示灯
1—左转向灯　2—左转向指示灯　3—右转向指示灯　4—右转向灯　5—熔丝

（1）接通点火开关后，当向后拨动转向灯开关时，转向灯开关 E_2 处于 L 侧，并通过其 T41/33 端子接地，车身控制模块 J519 的 T73a/32 端子为接地零电位，J519 通过 T73b/14 端子向左转向灯和左转向指示灯输出脉冲电流，使左转向灯和左转向指示灯闪烁，电流路径为电源→ SC46 熔丝→ J519 的 T73b/13 端子→ J519 的 T73b/14 端子→所有左转向灯和左转向指示灯→搭铁。

（2）当向前拨动转向灯开关时，转向灯开关 E_2 处于 R 侧，并通过其 T41/33 端子接地，车身控制模块 J519 的 T73a/33 端子为接地零电位，J519 通过 T73b/15 端子向右转向灯和右转向指示灯输出脉冲电流，使右转向灯和右转向指示灯闪烁，电流路径为电源→ SC46 熔丝→ J519 的 T73b/13 端子→ J519 的 T73b/15 端子→所有右转向灯和右转向指示灯→搭铁。

（3）当接通危险警告信号开关 E_3 时，车身控制模块 J519 的 T73a/28 端子接地，电位为零，J519 通过 T73a/56 端子向危险警告信号指示灯 K_6 输出脉冲电流，使 K_6 闪烁，同时通过 T73b/14、T73b/15 端子向左、右转向灯和左、右转向指示灯输出脉冲电流，使所有转向灯和转向指示灯同时闪烁，电流路径为电源→ SC46 熔丝→ J519 的 T73b/13 端子→ J519 的 T73b/14、T73b/15 端子→左、右转向灯和转向指示灯→搭铁。

五、汽车喇叭

1. 汽车喇叭的作用和分类

汽车喇叭的作用是发出声音信号提醒行人和其他车辆，以引起注意，保证行车安全。汽车喇叭的分类及应用见表 4-3-1。

表 4-3-1　　汽车喇叭的分类及应用

种类	图示		应用
气喇叭			气喇叭是利用气流冲击使金属膜片振动产生声音的，多用在装有气压制动装置的载货汽车上
电喇叭	螺旋形		电喇叭是利用电磁力使金属膜片振动产生声音的，广泛应用在各种类型的汽车上
	盆形		

2. 电喇叭的结构和工作原理

（1）电喇叭的结构

以盆形电喇叭为例，其结构如图 4-3-12 所示。

（2）电喇叭的工作原理

当按下喇叭按钮时，进入喇叭的电流路径为蓄电池正极→电磁线圈→触点→喇叭按钮→搭铁→蓄电池负极。电磁线圈通电后产生电磁吸力，吸动上铁芯、衔铁下移，使膜片向下拱曲，衔铁下移中将触点顶开，电磁线圈电路被切断，电磁吸力消失，上铁芯、衔铁在膜片弹力的作用下复位，触点又闭合，如此反复进行，使膜片和共鸣板连续振动发声。

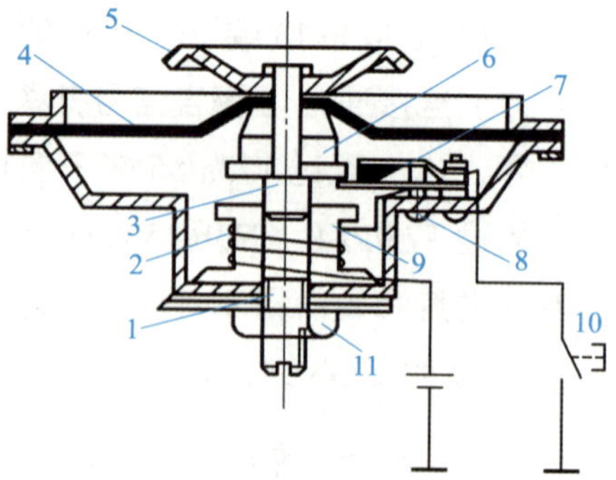

图 4-3-12　盆形电喇叭的结构

1—底座　2—电磁线圈　3—上铁芯　4—膜片　5—共鸣板　6—衔铁　7—触点　8—调整螺钉　9—下铁芯　10—喇叭按钮　11—锁紧螺母

（3）电喇叭的控制电路

电喇叭的按钮一般安装在转向盘上，安装单个喇叭的情况下，用按钮直接控制电喇叭。为了获得较为和谐悦耳的声音，汽车上大多安装双音喇叭（高、低音喇叭）。当安装双音喇叭时，由于两个喇叭工作时消耗的电流较大（15 ~ 20 A），为了保护喇叭按钮不被烧坏，通常在电路中设有喇叭继电器，即用喇叭按钮控制喇叭继电器线圈的小电流，用喇叭继电器触点控制喇叭所需的大电流。

含继电器的双音喇叭控制电路如图 4–3–13 所示。当按下喇叭按钮时，喇叭继电器线圈通电，使喇叭继电器触点闭合，进入喇叭的电流路径为蓄电池正极→熔丝→喇叭继电器触点→喇叭接线端子→喇叭→搭铁→蓄电池负极，喇叭发声；当松开喇叭按钮时，喇叭继电器线圈断电，喇叭继电器触点在自身弹力的作用下断开，切断进入喇叭的电流，喇叭停止发声。

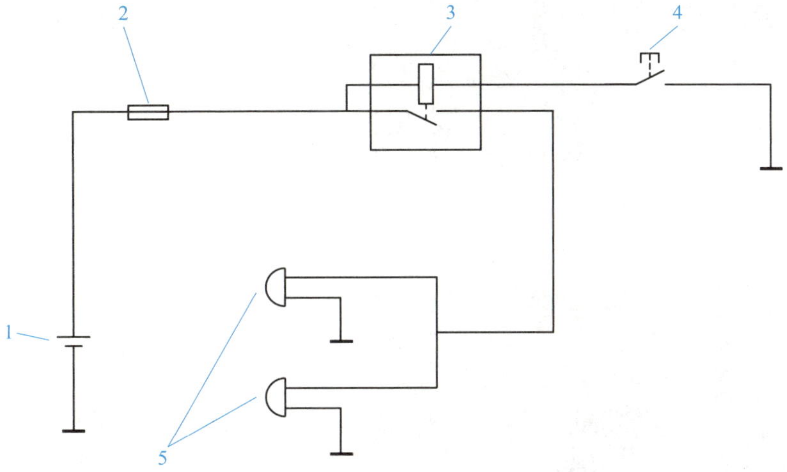

图 4–3–13　含继电器的双音喇叭控制电路

1—蓄电池　2—熔丝　3—喇叭继电器　4—喇叭按钮　5—喇叭

3. 电喇叭的检测与调整

（1）电喇叭的检测

电喇叭的检测方法见表 4–3–2。

表 4–3–2　　电喇叭的检测方法

图示	说明
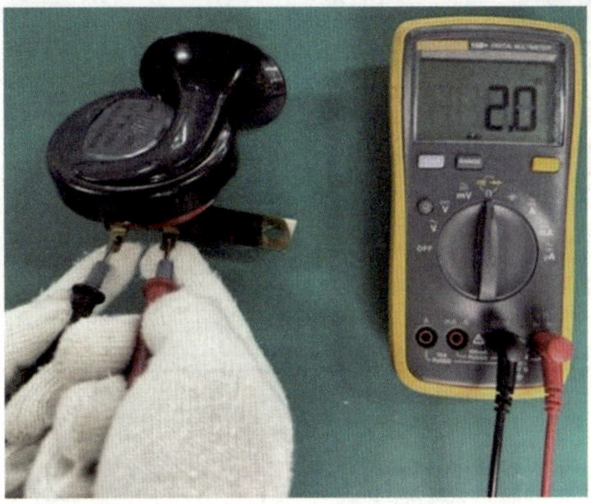	使用万用表检测电喇叭两接线端子之间的电阻，正常应为 1 ~ 5 Ω

续表

图示	说明
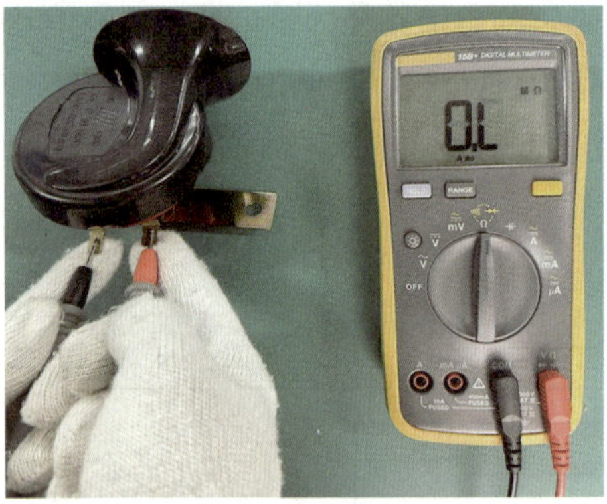	如果电阻过大甚至无穷大，说明电喇叭内部出现断路或触点接触不良等故障，需要拆检电喇叭
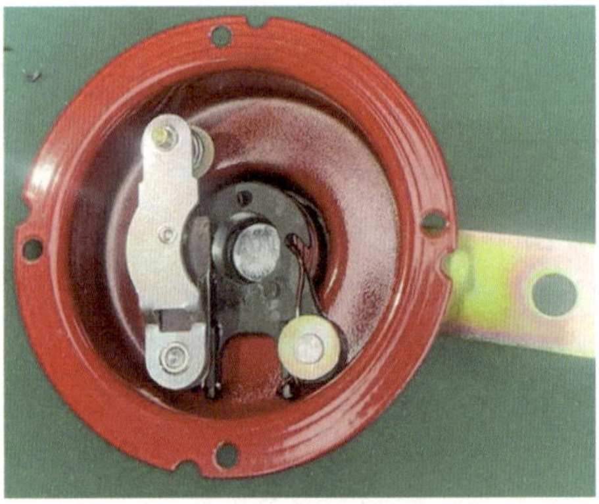	检查电喇叭内部线路连接是否松脱，电磁线圈是否烧焦，锁紧螺母和调整螺钉是否松动，衔铁与铁芯之间的气隙（铁芯气隙）是否适当，膜片是否断裂
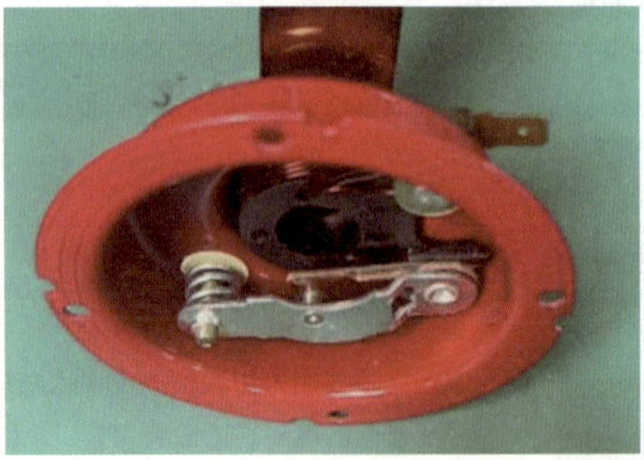	检查电喇叭触点是否烧蚀。电喇叭触点应保持清洁、平整，否则应进行修理或更换

（2）电喇叭的调整

电喇叭的调整方法见表 4-3-3。

表 4-3-3　　电喇叭的调整方法

项目	图示	调整方法	调整原理
音量调整	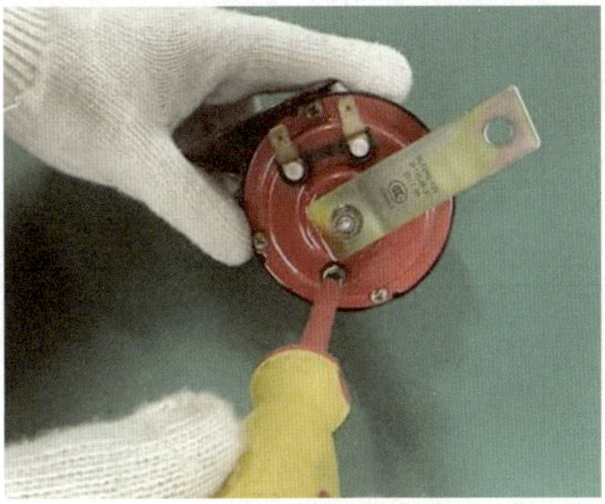	将调整螺钉旋入	触点预压力减小→电流减小→音量减小
		将调整螺钉旋出	触点预压力增大→电流增大→音量增大
音调调整	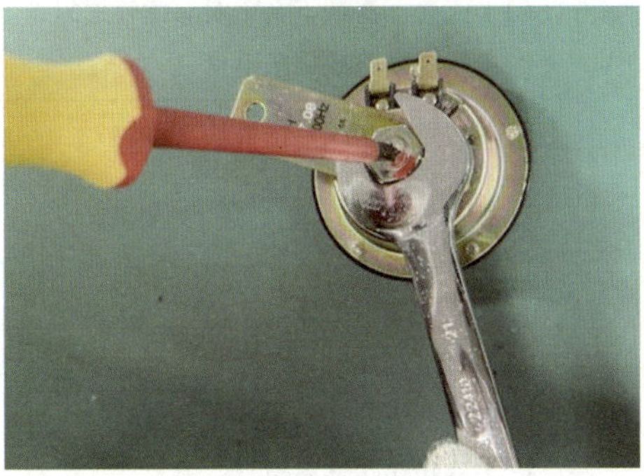	将调整螺钉旋入	铁芯气隙变小→振动频率降低→音调升高
		将调整螺钉旋出	铁芯气隙变大→振动频率升高→音调降低

电喇叭音量调整和音调调整并不是完全独立的，两者实际上是相互关联的，因此，需要反复调试才能获得最佳效果。

电喇叭的安装固定方法对其发声影响较大，为保证电喇叭发声正常，电喇叭不能刚性安装，一般在电喇叭与固定架之间装有片状弹簧或橡胶垫。

六、汽车信号系统的常见故障及其故障原因

故障现象		故障原因
转向灯	全部转向灯都不亮	（1）转向灯熔丝烧断 （2）线路断路或接触不良 （3）转向灯开关损坏 （4）闪光器损坏
	一侧转向灯不亮	（1）连接线束接头脱落 （2）闪光器不良 （3）搭铁不良 （4）一侧灯泡烧坏

续表

故障现象		故障原因
转向灯	转向灯常亮	（1）闪光器故障 （2）交流发电机电压调节器的限额电压过高 （3）线路短路
	转向灯闪烁频率低	（1）灯泡功率选用不当 （2）闪光器故障 （3）电源电压过低（调整交流发电机电压调节器）
	转向灯闪烁频率高	（1）灯泡功率选用不当 （2）某灯泡烧坏 （3）搭铁不良 （4）电源电压过高（调整交流发电机电压调节器） （5）闪光器故障
	转向灯时亮时不亮	（1）闪光器搭铁不良（对晶体管式闪光器） （2）线路断路或接触不良
	转向灯熔丝经常烧断	（1）线路的相线直接搭铁 （2）灯泡或灯座短路 （3）转向灯开关搭铁 （4）闪光器不良
制动灯	制动灯不亮	（1）灯泡烧坏 （2）制动灯开关失灵 （3）线路断路或短路
倒车灯	倒车灯不亮	（1）灯泡烧坏 （2）倒车开关失灵 （3）线路断路或短路
喇叭	喇叭不响	（1）熔丝烧断 （2）线路断路或短路 （3）喇叭继电器损坏 （4）喇叭损坏 （5）喇叭按钮损坏
	喇叭响不停	（1）喇叭按钮卡死 （2）喇叭继电器触点烧结
	喇叭声音异常	（1）喇叭继电器触点烧蚀 （2）喇叭触点烧蚀 （3）喇叭铁芯烧蚀 （4）喇叭铁芯气隙调整不当
	喇叭触点或喇叭按钮触点经常烧蚀	（1）喇叭消弧电容器或电阻器失效 （2）喇叭触点接触压力过大 （3）未安装喇叭继电器

任务实施

一、任务准备

1. 设备：实训车辆、工具车、零件车、工作台等。
2. 工具：常用工具、万用表等。
3. 资料：维修手册、工作页。

二、操作步骤

汽车喇叭不响故障检修见表 4-3-4。

表 4-3-4　　汽车喇叭不响故障检修

图示	说明
	1. 安装车辆防护用品
	2. 检查汽车喇叭功能 接通点火开关，按压喇叭按钮，检查喇叭能否正常发声
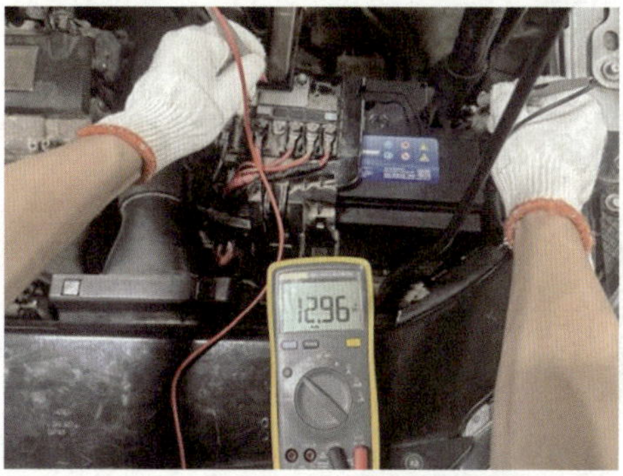	3. 检测蓄电池电压 提示：正常应大于 12 V

续表

图示	说明
	4. 检测喇叭熔丝对地电压 提示：喇叭熔丝安装位置查看维修手册；喇叭熔丝对地电压应接近蓄电池电压，如果喇叭熔丝对地电压为零或与蓄电池电压偏差较大，说明汽车喇叭异常
	5. 拆卸喇叭，检测喇叭的电阻 （1）拆卸汽车前保险杠，找到汽车喇叭的安装位置
	（2）断开喇叭线束插接器 按压喇叭线束插接器锁止装置并拔下插接器

续表

图示	说明
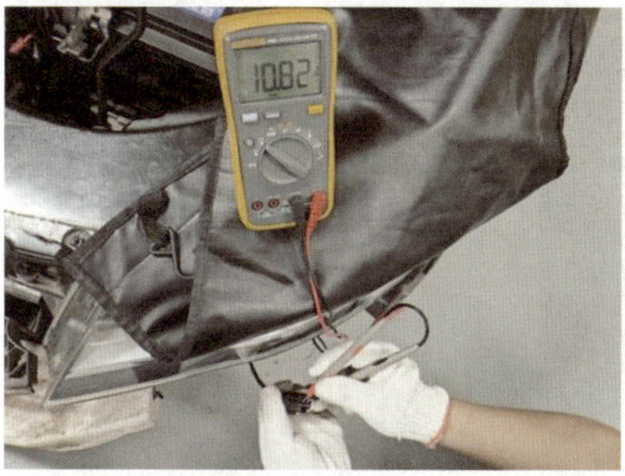	（3）检测喇叭端输入电压 两人合作完成，一人按压喇叭按钮，另一人使用万用表检测喇叭端输入电压，红表笔接喇叭 1 号端子，黑表笔搭铁，从显示屏上读取测量值 提示：正常应大于 12 V
	（4）拆卸喇叭 使用 10 mm 套筒和棘轮手柄拆卸喇叭锁紧螺母 注意：拆卸时应固定喇叭，以避免损伤线束
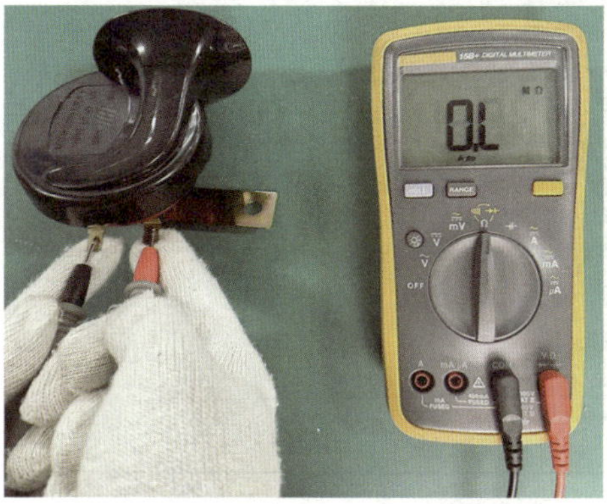	（5）检测喇叭的电阻 使用万用表检测喇叭两接线端子之间的电阻 提示：正常应为 1 ~ 5 Ω，如果电阻过大甚至无穷大，说明喇叭内部出现断路或触点接触不良等故障，需要更换喇叭
	6. 检测新喇叭 选择相同型号的新喇叭，并检测新喇叭的电阻

续表

图示	说明
	7. 安装新喇叭 按照与拆卸相反的顺序安装新喇叭 提示：喇叭锁紧螺母拧紧力矩为 8 ~ 12 N · m
	8. 检查、验证汽车喇叭功能 接通点火开关，按压喇叭按钮，检查确认喇叭正常发声
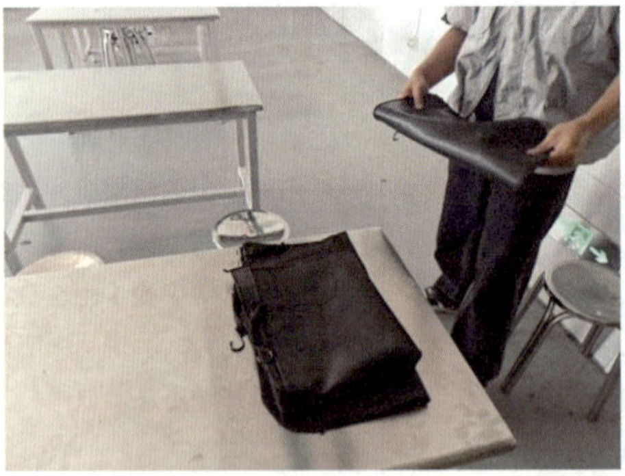	9. 按照“8S”管理规定整理实训场地

项目五 汽车仪表与警报系统构造与维修

任务1　汽车仪表构造和工作原理

学习目标

1. 能描述汽车仪表板的作用和种类。
2. 能描述汽车仪表的基本组成和作用。
3. 能描述常用汽车仪表的组成和工作原理。
4. 能以小组合作方式，在教师指导下，认知汽车仪表的位置和功能，遵循“8S”管理规定。

任务描述

一辆汽车进厂维修，客户反映在行驶过程中燃油油量表显示异常。班组长检查后，初步判断为汽车仪表故障，需要进行检修。现班组长安排你采用小组合作的方式，通过查阅维修手册等资料，在规定时间内完成汽车仪表认知的任务。

相关知识

一、汽车仪表板的作用和种类

1. 汽车仪表板的作用

为了使驾驶员随时掌握汽车的重要运行状态情况，并能及时发现和排除潜在的故障，汽车驾驶室转向盘的前方均装有仪表板，如图 5–1–1 所示。汽车仪表板总成上安装有各种指示器和警报信号装置等，可以为驾驶员提供汽车主要行驶状态的有关信息，包括蓄电池工作情况、发动机机油压力、发动机冷却液温度、发动机运转速度、燃油箱内油量、车辆行驶速度等，还可以提供发动机电控、灯光、电源、安全、润滑、制动等系统相关工况信息的警报指示信号。

图 5–1–1　汽车仪表板

1—电子节气门故障指示灯　2—驻车制动器警报灯　3—发动机故障指示灯　4—转向指示灯　5—时钟　6—发动机冷却液温度指示器　7—挡位　8—制动防抱死系统故障指示灯　9—制动系统故障警报灯　10—安全带警报灯　11—制动踏板状态指示灯　12—车速表　13—门开警报灯　14—安全气囊故障指示灯　15—里程表　16—燃油油量表　17—转速表　18—蓄电池充电警报灯

2. 汽车仪表板的种类

按安装方式不同，汽车仪表板可分为组合式和分装式两种类型。

（1）组合式仪表板

组合式仪表板是指将各仪表组合安装在一起。组合式仪表板又分为可拆式（见图 5–1–2）和不可拆式（见图 5–1–3）两种类型。可拆式仪表板的指示器、警报信号

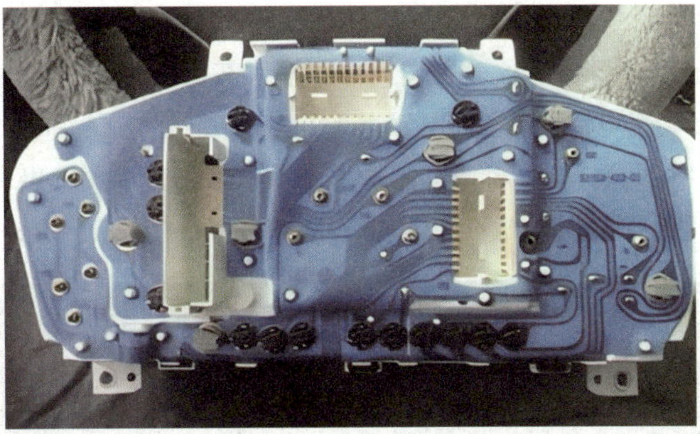

图 5-1-2　可拆式仪表板

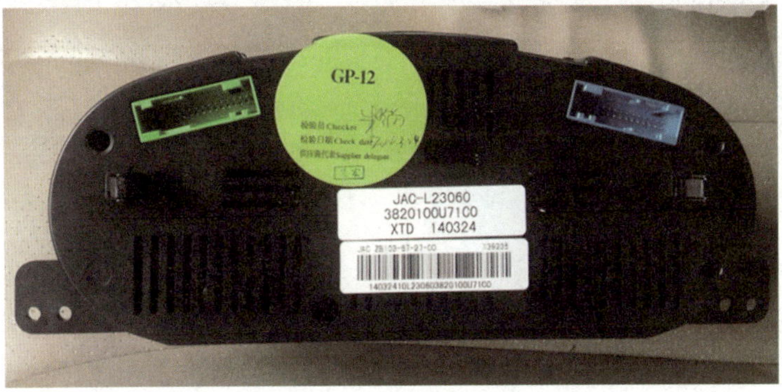

图 5-1-3　不可拆式仪表板

装置等组成部件损坏时，可以单独更换组成部件；不可拆式仪表板的指示器、警报信号装置等组成部件损坏时，需要更换仪表板总成。

（2）分装式仪表板

分装式仪表板是指将各指示器单独安装，如图 5-1-4 所示。

图 5-1-4　分装式仪表板

3. 汽车仪表的分类

汽车仪表是汽车工况信息指示的主要装置。按工作原理、显示方式不同，汽车仪表分为传统仪表和数字式仪表两种类型。

（1）传统仪表

传统仪表一般是指机械式仪表、电气式仪表和模拟电路电子仪表，如图 5-1-5 所示。传统仪表大多利用电流的热效应或磁场和电流（或磁场）之间的作用，通过指示器（指示表）的机械指针和刻度盘将传感器输出的模拟信号直接显示出来，存在显示信息量少、视觉特性不好、易使驾驶员疲劳、准确率较低等缺点，应用越来越少。

图 5-1-5　传统仪表

（2）数字式仪表

数字式仪表如图 5-1-6 所示。数字式仪表一般通过电子控制单元（ECU）接收传感器采集的信号，将模拟量转换为数字量，经分析处理后，在指示器（显示装置）上以数字显示、模拟指针显示、图像和曲线显示等不同形式显示出来，具有功能丰富、精度高、可靠性高、显示直观等优点，逐渐成为汽车仪表的主流。

图 5-1-6　数字式仪表

二、汽车仪表的基本组成和作用

1. 汽车仪表的基本组成

（1）传统仪表的基本组成

传统仪表主要由传感器和指示器（指示表）等组成。

1）传感器。传感器可分为电热式和可变电阻式两种类型，可变电阻式又可分为滑动变阻式和热敏电阻式两种类型。电热式传感器是利用电流的热效应工作的；滑动变阻式传感器是利用电阻与中间抽头位置的关系、通过控制可变电阻器中间抽头的位置工作的；热敏电阻式传感器是利用热敏电阻器温度变化特性工作的。电热式传感器提供的是断续的脉冲电信号，可变电阻式传感器提供的是连续变化的电信号。

汽车仪表常用的传感器包括液位传感器、压力传感器、温度传感器、速度传感器等。这些传感器实时监测车辆各种状态信息，完成信号的采集。

2）指示器（指示表）。指示表可分为电热式（双金属片式）和电磁式两种类型。电热式指示表利用电流的热效应，通过电热线圈产生的热量加热双金属片，使双金属片变形带动指针指示相应的读数，由于受外界环境因素影响大且显示精度低，已逐渐被淘汰；电磁式指示表利用磁场和电流（或磁场）之间的相互作用，通过垂直布置的两个电磁线圈通电形成合成磁场并磁化转子，转子带动指针指示相应的读数。

（2）数字式仪表的基本组成

数字式仪表主要由传感器、电子控制单元和指示器（显示装置）等组成。

1）传感器。数字式仪表与传统仪表采用的传感器结构和原理基本相同。

2）电子控制单元。电子控制单元接收传感器的信号，并分析处理后，控制显示装置显示出来。

3）指示器（显示装置）。目前，汽车数字式仪表使用的显示装置主要包括发光二极管（LED）、真空荧光管（VFD）、液晶显示器（LCD）、电致发光显示器（ELD）和阴极射线管（CRT）等。

2. 汽车仪表的作用

不同汽车仪表的作用见表 5–1–1。

表 5–1–1　　不同汽车仪表的作用

名称	作用
电流表	显示蓄电池处于充电还是放电状态
燃油油量表	显示燃油箱内油量
发动机冷却液温度表	显示发动机冷却液温度
发动机机油温度表	显示发动机机油温度
发动机机油压力表	显示发动机润滑系统中油压
贮气筒压力表	显示制动系统贮气筒内有效压力
车速表	显示车辆行驶速度
里程表	显示车辆行驶累计里程

续表

名称	作用
旅程表	显示车辆区段行驶里程
速度记录器	能自动记录车速、行驶距离、时间间隔等
转速表	显示发动机工作转速
转数累积表	显示发动机累积转数
集中润滑系统油压表	显示集中润滑系统中润滑油工作压力
自动变速器指示器	显示自动变速器的工作挡位

三、常用汽车仪表的组成和工作原理

常用的汽车仪表主要包括发动机冷却液温度表、燃油油量表、车速表、转速表等。

1. 发动机冷却液温度表

发动机冷却液温度表用来显示发动机冷却液温度，是判断发动机冷却系统工作正常与否的重要指标。发动机冷却液温度表主要由发动机冷却液温度指示器和发动机冷却液温度传感器等组成，如图 5–1–7 所示。

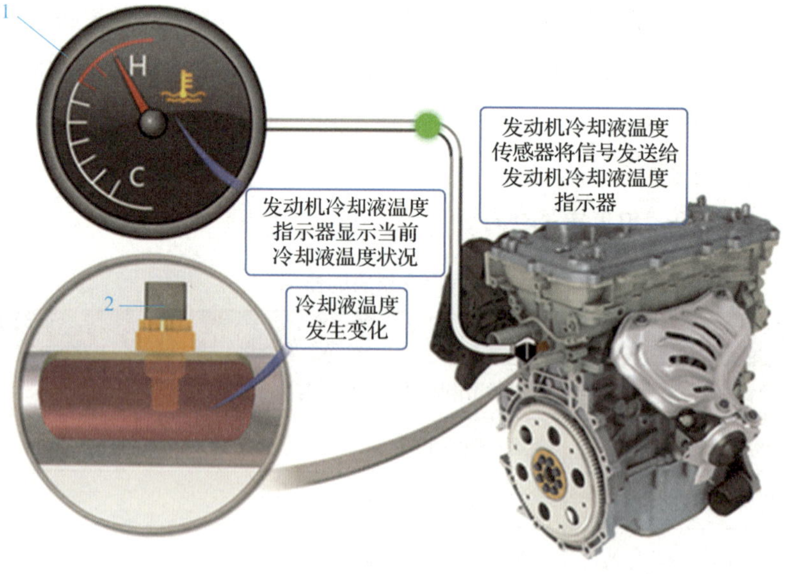

图 5–1–7　发动机冷却液温度表的组成

1—发动机冷却液温度指示器　2—发动机冷却液温度传感器

发动机冷却液温度指示器位于仪表板上，如图 5–1–8 所示，温度指示范围为 C ~ H，C 表示低温，H 表示高温。在正常情况下，指示器的指针应指示在白色区域，以中间位置为宜；如果指针指示在红色区域，说明发动机冷却液温度过高。发动机冷却液温度长时间过高会导致“开锅”，即发动机冷却液沸腾，造成散热器胀裂、发动机过热受损等问题。

发动机冷却液温度传感器采用热敏电阻式温度传感器，位于节温器壳上，主要由热敏电阻器、弹簧、壳体等组成，热敏电阻器下端与壳体接触，通过壳体搭铁，热敏电阻器上端通过弹簧与导电柱、接线柱相通。发动机冷却液温度传感器中的热敏电阻器是负温度系数的热敏电阻器，其电阻随温度的升高而减小，随温度的降低而增大。

发动机冷却液温度表的工作原理如图 5-1-9 所示。当发动机冷却液温度较低时，发动机冷却液温度传感器的电阻较大，发动机控制模块接收发动机冷却液温度传感器信号后，驱动指示器指针偏向低温区域；当发动机冷却液温度升高时，发动机冷却液温度传感器的电阻减小，发动机控制模块接收发动机冷却液温度传感器信号后，驱动指示器指针逐渐偏向高温区域。

图 5-1-8　发动机冷却液温度指示器

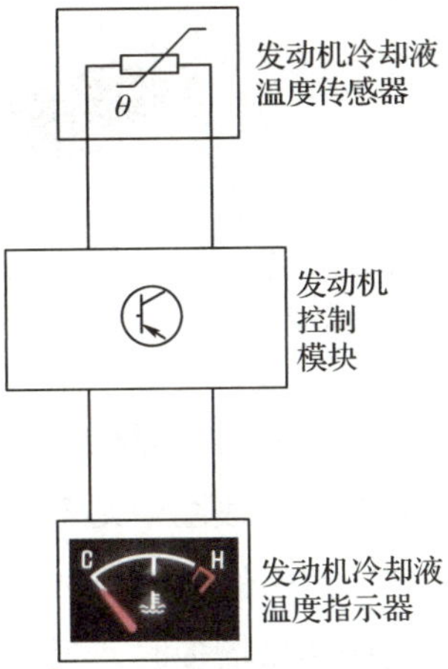

图 5-1-9　发动机冷却液温度表的工作原理

2. 燃油油量表

燃油油量表主要由燃油油量指示器和燃油液位传感器等组成。

燃油油量指示器位于仪表板上，如图 5-1-10 所示，油量指示范围为 0 ~ 1 或 E ~ F，0 和 E 表示油箱内无油，1 和 F 表示油箱内满油。

燃油液位传感器采用滑动变阻式液位传感器，如图 5-1-11 所示，位于汽车油箱的燃油泵支架上，主要由可变电阻器、金属杆和浮标等组成，浮标通常用泡沫塑料制成，金属杆的一端连接浮标，另一端连接可变电阻器的中间抽头。

图 5-1-10　燃油油量指示器

燃油油量表的工作原理如图 5–1–12 所示。接通电源后，燃油油量表中的电流通过左、右线圈时，两线圈产生一个合成电磁场作用于转子，使转子带着指针偏转，在燃油油量指示器上指示油量。浮标漂浮在油面上，随油面的高低而起落，通过金属杆、中间抽头使可变电阻器的电阻随之改变。

图 5–1–11 燃油液位传感器

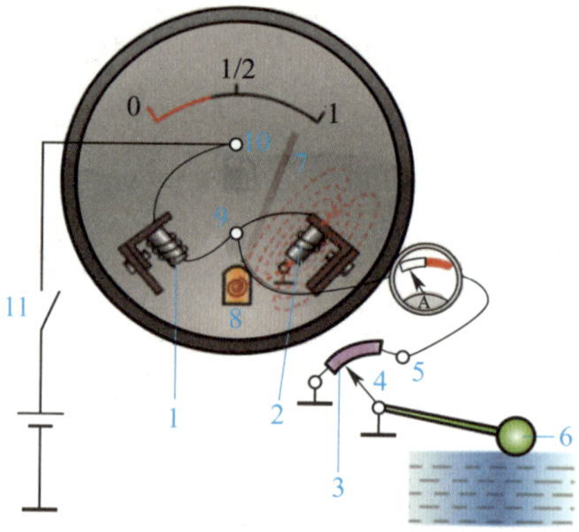

图 5–1–12 燃油油量表的工作原理

1—左线圈 2—右线圈 3—可变电阻器 4—中间抽头
5、9、10—接线柱 6—浮标 7—指针 8—转子 11—点火开关

当油箱内无油时，浮标下降到最低位置，可变电阻器被中间抽头短接。此时，右线圈的两端均搭铁，线圈中无电流通过，左线圈承受全部电压，线圈中通过的电流达到最大值，对转子产生的电磁吸力最强，使转子带着指针偏转到最左端，指针指向 0 位置。

当油箱内油量增多时，浮标上升，可变电阻器接入电路中的电阻增大。此时，与可变电阻器串联的左线圈中电流减小，与可变电阻器并联的右线圈中电流增大，使得左线圈对转子的电磁吸力减小，右线圈对转子的电磁吸力增大，两线圈合成电磁吸力使得转子带着指针向右偏转。当油箱半满时，指针指向 1/2 位置。

当油箱内满油时，浮标上升到最高位置，可变电阻器全部接入电路。此时，左线圈中电流降到最小值，右线圈中电流达到最大值，两线圈合成电磁吸力使转子带着指针偏转到最右端，指针指向 1 位置。

3. 车速表

车速表主要由车速指示器和车速传感器等组成。

车速指示器位于仪表板上，如图 5–1–13 所示。

车速传感器常采用霍尔式传感器，如图 5–1–14 所示，位于变速器上。

霍尔式车速传感器是根据霍尔效应制成的，其工作原理如图 5–1–15 所示。当磁性材料制成的传感器转子上的凸齿和空隙交替经过永久磁铁时，作用在霍尔元件上的磁场

图 5–1–13　车速指示器

图 5–1–14　车速传感器

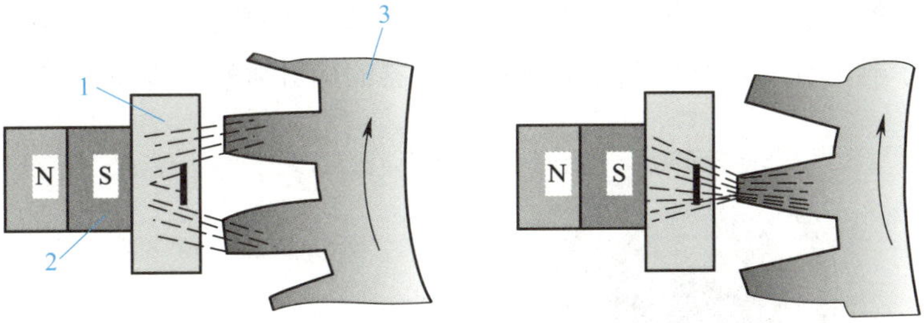

图 5–1–15　霍尔式车速传感器的工作原理

1—霍尔元件　2—永久磁铁　3—传感器转子

将发生周期性变化，引起霍尔元件输出电压变化，产生稳定的脉冲电压信号，根据所产生的脉冲数即可计算车速。

车速表的工作原理是利用车速传感器获取车速信号，将信号发送给电子控制单元，经电子控制单元计算处理后，在车速指示器上指示当前车速。

4. 转速表

转速表用来显示发动机曲轴转速，以便驾驶员更好地掌握换挡时机和利用经济车速行驶，是发动机工况信息的重要指示装置。转速表主要由转速指示器和转速传感器等组成。

图 5–1–16　转速指示器

转速指示器位于仪表板上，如图 5–1–16 所示。

转速传感器位于发动机曲轴上，也称为曲轴位置传感器，如图 5–1–17 所示。

转速表的工作原理如图 5–1–18 所示。当发动机运转时，曲轴位置传感器的信号转子随曲轴一起转动，使曲轴位置传感器产生随转速变化而变化的电压信号，并将该信号发送

图 5-1-17　转速传感器（曲轴位置传感器）

给发动机控制模块，发动机控制模块处理后，向转速指示器输出一个与转速成正比的频率信号，转速指示器内部的电子电路驱动转速指示器的指针偏转，指示发动机的当前转速。

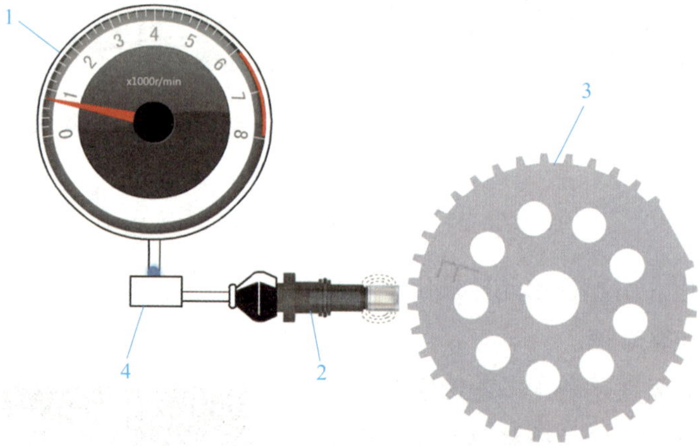

图 5-1-18　转速表的工作原理

1—转速指示器　2—曲轴位置传感器　3—信号转子　4—发动机控制模块

任务实施

一、任务准备

1. 设备：实训车辆、工具车、零件车、工作台等。
2. 工具：常用工具等。
3. 资料：维修手册、工作页。

二、操作步骤

汽车仪表认知见表 5-1-2。

表 5–1–2　　汽车仪表认知

图示	说明
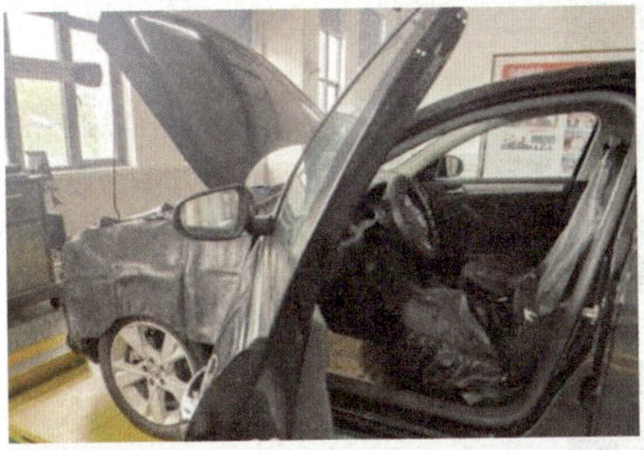	1. 安装车辆防护用品
	2. 认知汽车仪表板在车辆上的位置 仪表板位于转向盘前方
	3. 认知转速表 读取当前发动机工作转速
	4. 认知车速表 读取当前车辆行驶速度
	5. 认知燃油油量表 读取当前燃油箱内油量
	6. 认知里程表 读取当前车辆行驶累计里程

续表

图示	说明
	7. 认知发动机冷却液温度表 读取当前发动机冷却液温度
	8. 切换仪表板显示屏的显示信息
	9. 按照“8S”管理规定整理实训场地

任务 2　汽车警报系统构造和工作原理

学习目标

1. 能描述汽车警报指示灯的分类和作用。
2. 能描述常用汽车警报装置的组成和工作原理。
3. 能以小组合作方式，在教师指导下，认知汽车警报指示灯的标志和功能，遵循“8S”管理规定。

任务描述

一辆汽车进厂维修，客户反映在行驶过程中机油压力警报灯偶尔亮起。班组长检查后，初步判断为汽车警报装置故障，需要进行检修。现班组长安排你采用小组合作的方式，通过查阅维修手册等资料，在规定时间内完成汽车警报指示灯认知的任务。

相关知识

为了警示汽车、发动机或某系统处于不良或特殊状态，引起驾驶员注意，保证汽车可靠工作和安全行驶，预防事故发生，汽车上安装了多种警报装置，用来监测、反映汽车和发动机等重要系统的技术状况，并向驾驶员发出警报指示信号。这些信号通常以警报信号装置（警报指示灯）的形式显示在仪表板上或者以文字信息的形式显示在液晶显示器上，有的还伴有蜂鸣声。

一、汽车警报指示灯的分类和作用

1. 警报指示灯的分类

汽车仪表板上的警报指示灯较多，一般可分为以下三种类型。

（1）状态指示类

这类灯光颜色一般为绿色或蓝色，如转向指示灯、远光指示灯，用来指示正常的操作方式或工作状态，说明是安全的。

（2）故障指示类

这类灯光颜色一般为黄色或琥珀色，如燃油油量指示灯，用来指示非正常的操作限制、汽车系统故障，可能导致汽车损害或其他将来可能导致危险的情况，说明是需要引起注意的。

（3）警报类

这类灯光颜色一般为红色，如机油压力警报灯，说明是危及人身安全的，或易对设备、系统造成严重损害的，紧急的或紧迫的。

2. 警报指示灯的作用

警报指示灯通常安装在汽车仪表板上，一般由光源、滤光片和外电路组成。警报指示灯的光源以前多采用 1 ~ 4 W 的白炽灯泡，损坏后可以更换；现多采用发光二极管（LED），结构简单、使用寿命长、耗电少、易于识别。在光源前设有滤光片，滤光片上通常刻有国际标准化组织（ISO）规定的通用符号（标志），易于识别和理解。常见警报指示灯的标志及作用见表 5–2–1。

表 5-2-1　　常见警报指示灯的标志及作用

标志	名称	作用
	位置灯指示灯	打开位置灯时，灯点亮
	转向指示灯	打开转向灯（左或右）时，相应灯闪烁，表示转向灯已接通
	前雾灯指示灯	打开前雾灯时，灯点亮，表示前雾灯已接通
	制动踏板状态指示灯	若灯点亮，变速杆不能从 P 挡换至 D 挡；踩下制动踏板，灯熄灭，换挡正常
	远光指示灯	打开前照灯远光灯时，灯点亮，表示前照灯远光灯已接通
	后雾灯指示灯	打开后雾灯时，灯点亮，表示后雾灯已接通
	燃油油量指示灯	接通点火开关时，灯点亮数秒后熄灭；若车辆起动后灯常亮，表示燃油箱内存油即将用尽
	发动机冷却液温度指示灯	若灯点亮，表示发动机冷却液的温度低于或高于规定范围
	制动防抱死系统故障指示灯	接通点火开关时，灯点亮数秒后熄灭；若车辆起动后灯常亮，表示制动防抱死系统（ABS）失效
	发动机故障指示灯	若灯点亮，表示发动机电控系统出现故障
	安全气囊故障指示灯	接通点火开关时，灯点亮数秒后熄灭；若灯常亮，表示安全气囊出现故障
	轮胎胎压异常、故障指示灯	若灯点亮，表示某一轮胎的充气压力已低于规定的最小工作压力
	电子节气门故障指示灯	若车辆起动后灯点亮，表示电子节气门控制系统出现故障
	制动系统故障警报灯	若灯点亮，表示制动系统出现故障（制动防抱死系统故障除外）
	蓄电池充电警报灯	若发动机起动后灯点亮，表示蓄电池充电状况或蓄电池本身的状态不良
	机油压力警报灯	接通点火开关时，灯点亮，发动机起动后熄灭；若发动机起动后灯常亮，表示发动机润滑系统油压不足
	安全带警报灯	若灯点亮，表示某个座椅安全带没有锁止，有些车型还会有相应的提示音
	门开警报灯	若灯点亮，表示某个车门未关好
	电动助力转向故障警报灯	接通点火开关时，灯点亮数秒后熄灭；若灯常亮，表示电动助力转向系统出现故障

二、常用汽车警报装置的组成和工作原理

1. 发动机冷却液温度警报装置

发动机冷却液温度警报装置用来提示发动机冷却液温度异常，其工作原理如图 5–2–1 所示。当发动机冷却液的温度达到或超过设定的极限温度时，发动机冷却液温度传感器将温度信号发送给发动机控制模块，发动机控制模块处理后，控制仪表板上的发动机冷却液温度指示灯点亮，以提醒驾驶员注意。

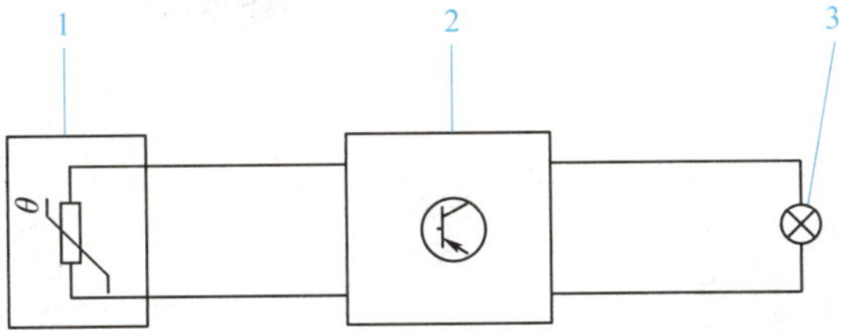

图 5–2–1　发动机冷却液温度警报装置的工作原理

1—发动机冷却液温度传感器　2—发动机控制模块　3—发动机冷却液温度指示灯

2. 机油压力警报装置

机油压力警报装置用来提示发动机润滑系统油压异常。

机油压力警报装置由位于发动机润滑系统中的机油压力警报开关控制，机油压力警报开关一般安装在主油道上。目前汽车上常用的是膜片式机油压力警报开关，如图 5–2–2 所示。膜片将壳体分成两个互不相通的腔室，上腔室内有一个弹簧片，弹簧片上焊有动触点，静触点固定在壳体上；下腔室与发动机润滑系统的主油道相通。

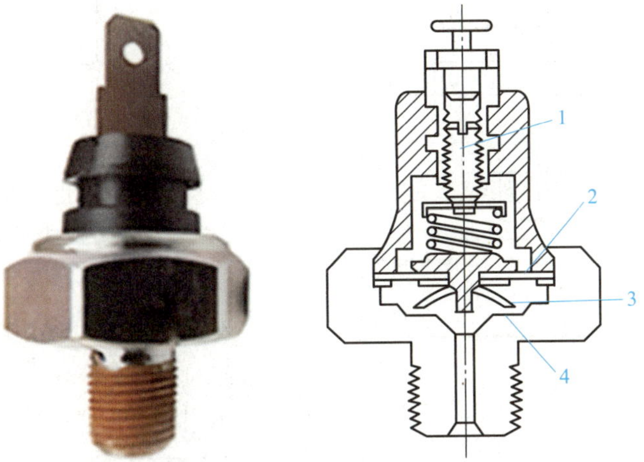

图 5–2–2　膜片式机油压力警报开关

1—调整螺钉　2—膜片　3—动触点　4—壳体

机油压力警报装置的工作原理如图 5–2–3 所示。当发动机润滑系统工作正常时，膜片向上拱曲，推动弹簧片使动、静触点分开；当发动机润滑系统油压低于规定值时，膜片承受的油压小，弹簧片使动、静触点接通，接通机油压力警报灯电路，使机油压力警报灯点亮。

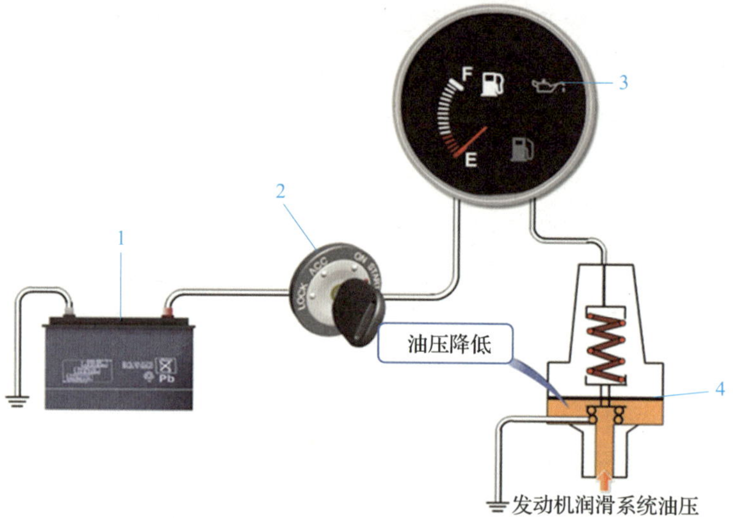

图 5–2–3　机油压力警报装置的工作原理

1—蓄电池　2—点火开关　3—机油压力警报灯　4—机油压力警报开关

3. 蓄电池充电警报装置

蓄电池充电警报装置用来提示蓄电池充电状况异常，其工作原理如图 5–2–4 所示。当点火开关刚接通时（发动机不工作），交流发电机的励磁电流由蓄电池提供，电流经

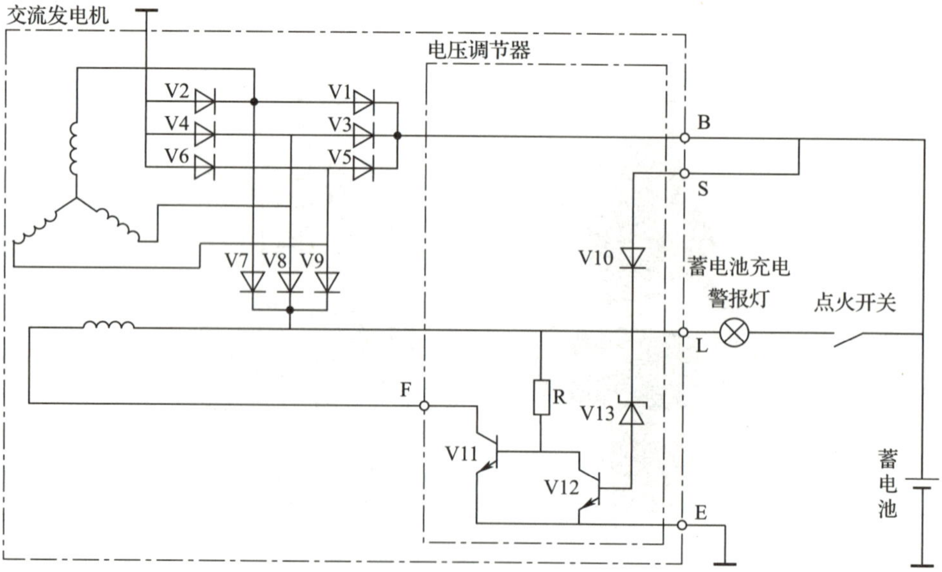

图 5–2–4　蓄电池充电警报装置的工作原理

蓄电池充电警报灯、交流发电机L端子、交流发电机励磁绕组、交流发电机内部F接线柱、电压调节器流至搭铁E，接通蓄电池充电警报灯电路，蓄电池充电警报灯点亮；当发动机起动后，交流发电机的励磁电流由交流发电机自身发出的电能来提供，交流发电机L端子处的电压升高，蓄电池与交流发电机L端子之间的电位差降为零，蓄电池充电警报灯熄灭。如果蓄电池充电状况异常，发动机运转时，蓄电池充电警报灯会点亮。

4. 燃油油量警报装置

燃油油量警报装置用来监测燃油箱中的存油量。目前汽车上常用的是电子式燃油油量警报装置和热敏电阻式燃油油量警报装置。

电子式燃油油量警报装置只适用于与电磁式燃油油量表一起工作，其工作原理如图5-2-5所示。当油箱内满油时，浮标浮起，可变电阻器串联在电路中的电阻增大，电阻器R1上的电压升高，三极管V1的基极电位升高而导通，三极管V2、V3截止，燃油油量指示灯不亮；当油箱内的燃油液位下降到规定值时，浮标下沉，可变电阻器串联在电路中的电阻减小，电阻器R1上的电压降低，三极管V1的基极电位降低而截止，三极管V2、V3导通，接通燃油油量指示灯电路，燃油油量指示灯点亮。

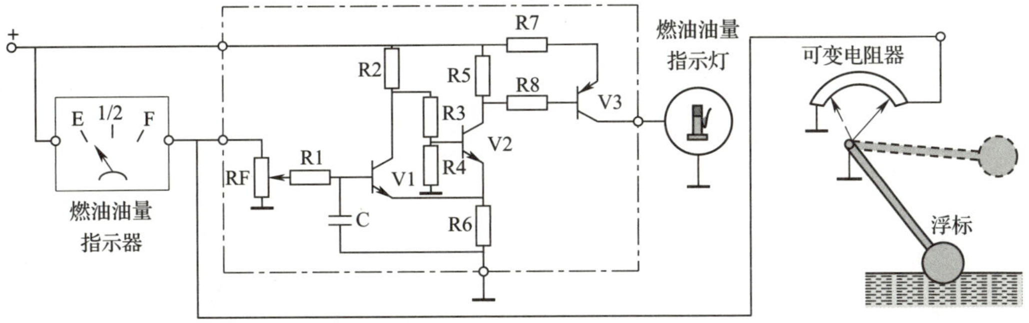

图5-2-5　电子式燃油油量警报装置的工作原理

热敏电阻式燃油油量警报装置的工作原理如图5-2-6所示，该装置主要由热敏电阻式燃油油量传感器和燃油油量指示灯等组成。当燃油存量较多时，负温度系数的热敏电阻器浸在燃油中，散热较快，温度低，电阻大，因此电路中电流小，燃油油量指示灯不亮；当燃油存量减少到一定程度时，热敏电阻器露出油面，散热变慢，温度升高，电阻减小，因此电路中的电流增大，燃油油量指示灯点亮。

5. 发动机故障警报装置

发动机故障警报装置用来提示发动机电控系统异常，其工作原理如图5-2-7所示。发动机电控系统具有自检功能，一旦检测到发动机电控系统出现故障，发动机控制模块控制仪表板上的发动机故障指示灯点亮，并在发动机控制模块中存储故障码。

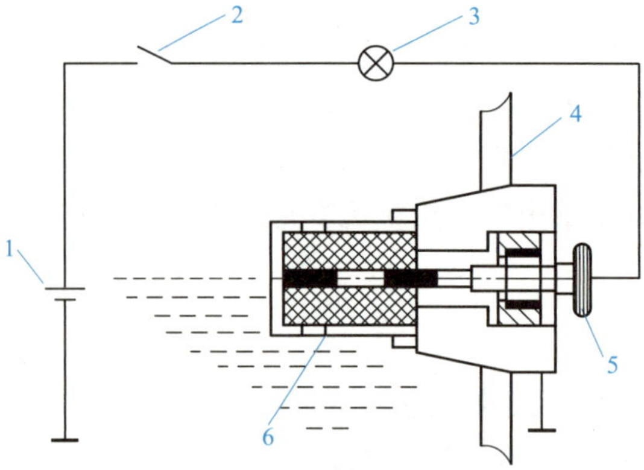

图 5-2-6　热敏电阻式燃油油量警报装置的工作原理

1—蓄电池　2—点火开关　3—燃油油量指示灯　4—油箱外壳
5—接线柱　6—热敏电阻式燃油油量传感器

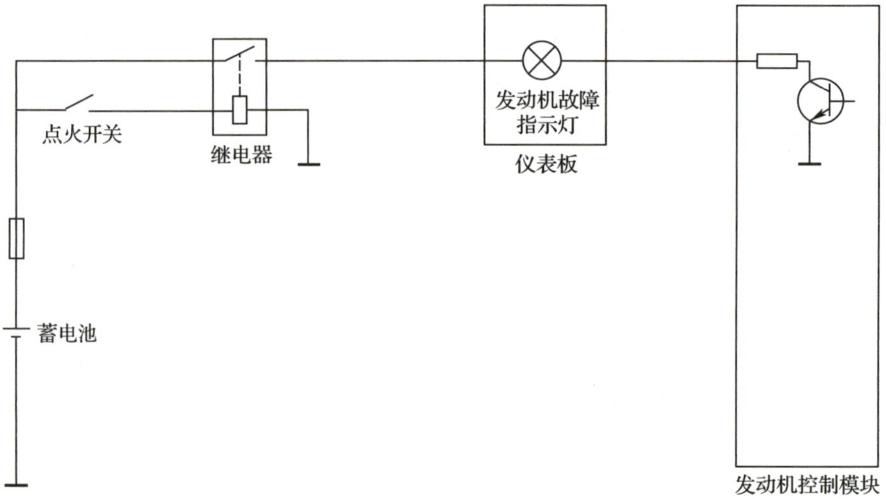

图 5-2-7　发动机故障警报装置的工作原理

6. 制动液液面警报装置

制动液液面警报装置用来监测制动液的液面高度，其工作原理如图 5-2-8 所示。制动液液面警报装置的传感器安装在制动液储液罐上，传感器外壳的外部套装着浮子，浮子上固装着永久磁铁，外壳内部装有舌形磁簧开关，舌形磁簧开关的两个接线柱分别接电源和制动系统故障警报灯。当制动液液面在规定值以上时，浮子浮在靠上的位置，永久磁铁的吸力不足以克服

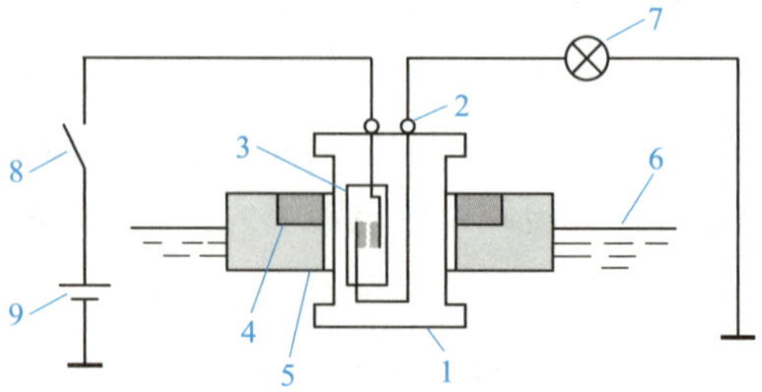

图 5-2-8　制动液液面警报装置的工作原理

1—外壳　2—接线柱　3—舌形磁簧开关　4—永久磁铁
5—浮子　6—制动液液面　7—制动系统故障警报灯
8—点火开关　9—蓄电池

舌形磁簧开关自身的弹力，舌形磁簧开关断开，制动系统故障警报灯电路不通；当制动液液面下降到规定值时，浮子随之下降，永久磁铁的吸力大于舌形磁簧开关自身的弹力，舌形磁簧开关闭合，接通制动系统故障警报灯电路，制动系统故障警报灯点亮。

任务实施

一、任务准备

1. 设备：实训车辆、工具车、零件车、工作台等。
2. 工具：常用工具等。
3. 资料：维修手册、工作页。

二、操作步骤

汽车警报指示灯认知见表 5–2–2。

表 5–2–2　　汽车警报指示灯认知

图示	说明
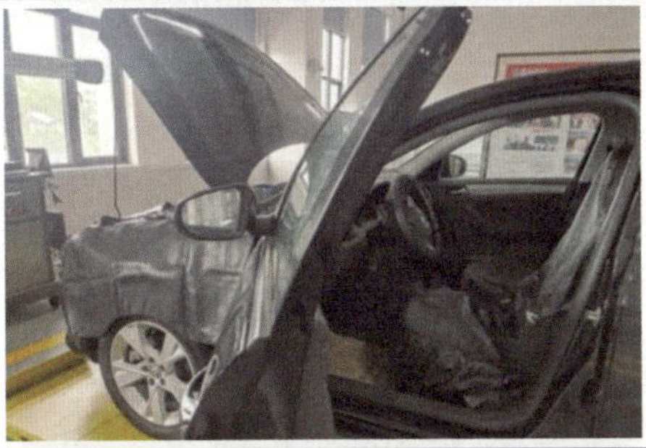	1. 安装车辆防护用品
	2. 认知汽车警报指示灯在车辆上的位置
	3. 认知绿色标志警报指示灯 （1）位置灯指示灯 （2）转向指示灯 （3）前雾灯指示灯

续表

图示	说明
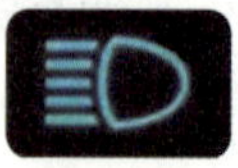	4. 认知蓝色标志警报指示灯 远光指示灯
   	5. 认知黄色标志警报指示灯 （1）燃油油量指示灯 （2）制动防抱死系统故障指示灯 （3）发动机故障指示灯 （4）电子节气门故障指示灯
	6. 认知琥珀色标志警报指示灯 后雾灯指示灯
 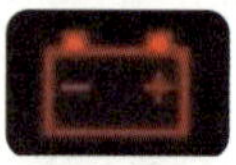 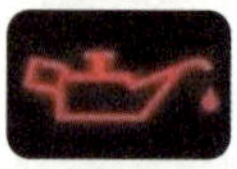 	7. 认知红色标志警报指示灯 （1）制动系统故障警报灯 （2）蓄电池充电警报灯 （3）机油压力警报灯 （4）安全带警报灯
	8. 按照“8S”管理规定整理实训场地

任务 3　汽车仪表与警报系统维修

学习目标

1. 能描述汽车仪表与警报系统的常见故障及其排除方法。
2. 能描述汽车仪表各部件的检测方法。
3. 能以小组合作方式，在教师指导下，规范进行汽车仪表板总成更换，遵循“8S”管理规定。

任务描述

一辆汽车进厂维修，客户反映在行驶过程中汽车仪表闪亮。班组长检查后，初步判断为汽车仪表板总成故障，需要进行更换。现班组长安排你采用小组合作的方式，通过查阅维修手册等资料，在规定时间内完成汽车仪表板总成更换的任务。

相关知识

一、汽车仪表与警报系统的常见故障及其排除方法

1. 汽车仪表的常见故障及其排除方法

当汽车仪表出现故障时，若两个或两个以上的仪表同时不工作，应先检查汽车仪表板熔丝盒电源是否正常；若单个仪表不工作，应先确定故障发生在传感器还是指示器。汽车仪表的常见故障及其排除方法见表 5-3-1。

表 5-3-1　汽车仪表的常见故障及其排除方法

故障部位	故障类型	故障现象	故障原因	排除方法
转速表	转速表指示不准确	车辆行驶时，转速指示器指针指向 0 位置	（1）曲轴位置传感器损坏 （2）转速指示器至曲轴位置传感器的电路短路或断路 （3）转速指示器内部故障	（1）更换曲轴位置传感器 （2）修复转速指示器至曲轴位置传感器的电路 （3）更换转速指示器

续表

故障部位	故障类型	故障现象	故障原因	排除方法
车速表	车速表指示不准确	车辆行驶时，车速指示器指针指向0位置	（1）车速传感器损坏 （2）车速指示器至车速传感器的电路短路或断路 （3）车速指示器内部故障	（1）更换车速传感器 （2）修复车速指示器至车速传感器的电路 （3）更换车速指示器
燃油油量表	燃油油量表指示不准确	接通点火开关后，燃油油量指示器指针指向0或E位置	（1）燃油液位传感器内部搭铁或浮标损坏 （2）燃油油量指示器至燃油液位传感器的电路搭铁 （3）燃油油量指示器电源电路断路 （4）燃油油量指示器内部故障	（1）更换燃油液位传感器 （2）修复燃油油量指示器至燃油液位传感器的电路 （3）修复燃油油量指示器电源电路 （4）更换燃油油量指示器
发动机冷却液温度表	发动机冷却液温度表不工作	发动机工作时，发动机冷却液温度指示器指针不动，不能反映发动机冷却液温度	（1）发动机冷却液温度传感器故障 （2）发动机冷却液温度指示器故障 （3）稳压器工作不正常，相关电路断路	拔下发动机冷却液温度传感器的线束插接器，将该线束直接搭铁，接通点火开关，观察发动机冷却液温度指示器的指针 （1）若指针开始转动，说明故障发生在发动机冷却液温度传感器 （2）若指针仍不动，说明故障发生在发动机冷却液温度指示器、稳压器或电路断路 （3）若发动机冷却液温度表和燃油油量表同时出现故障，则稳压器故障或电路断路的可能性较大，应先检查稳压器工作是否正常

2. 汽车警报系统的常见故障及其排除方法

汽车警报装置的常见故障包括不工作和工作不正常等。

（1）警报装置不工作

故障现象：警报装置在各种情况下始终不工作。

故障原因：熔丝故障，电路断路，警报装置和警报开关故障等。

排除方法：如果所有警报装置都不工作，往往是熔丝、稳压电源故障或电源电路断路等引起的，可以先检查熔丝是否正常，再检查电路接线是否脱落、松动和电源电路是否正常，最后检查稳压电源。

如果个别警报装置不工作，往往是警报装置、警报开关故障或相关电路断路等引起的，可以先检查电路接线是否脱落、松动，再检查警报开关，最后检查警报装置。

（2）警报装置工作不正常

故障现象：警报装置不能及时或适时地工作。

故障原因：警报装置控制电路故障或警报开关故障等。

排除方法：检查警报开关在规定条件下能否正常工作，检查警报装置控制电路是否正常。

二、汽车仪表的检测

汽车仪表的故障一般都发生在传感器、显示装置、插接器及线束上。检修时，应断开传感器电路或拆下传感器，再使用检测工具对其逐个进行检测。

1. 传感器的检测

检测各种可变电阻式传感器时，通常采用测量其电阻的方法来判断其好坏，即把所测得的传感器电阻与规定的标准电阻进行比较，判断传感器是否损坏，若所测得的电阻小于或大于规定的标准电阻，说明传感器内部短路或接触不良。

传感器一般是不可拆、不可维修的元器件，若损坏只能更换新件。

2. 显示装置的检测

显示装置出现故障时，应将仪表调整到静态显示状态，观察是否还存在其他故障，针对此时出现的故障，使用检测工具对相关电路或装置进行检查；如无其他故障，说明显示装置本身故障，应更换显示器件或电路板。

3. 插接器的检测

汽车仪表通过插接器将线束连接到仪表板上。这些插接器一般采用不同的颜色，以便于区分。为保证连接牢固、可靠，插接器上都设有锁止装置。检查时，可采用目视或手摸的方法检查插接器锁止装置是否齐全、完好，插接器是否连接可靠、无锈蚀。在仪表工作时用手触摸插接器，应没有明显的热感；若感觉温度过高，说明插接器接触不良，应查明原因予以排除。

任务实施

一、任务准备

1. 设备：实训车辆、工具车、零件车、工作台等。
2. 工具：常用工具、故障诊断仪、手电筒、内饰板拆装工具等。
3. 资料：维修手册、工作页。

二、操作步骤

汽车仪表板总成更换见表 5–3–2。

表 5–3–2　　　　　　　　汽车仪表板总成更换

图示	说明
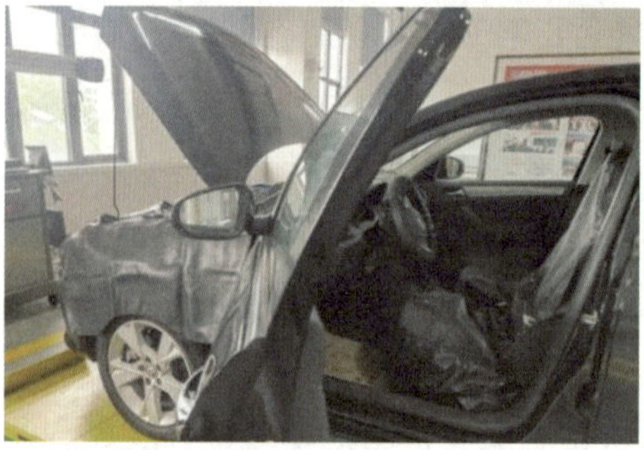	1. 安装车辆防护用品
	2. 检查车辆状况 （1）检查仪表板上有无警报指示灯点亮 （2）使用故障诊断仪读取故障码和数据流
	3. 断开点火开关
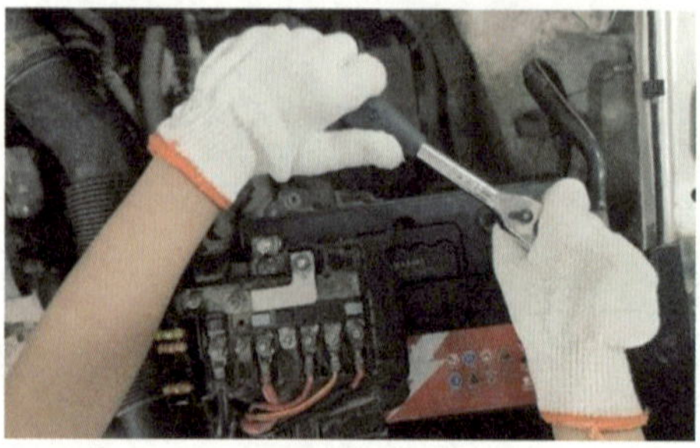	4. 断开蓄电池负极电缆 提示：以免手触摸仪表板总成时造成电路短路

续表

图示	说明
	5. 拆卸仪表板总成 （1）拆卸仪表板左侧内饰板 使用内饰板拆装工具拆卸内饰板，拆卸时应先将内饰板四周撬松后再取下 注意：内饰板卡扣为塑料件，拆卸时不可用力过猛，以避免损坏
	（2）拆卸仪表板右侧内饰板 提示：使用内饰板拆装工具拆卸 注意：危险警告信号开关安装在出风口内饰板上，拆卸时应避免扯断线束
	（3）调整转向盘，拆卸组合开关上护罩 先使用旋具拆卸组合开关上护罩紧固螺钉，再使用内饰板拆装工具拆卸组合开关上护罩 注意：护罩通过卡扣和自攻螺钉锁紧，需先拆下螺钉，然后按压卡扣锁止装置，方可拆卸护罩
	（4）拆卸仪表板内饰盖板 提示：使用内饰板拆装工具拆卸 注意：拆卸内饰盖板时，避免损坏内饰盖板卡扣

续表

图示	说明
	（5）取下仪表板内饰盖板 注意：取下内饰盖板时，避免弄丢仪表板的两个显示调节按钮
	（6）查找仪表板紧固螺钉 提示：由于紧固螺钉一般是隐蔽的，因此，要仔细查找紧固螺钉，否则强行拆卸将会损坏仪表板
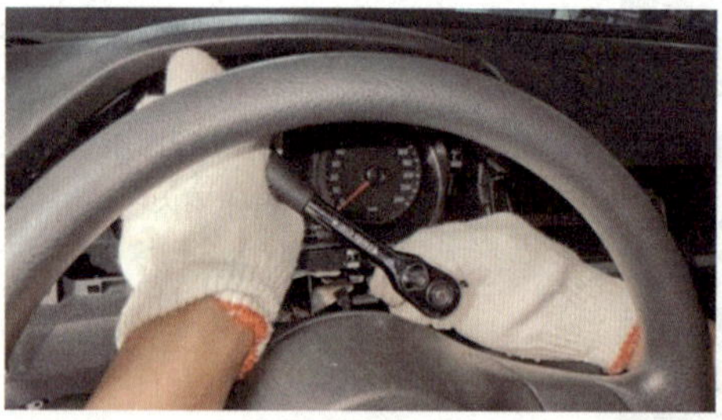	（7）拆卸仪表板紧固螺钉 使用 T25 套筒和棘轮手柄拆卸仪表板紧固螺钉（左、右两侧各 1 颗） 注意：操作空间狭小，应做好防护
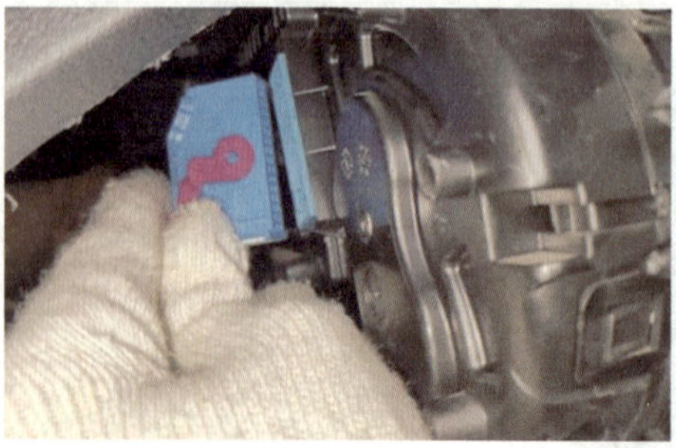	（8）断开仪表板连接线束插接器 用食指压住仪表板连接线束，拇指拨动紫色锁止装置，待插接器松动后取下 注意：线束插接器为塑料件，不应用力过猛，以避免损坏

续表

图示	说明
	（9）取出仪表板总成，并检查仪表板总成外观是否磨损、卡扣是否损坏、显示调节按钮是否损坏
	6. 检查新的仪表板总成 检查新的仪表板总成外观，确认型号匹配
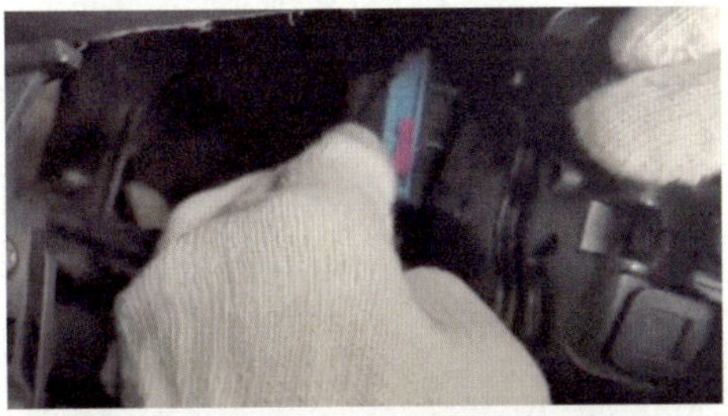  	7. 安装新的仪表板总成 按照与拆卸相反的顺序安装新的仪表板总成 提示： （1）仪表板紧固螺钉拧紧力矩为 6 ~ 8 N·m （2）安装仪表板内饰盖板时，应将两个显示调节按钮安装到位 （3）组合开关上护罩紧固螺钉拧紧力矩为 6 ~ 8 N·m （4）安装仪表板两侧内饰板时，应将危险警告信号开关线束插接器安装到位

续表

图示	说明
	8. 检查、验证车辆 （1）接通点火开关，检查仪表板能否正常工作 （2）检查仪表板上的警报指示灯是否熄灭，使用故障诊断仪读取故障码和数据流
	9. 按照“8S”管理规定整理实训场地

项目六 汽车辅助电气设备构造与维修

任务1 电动刮水器和风窗玻璃洗涤器构造与维修

学习目标

1. 能描述电动刮水器的组成和工作原理。
2. 能描述风窗玻璃洗涤器的组成和工作原理。
3. 能描述电动刮水器、风窗玻璃洗涤器的常见故障及其排除方法。
4. 能以小组合作方式，在教师指导下，规范进行电动刮水器拆装与检查，遵循“8S”管理规定。

任务描述

一辆汽车进厂维修，客户反映在行驶过程中电动刮水器工作异常。班组长检查后，初步判断为电动刮水器故障，需要进行检修。现班组长安排你采用小组合作的方式，通过查阅维修手册等资料，在规定时间内完成电动刮水器拆装与检查的任务。

相关知识

刮水器是清除玻璃外表面的雨水、雪、灰尘等的装置，有时与洗涤器同时工作，属于汽车辅助电气设备，其作用是清除附着在玻璃上的雨水、雪、泥、尘埃和其他污物，使驾驶员具有良好的视线，保障行车安全。

刮水器和洗涤器在汽车上的布置如图 6–1–1 所示。汽车的前风窗玻璃上通常装有两个刮水片，有些汽车在后风窗玻璃上还装有一个刮水片，有些汽车的前照灯也装有刮水器和洗涤器，可以有效地保证雨雪天气尤其是夜间的行车安全。

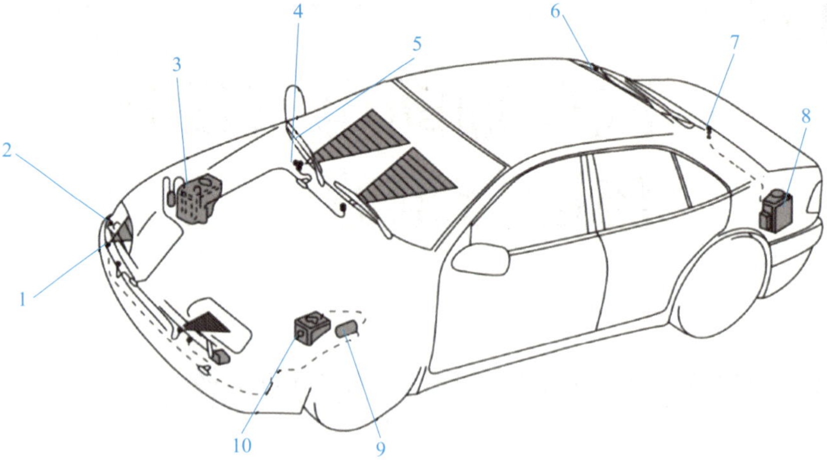

图 6–1–1　刮水器和洗涤器在汽车上的布置

1—前照灯洗涤器　2—前照灯刮水器　3—洗涤泵（前部）　4—喷嘴（前风窗玻璃）
5—前风窗玻璃刮水器　6—后风窗玻璃刮水器　7—喷嘴（后风窗玻璃）
8—洗涤泵（后部）　9—高压泵　10—洗涤液储液罐

一、电动刮水器的组成

电动刮水器主要由刮水器控制开关、刮水电动机总成、传动机构、刮水臂和刮水片等组成，如图 6–1–2 所示。

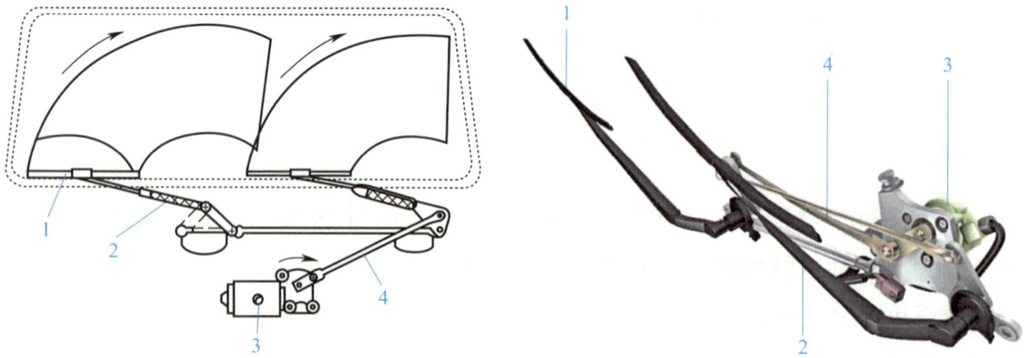

图 6–1–2　电动刮水器的组成（不含刮水器控制开关）

1—刮水片　2—刮水臂　3—刮水电动机总成　4—传动机构

1. 刮水器控制开关

一般在汽车组合开关手柄上设有刮水器控制开关，如图 6–1–3 所示。

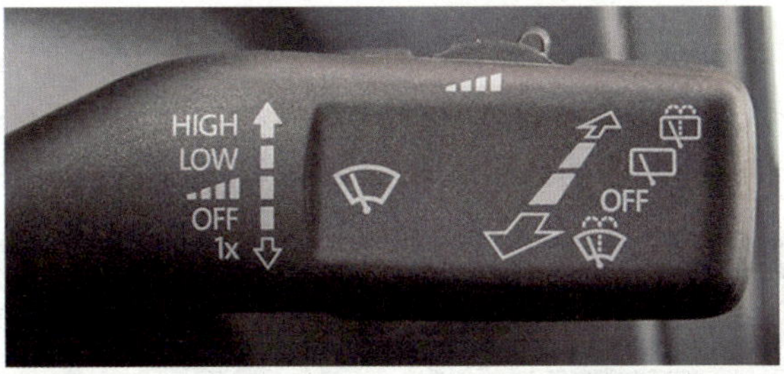

图 6-1-3　刮水器控制开关

刮水器控制开关设有高速挡、低速挡、间歇挡、空挡、点动挡和前风窗玻璃洗涤挡，有的车型还设有间歇时间调节旋钮和后风窗玻璃刮水器空挡、后风窗玻璃刮水器工作挡、后风窗玻璃洗涤挡等，各挡位的功能及使用情况见表 6-1-1。

表 6-1-1　　刮水器控制开关各挡位的功能及使用情况

挡位	标志	功能	使用情况
高速挡	HIGH	提高刮水片的摆动频率，使其快速将雨水刮净	大雨
低速挡	LOW	能刮净雨水，刮水片摆动频率不是很高，不会影响驾驶员的视线	中雨
间歇挡		刮水器每 2 ~ 12 s 工作一次	小雨
间歇时间调节旋钮		调节刮水器工作间歇时间	小雨
空挡	OFF	使刮水器停止工作并复位到初始状态	不工作
点动挡	1x	刮水电动机低速工作，松开刮水器控制开关手柄，开关自动跳回空挡	非连续水滴
前风窗玻璃洗涤挡		洗涤泵向前风窗玻璃喷出洗涤液，刮水器以低速挡工作，刮净前风窗玻璃表面的污物	前风窗玻璃脏污
后风窗玻璃刮水器空挡	OFF	使后风窗玻璃刮水器停止工作并复位到初始状态	不工作
后风窗玻璃刮水器工作挡		能刮净后风窗玻璃的雨水，刮水片摆动频率固定且不是很高	中雨
后风窗玻璃洗涤挡		洗涤泵向后风窗玻璃喷出洗涤液，后风窗玻璃刮水器以低速挡工作，刮净后风窗玻璃表面的污物	后风窗玻璃脏污

2. 刮水电动机总成

（1）刮水电动机总成的安装位置

刮水电动机总成一般安装在前风窗流水槽盖板下方，如图 6–1–4 所示。

图 6–1–4　刮水电动机总成的安装位置

（2）刮水电动机总成的组成

刮水电动机总成由电动机、减速机构和自动复位机构等组合成一体，作为刮水器的动力来源，如图 6–1–5 所示。

减速机构采用蜗轮、蜗杆，其作用是减速增矩，其输出轴带动传动机构运动。

自动复位机构的作用是保证刮水器控制开关在任何时候断开时，都能使刮水片自动复位停止在风窗玻璃的底部。

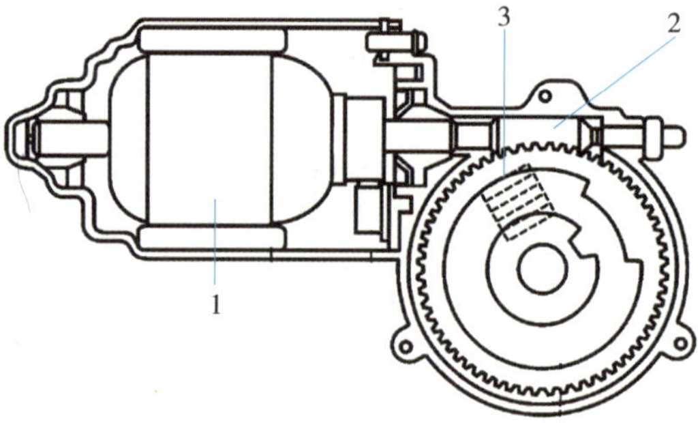

图 6–1–5　刮水电动机总成的组成

1—电动机　2—减速机构　3—自动复位机构

电动机按励磁方式不同可分为绕线式（励磁式）和永磁式两种类型，永磁式电动机因体积小、质量小、结构简单而被广泛地应用在轿车上。永磁式刮水电动机总成的结构如图 6–1–6 所示。

（3）永磁式电动机的变速原理

永磁式电动机在通电后，电枢载流导体在永久磁铁形成的磁场作用下，受到电磁力的作用而旋转，电枢旋转的同时在电枢绕组内产生反向电动势，其方向与电枢电流的方向相反。当电枢转速升高时，反向电动势也相应增大，电枢电流减小。当电枢电流产生的电磁力矩与运转阻力矩平衡时，电枢的转速趋于稳定。

因此，运转阻力矩一定时，电枢稳定运转所需要的电枢电流一定，对应的电枢绕组反向电动势也一定。而电枢绕组反向电动势与转速和正、负电刷之间串联的电枢线圈个数的乘积成正比，电枢绕组反向电动势一定时，转速和正、负电刷之间串联的电枢线圈个数成反比，正、负电刷之间串联的电枢线圈个数越多，转速越低；反之，正、负电刷之间串联的电枢线圈个数越少，转速越高。

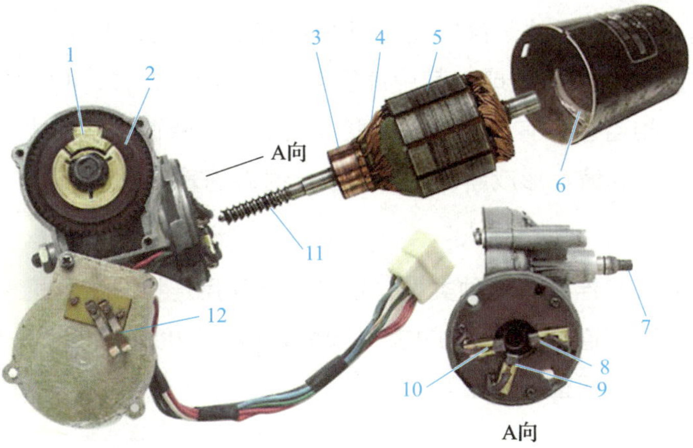

图 6-1-6　永磁式刮水电动机总成的结构

1—自动复位滑环　2—蜗轮　3—电枢换向器　4—电枢绕组　5—电枢铁芯　6—永久磁铁
7—减速机构输出轴　8—公共电刷（负电刷，B3）　9—高速电刷（偏置电刷，B2）
10—低速电刷（正电刷，B1）　11—蜗杆　12—自动复位触片

永磁式电动机的磁场由永久磁铁产生，磁场的强弱不能改变。因此，为了改变工作速度，可采用三刷永磁式电动机，利用三个电刷改变正、负电刷之间串联的电枢线圈个数来实现变速，其变速原理如图 6-1-7 所示。

当刮水器控制开关置于低速挡时，电源电压加在正、负电刷之间，使其内部形成两条对称的并联支路，一条支路由四个线圈 1、2、3、4 串联组成，另一条支路由四个线圈 5、6、7、8 串联组成，各线圈反向电动势的方向如图 6-1-7a 中箭头所示。由于各线圈反向电动势的方向相同，互相叠加，相当于 4 对线圈串联，电动机以较低转速稳定运转。

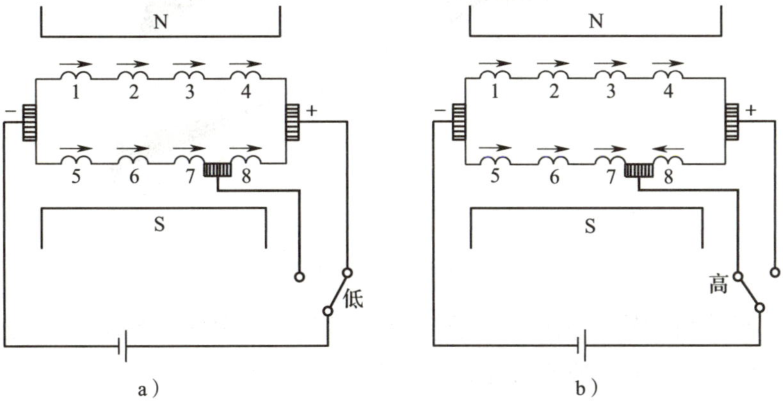

图 6-1-7　三刷永磁式电动机的变速原理

a）电动机低速工作　b）电动机高速工作

当刮水器控制开关置于高速挡时，电源电压加在负电刷与偏置电刷之间，由图 6-1-7b 可以看出，电枢绕组的一条支路由五个线圈 1、2、3、4、8 串联组成，另一条支路由三个线圈 5、6、7 串联组成，其中线圈 8 与线圈 1、2、3、4 的反向电动势方向相反，互相抵消后，相当于只有 3 对线圈串联，因此只有转速升高，才能使反向电动势达到与运转阻力矩相应的值，形成新的平衡，故此时转速较高。

3. 传动机构

传动机构包括钢索式和连杆式两种类型，目前广泛采用连杆式传动机构（曲柄摇杆机构），如图 6-1-8 所示。连杆式传动机构的传动效率高达 90%，同时具有结构简单、制造容易、工作可靠和价格便宜等优点。

图 6-1-8　连杆式传动机构

4. 刮水臂和刮水片

刮水臂和刮水片如图 6-1-9 所示。

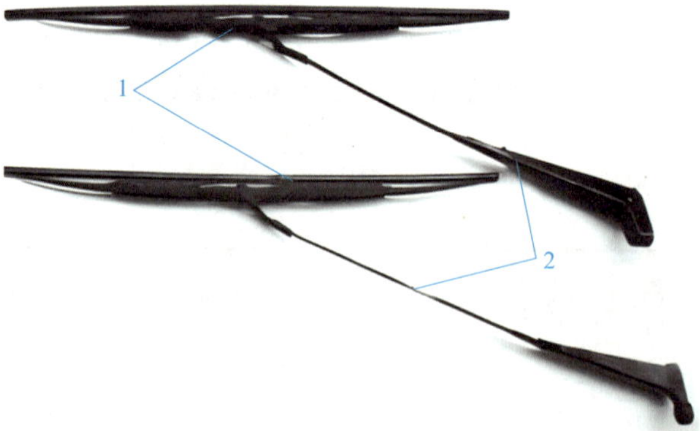

图 6-1-9　刮水臂和刮水片

1—刮水片　2—刮水臂

刮水臂与减速机构输出轴的连接方式分为两种：一种是用细齿花键连接，拆装简便，但不能进行微调；另一种是用锥形头连接。

刮水片是电动刮水器的执行器件，通过安装在刮水臂上进行驱动，其作用是将玻璃表面的雨水抹平形成均匀的水膜层，使光线穿过时不产生折射和弯曲变形，如图 6-1-10 所示。

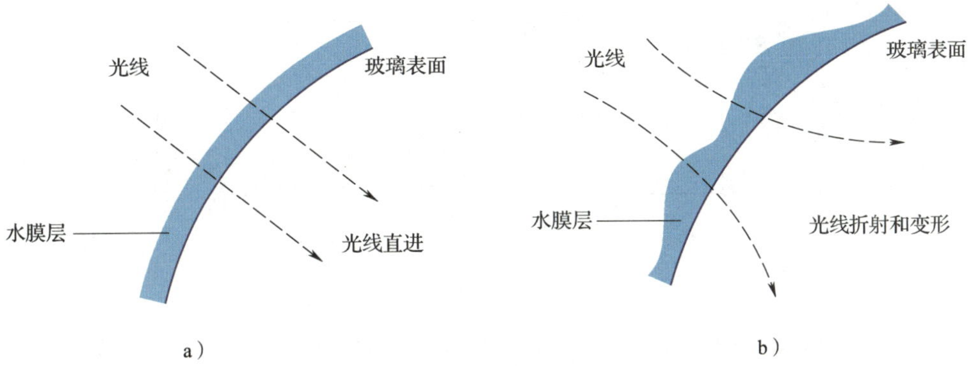

图 6–1–10　刮水片的作用
a）刮水片工作正常　b）刮水片工作异常

刮水片按照有无骨架可分为有骨刮水片和无骨刮水片，如图 6–1–11 所示。

图 6–1–11　刮水片的分类
a）有骨刮水片　b）无骨刮水片

二、电动刮水器的工作原理

1. 电动刮水器的控制电路

电动刮水器的控制电路如图 6–1–12 所示。通过将刮水器控制开关置于不同的挡位，可实现电动刮水器的低速运转、高速运转和停机复位等功能。

接通点火开关，当刮水器控制开关置于低速挡时，公共电刷、低速电刷工作，电动机通电，因公共电刷、低速电刷之间串联的电枢线圈较多，电动机在永久磁铁形成的磁场作用下低速运转，电流路径为蓄电池正极→点火开关→熔丝→公共电刷→电枢绕组→低速电刷→刮水器控制开关→搭铁→蓄电池负极。

当刮水器控制开关置于高速挡时，公共电刷、高速电刷工作，电动机通电，因公共电刷、高速电刷之间串联的电枢线圈较少，电动机在磁场作用下高速运转，电流

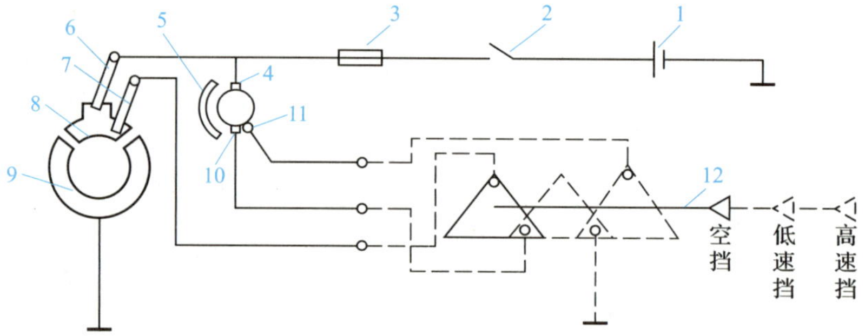

图 6-1-12　电动刮水器的控制电路

1—蓄电池　2—点火开关　3—熔丝　4—公共电刷　5—永久磁铁　6、7—自动复位触片
8、9—自动复位滑环　10—低速电刷　11—高速电刷　12—刮水器控制开关

路径为蓄电池正极→点火开关→熔丝→公共电刷→电枢绕组→高速电刷→刮水器控制开关→搭铁→蓄电池负极。

当刮水器控制开关置于空挡时，如果刮水片没有停到适当位置，则自动复位触片与自动复位滑环接触，保持电路接通，电动机仍以低速运转，电流路径为蓄电池正极→点火开关→熔丝→公共电刷→电枢绕组→低速电刷→刮水器控制开关→自动复位触片 7→自动复位滑环 9→搭铁→蓄电池负极。当刮水片摆动到适当位置时，自动复位触片 7 与自动复位滑环 9 脱开，切断电路，但是由于电枢的运动惯性，电动机不能立即停止转动。为了使其尽快停止，通过自动复位滑环 8 将自动复位触片 6、7 短接，使电枢通过自动复位滑环 8 和自动复位触片 6、7 构成回路产生电流，进而产生制动作用，使刮水片停在适当位置（风窗玻璃的底部），电流路径为电枢绕组“+”→公共电刷→自动复位触片 6→自动复位滑环 8→自动复位触片 7→刮水器控制开关→低速电刷→电枢绕组“–”。

2. 电动刮水器的间歇控制

当汽车在毛毛细雨中或雾天行驶时，因风窗玻璃表面形成的是不连续水滴，如果刮水器的刮水片按一定速度连续刮拭，微量的水分和灰尘就会形成发黏的表面，不仅不能将风窗玻璃刮拭干净，反而会使玻璃模糊不清，留下污斑，影响驾驶员的视线。为此有些汽车刮水器设有自动间歇刮水功能，在遇到上述情况时，只需将刮水器控制开关拨至间歇挡，就可以使刮水器按一定的周期（每 2 ~ 12 s 刮水一次）自动间歇工作，消除上述不良影响，使驾驶员获得良好的视野。

电动刮水器的间歇控制通常是利用自动复位机构和电子振荡电路或集成电路实现的，按照间歇时间是否可调分为可调节型和不可调节型。

（1）不可调节型间歇控制电路

不可调节型间歇控制电路是利用自动复位机构和电子振荡电路实现的，如图 6-1-13 所示。

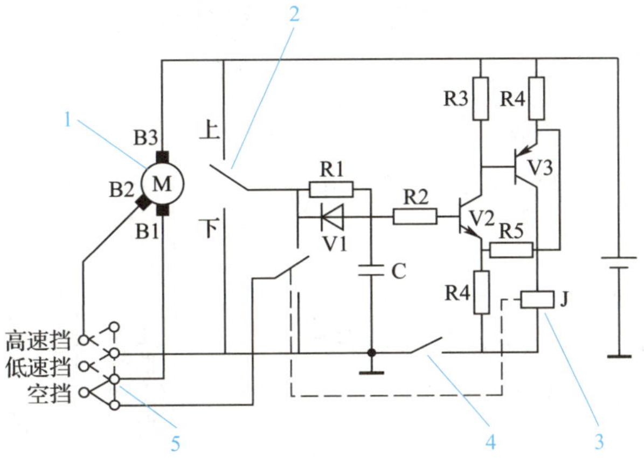

图 6-1-13　不可调节型间歇控制电路

1—电动机　2—自动复位开关　3—继电器　4—间歇控制开关　5—刮水器控制开关

（2）可调节型间歇控制电路

可调节型间歇控制电路又分为人工调节式和自动调节式两种类型。

1）人工调节式。由电位器控制电子振荡电路的变化频率，该电位器即为间歇时间调节旋钮，如图 6-1-14 所示。

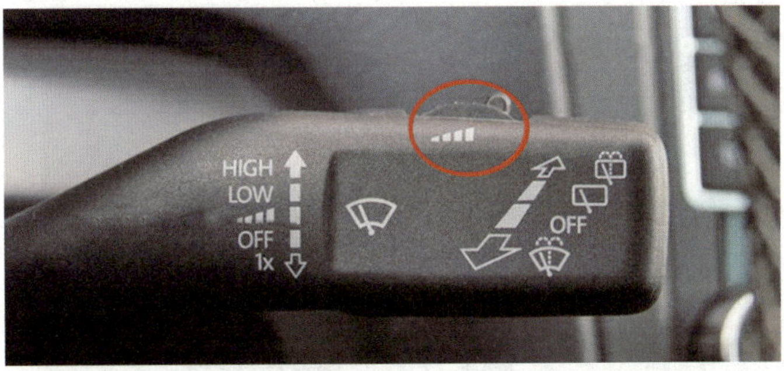

图 6-1-14　间歇时间调节旋钮

2）自动调节式。该系统中装有感应雨水大小的传感器，能根据雨水的大小自动接通 / 断开间歇挡，并且自动调节间歇时间。

三、风窗玻璃洗涤器的组成和工作原理

1. 风窗玻璃洗涤器的作用

汽车在灰尘较多的环境中行驶时，会有一些灰尘飘落在风窗玻璃上而影响驾驶员的视线，或者在小雨中或雾天行驶时，风窗玻璃上的微量水分和灰尘会形成一层发黏的表面。此时，如果只有刮水器工作，不但会使玻璃模糊影响视线，引起刮水片的颤动，还会对玻璃造成损伤。为此汽车的刮水器通常都增设了风窗玻璃洗涤器，必要时向风窗玻璃表面喷洒专用的洗涤液，在刮水片的配合下，更好地清除附着在风窗玻璃上的灰尘和

污物，保持风窗玻璃表面洁净，保证驾驶员具有良好的视线，避免划伤玻璃。

2. 风窗玻璃洗涤器的组成

风窗玻璃洗涤器主要由洗涤液储液罐、洗涤泵、软管、三通接头、喷嘴和刮水器控制开关等组成，如图 6-1-15 所示。

（1）洗涤液储液罐

洗涤液储液罐由塑料制成，其内盛有用水、酒精或洗涤剂等配制的洗涤液。

（2）洗涤泵

洗涤泵一般由永磁直流电动机和液压泵等组成，通常安装在洗涤液储液罐底部，利用密封圈密封以防止洗涤液渗漏，如图 6-1-16 所示，洗涤泵出口连接软管，经过三通接头将洗涤液输送至喷嘴，其作用是将洗涤液加压后通过软管和喷嘴喷洒到风窗玻璃表面。

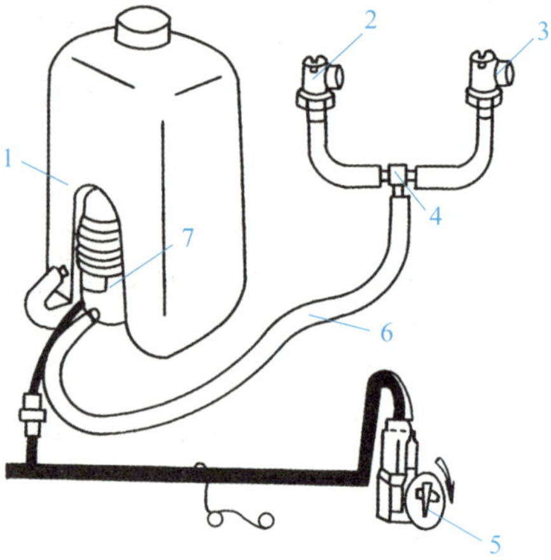

图 6-1-15　风窗玻璃洗涤器的组成

1—洗涤液储液罐　2、3—喷嘴　4—三通接头　5—刮水器控制开关　6—软管　7—洗涤泵

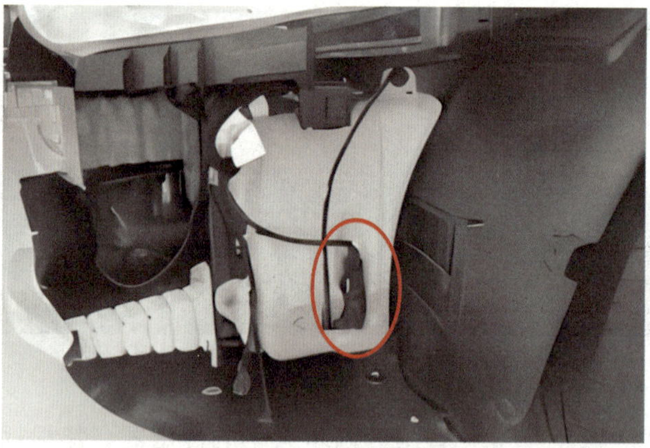
图 6-1-16　洗涤泵

（3）喷嘴

喷嘴安装在风窗玻璃前方，其喷射方向可以调整，以保证将洗涤液喷射到风窗玻璃的合适位置。

3. 风窗玻璃洗涤器的工作原理

风窗玻璃洗涤器的控制电路比较简单，一般和电动刮水器共用一个熔丝。风窗玻璃洗涤器控制开关通常和刮水器控制开关组合在一起，便于操作。

当接通风窗玻璃洗涤器控制开关时，洗涤泵中的电动机带动液压泵转动，将洗涤液加压，通过软管和喷嘴喷洒到风窗玻璃表面。有的车型在风窗玻璃洗涤器控制开关接通的同时使刮水器低速运行，改善清洗效果。

四、电动刮水器的常见故障及其排除方法

在电动刮水器出现故障时，应先检查电动刮水器熔丝盒的电源是否正常；若单个挡位不工作，应先确定故障发生在刮水器控制开关还是控制电路。电动刮水器的常见故障及其排除方法见表 6–1–2。

表 6–1–2　　电动刮水器的常见故障及其排除方法

故障类型	故障现象	故障原因	排除方法
刮水器各挡位都不工作	接通点火开关，将刮水器控制开关置于各挡位，刮水器均不工作	（1）蓄电池故障 （2）熔丝熔断 （3）控制电路断路或接线松动 （4）刮水电动机总成故障	（1）使用万用表检测蓄电池电压 （2）使用试灯检测电动刮水器熔丝 （3）使用万用表检测电动刮水器控制电路及接线 （4）检查刮水电动机总成
刮水器间歇挡不工作	接通点火开关，将刮水器控制开关置于间歇挡，刮水器不工作	（1）刮水器控制开关故障 （2）控制电路断路或接线松动 （3）间歇继电器损坏	（1）使用万用表检测刮水器控制开关 （2）使用万用表检测刮水器控制电路及接线 （3）检查间歇继电器
刮水器高速挡不工作	接通点火开关，将刮水器控制开关置于高速挡，刮水器不工作	（1）刮水器控制开关故障 （2）控制电路断路或接线松动 （3）刮水电动机总成故障	（1）使用万用表检测刮水器控制开关 （2）使用万用表检测刮水器控制电路及接线 （3）检查刮水电动机总成的高速电刷
前风窗玻璃洗涤挡不工作	接通点火开关，将刮水器控制开关置于前风窗玻璃洗涤挡，刮水器不工作	（1）刮水器控制开关故障 （2）控制电路断路或接线松动 （3）刮水电动机总成故障	（1）使用万用表检测刮水器控制开关 （2）使用万用表检测刮水器控制电路及接线 （3）检查刮水电动机总成
刮水器不能自动复位	接通点火开关，断开刮水器控制开关，刮水器不能停在指定位置（风窗玻璃底部）	（1）自动复位机构损坏 （2）自动复位电路接线错误	（1）检查自动复位机构的触片和滑环 （2）使用万用表检测刮水器自动复位电路接线

五、风窗玻璃洗涤器的常见故障及其排除方法

风窗玻璃洗涤器的常见故障包括所有喷嘴都不工作和个别喷嘴不工作等。

故障原因：洗涤泵或控制开关损坏，控制电路断路，洗涤液液面过低或软管脱落，喷嘴堵塞等。

排除方法：如果所有喷嘴都不工作，应先检查洗涤液液面和软管是否正常，然后检查洗涤泵搭铁线和电源线是否断路、松脱，控制开关和洗涤泵是否正常；如果个别喷嘴不工作，一般应检查喷嘴是否堵塞。

任务实施

一、任务准备

1. 设备：实训车辆、工具车、零件车、工作台等。
2. 工具：常用工具、内饰板拆装工具等。
3. 资料：维修手册、工作页。

二、操作步骤

电动刮水器拆装与检查见表 6–1–3。

表 6–1–3　　电动刮水器拆装与检查

图示	说明
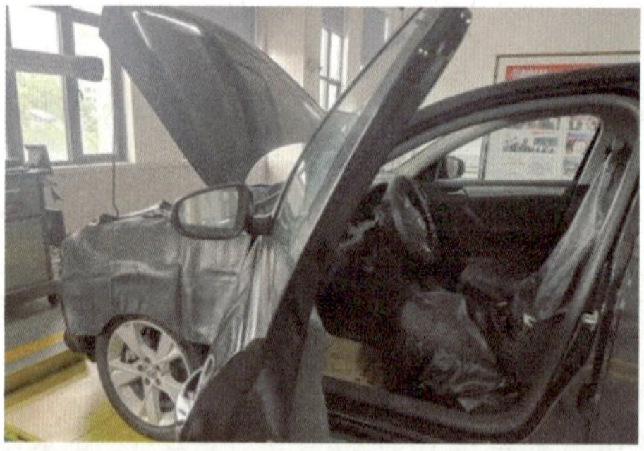	1. 安装车辆防护用品
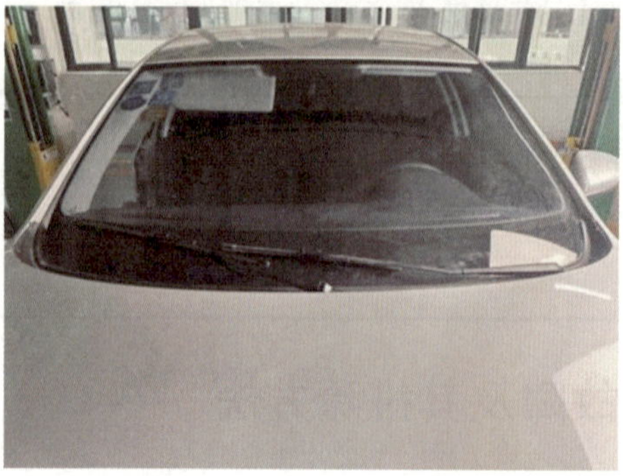	2. 检查电动刮水器功能 接通点火开关，将刮水器控制开关依次置于各挡位，检查电动刮水器工作情况

续表

图示	说明
	3. 断开点火开关
	4. 拆卸电动刮水器 （1）拆卸刮水片 将刮水臂轻轻抬起，左手拇指按压卡扣锁紧装置，右手将刮水片从卡扣中取出 提示：取下刮水片后，使用毛巾垫在刮水臂下，以免刮花风窗玻璃
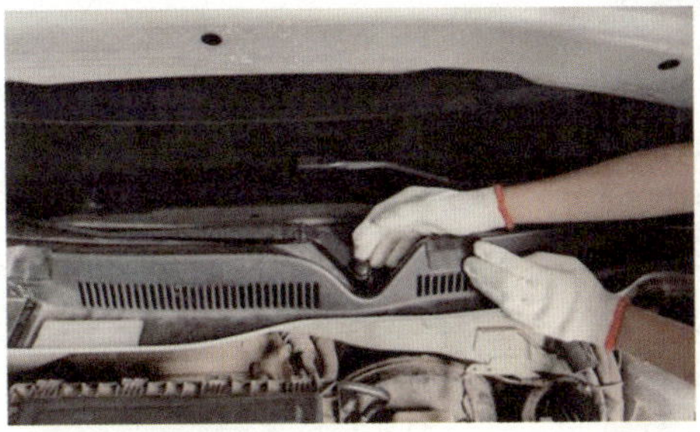	（2）拆卸刮水臂紧固螺钉盖帽 使用内饰板拆装工具拆卸刮水臂紧固螺钉盖帽
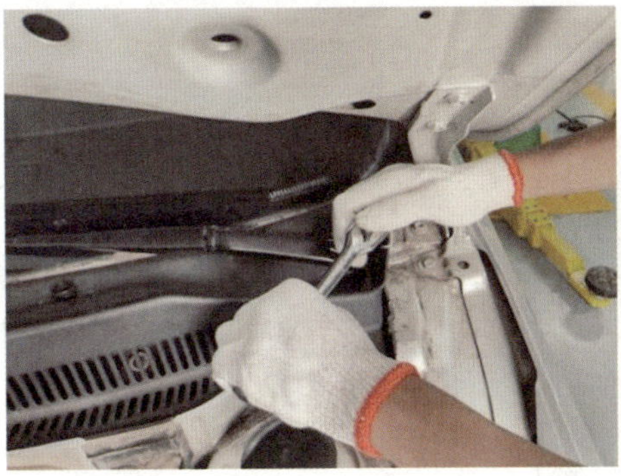	（3）拆卸刮水臂紧固螺钉 使用 13 mm 套筒和棘轮手柄拆卸刮水臂紧固螺钉

续表

图示	说明
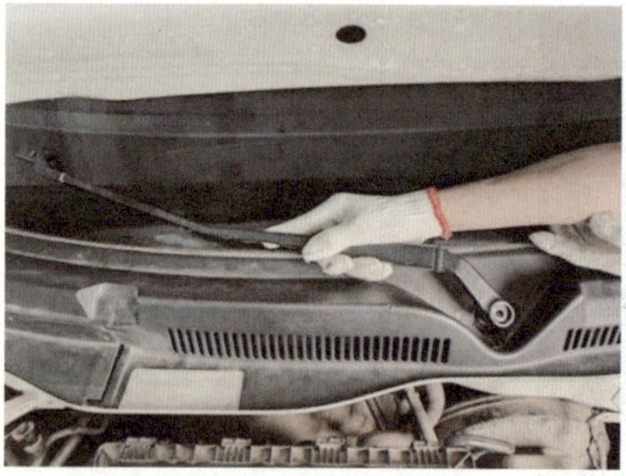	（4）取下刮水臂 注意：取下刮水臂时避免磕碰风窗玻璃
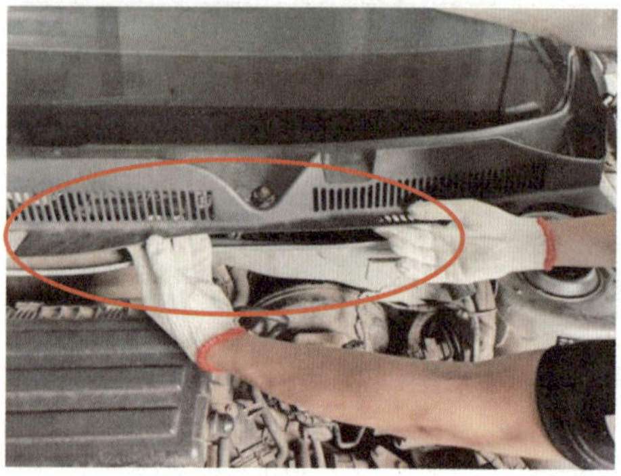	（5）拆卸前风窗流水槽盖板 使用内饰板拆装工具拆卸卡扣，然后拆卸前风窗流水槽盖板密封条，取下前风窗流水槽盖板
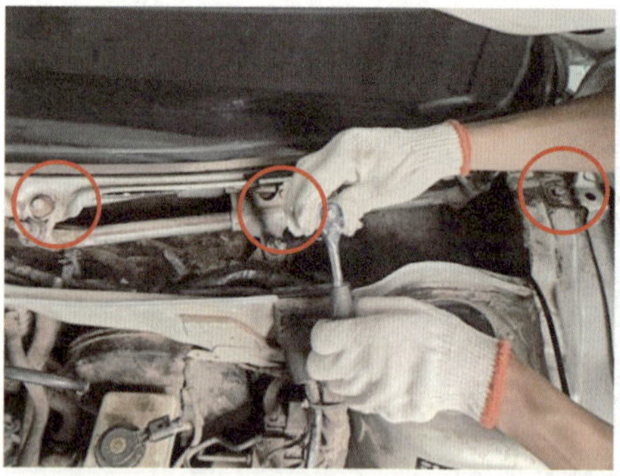	（6）拆卸刮水电动机总成和传动机构紧固螺栓 使用 10 mm 套筒和棘轮手柄拆卸刮水电动机总成和传动机构紧固螺栓（3 颗）
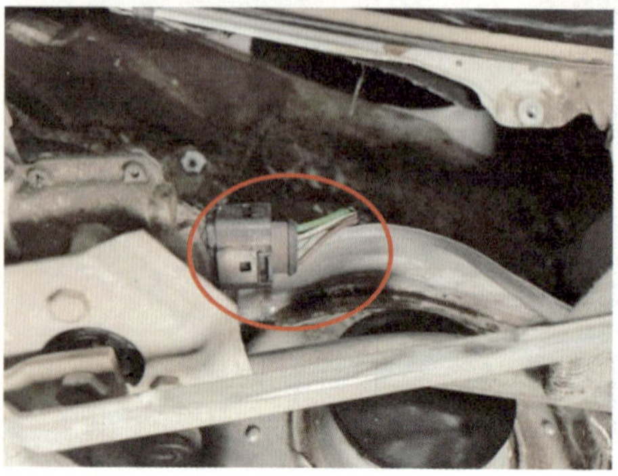	（7）断开刮水电动机总成和传动机构连接线束插接器 按压刮水电动机总成和传动机构连接线束插接器锁止装置，拔下插接器

续表

图示	说明
	（8）取出刮水电动机总成和传动机构
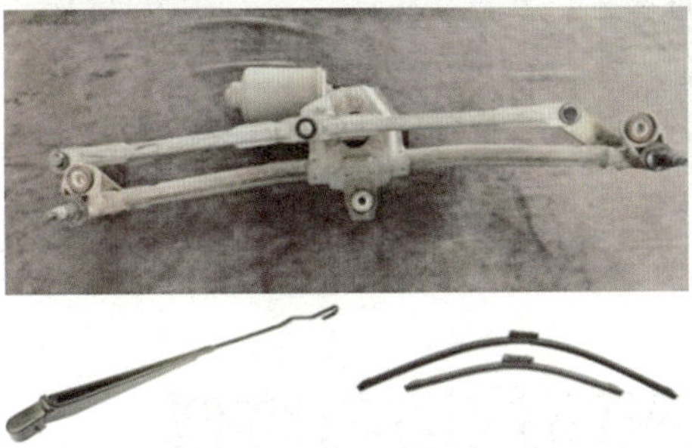	5. 检查电动刮水器各组成部件 检查刮水电动机总成是否锈蚀，插接器是否烧蚀，连杆球头是否磨损、松旷，刮水臂是否变形，回位弹簧是否锈蚀、松动，刮水片是否磨损、老化、开裂
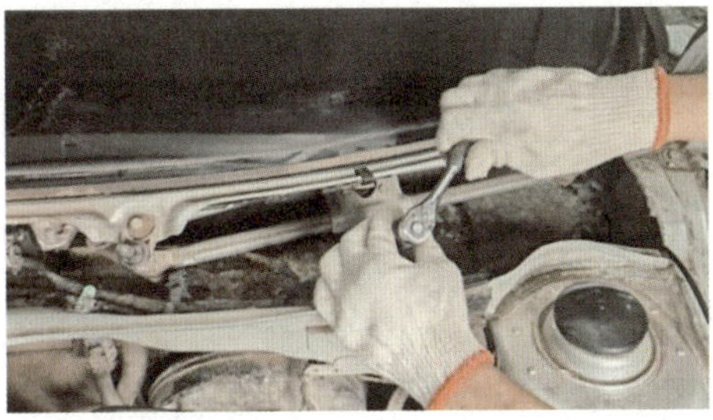	6. 装复电动刮水器 按照与拆卸相反的顺序进行装复 （1）使用 10 mm 套筒和棘轮手柄安装刮水电动机总成和传动机构 （2）连接刮水电动机总成和传动机构连接线束插接器 （3）安装前风窗流水槽盖板 （4）使用 13 mm 套筒和棘轮手柄安装刮水臂 （5）安装刮水片
	7. 检查、验证电动刮水器功能 （1）检查电动刮水器安装是否到位 目测检查刮水臂和刮水片安装情况，轻微晃动刮水臂，检查刮水器安装是否到位
	（2）验证电动刮水器功能 接通点火开关，将刮水器控制开关依次置于各挡位，检查电动刮水器工作情况

续表

图示	说明
	8. 按照“8S”管理规定整理实训场地

任务 2　电动座椅构造与维修

学习目标

1. 能描述电动座椅的分类。
2. 能描述普通电动座椅、自动电动座椅的组成和工作原理。
3. 能描述电动座椅的常见故障及其排除方法。
4. 能以小组合作方式，在教师指导下，认知电动座椅调节开关的位置和功能，遵循“8S”管理规定。

任务描述

一辆汽车进厂维修，客户反映电动座椅工作异常。班组长检查后，初步判断为电动座椅故障，需要进行检修。现班组长安排你采用小组合作的方式，通过查阅维修手册等资料，在规定时间内完成电动座椅认知的任务。

相关知识

汽车电动座椅的主要作用是为驾驶员和乘员提供便于操作、舒适安全的驾乘位置。通过调节座椅还可以改变坐姿，减少乘员长时间乘车的疲劳。

一、电动座椅的分类

汽车电动座椅按不同的分类方式可分为不同的类型，见表 6–2–1。

表 6–2–1　　电动座椅的分类

分类方式	类型	功能
使用电动机的数量	单电动机式	单电动机式只能对电动座椅的 2 个方向进行调节，即前后调节
	双电动机式	双电动机式可以对电动座椅的 4 个方向进行调节，即前后调节和高低调节
	三电动机式	三电动机式可以对电动座椅的 6 个方向进行调节，即前后调节、前部高低调节和后部高低调节
	四电动机式	四电动机式除了具有三电动机式的调节功能，还可以对靠背的倾斜角度进行调节
有无加热器	无加热器式	电动座椅没有配置加热器
	有加热器式	有加热器式电动座椅可以在冬季寒冷的时候对座椅的坐垫进行加热，以使驾驶员或乘客乘坐更舒适
有无存储功能	无存储功能	无存储功能的电动座椅不能存储或恢复驾驶员已经调节好的座椅位置数据
	有存储功能	有存储功能的电动座椅能存储或恢复驾驶员已经调节好的座椅位置数据

具有多方位可调节功能的电动座椅如图 6–2–1 所示。此外，某些汽车的电动座椅还附加了一些特种功能的装置，如在气垫座椅上使用电动气泵，对各个专用气囊进行充气，起到调节支撑腰部、侧背、大腿的作用。

二、普通电动座椅的组成和工作原理

普通电动座椅主要由调节开关、电动机、传动机构和控制电路等组成，如图 6–2–2 所示。调节开关实现座椅不同位置的调节，电动机用于产生动力，传动结构可以把动力传递给座椅。

1. 调节开关

电动座椅的调节开关通常在电动座椅侧面，如图 6–2–3 所示，用来控制电动机的电流方向，使某一电动机按不同方向旋转，实现按照驾驶员的要求调节座椅位置的目的。各调节开关的功能见表 6–2–2。

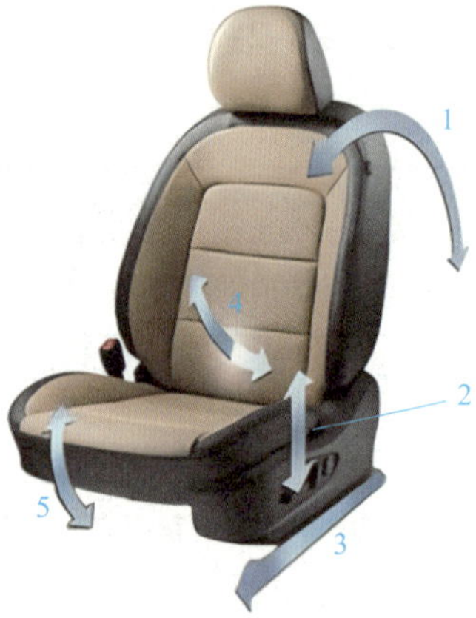

图 6-2-1　具有多方位可调节功能的电动座椅

1—靠背倾斜角度调节　2—后部高度调节
3—前后移动调节　4—腰部支撑调节
5—前部高度调节

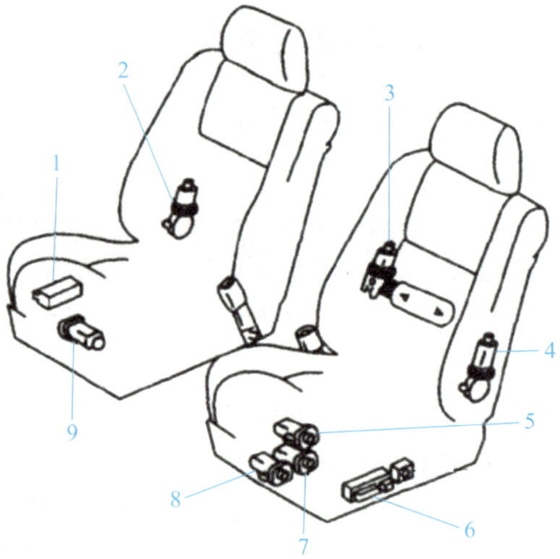

图 6-2-2　普通电动座椅的组成

1、6—调节开关　2、4—靠背倾斜角度调节电动机
3—腰部支撑调节电动机　5—后部高度调节电动机
7—前部高度调节电动机　8、9—前后移动电动机

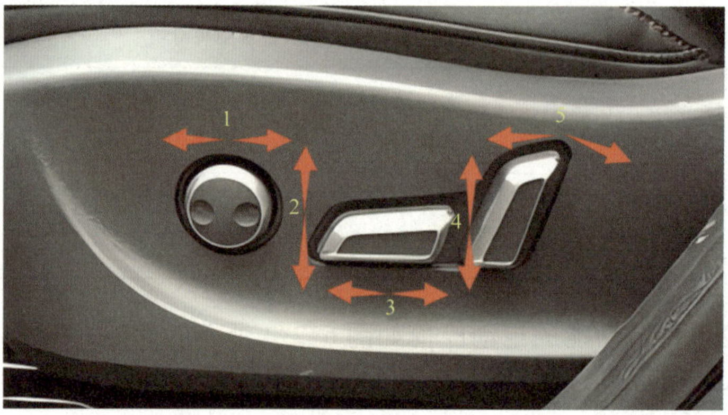

图 6-2-3　调节开关

1—腰部支撑调节开关　2—前部高度调节开关　3—前后移动调节开关
4—后部高度调节开关　5—靠背倾斜角度调节开关

表 6-2-2　各调节开关的功能

调节开关名称	图示	功能
腰部支撑调节开关		按压开关前部可增加腰部的支撑力（见图示 1） 按压开关后部可减小腰部的支撑力（见图示 2）

续表

调节开关名称	图示	功能
前部高度调节开关	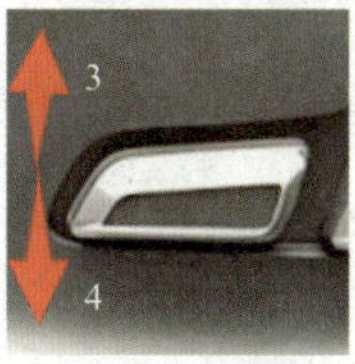	向上拉开关前部可将座椅前部升高（见图示 3） 向下推开关前部可将座椅前部降低（见图示 4）
前后移动调节开关	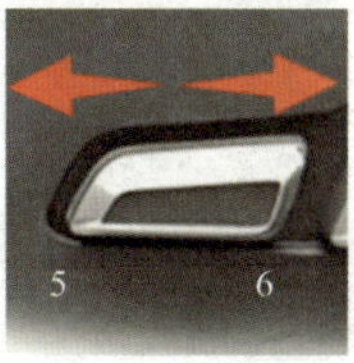	向前拉开关可将座椅向前移动（见图示 5） 向后推开关可将座椅向后移动（见图示 6）
后部高度调节开关	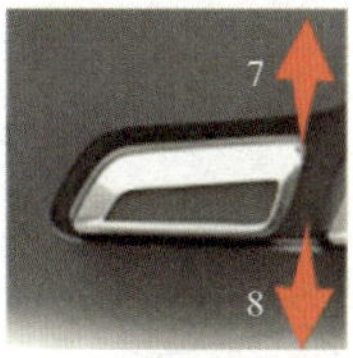	向上拉开关后部可将座椅后部升高（见图示 7） 向下推开关后部可将座椅后部降低（见图示 8）
靠背倾斜角度调节开关		向前拉开关可将座椅靠背前移（见图示 9） 向后推开关可将座椅靠背后移（见图示 10）

2. 电动机

大多数电动座椅采用永磁式双向电动机，即电枢的旋转方向随电流方向的改变而改变。为了防止电动机过载，电动机内装有过载保护器件。电动机的安装位置如图 6–2–4 所示。

3. 传动机构

如图 6–2–5 所示，电动座椅的传动机构主要包括变速器和驱动软轴等。变速器的作用是降速增矩。驱动软轴的一端与电动机的输出轴相连，另一端与变速器的输入轴相连。电动机产生的动力经过变速器降速增矩后，从变速器的输出轴输出。变速器的输出轴与蜗杆轴或齿轮轴相连，最终通过蜗轮蜗杆或齿轮齿条带动座椅支架产生位移。

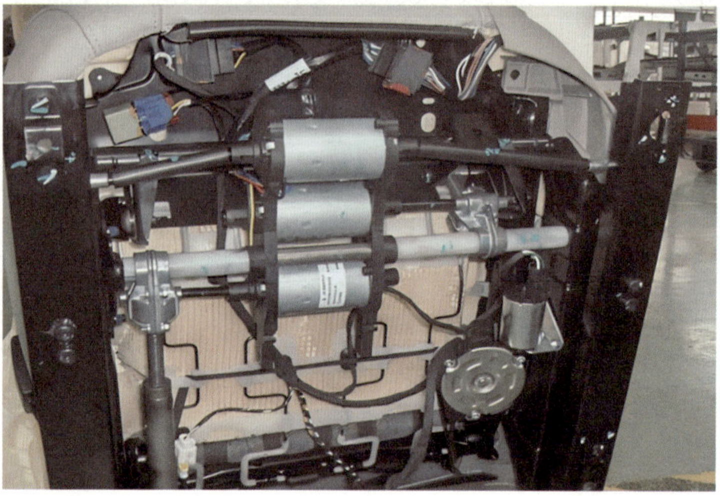

图 6-2-4　电动机的安装位置

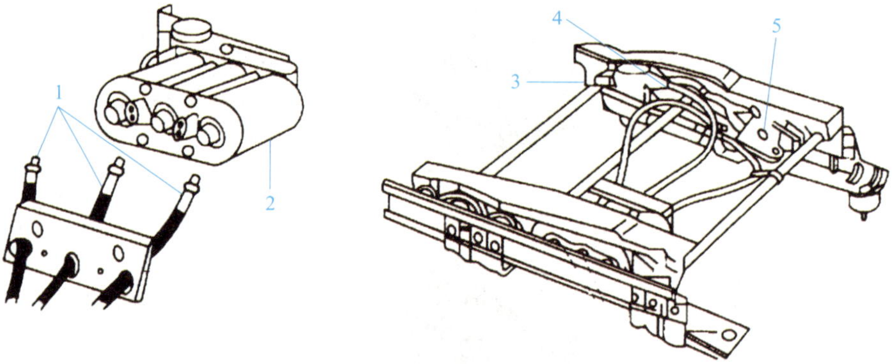

图 6-2-5　传动机构

1—驱动软轴　2—电动机　3—前变速器　4—水平变速器　5—后变速器

4. 控制电路

普通电动座椅的控制电路如图 6-2-6 所示，当操作某调节开关时，调节开关接通相应电动机的电路，控制电动机正转或反转，通过传动机构使对应的部位运动，完成电动座椅的调节。

三、自动电动座椅的组成和工作原理

1. 自动电动座椅的组成

自动电动座椅是带存储与复位功能的电动座椅，其组成如图 6-2-7 所示，其基本组成、驱动方式与普通电动座椅相似，不同之处是增加了一套电子控制系统。

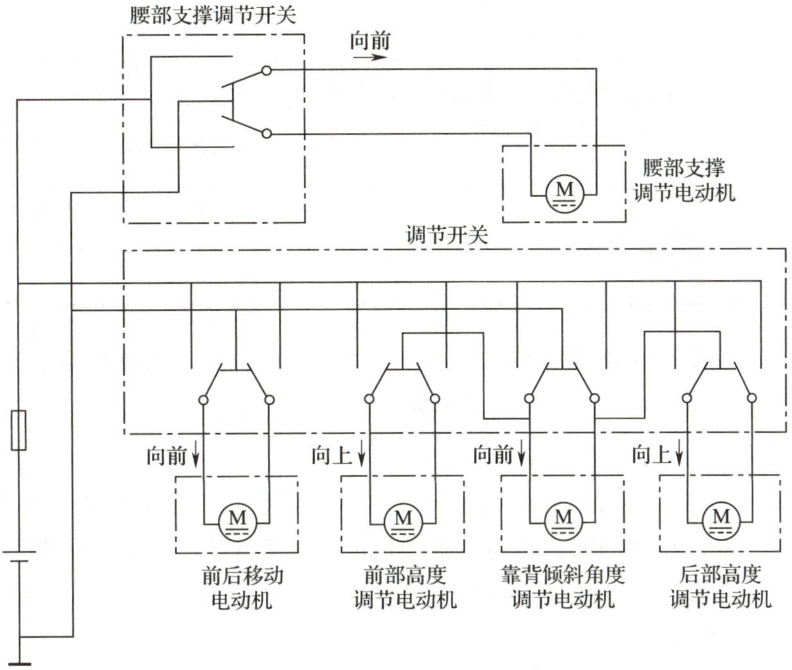

图 6-2-6　普通电动座椅的控制电路

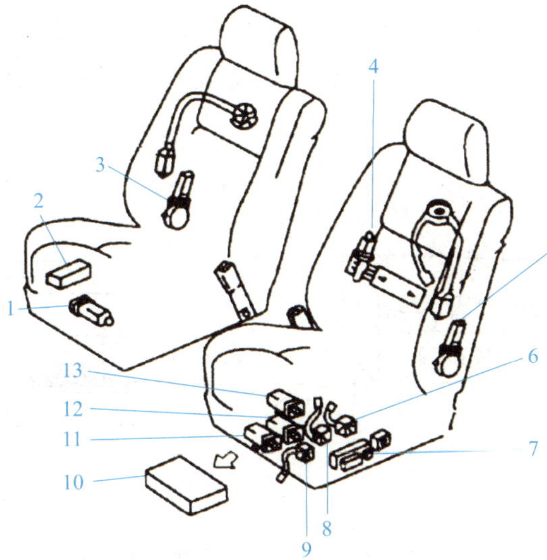

图 6-2-7　自动电动座椅的组成

1、11—前后移动电动机　2、7—调节开关　3、5—靠背倾斜角度调节电动机　4—腰部支撑调节电动机
6—位置传感器（后部高度）　8—位置传感器（前部高度）　9—位置传感器（前后位置）
10—电子控制单元　12—前部高度调节电动机　13—后部高度调节电动机

自动电动座椅的电子控制系统主要由位置传感器和电子控制单元（ECU）组成，见表 6–2–3。

表 6–2–3　自动电动座椅电子控制系统的组成和作用

组成	组成部件名称	作用
位置传感器	滑动电位器式位置传感器或霍尔式位置传感器	检测电动座椅的各个位置
电子控制单元（ECU）	电动座椅 ECU	接收调节开关、转向柱倾斜与伸缩 ECU 和位置传感器的输入信号，控制电动座椅电动机的电流通断并执行存储、复位动作

自动电动座椅要实现座椅位置的记忆与恢复，必须安装位置传感器。根据检测原理的不同，位置传感器包括滑动电位器式和霍尔式两种类型。

（1）滑动电位器式位置传感器

滑动电位器式位置传感器的结构如图 6–2–8 所示，其工作原理和一般电位计相似。在电动机驱动电动座椅的同时，也驱动滑动电位器式位置传感器的齿轮通过螺旋机构带动滑块在电阻丝上滑动，使输出电压信号发生变化，从而将电动座椅位置转变为电压信号发送给 ECU。

（2）霍尔式位置传感器

霍尔式位置传感器主要由永久磁铁、霍尔集成电路等组成，其结构如图 6–2–9 所示。永久磁铁安装在电动机驱动的转轴上，转轴的旋转引起霍尔元件磁通量的变化，从而使霍尔元件产生霍尔电压，再经霍尔集成电路放大和处理，然后将信号（此信号为脉冲信号）发送给 ECU。

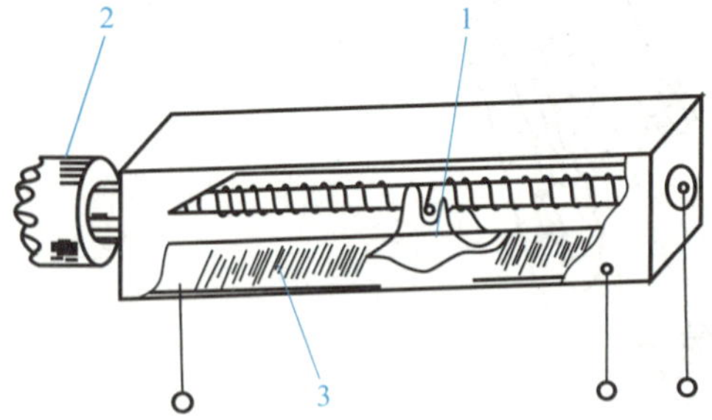

图 6–2–8　滑动电位器式位置传感器的结构

1—滑块　2—齿轮（电动机驱动）　3—电阻丝

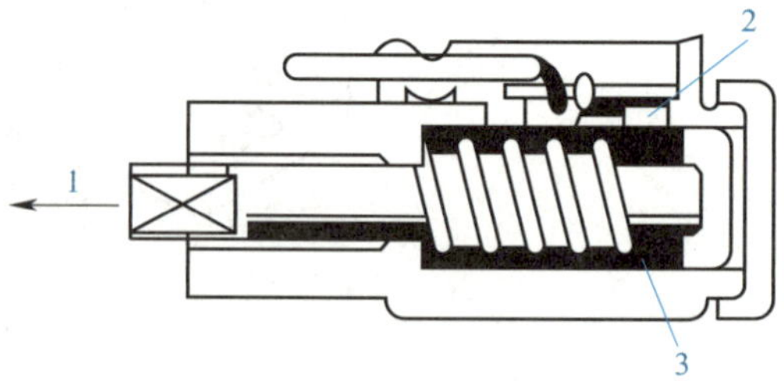

图 6–2–9　霍尔式位置传感器的结构

1—电动机输出轴　2—霍尔集成电路　3—永久磁铁

2. 自动电动座椅位置的存储与复位控制

（1）座椅位置的存储

1）接通点火开关，将变速杆置于 P 挡。

2）操作调节开关，将自动电动座椅、外后视镜、安全带、转向柱置于期望的位置。

3）按下存储与复位开关1、2或3键（见图6–2–10），同时按下M键，ECU将自动存储各个自动电动座椅位置传感器的数据。

图6–2–10　存储与复位开关

考虑到驾驶员的体型和驾驶姿势不同，可以在ECU中存储三种不同的座椅位置。

（2）座椅位置的复位控制

当接通点火开关且将变速杆置于P挡时，只要按住存储与复位开关1、2或3键，即可自动调节至存储的座椅位置。

四、电动座椅的常见故障及其排除方法

电动座椅出现故障时，应先检查电动座椅熔丝盒的电源是否正常；若单个电动机不工作时，应先确定故障是发生在电动座椅调节开关还是控制电路。电动座椅的常见故障及其排除方法见表6–2–4。

表6–2–4　电动座椅的常见故障及其排除方法

故障类型	故障现象	故障原因	排除方法
电动座椅完全不工作	接通点火开关，操作电动座椅各调节开关，电动座椅均不动作	（1）蓄电池故障 （2）熔丝熔断 （3）控制电路断路或接线松动 （4）调节开关故障	（1）使用万用表检测蓄电池电压 （2）使用试灯检测电动座椅熔丝 （3）使用万用表检测电动座椅控制电路及接线 （4）使用万用表检测调节开关
电动座椅腰部支撑调节不工作	接通点火开关，操作电动座椅腰部支撑调节开关，电动座椅不动作	（1）腰部支撑调节开关故障 （2）腰部支撑调节电动机故障 （3）控制电路断路或接线松动	（1）使用万用表检测腰部支撑调节开关 （2）使用万用表检测腰部支撑调节电动机 （3）使用万用表检测电动座椅控制电路及接线

续表

故障类型	故障现象	故障原因	排除方法
电动座椅前部高度调节不工作	接通点火开关，操作电动座椅前部高度调节开关，电动座椅不动作	（1）前部高度调节开关故障 （2）前部高度调节电动机故障 （3）控制电路断路或接线松动	（1）使用万用表检测前部高度调节开关 （2）使用万用表检测前部高度调节电动机 （3）使用万用表检测电动座椅控制电路及接线
电动座椅后部高度调节不工作	接通点火开关，操作电动座椅后部高度调节开关，电动座椅不动作	（1）后部高度调节开关故障 （2）后部高度调节电动机故障 （3）控制电路断路或接线松动	（1）使用万用表检测后部高度调节开关 （2）使用万用表检测后部高度调节电动机 （3）使用万用表检测电动座椅控制电路及接线
电动座椅前后移动调节不工作	接通点火开关，操作电动座椅前后移动调节开关，电动座椅不动作	（1）前后移动调节开关故障 （2）前后移动电动机故障 （3）控制电路断路或接线松动	（1）使用万用表检测前后移动调节开关 （2）使用万用表检测前后移动电动机 （3）使用万用表检测电动座椅控制电路及接线
电动座椅靠背倾斜角度调节不工作	接通点火开关，操作电动座椅靠背倾斜角度调节开关，电动座椅不动作	（1）靠背倾斜角度调节开关故障 （2）靠背倾斜角度调节电动机故障 （3）控制电路断路或接线松动	（1）使用万用表检测靠背倾斜角度调节开关 （2）使用万用表检测靠背倾斜角度调节电动机 （3）使用万用表检测电动座椅控制电路及接线

任务实施

一、任务准备

1. 设备：实训车辆、工具车、零件车、工作台等。
2. 工具：常用工具等。
3. 资料：维修手册、工作页。

二、操作步骤

电动座椅认知见表 6–2–5。

表 6-2-5　　电动座椅认知

图示	说明
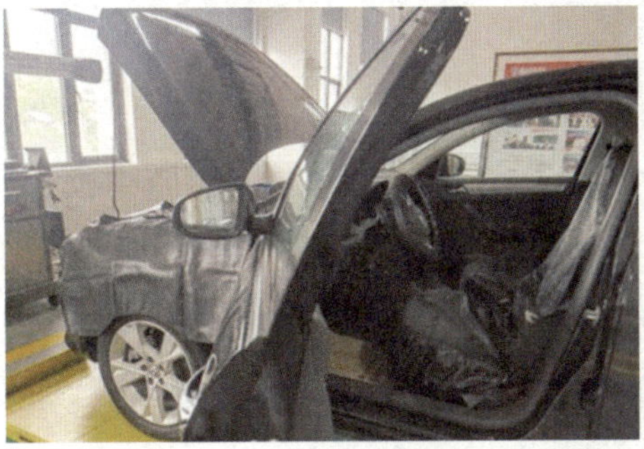	1. 安装车辆防护用品
	2. 认知电动座椅调节开关在车辆上的位置
	3. 操作前后移动调节开关并检查能否有效调节电动座椅前后位置
	4. 操作前部高度调节开关并检查能否有效调节电动座椅前部高度
	5. 操作后部高度调节开关并检查能否有效调节电动座椅后部高度
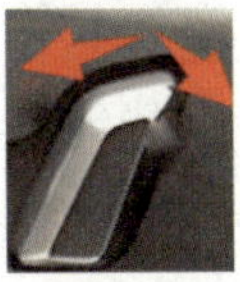	6. 操作靠背倾斜角度调节开关并检查能否有效调节电动座椅靠背倾斜角度
	7. 操作腰部支撑调节开关并检查能否有效调节电动座椅腰部支撑力

续表

图示	说明
	8. 按照“8S”管理规定整理实训场地

任务 3　电动车窗构造与维修

学习目标

1. 能描述电动车窗的组成和工作原理。
2. 能描述电动车窗的常见故障及其排除方法。
3. 能描述电动车窗主要组成部件的检测方法。
4. 能以小组合作方式，在教师指导下，规范进行电动车窗拆装与检查，遵循“8S”管理规定。

任务描述

一辆汽车进厂维修，客户反映电动车窗工作异常。班组长检查后，初步判断为电动车窗故障，需要进行检修。现班组长安排你采用小组合作的方式，通过查阅维修手册等资料，在规定时间内完成电动车窗拆装与检查的任务。

相关知识

电动车窗利用电动机驱动玻璃升降器实现车门玻璃的升降，取代传统的转动摇柄升降车门玻璃的方式，使车门玻璃的升降轻便化、自动化。

一、电动车窗的组成

电动车窗主要由车窗控制开关、车窗玻璃升降器总成（电动机、玻璃升降器）等组成，如图 6-3-1 所示。驾驶员或乘员通过车窗控制开关控制电动机正反转，电动机带动玻璃升降器驱动车门玻璃升降。

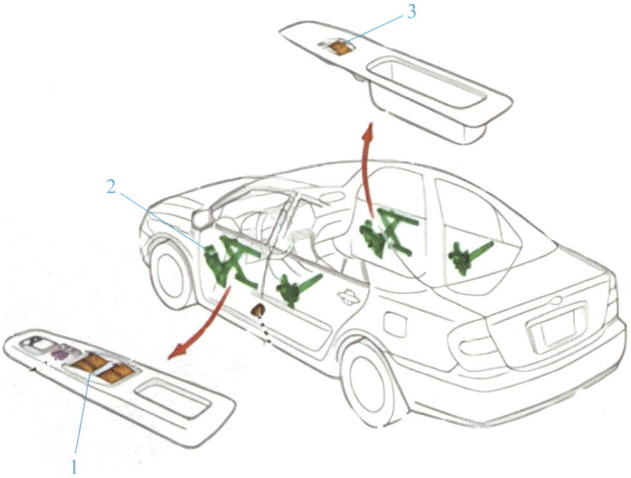

图 6-3-1　电动车窗的组成

1—车窗控制总开关　2—车窗玻璃升降器总成　3—车窗控制分开关

1. 车窗控制开关

车窗控制开关一般有两套，一套为总开关，另一套为分开关，如图 6-3-2 所示，其功能见表 6-3-1。

a）

b）

图 6-3-2　车窗控制开关

a）车窗控制总开关　b）车窗控制分开关（右前）

1—左后车门玻璃升降器开关　2—右后车门玻璃升降器开关　3—锁止开关

4—左前车门玻璃升降器开关　5—右前车门玻璃升降器开关

表 6-3-1　　车窗控制开关的功能

类型	位置	功能
车窗控制总开关	主驾驶位车门内饰板上	控制各个位置车门玻璃的升降，还可以锁止车窗控制分开关
车窗控制分开关	其他座位车门内饰板上	控制相应位置车门玻璃的升降，所有车窗控制分开关通过总开关的锁止开关搭铁

2. 电动机

电动机一般采用永磁式双向直流电动机，其内部装有一个减速装置，如图 6-3-3 所示。由于车门内空间有限，电动机一般做成扁平形。

此外，大多数电动机装有一个或多个过载保护器件，当有过载电流通过时，过载保护器件便会切断电路，以保护电路。同时，当车门玻璃完全关闭或由于结冰等原因使车门玻璃不能自如运动时，即使车窗控制开关没有断开，过载保护器件也会自动切断电路。

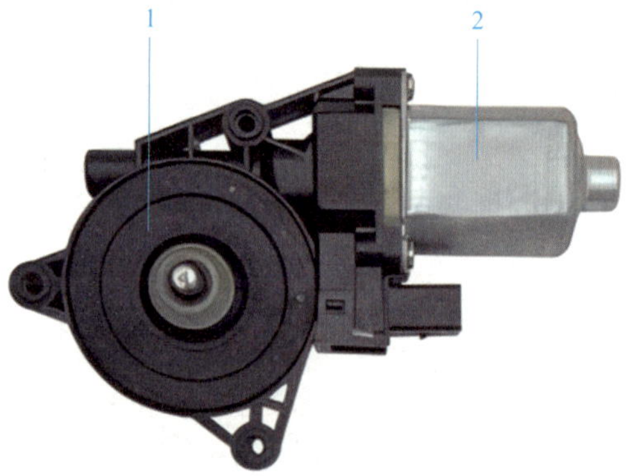

图 6-3-3　电动机

1—减速装置　2—直流电动机

3. 玻璃升降器

（1）玻璃升降器的组成

玻璃升降器一般由操纵机构、传动机构、升降机构、玻璃托架、止动弹簧、平衡弹簧等组成。玻璃升降器的基本工作路线如下：操纵机构→传动机构→升降机构→玻璃托架。平衡弹簧用来平衡玻璃的重力，不论车窗上升和下降，都能保证操纵机构的负荷基本相同。

（2）玻璃升降器的类型

根据升降机构的不同，玻璃升降器可分为绳轮式、臂式和软轴式等类型，其中绳轮式和臂式使用较为广泛。

1）绳轮式玻璃升降器。绳轮式玻璃升降器主要由玻璃托架、卷丝筒、拉索（钢丝绳）、绳轮、夹持器等组成，如图 6-3-4 所示。电动机的输出部分与玻璃升降器卷丝筒连接，卷丝筒上绕有钢丝绳，钢丝绳连接着玻璃托架。电动机驱动卷丝筒转动来卷动钢丝绳，使钢丝绳上的玻璃托架在导轨中上下运动，实现升降玻璃的目的。

2）臂式玻璃升降器。臂式玻璃升降器的传动方式为齿轮、齿板啮合传动，除了齿轮，其主要构件均为板式结构，加工方便，成本低。但臂式玻璃升降器采用悬臂式支

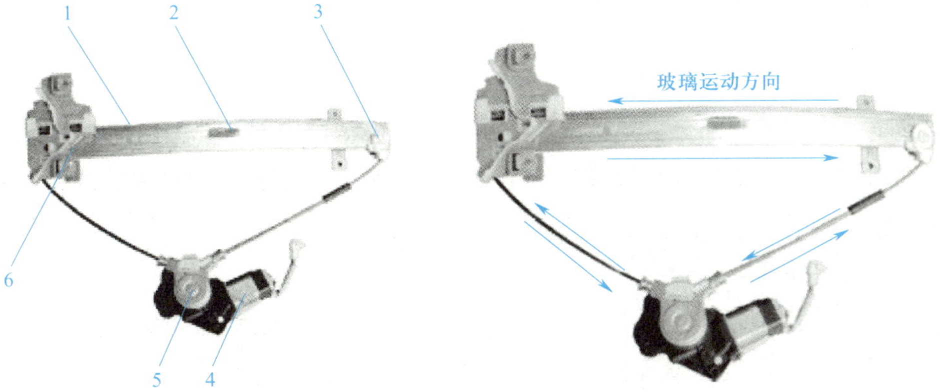

图 6-3-4　绳轮式玻璃升降器

1—玻璃托架　2—拉索　3—绳轮　4—电动机　5—卷丝筒　6—夹持器

撑结构，工作阻力较大，而且可实现的运动通常是平面运动，适用于平面玻璃或曲率不大的曲面玻璃。目前，臂式玻璃升降器主要应用在载货汽车上。

臂式玻璃升降器的传动机构包括小齿轮、扇形齿板和传动臂等。按传动臂不同，臂式玻璃升降器可分为单臂式、平行双臂式和交叉双臂式等类型。其中，交叉双臂式玻璃升降器支撑宽度较大，运动比较平稳，应用普遍。

交叉双臂式玻璃升降器如图 6-3-5 所示，电动机输出部分小齿轮与交叉双臂式玻璃升降器传动机构的扇形齿板啮合，电动机驱动小齿轮旋转来带动扇形齿轮转动，通过叉臂结构的传动臂带动玻璃托架在导轨中上下运动，实现升降玻璃的目的。

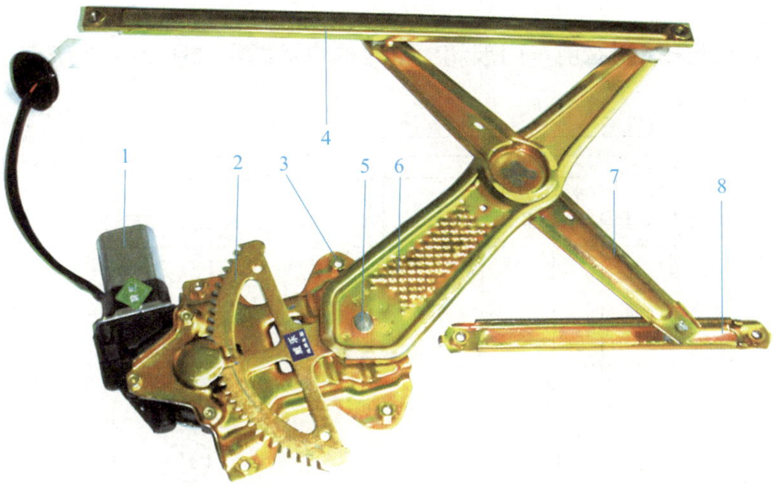

图 6-3-5　交叉双臂式玻璃升降器

1—电动机　2—扇形齿板　3—安装孔　4—主导轨
5—转轴　6—主传动臂　7—副传动臂　8—副导轨

二、电动车窗的工作原理

1. 普通电动车窗的控制电路

普通电动车窗控制部分主要由车窗控制总开关、车窗控制分开关和电动机等组成。

不同车型所采用的电动机及其控制电路各不相同，一般分成直接搭铁式和控制搭铁式两种类型。

（1）直接搭铁式

直接搭铁式的电动机一端直接搭铁。电动机内部有两组励磁绕组，接通不同的绕组，电动机的转向不同，从而实现车门玻璃的升降。直接搭铁式电动车窗控制电路如图 6–3–6 所示。

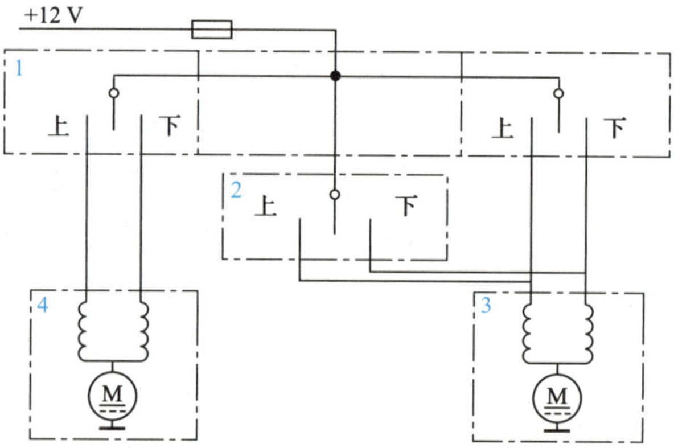

图 6–3–6　直接搭铁式电动车窗控制电路

1—车窗控制总开关　2—右前车窗控制分开关　3—右前车窗电动机　4—左前车窗电动机

车窗控制总开关控制右前车门玻璃上升时的电流路径如图 6–3–7 所示。

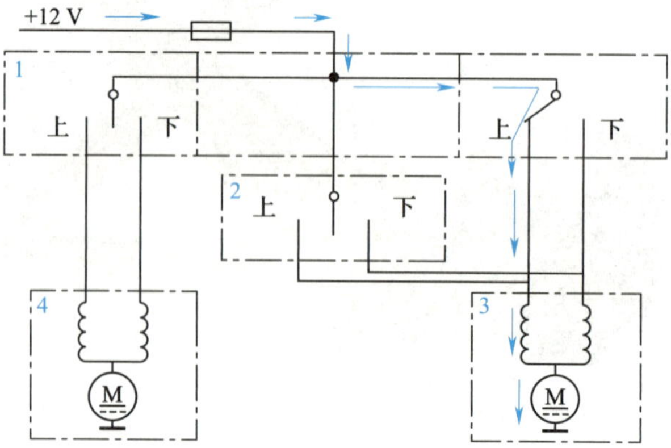

图 6–3–7　车窗控制总开关控制右前车门玻璃上升时的电流路径

1—车窗控制总开关　2—右前车窗控制分开关　3—右前车窗电动机　4—左前车窗电动机

右前车窗控制分开关控制右前车门玻璃下降时的电流路径如图 6-3-8 所示。

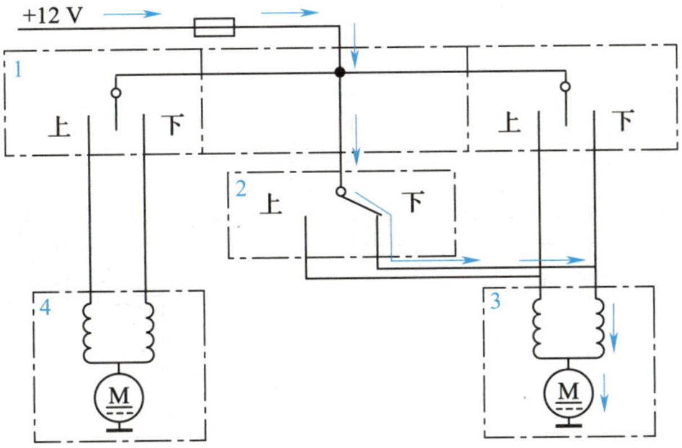

图 6-3-8　右前车窗控制分开关控制右前车门玻璃下降时的电流路径

1—车窗控制总开关　2—右前车窗控制分开关　3—右前车窗电动机　4—左前车窗电动机

（2）控制搭铁式

控制搭铁式的电动机结构简单，但开关和控制电路较复杂。控制搭铁式电动车窗控制电路如图 6-3-9 所示。

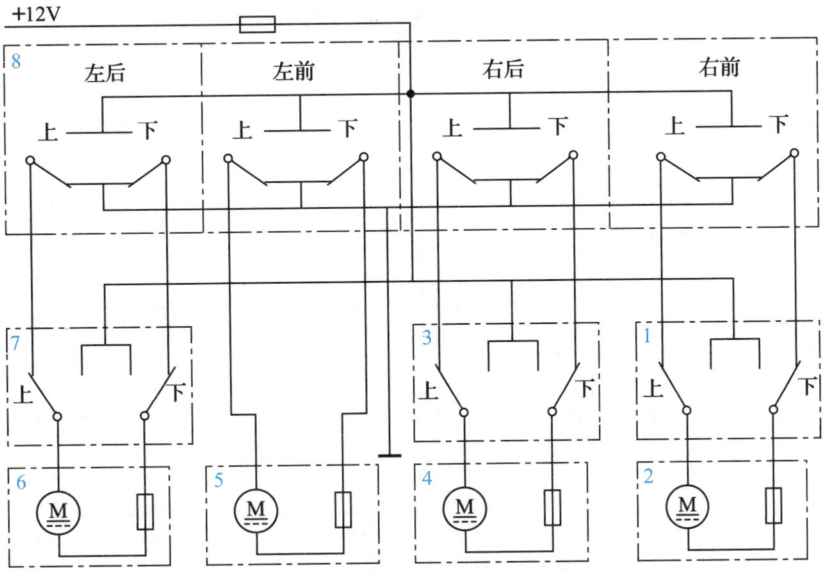

图 6-3-9　控制搭铁式电动车窗控制电路

1—右前车窗控制分开关　2—右前车窗电动机　3—右后车窗控制分开关　4—右后车窗电动机

5—左前车窗电动机　6—左后车窗电动机　7—左后车窗控制分开关　8—车窗控制总开关

车窗控制总开关控制左后车门玻璃上升时的电流路径如图 6-3-10 所示。

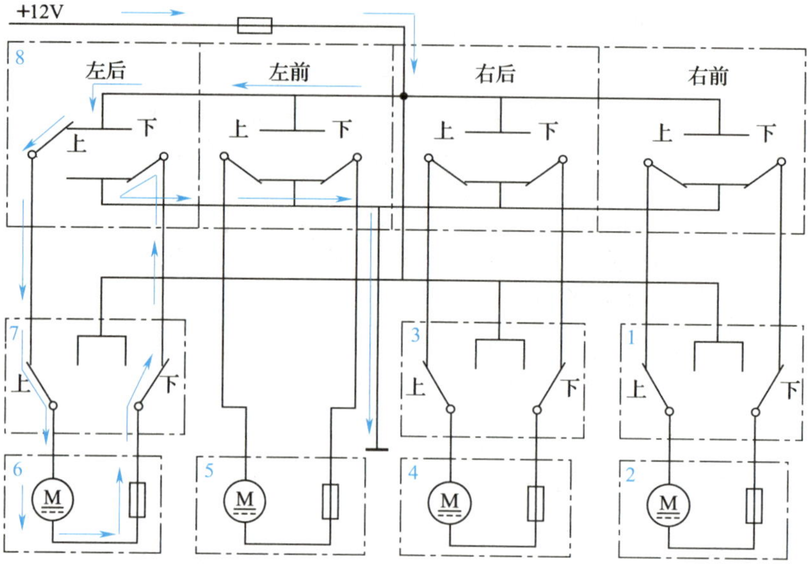

图 6-3-10　车窗控制总开关控制左后车门玻璃上升时的电流路径

1—右前车窗控制分开关　2—右前车窗电动机　3—右后车窗控制分开关　4—右后车窗电动机　5—左前车窗电动机　6—左后车窗电动机　7—左后车窗控制分开关　8—车窗控制总开关

左后车窗控制分开关控制左后车门玻璃下降时的电流路径如图 6-3-11 所示。

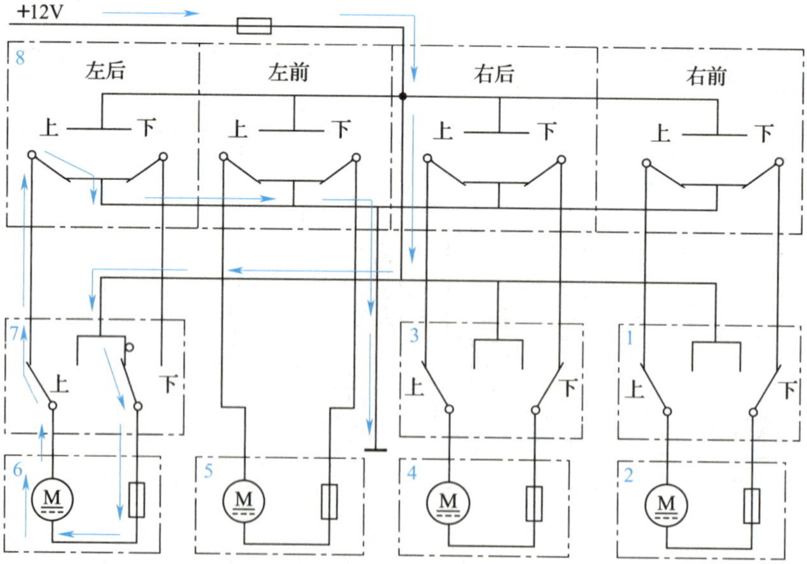

图 6-3-11　左后车窗控制分开关控制左后车门玻璃下降时的电流路径

1—右前车窗控制分开关　2—右前车窗电动机　3—右后车窗控制分开关　4—右后车窗电动机　5—左前车窗电动机　6—左后车窗电动机　7—左后车窗控制分开关　8—车窗控制总开关

2. 电子控制单元控制的电动车窗工作原理

为了实现一键升窗、防夹和离车自动升窗等功能，新型电动车窗的电动机由电子控制单元来控制。

电子控制单元控制的电动车窗工作原理如图 6–3–12 所示。电子控制单元根据车窗控制开关指令、车门玻璃防夹力的大小或中控门锁系统发出的自动关闭所有车门玻璃的信号，发出指令控制继电器 A 和继电器 B 动作，实现电动车窗电动机转向的变化。

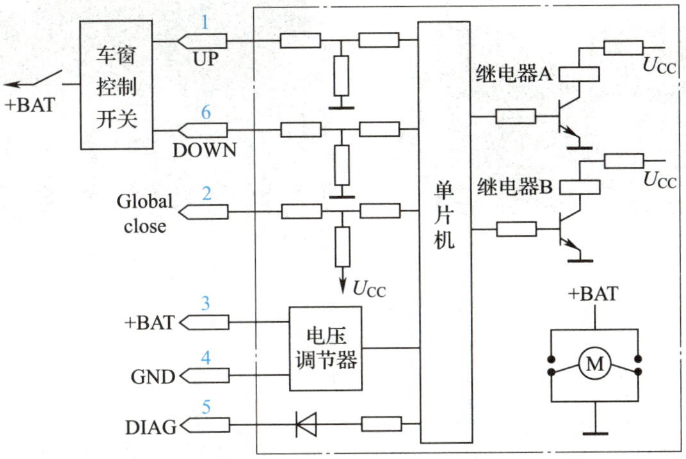

图 6–3–12　电子控制单元控制的电动车窗工作原理

1—上升信号　2—集控上升信号　3—电源正极　4—搭铁　5—在线诊断　6—下降信号

三、电动车窗的常见故障及其排除方法

电动车窗的常见故障包括所有车门玻璃均不能升降、部分车门玻璃不能升降或只能一个方向运动等。

1. 所有车门玻璃均不能升降

故障原因：熔丝熔断，控制电路断路，有关继电器、车窗控制开关损坏，电动机损坏，搭铁点锈蚀、松动等。

排除方法：首先检查熔丝，其次通电检查有关继电器和车窗控制开关相线的电压，再次检查电源线和搭铁线，最后检测继电器、车窗控制开关和电动机。

2. 部分车门玻璃不能升降或只能一个方向运动

故障原因：对应车门玻璃升降器开关损坏，对应车窗电动机故障，控制电路断路，锁止开关故障等。

排除方法：如果车门玻璃不能升降，首先检查锁止开关、对应车门玻璃升降器开关，其次通电检查对应车窗电动机，最后检查控制电路；如果车门玻璃只能一个方向运动，应先检查控制电路，再检查车门玻璃升降器开关。

四、电动车窗总要组成部件的检测

1. 车窗控制总开关的检测

车窗控制总开关及其插接器如图 6–3–13 所示，可根据图 6–3–14 所示电路图和维修手册对其进行检测。

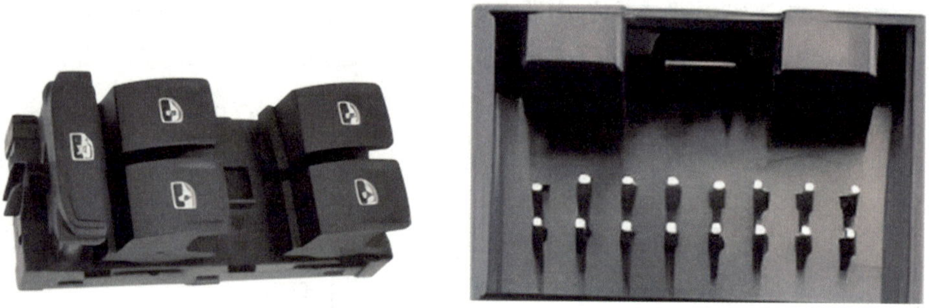

图 6–3–13　车窗控制总开关及其插接器

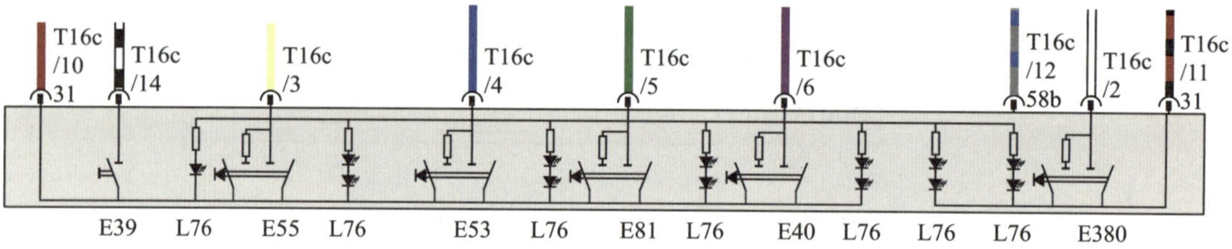

图 6–3–14　车窗控制总开关电路图

E55—右后车门玻璃升降器开关　E53—左后车门玻璃升降器开关

E81—右前车门玻璃升降器开关　E40—左前车门玻璃升降器开关

车窗控制总开关电阻对照表见表 6–3–2，若检测结果与电阻对照表的正常值不符，应更换车窗控制总开关。

表 6–3–2　车窗控制总开关电阻对照表

序号	检测项目	检测内容	正常值
1	左前车门玻璃升降器开关上升检测	10 号端子与 6 号端子之间的电阻	≈ 220 Ω
2	左前车门玻璃升降器开关下降检测	10 号端子与 6 号端子之间的电阻	≤ 1 Ω
3	右前车门玻璃升降器开关上升检测	10 号端子与 5 号端子之间的电阻	≈ 220 Ω
4	右前车门玻璃升降器开关下降检测	10 号端子与 5 号端子之间的电阻	≤ 1 Ω
5	左后车门玻璃升降器开关上升检测	10 号端子与 4 号端子之间的电阻	≈ 220 Ω
6	左后车门玻璃升降器开关下降检测	10 号端子与 4 号端子之间的电阻	≤ 1 Ω
7	右后车门玻璃升降器开关上升检测	10 号端子与 3 号端子之间的电阻	≈ 220 Ω
8	右后车门玻璃升降器开关下降检测	10 号端子与 3 号端子之间的电阻	≤ 1 Ω

2. 车窗控制分开关的检测

车窗控制分开关及其插接器如图 6–3–15 所示，可根据图 6–3–16 所示电路图和维修手册对其进行检测。

图 6–3–15　车窗控制分开关及其插接器

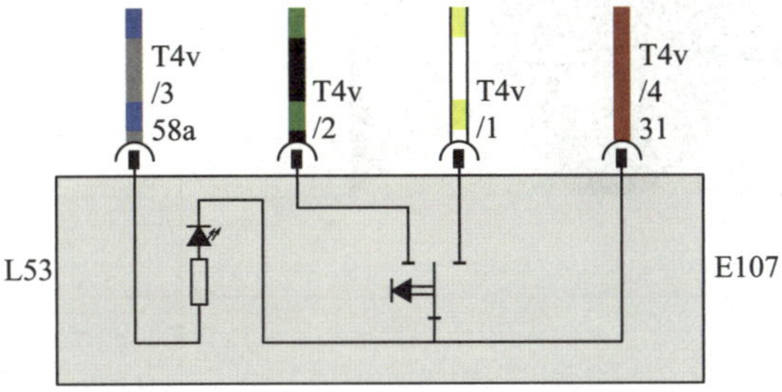

图 6–3–16　车窗控制分开关电路图

E107—右前车窗控制分开关

车窗控制分开关电阻对照表见表 6–3–3，若检测结果与电阻对照表的正常值不符，应更换车窗控制分开关。

表 6–3–3　车窗控制分开关电阻对照表

序号	检测项目	检测内容	正常值
1	车窗控制分开关上升检测	4 号端子与 1 号端子之间的电阻	≤ 1Ω
2	车窗控制分开关下降检测	4 号端子与 2 号端子之间的电阻	≤ 1Ω

任务实施

一、任务准备

1. 设备：实训车辆、工具车、零件车、工作台等。
2. 工具：常用工具、手电筒、内饰板拆装工具等。
3. 资料：维修手册、工作页。

二、操作步骤

电动车窗拆装与检查见表 6–3–4。

表 6–3–4　　　　电动车窗拆装与检查

图示	说明
	1. 安装车辆防护用品
	2. 检查电动车窗功能 接通点火开关，在车窗控制总开关上操作各车门玻璃升降器开关，检查各车门玻璃升降情况；操作各车窗控制分开关，检查各车门玻璃升降情况
	3. 断开点火开关

续表

图示	说明
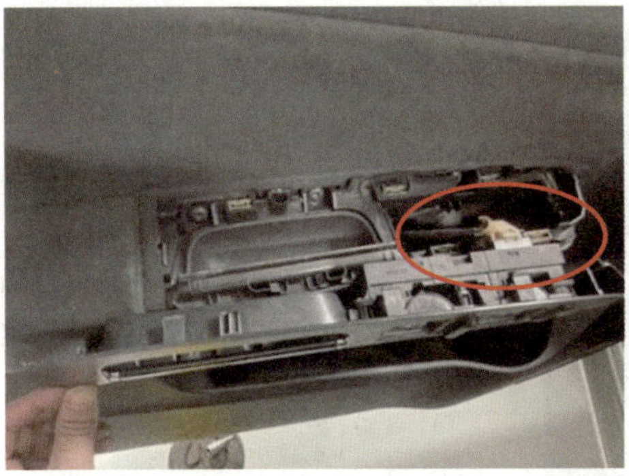	4. 拆卸电动车窗 （1）拆卸车窗控制总开关 使用内饰板拆装工具撬出车窗控制总开关，按压车窗控制总开关线束插接器锁止装置，拔下插接器
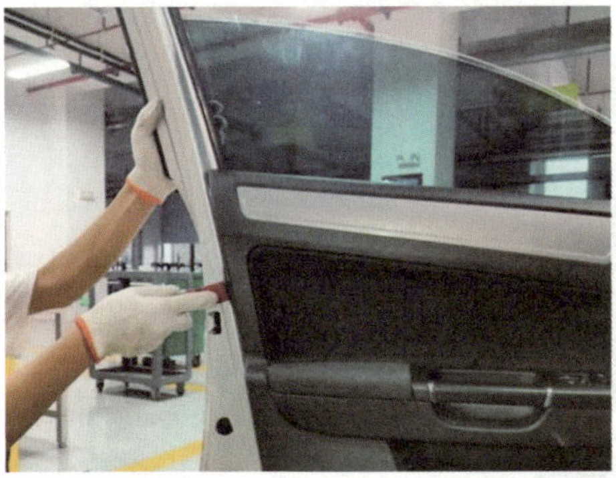	（2）拆卸车门把手和车门内饰板 使用T30套筒拆卸车门把手紧固螺钉和车门内饰板紧固螺钉，使用内饰板拆装工具拆卸内饰板卡扣 提示：卡扣较多，应使用内饰板拆装工具沿车门内饰板一周进行拆卸
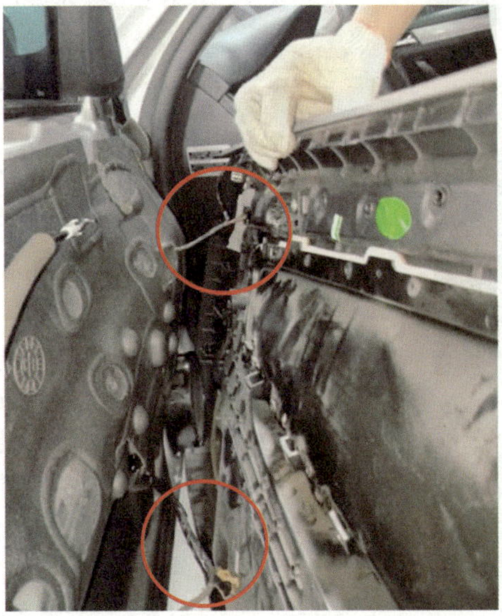	（3）断开其他线束 1）断开车门把手拉索 注意：避免损坏拉索卡扣 2）断开车门迎宾灯线束插接器 3）断开车门电子控制单元线束插接器

续表

图示	说明
	（4）拆卸车门玻璃卡扣 使用 10 mm 套筒和棘轮手柄拧松车门玻璃卡扣紧固螺栓 注意：拧松卡扣紧固螺栓时，要求车门玻璃在指定位置，以避免磕碰车门玻璃
	（5）拆卸车门玻璃 将车门玻璃与卡扣分离，向上提起至一定高度，倾斜，取下车门玻璃 注意：避免磕碰或损坏玻璃
	（6）拆卸车窗玻璃升降器总成紧固螺母 1）使用 10 mm 套筒和棘轮手柄拆卸车门电子控制单元的 3 颗紧固螺母 2）使用 10 mm 套筒和棘轮手柄拆卸车门玻璃立柱导轨的 4 颗紧固螺母

续表

图示	说明
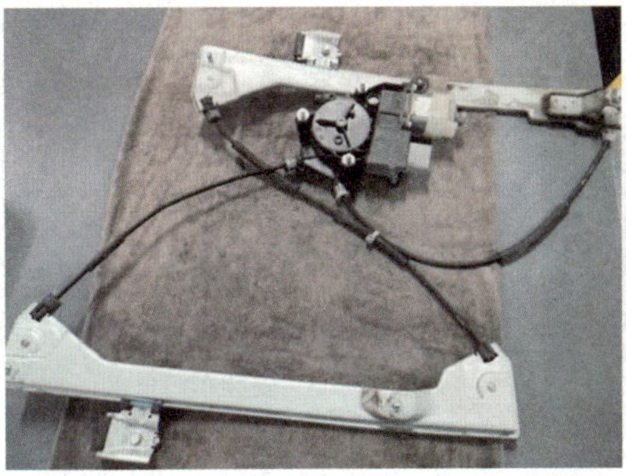	（7）取出车窗玻璃升降器总成 将车窗玻璃升降器总成从车门中取出
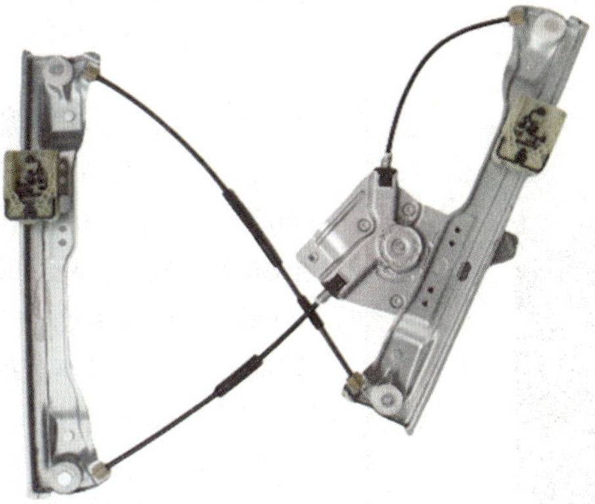	5. 检查电动车窗各组成部件 （1）检查车门电子控制单元外观是否破损、插接器是否损坏、接线端子是否锈蚀 （2）检查玻璃升降器绳轮装置是否破损、老化、开裂 （3）检查车门玻璃立柱导轨是否变形、卡扣是否损坏
	6. 装复电动车窗 按照与拆卸相反的顺序进行装复 （1）安装车窗玻璃升降器总成 提示：车门玻璃立柱导轨和车门电子控制单元紧固螺母拧紧力矩为 8 ~ 10 N·m （2）安装车门玻璃 提示：损坏的卡扣要更换，车门玻璃卡扣紧固螺栓拧紧力矩为 8 ~ 10 N·m

续表

图示	说明
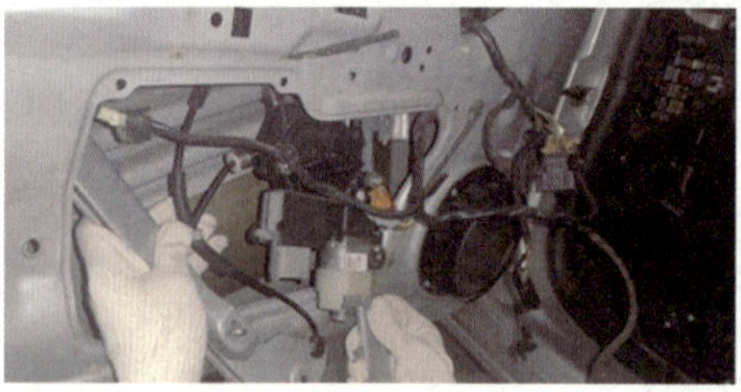	（3）安装车门电子控制单元线束插接器、车门迎宾灯线束插接器、车门把手拉索 提示：不要漏装 （4）安装车门内饰板 提示：损坏的卡扣要更换，车门内饰板紧固螺钉拧紧力矩为 3 ~ 5 N·m （5）安装车门把手 提示：车门把手紧固螺钉拧紧力矩为 4 ~ 6 N·m （6）安装车窗控制总开关
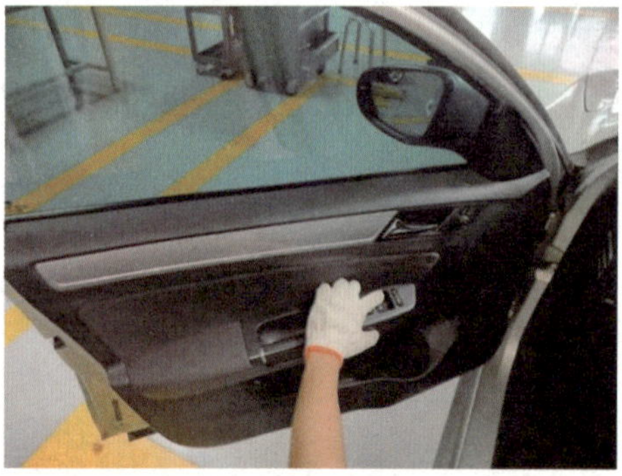	7. 检查、验证电动车窗功能 （1）检查电动车窗安装是否到位 打开车门，轻微晃动车门内饰板，检查电动车窗、车门内饰板安装是否到位 （2）验证电动车窗功能 接通点火开关，在车窗控制总开关上操作各车门玻璃升降器开关，检查各车门玻璃升降情况；操作各车窗控制分开关，检查各车门玻璃升降情况
	8. 按照“8S”管理规定整理实训场地

任务 4　汽车音响系统构造与维修

学习目标

1. 能描述汽车音响系统的组成。
2. 能描述汽车音响系统主要组成部件的工作原理。
3. 能描述汽车音响系统的常见故障及其排除方法。
4. 能以小组合作方式，在教师指导下，规范进行汽车音响系统拆装与检查，遵循“8S”管理规定。

任务描述

一辆汽车进厂维修，客户反映汽车音响系统工作异常。班组长检查后，初步判断为汽车音响系统的扬声器故障，需要进行更换。现班组长安排你采用小组合作的方式，通过查阅维修手册等资料，在规定时间内完成汽车音响系统拆装与检查的任务。

相关知识

汽车音响系统是一种创造舒适驾驶环境的设备，可提高汽车驾驶的娱乐性，并能获取信息。

一、汽车音响系统的组成

汽车音响系统主要由天线、扬声器、多功能转向盘音响控制按钮和媒体中心主机等组成，如图 6–4–1 所示。

天线用于接收广播电台发射的无线电波，以高频方式传送信号。

扬声器用于将电信号转换成声音信号，是决定汽车音响系统性能的重要部件。

多功能转向盘音响控制按钮是指将汽车音响系统部分功能控制按钮集成在转向盘上，让驾驶员操作更便捷。

媒体中心主机集收音机、多媒体播放器、蓝牙连接、导航、应用程序、信号处理、音频处理等于一体，是汽车现代化、智能化的体现。

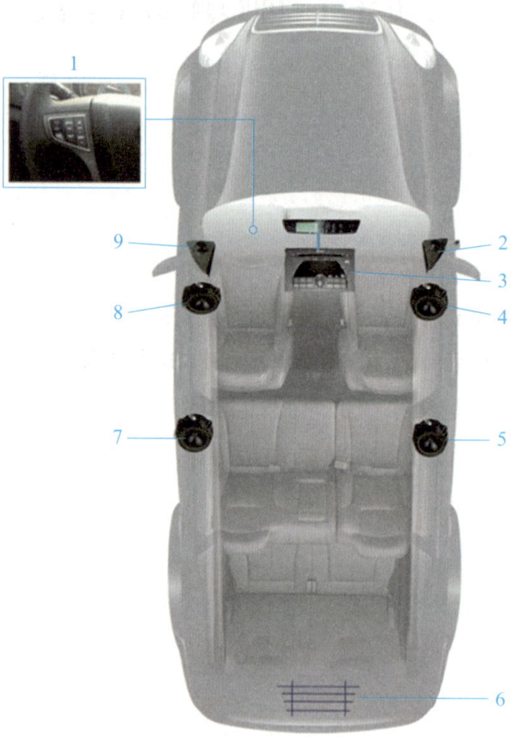

图 6-4-1　汽车音响系统的组成

1—多功能转向盘音响控制按钮　2—右前高音扬声器　3—媒体中心主机　4—右前低音扬声器
5—右后扬声器　6—天线　7—左后扬声器　8—左前低音扬声器　9—左前高音扬声器

二、汽车音响系统主要组成部件的工作原理

1. 天线

天线通常设置在车顶处，如图 6-4-2 所示。

a）　　b）

图 6-4-2　天线

a）鞭状天线　b）鲨鱼鳍天线

2. 多功能转向盘音响控制按钮

多功能转向盘音响控制按钮是指在转向盘两侧或者下方设置的一些汽车音响系统功能控制按钮，通过转向盘游丝和线缆连接媒体中心主机，对音频输出、媒体输入模式切换、音量调节、曲目选择等进行控制，如图 6-4-3 所示。

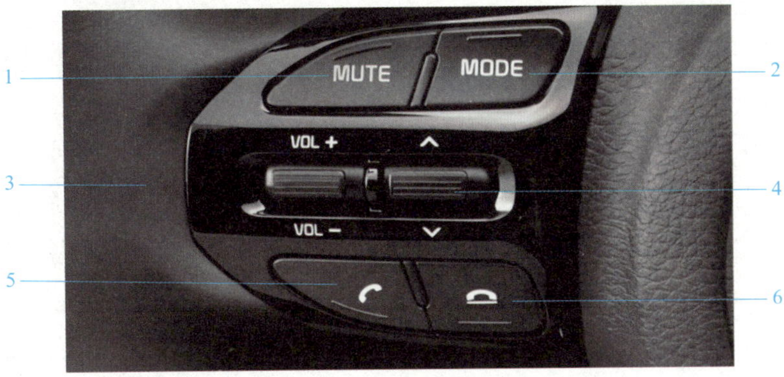

图 6-4-3　多功能转向盘音响控制按钮

1—静音模式按钮　2—模式切换按钮　3—音量调节拨轮
4—曲目选择拨轮　5—蓝牙电话接听按钮　6—蓝牙电话挂断按钮

3. 扬声器

扬声器俗称喇叭，是一种将电能转换为声音的换能器件。

（1）扬声器的结构

纸盆扬声器如图 6-4-4 所示。纸盆扬声器的纸盆就是振膜，传统的振膜是用纸浆制成的，目前常采用各种合成纤维制作纸盆，如聚丙烯、碳纤维、玻璃丝等。

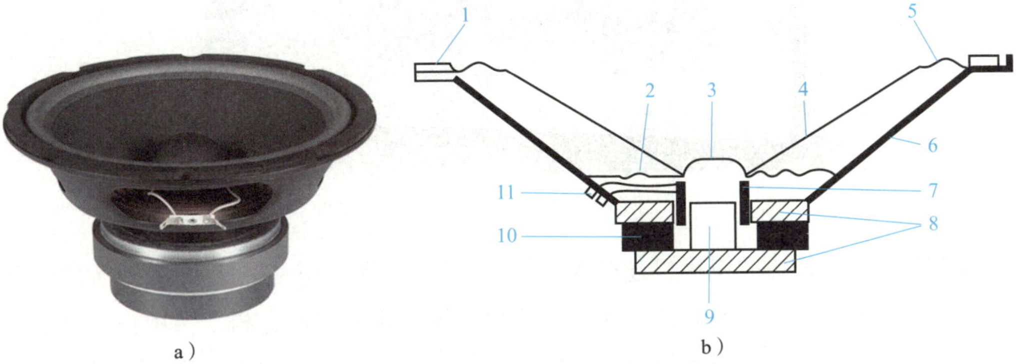

图 6-4-4　纸盆扬声器

a）实物　b）结构

1—压边　2—定心支片　3—防尘罩　4—纸盆　5—折环　6—盆架
7—音圈　8—导磁夹板　9—场心柱　10—磁铁　11—引线

纸盆扬声器主要由磁路系统、振动系统和支撑辅助件三部分组成。

1）磁路系统。磁路系统包括磁铁、导磁夹板和场心柱等。磁铁在气隙中产生的磁场被音圈利用。

2）振动系统。振动系统包括音圈、振膜（纸盆）和保证音圈在磁隙中处于正确位置的定心支片等。

3）支撑辅助件。支撑辅助件包括盆架、压边、折环、防尘罩、引线等。

（2）扬声器的工作原理

扬声器的音圈与振膜（纸盆）连成一体，音圈处于磁场中，当音圈中输入由放大器输出的音频电流时，在音圈和磁铁之间产生随音频电流变化的磁场，这个磁场和磁铁的磁场发生相互作用，使音圈带动扬声器的振膜（纸盆）在磁场中做不同垂直方向的运动（振动）。振膜（纸盆）振动时，使周围空气分子发生移动。这些空气分子又会挤压它们周围的空气分子，从而以传播扰动的方式在空气中传播振动，使扬声器发出声音。

4. 媒体中心主机

媒体中心主机如图 6–4–5 所示，采用中央处理器，基于车身总线系统和互联网服务，形成车载综合信息处理系统，能够实现三维导航、实时路况、辅助驾驶、车辆信息、车身控制、无线通信和基于在线的娱乐功能等一系列应用，极大提升了汽车电子化、网络化和智能化水平。

图 6–4–5　媒体中心主机

用户可使用蓝牙功能将手机连接媒体中心主机，媒体中心主机屏幕上即可显示电话簿；音乐等音频数据可以通过蓝牙功能从手机传输到媒体中心主机上；用户可以通过触摸屏或普通按钮对媒体中心主机进行操控；媒体中心主机配备数字收音机，可接收广播电台信号等。

三、汽车音响系统的常见故障及其排除方法

汽车音响系统由于使用环境（温度变化范围大、湿度变化范围大、移动且振动）和不良驾驶习惯的影响，在使用过程中容易出现一些故障，如媒体中心主机功能缺失、多

功能转向盘音响控制按钮失灵、扬声器发出噪声等。汽车音响系统出现故障时，应先检查汽车音响系统电源的熔丝，然后检查电源电路，若发现明显烧裂、烧黑的元器件，必须更换。汽车音响系统的常见故障及其排除方法见表 6–4–1。

表 6–4–1　　汽车音响系统的常见故障及其排除方法

故障类型	故障现象	故障原因	排除方法
汽车音响系统不工作	接通点火开关，媒体中心主机无法开机，屏幕无显示	（1）蓄电池故障 （2）熔丝熔断 （3）控制电路断路或接线松动	（1）使用万用表检测蓄电池电压 （2）使用试灯检测汽车音响系统的熔丝 （3）使用万用表检测汽车音响系统控制电路及接线
收音机不工作	接通点火开关，打开媒体中心主机的收音机，无音频信号	（1）天线损坏 （2）收音机故障	（1）检查天线及其电路 （2）检查收音机
导航不工作	接通点火开关，打开媒体中心主机的导航，导航界面显示故障	（1）导航天线损坏 （2）媒体中心主机的导航应用程序未更新	（1）检查导航天线及其电路、定位信号 （2）检查、更新导航应用程序
多功能转向盘音响控制按钮失灵	接通点火开关，打开媒体中心主机，播放音乐，多功能转向盘音响控制按钮不能控制音乐播放	（1）多功能转向盘音响控制按钮故障 （2）多功能转向盘音响控制按钮控制电路断路或接线松动	（1）使用万用表检测多功能转向盘音响控制按钮 （2）使用万用表检测多功能转向盘音响控制按钮控制电路及接线（转向盘游丝、线束插接器等）
单个扬声器故障	接通点火开关，打开媒体中心主机，播放音乐，单个扬声器故障（无声音、噪声、音量异常、音质失真等）	（1）扬声器故障 （2）扬声器电路断路或接线松动 （3）音频调节功能失效	（1）使用万用表检测扬声器 （2）使用万用表检测扬声器电路及接线 （3）检查媒体中心主机的音频调节功能

任务实施

一、任务准备

1. 设备：实训车辆、工具车、零件车、工作台等。
2. 工具：常用工具、手电钻、铆钉枪、内饰板拆装工具等。
3. 资料：维修手册、工作页。

二、操作步骤

汽车音响系统拆装与检查见表 6–4–2。

表 6–4–2　　　　汽车音响系统拆装与检查

图示	说明
	1. 安装车辆防护用品
	2. 检查汽车音响系统功能 接通点火开关，打开收音机，检查汽车音响系统工作情况
	3. 关闭收音机，断开点火开关

续表

图示	说明
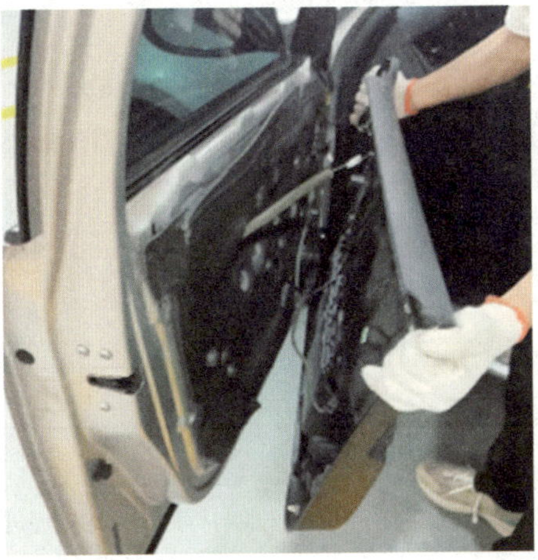	4. 拆卸汽车音响系统 （1）拆卸车门内饰板 使用T30套筒拆卸车门把手紧固螺钉，使用内饰板拆装工具拆卸内饰板卡扣 提示：卡扣较多，应使用内饰板拆装工具沿车门内饰板一周进行拆卸
	（2）断开扬声器线束插接器，并检查线束是否破损 提示：用手按压扬声器线束插接器锁止装置，拔下插接器
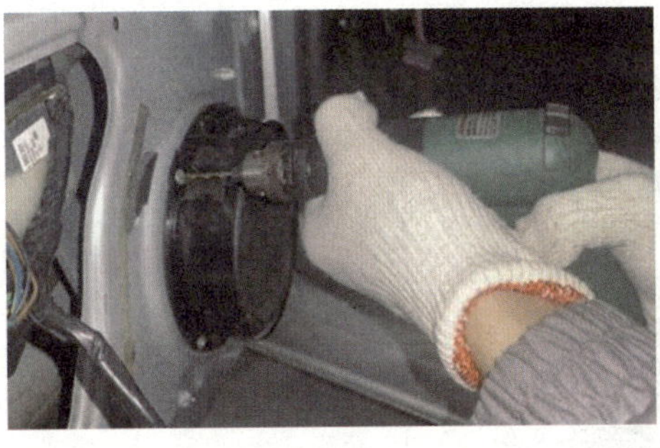	（3）使用手电钻拆卸扬声器紧固铆钉，取下扬声器 注意：手电钻为高速旋转且尖锐的工具，应按照规范操作，注意用电安全

续表

<table>
<tr><th>图示</th><th>说明</th></tr>
<tr><td></td><td>5. 检查新的扬声器
检查新的扬声器外观，并确认型号匹配</td></tr>
<tr><td></td><td>6. 装复汽车音响系统
按照与拆卸相反的顺序进行装复
（1）安装扬声器并使用铆钉枪安装紧固铆钉
（2）连接扬声器线束插接器
（3）安装车门内饰板</td></tr>
<tr><td></td><td>7. 检查、验证汽车音响系统功能
（1）检查汽车音响系统安装是否到位
打开车门，轻轻晃动车门内饰板，检查扬声器、车门内饰板安装是否到位
（2）验证汽车音响系统功能
接通点火开关，打开收音机，检查汽车音响系统工作情况</td></tr>
<tr><td></td><td>8. 按照“8S”管理规定整理实训场地</td></tr>
</table>

任务 5　倒车影像和倒车雷达构造与维修

学习目标

1. 能描述倒车影像和倒车雷达的组成和工作原理。

2. 能描述倒车影像和倒车雷达的常见故障及其排除方法。

3. 能以小组合作方式，在教师指导下，规范进行倒车影像拆装与检查，遵循“8S”管理规定。

任务描述

一辆汽车进厂维修，客户反映倒车影像工作异常。班组长检查后，初步判断为倒车影像主机故障，需要进行更换。现班组长安排你采用小组合作的方式，通过查阅维修手册等资料，在规定时间内完成倒车影像拆装与检查的任务。

相关知识

一、倒车影像的组成和工作原理

当车辆变速杆置于 R 挡时，倒车影像会自动接通车尾的后视摄像头，将车后情况清晰地显示在显示屏上，如图 6-5-1 所示，以便驾驶员准确把握后方路况，为倒车提供便利。

图 6-5-1　倒车影像的作用

1. 倒车影像的组成

倒车影像又称倒车可视系统，主要由后视摄像头、传输电缆、主机和显示屏等组成。

（1）后视摄像头

后视摄像头（见图 6–5–2）是一种视频输入设备，用来将外界光学信号转化为视频信号。

（2）传输电缆

传输电缆（见图 6–5–3）用来传输电流，为后视摄像头提供工作电源，同时还可以将后视摄像头输出的视频信号传输给主机。为保障视频信号能稳定可靠地传输，通常在传输电缆外增加一层屏蔽网。

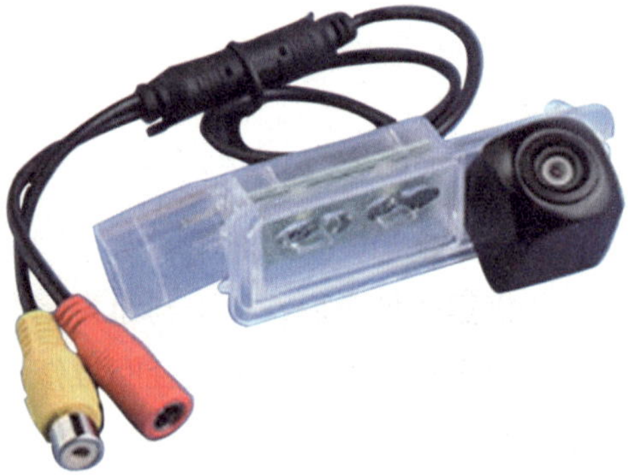
图 6–5–2　后视摄像头

图 6–5–3　传输电缆

（3）主机和显示屏

倒车影像主机用来接收和处理视频信号，显示屏将主机输出的信息通过画面的形式显示出来，如图 6–5–4 所示。为适应汽车现代化、智能化的发展，倒车影像主机和显示屏通常集成于媒体中心主机。

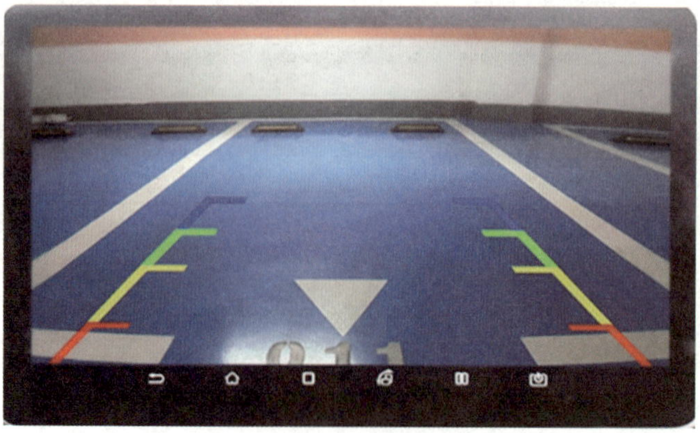
图 6–5–4　主机和显示屏

2. 倒车影像的工作原理

倒车影像的工作原理如图 6–5–5 所示。当车辆变速杆置于 R 挡时，倒车灯点亮，此时倒车灯电源为后视摄像头提供工作电源，后视摄像头采集外界环境光学信息，并转化为视频信号通过传输电缆传输给主机，主机将信号处理后，由显示屏显示后视画面。

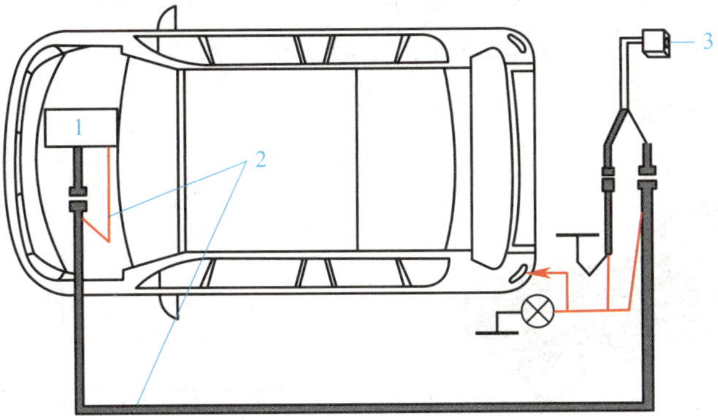

图 6–5–5　倒车影像的工作原理

1—主机和显示屏　2—传输电缆　3—后视摄像头

二、倒车雷达的组成和工作原理

倒车雷达全称倒车防撞雷达，是一种安装在汽车上的监测装置。倒车雷达采用超声波技术，通过声音提示或者更为直观的显示告知驾驶员车辆周围障碍物的情况，以辅助驾驶员安全、轻松地倒车，避免碰撞。

1. 倒车雷达的组成

倒车雷达主要由超声波传感器、控制器和显示器（或蜂鸣器）等组成，如图 6–5–6 所示。

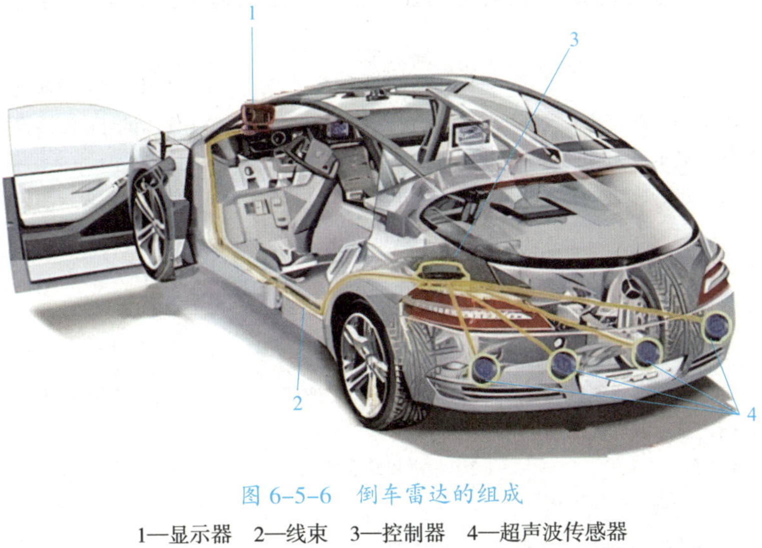

图 6–5–6　倒车雷达的组成

1—显示器　2—线束　3—控制器　4—超声波传感器

超声波传感器是倒车雷达最核心的部件，如图 6–5–7 所示，其作用是发射、接收超声波，一般安装在汽车后保险杠上。

2. 倒车雷达的工作原理

倒车雷达的工作原理如图 6–5–8 所示，通常采用超声波测距原理。超声波传感器在控制器的控制下发射超声波信号，当遇到障碍物时，产生回波信号；超声波传感器接收到回波信号后，经控制器进行数据处理，判断出障碍物的位置，显示距离并发出警报信号，从而实现安全倒车的目的。

图 6–5–7　超声波传感器

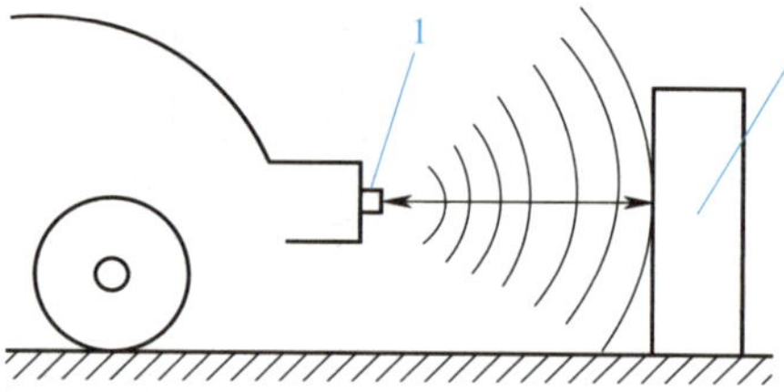

图 6–5–8　倒车雷达的工作原理

1—超声波传感器　2—障碍物

三、倒车影像和倒车雷达的常见故障及其排除方法

由于后视摄像头和超声波传感器暴露在外界环境中，受环境影响，倒车影像和倒车雷达在使用过程中容易出现一些故障，如显示屏画面不清晰、显示角度不准确、单个超声波传感器不工作等。倒车影像和倒车雷达的常见故障及其排除方法见表 6–5–1。

表 6–5–1　倒车影像和倒车雷达的常见故障及其排除方法

故障类型	故障现象	故障原因	排除方法
倒车影像不工作	起动车辆，将变速杆置于 R 挡，显示屏无后视画面显示	（1）倒车开关故障 （2）后视摄像头电源电路断路 （3）传输电缆损坏 （4）主机和显示屏故障	（1）使用万用表检测倒车开关 （2）使用试灯检测后视摄像头电源电路 （3）使用万用表检测传输电缆 （4）检查主机和显示屏
倒车影像画面有条纹	起动车辆，将变速杆置于 R 挡，显示屏后视画面显示有条纹	（1）后视摄像头被遮挡或脏污 （2）主机和显示屏故障	（1）清除后视摄像头的遮挡或脏污 （2）检查主机和显示屏

续表

故障类型	故障现象	故障原因	排除方法
倒车影像画面有雪花	起动车辆，将变速杆置于R挡，显示屏后视画面显示有雪花	（1）后视摄像头脏污 （2）主机和显示屏故障 （3）信号被干扰	（1）清除后视摄像头脏污 （2）检查主机和显示屏 （3）检查传输电缆和外界强磁场或电场
倒车雷达无蜂鸣声	起动车辆，将变速杆置于R挡，靠近障碍物时，蜂鸣器不发声	（1）超声波传感器故障 （2）控制器故障 （3）蜂鸣器故障	（1）检查超声波传感器 （2）检查控制器 （3）检查蜂鸣器
倒车雷达单个超声波传感器不工作	起动车辆，将变速杆置于R挡，左侧靠近障碍物时，倒车雷达不提示	（1）左侧超声波传感器故障 （2）控制器故障 （3）左侧超声波传感器控制电路断路	（1）检查左侧超声波传感器 （2）检查控制器 （3）检查左侧超声波传感器控制电路

任务实施

一、任务准备

1. 设备：实训车辆、工具车、零件车、工作台等。
2. 工具：常用工具、手电筒、内饰板拆装工具等。
3. 资料：维修手册、工作页。

二、操作步骤

倒车影像拆装与检查见表 6–5–2。

表 6–5–2　　倒车影像拆装与检查

图示	说明
	1. 安装车辆防护用品

续表

图示	说明
	2. 检查倒车影像功能 接通点火开关，将变速杆置于 R 挡，观察倒车影像显示屏有无后视画面显示
	3. 断开点火开关
	4. 拆卸倒车影像 （1）拆卸倒车影像主机两侧内饰板 使用内饰板拆装工具拆卸倒车影像主机两侧内饰板 注意：拆卸时，避免损坏内饰板
	（2）拆卸倒车影像主机紧固螺钉 使用 10 mm 套筒和棘轮手柄拆卸倒车影像主机紧固螺钉

续表

图示	说明
	（3）取出倒车影像主机
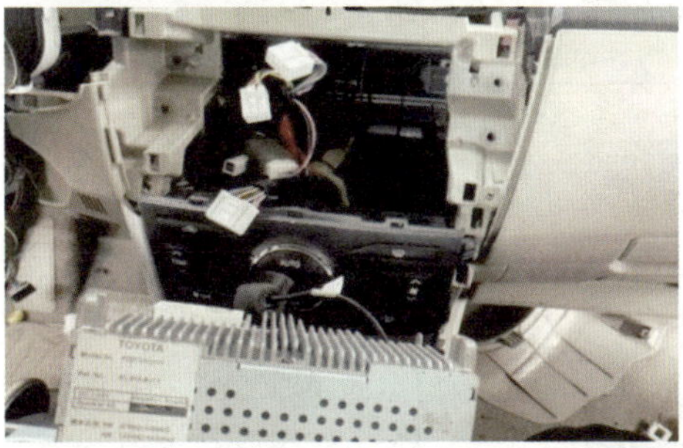	（4）断开倒车影像主机线束插接器 按压倒车影像主机线束插接器锁止装置，拔下插接器 提示：拆卸前，先观察插接器颜色、形状，以免装复时出错
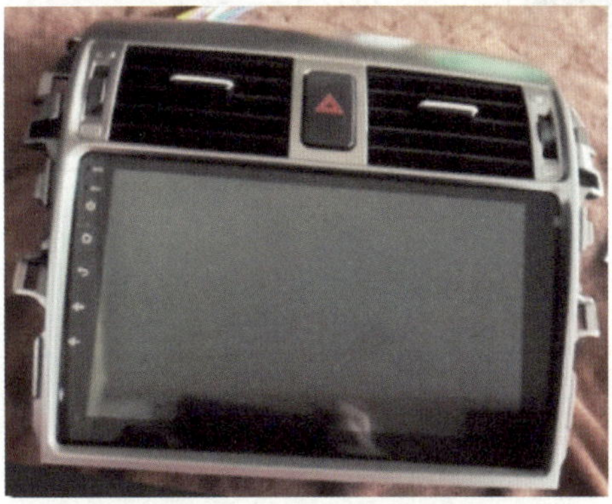	5. 检查新的倒车影像主机 （1）检查倒车影像主机型号是否匹配 （2）检查显示屏是否刮花 （3）检查线束插接器是否一致
	6. 装复倒车影像 按照与拆卸相反的顺序进行装复 （1）连接倒车影像主机线束插接器 （2）使用 10 mm 套筒和棘轮手柄安装倒车影像主机紧固螺钉 （3）安装内饰版

续表

图示	说明
	7. 检查、验证倒车影像功能 接通点火开关，将变速杆置于 R 挡，观察倒车影像显示屏有无后视画面显示
	8. 按照“8S”管理规定整理实训场地

项目七

汽车空调系统构造与维修

任务1　汽车空调系统认知

学习目标

1. 能描述汽车空调系统的组成。

2. 能描述汽车空调系统的分类。

3. 能以小组合作方式，在教师指导下，认知汽车空调制冷系统的主要组成部件及其安装位置和控制面板的功能，遵循“8S”管理规定。

任务描述

一辆汽车进厂维修，班组长检查后，初步判断为汽车空调系统故障。现班组长安排你采用小组合作的方式，通过查阅维修手册等资料，在规定时间内完成汽车空调系统认知的任务。

相关知识

汽车空调系统是用于调节乘员舱内温度、湿度和洁净度，给驾驶员和乘员提供舒适的环境及新鲜空气的系统。

一、汽车空调系统的组成

汽车空调系统主要由制冷系统、采暖系统、通风系统、空气净化装置和控制系统等组成，如图 7–1–1 所示。

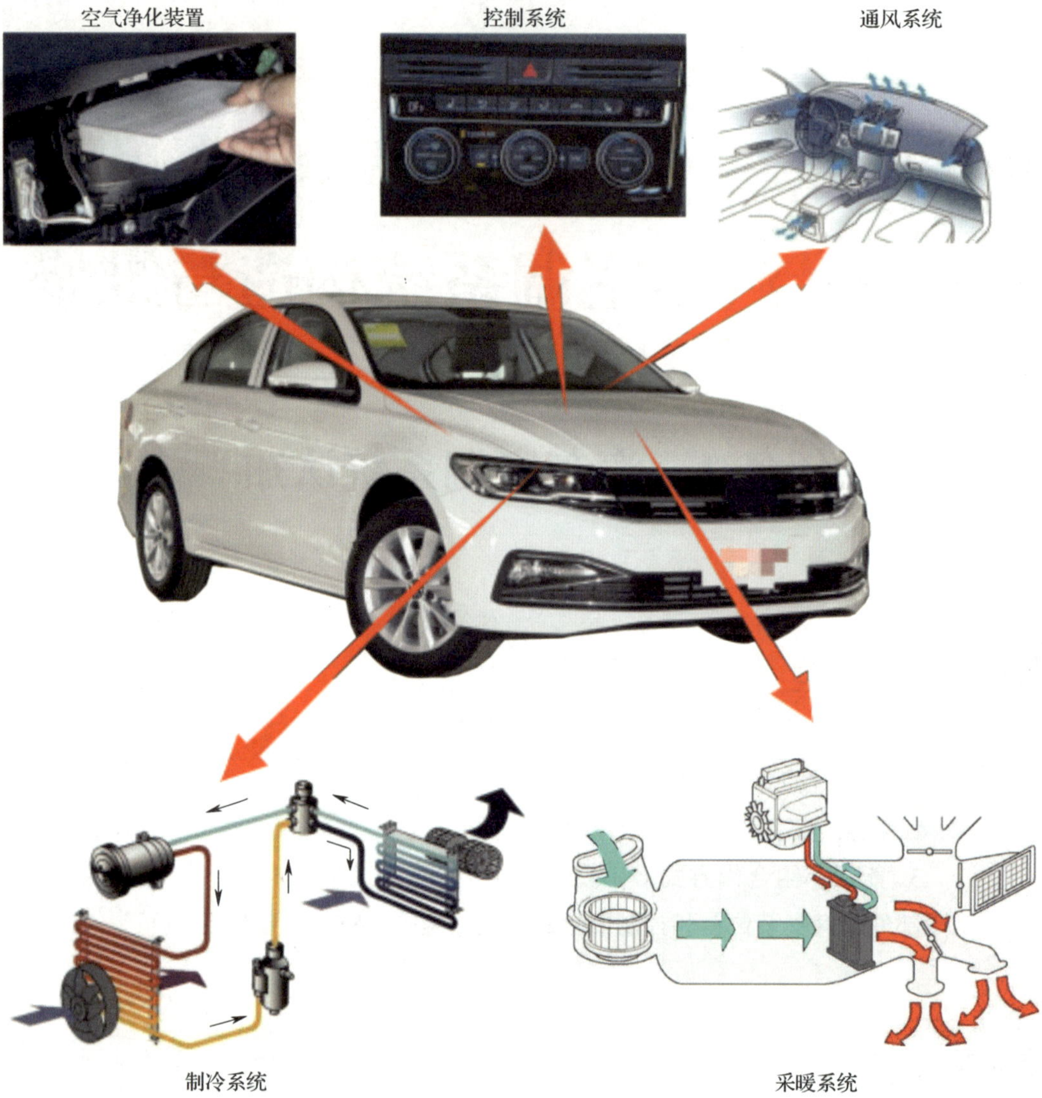

图 7-1-1　汽车空调系统的组成

1. 制冷系统

制冷系统的作用是在车外环境温度较高时降低车内温度，使乘客感到凉爽、舒适。汽车空调制冷系统主要由压缩机、冷凝器、贮液干燥器、膨胀阀和蒸发器等组成，通过制冷剂的持续循环来达到制冷效果，如图 7-1-2 所示。

2. 采暖系统

采暖系统的作用是对车内的空气或由外部进入车内的新鲜空气进行加热，达到采暖、除湿的目的。图 7-1-3 所示为利用发动机余热作为热源的采暖系统。

3. 通风系统

通风系统的作用是将外部的新鲜空气吸入车内，达到换气的目的，如图 7-1-4 所示。

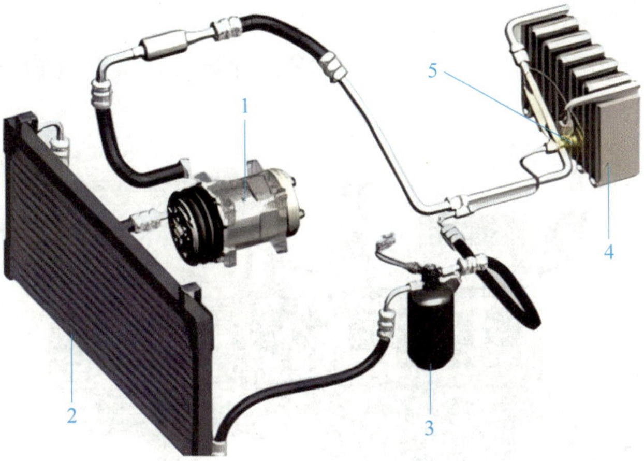

图 7-1-2 制冷系统

1—压缩机 2—冷凝器 3—贮液干燥器 4—蒸发器 5—膨胀阀

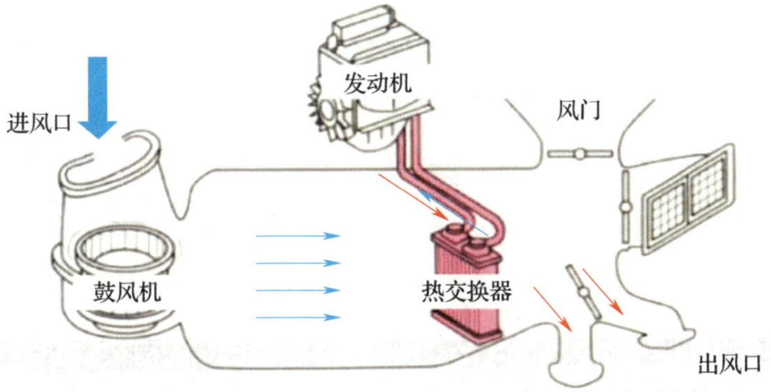

图 7-1-3 发动机余热采暖系统

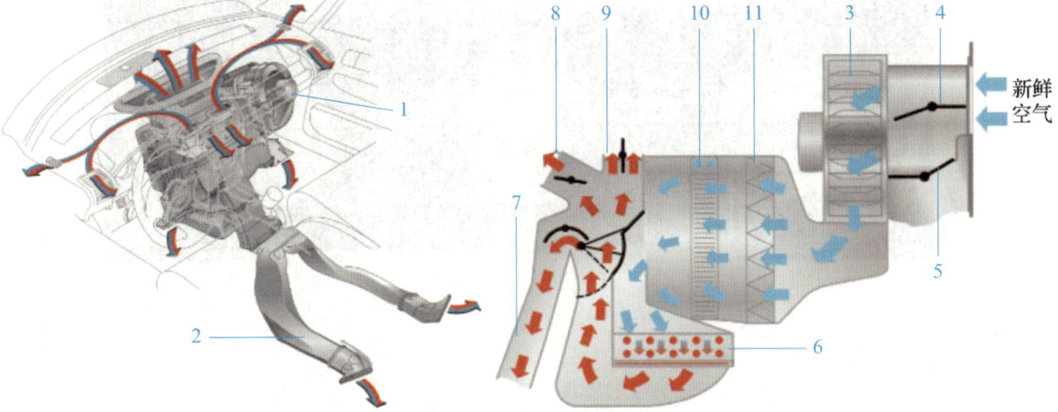

图 7-1-4 通风系统

1、3—鼓风机 2—脚部空间通风管道 4—新鲜空气风门 5—内循环空气风门 6—热交换器
7—脚部空间出风口 8—仪表板出风口 9—风窗玻璃出风口 10—蒸发器 11—空调滤清器

4. 空气净化装置

空气净化装置的作用是去除空气中的尘埃、异味、有毒有害物质和细菌病毒等，净化车内空气，如图 7-1-5 所示。

图 7-1-5 空气净化装置

5. 控制系统

控制系统主要由电子控制单元、空调控制面板、传感器和执行器等组成，可以进行压缩机控制、鼓风机控制、车内温度控制、出风模式控制等。空调控制面板如图 7-1-6 所示，操作面板上的开关、按钮和旋钮可以对汽车空调进行开 / 关、温度调节、风量调节、出风模式调节等操作。

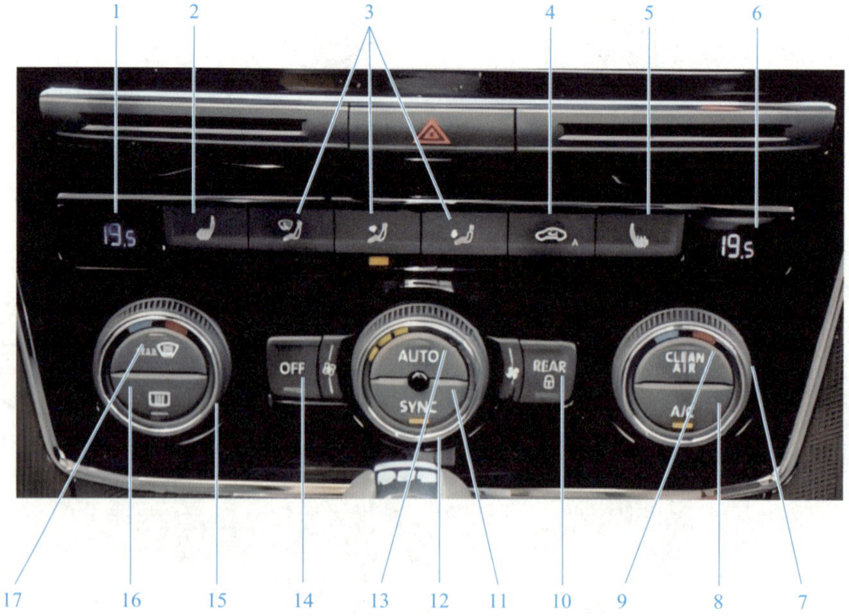

图 7-1-6 空调控制面板

1、6—温度指示 2、5—座椅加热按钮 3—出风模式调节按钮 4—内循环按钮 7、15—温度调节旋钮 8—A/C 开关 9—空气净化开关 10—后部调节锁止按钮 11—双区同步开关 12—风量调节旋钮（鼓风机开关） 13—自动模式开关 14—关闭按钮 16—后风窗玻璃加热开关 17—前风窗玻璃加热开关

二、汽车空调系统的分类

1. 按驱动方式分类

按驱动方式不同，汽车空调可分为独立式和非独立式。独立式汽车空调由专用发动机驱动压缩机，制冷量大，工作稳定，但成本高，体积、质量大，多用于大、中型客车。非独立式汽车空调的压缩机由发动机驱动，制冷性能受发动机工作影响较大，稳定性差，多用于小型客车和轿车。

2. 按功能分类

按功能不同，汽车空调可分为单一功能型和冷暖一体式。单一功能型汽车空调的制冷、采暖、通风系统独立安装，单独操作，互不干涉，多用于大型客车和载货汽车。冷暖一体式汽车空调的制冷、采暖、通风系统共用鼓风机和通风管道，在同一控制面板上进行控制，又可分为冷、暖风分别工作的组合式和冷、暖风可同时工作的混合调温式，轿车多采用混合调温式。

3. 按控制和调节方式分类

按控制和调节方式不同，汽车空调可分为手动控制式、半自动控制式和全自动控制式。

（1）手动控制式汽车空调

手动控制式汽车空调通过人工选择和操作来控制车内的温度、湿度和空气质量，其控制面板如图 7–1–7 所示。手动控制式汽车空调操作简便，成本低，但是只能手动对温度和风量进行粗略地分级调节，不能设定车内的具体温度。

图 7–1–7　手动控制式汽车空调的控制面板

（2）半自动控制式汽车空调

半自动控制式汽车空调通过人工选择和风门、电动机、真空阀等运动部件的控制来调整车内温度、湿度和空气质量，其控制面板如图 7–1–8 所示。

（3）全自动控制式汽车空调

全自动控制式汽车空调完全通过电子控制单元和传感器等元器件进行控制，自动调节车内的温度、湿度和空气质量，其控制面板如图 7–1–9 所示。此外，全自动控制式汽车空调还具有自诊断功能。

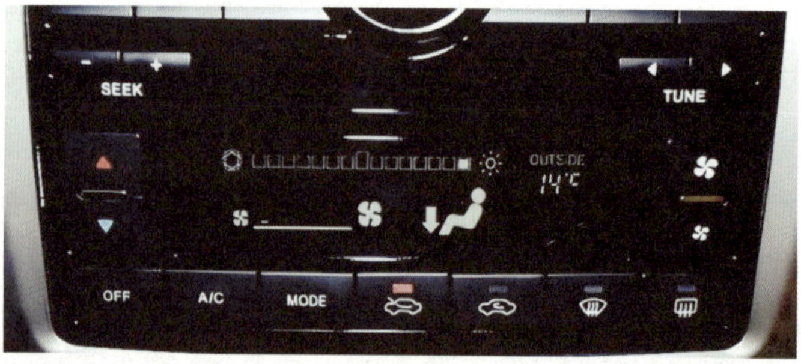

图 7-1-8　半自动控制式汽车空调的控制面板

图 7-1-9　全自动控制式汽车空调的控制面板

任务实施

一、任务准备

1. 设备：实训车辆、工具车、零件车、工作台、举升机等。
2. 工具：常用工具、手电筒等。
3. 资料：维修手册、工作页。

二、操作步骤

汽车空调系统认知见表 7-1-1。

表 7-1-1　　汽车空调系统认知

图示	说明
	1. 安装车辆防护用品

续表

图示	说明
	2. 认知汽车空调制冷系统的主要组成部件及其安装位置 （1）认知压缩机及其安装位置 提示：压缩机位于发动机舱内，通常安装在发动机传动带旁边的交流发电机下方，查看完整压缩机需要举升车辆
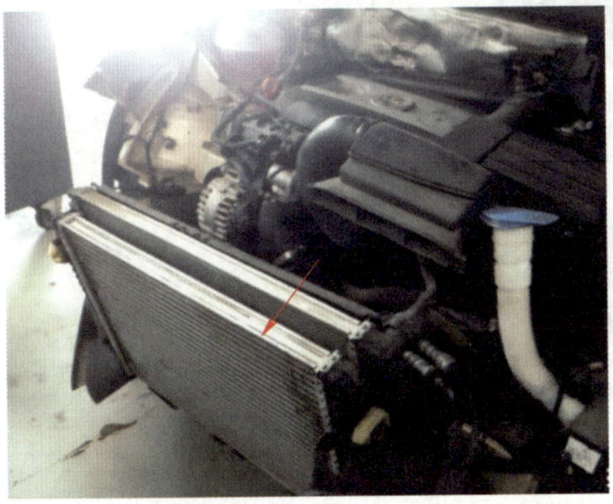	（2）认知贮液干燥器和冷凝器及其安装位置 提示：贮液干燥器与冷凝器合为一体，通常安装在发动机散热器前面，查看完整贮液干燥器和冷凝器需要拆卸前保险杠
	（3）认知蒸发器及其安装位置 提示：蒸发器安装在蒸发箱内，位于仪表板下方，查看完整蒸发器需要拆卸仪表板
	（4）认知膨胀阀及其安装位置 提示：膨胀阀安装在蒸发器入口处

续表

图示	说明
	3. 认知汽车空调控制面板的功能 （1）认知空调控制面板的位置 提示：空调控制面板位于仪表板中间位置
	（2）接通点火开关，起动发动机
	（3）打开汽车空调 提示：在空调控制面板接通自动模式开关，或者先接通风量调节旋钮再接通 A/C 开关
	（4）调节温度 操作温度调节旋钮，检查温度下降、上升调节是否正常，观察温度调节范围 提示：温度调节旋钮左边蓝色区域为制冷温度调节，右边红色区域为制热温度调节（顺时针升温）

续表

图示	说明
	（5）调节风量 操作风量调节旋钮，检查风量增大、减小调节是否正常，观察风量调节挡位 提示：风量调节旋钮上的琥珀色指示灯为风量挡位（顺时针增大风量）
	（6）调节出风模式 操作各出风模式调节按钮，检查各出风模式调节是否正常 提示：出风模式调节按钮位于空调控制面板的上部，可以设置吹前风窗玻璃、吹面、吹脚等出风模式
	（7）关闭汽车空调，断开点火开关 提示：在空调控制面板按下关闭按钮即可关闭汽车空调，制冷系统和通风系统同时停止工作
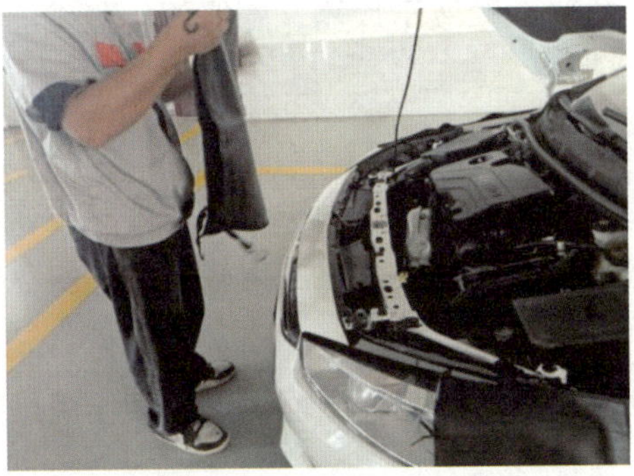	4. 按照“8S”管理规定整理实训场地

任务 2　汽车空调系统构造和工作原理

学习目标

1. 能描述汽车空调制冷系统的组成和工作原理。

2. 能描述汽车空调制冷系统的控制原理。

3. 能以小组合作方式，在教师指导下，规范进行汽车空调压缩机电磁离合器分解、检测与组装，遵循“8S”管理规定。

任务描述

一辆汽车进厂维修，客户反映空调不制冷。班组长检查后，初步判断为汽车空调压缩机电磁离合器故障。现班组长安排你采用小组合作的方式，通过查阅维修手册等资料，在规定时间内完成汽车空调压缩机电磁离合器分解、检测与组装的任务。

相关知识

由于采暖系统、通风系统和空气净化装置结构比较简单，而制冷系统比较复杂，是汽车空调系统的主要部分，因此下面重点介绍制冷系统。

一、汽车空调制冷系统的组成和工作原理

1. 汽车空调制冷系统的组成

汽车空调制冷系统主要由压缩机、冷凝器、贮液干燥器、膨胀阀、蒸发器和制冷剂管路等组成，如图 7–2–1 所示。

（1）压缩机

压缩机是制冷系统的心脏，其作用是压缩和输送气态制冷剂，保证制冷循环正常工作。压缩机的种类较多，目前斜盘式压缩机和翘板式压缩机应用较广泛。斜盘式压缩机如图 7–2–2 所示。

斜盘式压缩机由电磁离合器控制。电磁离合器安装在压缩机上，其作用是控制压缩机与发动机之间的动力传递。

电磁离合器主要由吸盘、传动带盘、卡环和电磁线圈等组成，其结构如图 7–2–3 所示。

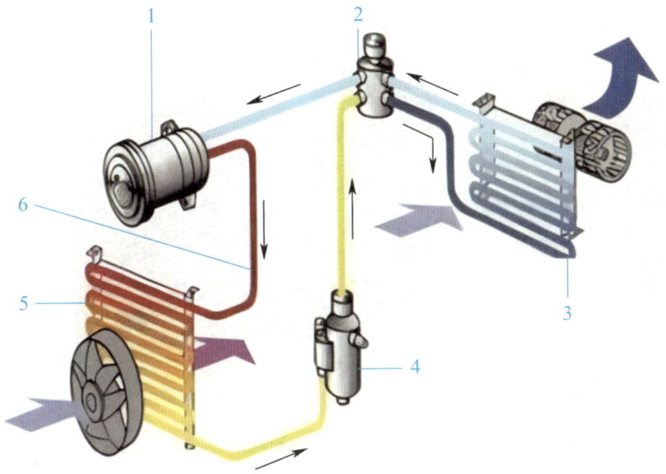

图 7-2-1　汽车空调制冷系统的组成

1—压缩机　2—膨胀阀　3—蒸发器

4—贮液干燥器　5—冷凝器　6—制冷剂管路

图 7-2-2　斜盘式压缩机

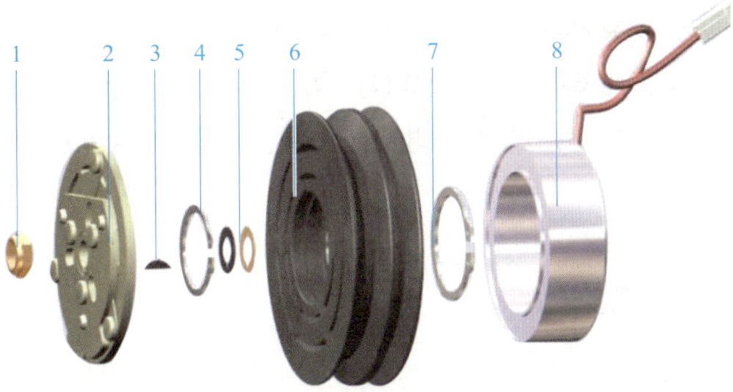

图 7-2-3　电磁离合器的结构

1—锁紧螺母　2—吸盘　3—半月键　4—轴承卡环　5—填隙片　6—传动带盘（带轮和轴承）

7—电磁线圈卡环　8—电磁线圈

（2）冷凝器

冷凝器的作用是将压缩机输出的高温、高压气态制冷剂的热量散发到车外空气中，从而使高温、高压的气态制冷剂冷凝成较高温度的高压液态制冷剂。冷凝器与发动机散热器相比，承受的压力更高，因此，冷凝器直接安装在发动机散热器的前方，这样冷凝器可以充分接收汽车向前行驶和冷却风扇所产生的气流，获得更好的冷却效果，提高制冷能力。

冷凝器可分为管带式和平行流式等类型，如图 7-2-4 所示。

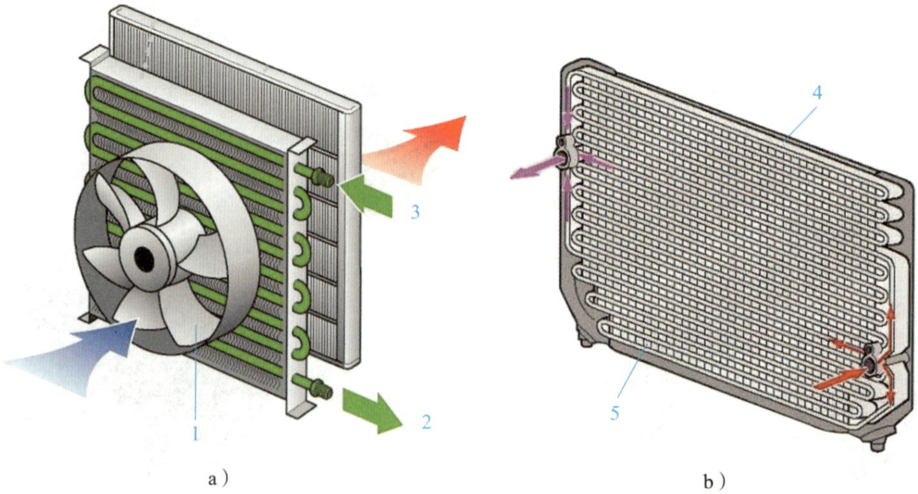

图 7-2-4　冷凝器

a）管带式　b）平行流式

1—冷却风扇　2—冷凝器出口　3—冷凝器入口　4—管　5—叶片

（3）贮液干燥器

贮液干燥器串联在冷凝器与膨胀阀之间的管路上，使从冷凝器出来的高压液态制冷剂经过滤、干燥后流向膨胀阀。贮液干燥器如图 7-2-5 所示。有些制冷系统采用膨胀节流管代替膨胀阀，还要在制冷系统低压侧安装集液器（见图 7-2-6）。

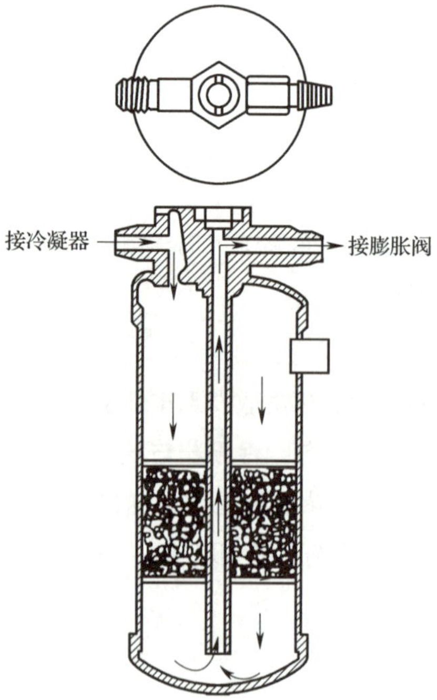

图 7-2-5　贮液干燥器

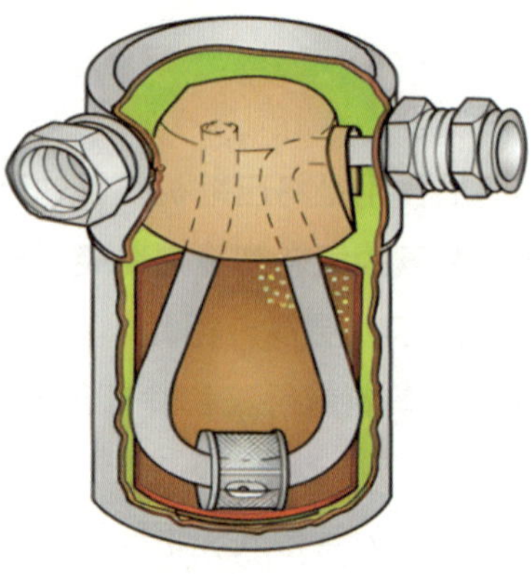

图 7-2-6　集液器

（4）膨胀阀

膨胀阀又称节流阀，安装在蒸发器入口处，是汽车空调制冷系统的高压与低压分界点，起节流降压、调节流量、防止液击和防止异常过热等作用。膨胀阀可分为内平衡热力膨胀阀、外平衡热力膨胀阀和 H 形膨胀阀等类型，如图 7-2-7 所示。

a）　　b）　　c）

图 7-2-7　膨胀阀

a）内平衡热力膨胀阀　b）外平衡热力膨胀阀　c）H 形膨胀阀

（5）蒸发器

蒸发器的作用与冷凝器的作用相反，制冷系统工作时，高压液态制冷剂经过膨胀阀节流降压后，转换成液态制冷剂，在蒸发器内沸腾汽化，吸收蒸发器周围空气的热量而降温，鼓风机再将冷风吹到车内，达到降温的目的。通常将蒸发器和空调滤清器、鼓风机、温度传感器等集成为一个整体，称为蒸发器总成，如图 7-2-8 所示。

图 7-2-8　蒸发器总成

1—空调滤清器　2—鼓风机　3—温度传感器　4—蒸发器

（6）制冷剂管路

制冷剂管路如图 7–2–9 所示。制冷剂管路分为高压管路和低压管路，其作用是保证制冷剂的流动，同时可在管路上制作压力检测接口，以检测汽车空调制冷系统的压力。

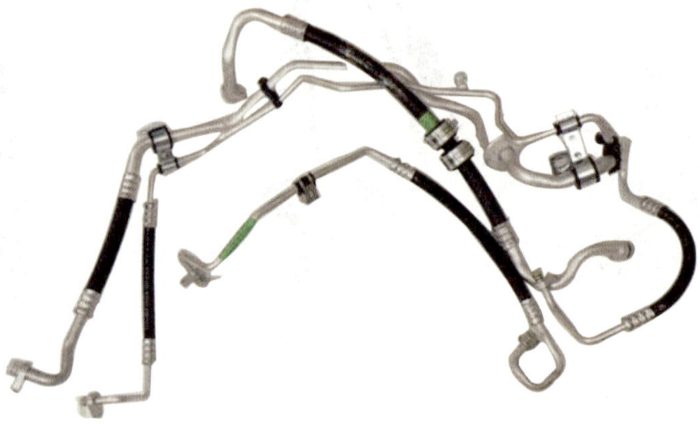

图 7–2–9　制冷剂管路

2. 汽车空调制冷系统的工作原理

汽车空调制冷系统的工作原理如图 7–2–10 所示，可以分为四个过程。

（1）压缩过程

压缩机将蒸发器低压侧的低温低压气态制冷剂压缩成高温高压气态制冷剂，送往冷凝器。

（2）冷凝散热过程

送往冷凝器的高温高压气态制冷剂，处于过热状态，与温度较低的冷凝器接触，通过热传导、热对流进行热量交换，气态制冷剂被冷却冷凝成中温高压液态制冷剂。

（3）膨胀节流过程

冷凝后的中温高压液态制冷剂经过贮液干燥器去除水分和杂质后送入膨胀阀。由于膨胀阀的节流降压作用，制冷剂压力和温度急剧下降，转变成低温低压的雾状制冷剂（气液混合物）。在膨胀过程中，同时进行流量控制，实时调节供给蒸发器的制冷剂量，从而达到控制温度的目的。

（4）蒸发吸热过程

从膨胀阀输送过来的低温低压雾状制冷剂（气液混合物），在蒸发器中不断吸收周围空气的热量而沸腾蒸发，转变成低温低压气态制冷剂，并再次被压缩机吸收，同时在蒸发器内产生冷量，使周围空气温度降低。

鼓风机将空气吹过蒸发器表面，空气被冷却变成凉气送入车内。

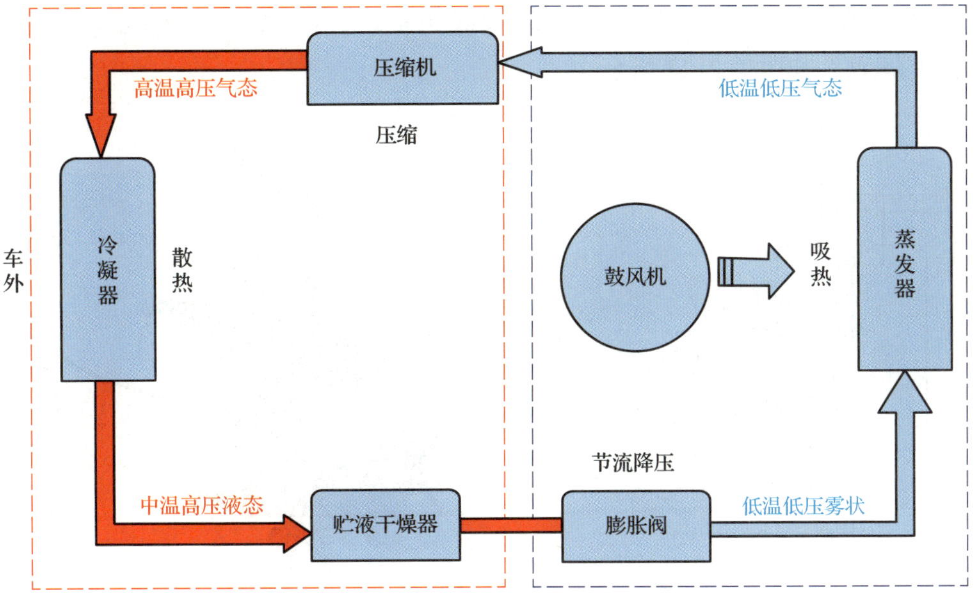

图 7-2-10　汽车空调制冷系统的工作原理

二、汽车空调制冷系统的控制原理

汽车空调制冷系统的控制主要包括压缩机的运行控制、蒸发器的温度控制和制冷循环的压力控制。

1. 压缩机的运行控制

压缩机的运行控制主要由电磁离合器执行。

当接通空调开关使汽车空调制冷系统进入工作状态时，电磁离合器的电磁线圈通电，通电后产生磁力，将吸盘吸向带轮，使两者接合在一起，发动机的动力便通过带轮传递到吸盘，带动压缩机运转，如图 7-2-11 所示。

当汽车空调制冷系统停止工作时，电磁离合器的电磁线圈断电，磁力消失，吸盘与带轮分离，此时带轮通过轴承在压缩机的壳体上空转，压缩机停止运转，如图 7-2-12 所示。

2. 蒸发器的温度控制

蒸发器温度控制的目的是防止蒸发器结霜。如果蒸发器的温度低于 0 ℃，凝结在蒸发器表面的水分就会凝结成霜，严重时将会堵塞蒸发器的空气通道，导致制冷效果大大降低。为了避免出现上述情况，就必须控制蒸发器的温度在 0 ℃以

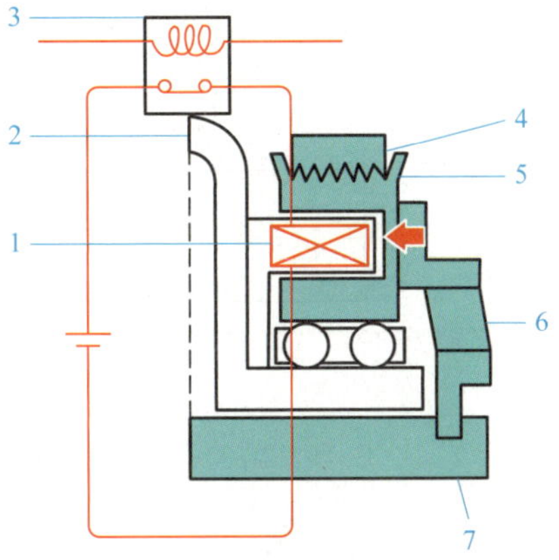

图 7-2-11　电磁离合器的接合状态

1—电磁线圈　2—壳体　3—电磁离合器继电器
4—传动带　5—带轮　6—吸盘　7—压缩机轴

上。目前常用的蒸发器温度控制方法是使用热敏电阻式温度传感器，将温度传感器安装在蒸发器的表面，如图 7-2-13 所示。

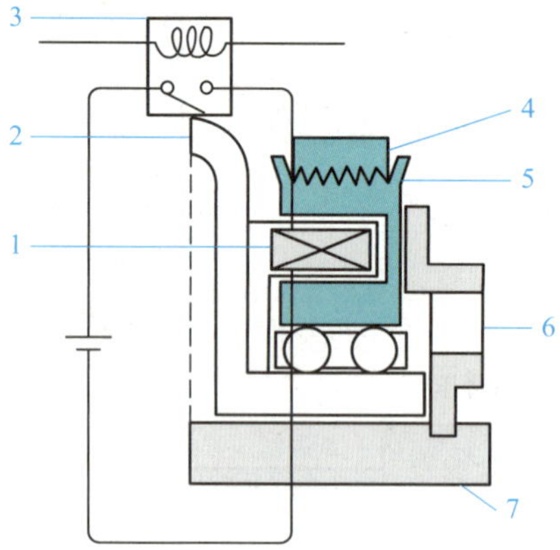

图 7-2-12　电磁离合器的分离状态

1—电磁线圈　2—壳体　3—电磁离合器继电器
4—传动带　5—带轮　6—吸盘　7—压缩机轴

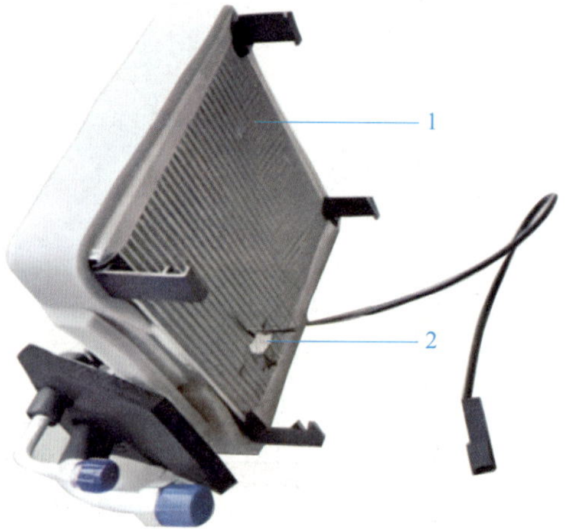

图 7-2-13　蒸发器温度传感器的安装位置

1—蒸发器　2—温度传感器

蒸发器温度控制原理如图 7-2-14 所示，当蒸发器表面的温度低于设定值时，温度传感器中热敏电阻器的电阻变化给电子控制单元发送低温信号，电子控制单元控制电磁离合器继电器切断压缩机电磁离合器电路，使压缩机停转，控制蒸发器温度不低于 0 ℃。

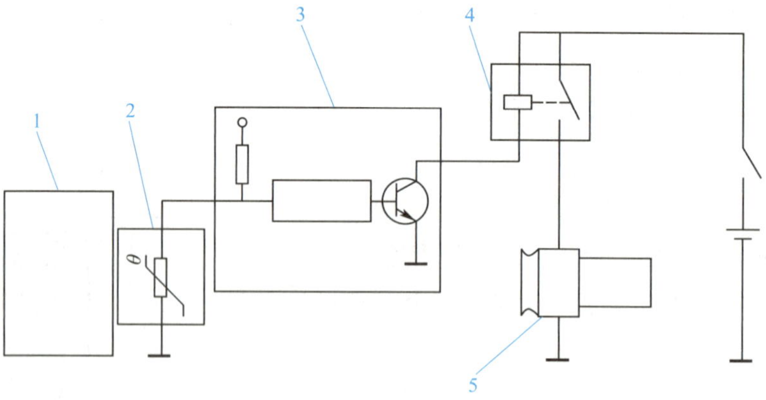

图 7-2-14　蒸发器温度控制原理

1—蒸发器　2—温度传感器　3—电子控制单元　4—电磁离合器继电器　5—压缩机

3. 制冷循环的压力控制

如果汽车空调制冷系统压力出现异常，将会对制冷系统造成不良影响。如果制冷系统压力过低，说明制冷剂过少，将会导致润滑油不能随制冷剂一起循环，造成压缩机缺油而损坏；如果制冷系统压力过高，说明制冷剂过多或冷凝器冷却不良，可能造成制冷系统部件损坏。因此，在汽车空调制冷系统工作时，必须对制冷系统压力进行监测，防止出现上述两种情况。

常用的制冷循环压力控制方法是在制冷系统的高压管路中安装压力保护开关，常用的压力保护开关包括低压保护开关、高压保护开关和高低压组合开关等，不同压力保护开关的安装位置和作用均有所不同。

（1）低压保护开关

低压保护开关的结构如图 7–2–15 所示，通常用螺纹接头直接安装在制冷剂管路高压侧，用于监测制冷系统高压管路压力是否过低。当制冷剂压力正常时，动触点接通压缩机电磁离合器电路；当压缩机输出的制冷剂压力过低时，低压保护开关自动切断电磁离合器电路，压缩机停止运转，以保护压缩机不会损坏。

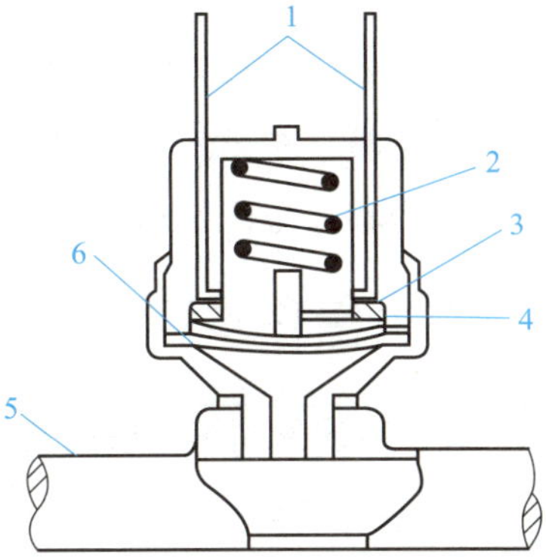

图 7–2–15　低压保护开关的结构

1—导线　2—弹簧　3—动触点　4—支座　5—压力导入管　6—膜片

（2）高压保护开关

当制冷系统压力异常升高时，高压保护开关通常有两种保护方式：一是自动将冷却风扇高速挡电路接通，提高风扇转速，以便较快地降低冷凝器的温度和压力；二是切断压缩机电磁离合器电路，使压缩机停止运转。

高压保护开关的结构如图 7–2–16 所示，通常安装在贮液干燥器上，使高压气态制冷剂直接作用在膜片上。对于常开型高压保护开关，正常情况下，触点断开，冷却风扇停止工作；当制冷系统压力高于正常值时，制冷剂压力大于弹簧压力，触点接通，冷却风扇高速运转强制冷却。对于常闭型高压保护开关，正常情况下，触点接通，压缩机

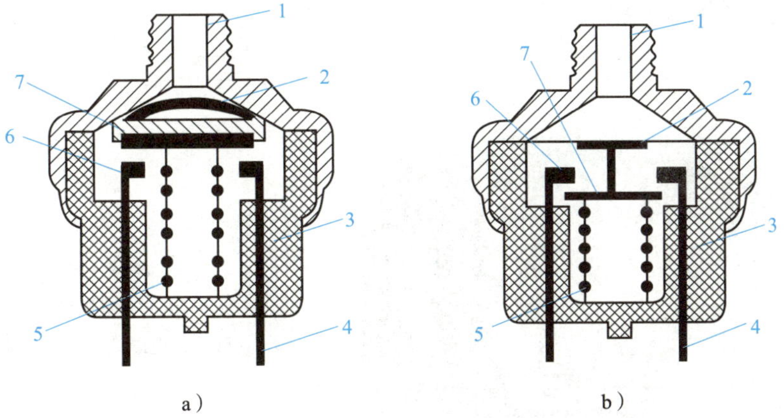

图 7–2–16　高压保护开关的结构

a）常开型高压保护开关　b）常闭型高压保护开关

1—管路接头　2—膜片　3—外壳　4—接线柱　5—弹簧　6—静触点　7—动触点

电磁离合器电路接通，制冷系统正常工作；当制冷系统压力高于正常值时，制冷剂压力大于弹簧压力，触点将压缩机电磁离合器电路断开，压缩机停止运转，以保护压缩机；当制冷剂压力下降到正常值时，触点重新接通，压缩机电磁离合器电路接通，压缩机恢复运转。

任务实施

一、任务准备

1. 设备：汽车空调压缩机、工具车、零件车、工作台等。
2. 工具：常用工具、万用表、拉拔工具、卡簧钳、吸盘固定专用工具、护目镜等。
3. 资料：维修手册、工作页。

二、操作步骤

汽车空调压缩机电磁离合器分解、检测与组装见表 7–2–1。

表 7–2–1　　汽车空调压缩机电磁离合器分解、检测与组装

图示	说明
	1. 将汽车空调压缩机平稳、可靠地放置在工作台上
	2. 检查汽车空调压缩机外观 提示：压缩机外部应保持干净、无油污，电磁离合器线束应完整、无破损

续表

图示	说明
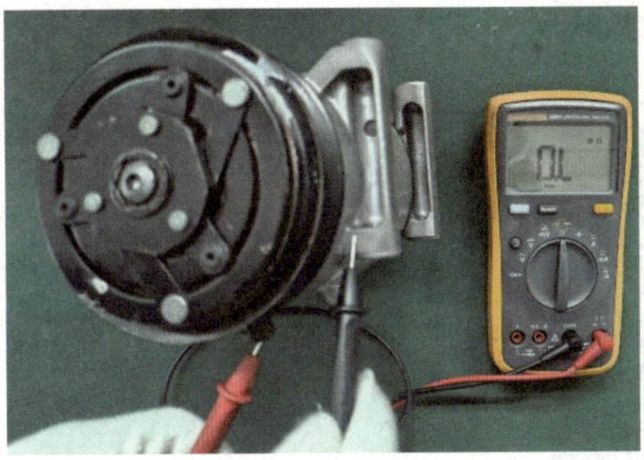	3. 使用万用表检测电磁离合器电磁线圈的电阻 万用表红表笔接电磁线圈插接器端子，黑表笔接压缩机外壳 提示：电磁线圈的电阻是判断其工作状态的重要指标之一，正常应为 3 ~ 5 Ω（具体值参照维修手册）
	4. 分解电磁离合器 （1）拆卸吸盘 使用吸盘固定专用工具固定吸盘，使用 10 mm 套筒和棘轮手柄拆下主轴上的锁紧螺母，取下吸盘 提示：操作时两人配合进行，一人固定吸盘，另一人拆卸锁紧螺母
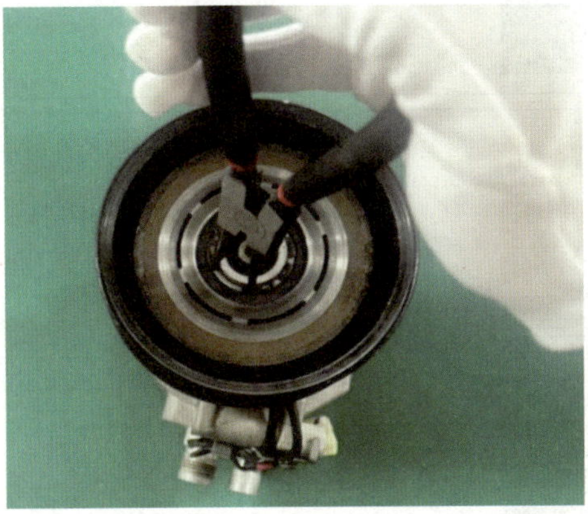	（2）使用卡簧钳拆卸轴承卡环 注意：拆卸时应佩戴护目镜，以防止卡簧飞出伤人

续表

图示	说明
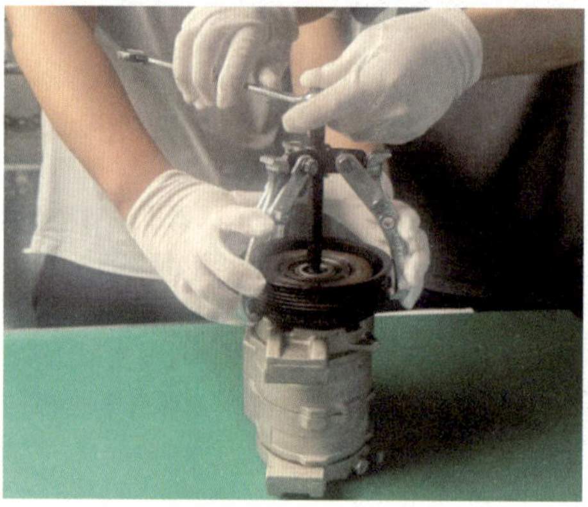	（3）使用拉拔工具拆卸传动带盘，将带轮和轴承拔出 提示：拆卸时两人配合进行，一人控制好拉拔工具，确保两侧夹持部位保持在同一水平面上，另一人旋转丝杠
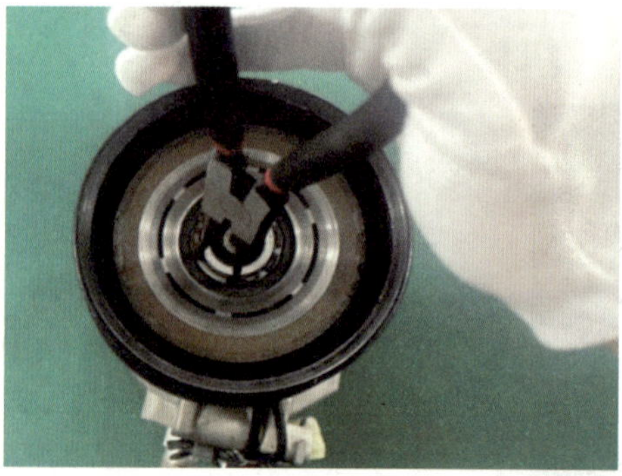	（4）使用卡簧钳拆卸电磁线圈卡环 注意：拆卸时应佩戴护目镜，以防止卡簧飞出伤人
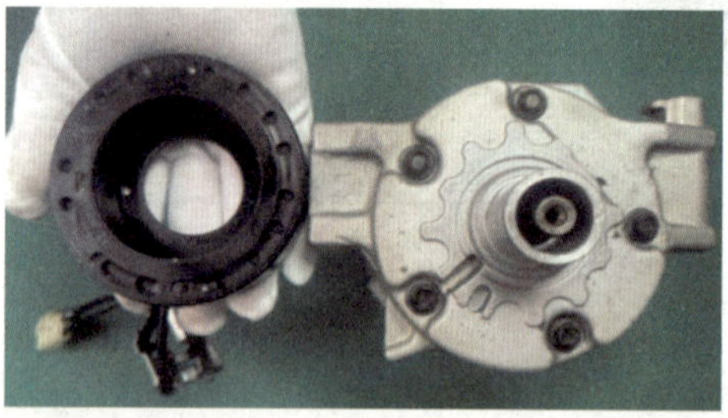	（5）取下电磁线圈
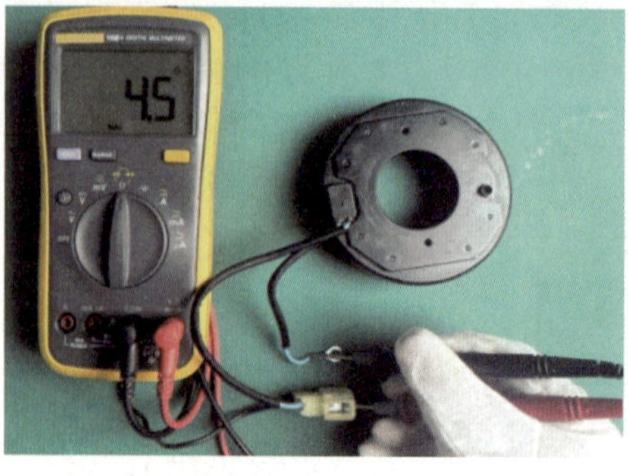	5. 检测新的电磁线圈 选择相同型号的新的电磁线圈，并使用万用表检测新的电磁线圈的电阻（正常应为 3 ~ 5 Ω）

续表

图示	说明
	6. 组装电磁离合器 （1）按照与分解相反的顺序组装电磁离合器 提示：吸盘锁紧螺母拧紧力矩为 12 ~ 20 N · m （2）组装完成后，检查压缩机运转情况
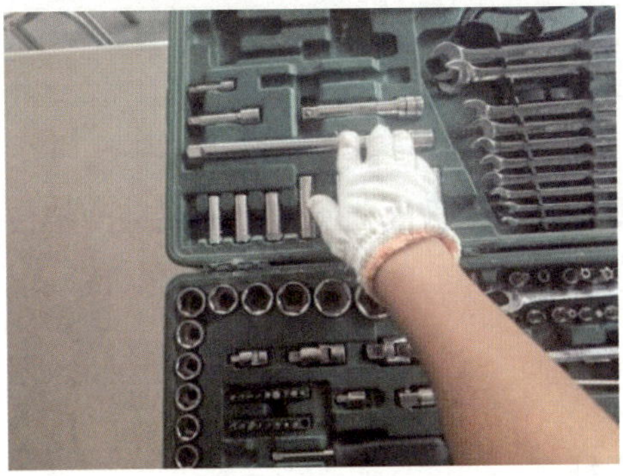	7. 按照“8S”管理规定整理实训场地

任务 3　汽车空调系统维修

学习目标

1. 能描述汽车空调制冷系统的常见故障及故障原因。
2. 能描述汽车空调制冷系统主要组成部件的检修方法。
3. 能描述常用汽车空调系统检修工具的功能和使用方法。
4. 能描述汽车空调系统制冷剂的回收与加注方法。
5. 能以小组合作方式，在教师指导下，规范使用制冷剂回收加注机进行汽车空调系统制冷剂回收与加注，遵循“8S”管理规定。

任务描述

一辆汽车进厂维修，客户反映开启汽车空调时，制冷效果差。班组长检查后，初步判断为汽车空调系统制冷剂不足，需要进行维修。现班组长安排你采用小组合作的方式，通过查阅维修手册等资料，在规定时间内完成汽车空调系统制冷剂回收与加注的任务。

相关知识

一、汽车空调制冷系统的常见故障及故障原因

汽车空调制冷系统的常见故障包括风量不足或无风、不制冷、制冷效果差、制冷系统噪声大等。

1. 风量不足或无风

（1）故障现象

接通点火开关，打开汽车空调，将风量调节旋钮置于所有挡位或某一挡位时，出风口不出风或风量过小。

（2）故障原因

1）熔丝熔断。

2）风量调节旋钮继电器接触不良或损坏。

3）鼓风机损坏或分挡电阻断路。

4）控制电路断路或接触不良。

5）通风管道不畅或风门不能打开等。

2. 不制冷

（1）故障现象

接通风量调节旋钮和 A/C 开关后，出风口无冷风吹出。

（2）故障原因

1）压缩机电磁离合器线圈或电路断路。

2）压缩机损坏。

3）控制电路中温度传感器、低压保护开关等损坏。

4）制冷剂泄漏。

5）贮液干燥器或膨胀阀堵塞。

3. 制冷效果差

（1）故障现象

接通风量调节旋钮和 A/C 开关后，出风口有冷风，但温度偏高且无凉爽感，车内温

度下降缓慢。

（2）故障原因

1）制冷剂不足。

2）贮液干燥器、膨胀阀、蒸发器等不畅或堵塞。

3）冷凝器、蒸发器表面脏污，影响热交换。

4）压缩机传动带、电磁离合器打滑或压缩机内部工作不良。

5）风量调节旋钮接触电阻过大或鼓风机功率不足。

4. 制冷系统噪声大

（1）故障现象

汽车空调制冷系统工作时，发出异常的响声或出现明显的振动。

（2）故障原因

1）压缩机传动带松紧度调整不当。

2）电磁离合器间隙调整不当或吸盘不平、沾有油污。

3）压缩机传动带轮或张紧轮轴承损坏。

4）压缩机内部部件磨损严重、配合松旷。

5）制冷剂过多引起高压管振动、压缩机敲击。

6）鼓风机故障。

二、汽车空调制冷系统主要组成部件的检修

1. 汽车空调制冷系统检修的注意事项

在拆卸汽车空调系统前，应先回收制冷剂管路中的制冷剂。拆卸下来的每个部件及其相连接的管路接口应及时堵塞，以防潮湿空气进入系统。拆卸时，应按以下步骤进行：

（1）断开点火开关，断开蓄电池负极电缆。

（2）使用专用设备回收制冷剂。

（3）拆卸制冷剂管路接头，注意用两个扳手同时在管路接头两侧配合操作。

（4）拆下制冷剂管路后，应立即堵塞管路接口，以保证管路清洁。

（5）清洁汽车空调制冷系统时，需用氮气或专用清洗剂进行清洗。

（6）连接制冷剂管路时，应先在密封圈上涂抹专用冷冻机油。

2. 压缩机的检修

（1）压缩机的拆卸要求

1）拆卸前应先了解清楚压缩机的结构，拆下的零件应分类摆放，以免弄乱。

2）取出压缩机轴承轴套和销钉时要辨明方向。

3）应使用橡胶锤轻轻敲打零件表面，以防损伤零件。

4）拆卸零件时应做好标记，以防装错。

（2）压缩机的拆卸步骤

1）拆卸压缩机传动带。

2）断开电磁离合器电磁线圈插接器。

3）使用专用设备回收制冷剂。

4）拆卸压缩机高、低压管，堵塞管接口，避免灰尘和水气进入管内。

5）拆卸压缩机紧固螺栓，取下压缩机。

6）排出压缩机内的冷冻机油，用量筒测量排出量，并检查冷冻机油是否变色、是否混有杂质。

3. 贮液干燥器的检修

贮液干燥器主要用来储存多余制冷剂、吸附水分、过滤杂质等，保证制冷系统正常工作。如果贮液干燥器吸附水分达到饱和状态或滤网被杂质堵塞，则必须更换，其操作过程如下：

（1）回收制冷剂。

（2）拆卸贮液干燥器，为防止潮湿空气进入系统内，应堵塞贮液干燥器两端的接口。

（3）更换新的贮液干燥器，并向压缩机内添加 10 ~ 20 mL 冷冻机油。

（4）对制冷系统检漏、抽真空、充注制冷剂。

4. 冷凝器的检修

（1）冷凝器的检查

1）检查冷凝器表面是否脱漆、变形、破损、有裂纹等。

2）检查冷凝器管和叶片外表面有无污垢、残渣等。

3）检查冷凝器管路是否堵塞、弯瘪。

4）检查冷凝器是否泄漏。

（2）冷凝器的拆卸

1）回收制冷剂。

2）拆卸冷凝器的出、入口接头。

3）拆卸冷凝器紧固螺栓，取下冷凝器和衬垫。

（3）冷凝器的维修

1）若冷凝器由于碰撞或振动而破损，应拆下冷凝器进行焊接修复；无法修复时，应更换同规格的冷凝器，并向压缩机内添加 40 ~ 50 mL 冷冻机油。

2）若冷凝器叶片弯曲变形，可使用镊子修复。

3）若冷凝器管路堵塞，应拆卸冷凝器出、入口接头，使用高压氮气吹洗，冲出脏物。

4）若冷凝器表面积灰，通风受阻，可使用软毛刷轻刷表面或使用吸尘器吸去灰尘。

5）若冷凝器管接头处泄漏，应更换管接头，并重新进行检漏试压。

5. 蒸发器的检修

（1）蒸发器的检查

1）检查蒸发器表面是否变形、破损、有裂纹等。

2）检查蒸发器散热片表面有无积垢和脏物。

3）检查蒸发器是否泄漏。

（2）蒸发器的拆卸

1）断开蓄电池负极电缆。

2）回收制冷剂。

3）拆卸蒸发器的进、出口接头，并立即堵塞接口，以防潮湿空气进入内部。

（3）蒸发器的维修

1）清除蒸发器外表面的积垢、脏物。

2）若蒸发器管泄漏，应进行焊接修复；若无法修复，应更换蒸发器总成，并向压缩机内添加 40 ~ 50 mL 冷冻机油。

3）清理蒸发器排水管路，清除积聚在底板的水分。

6. 制冷剂管路的检修

（1）检查管路接头处是否松动和泄漏。若松动，应拧紧；若拧紧后仍然泄漏，则必须更换管路。

（2）检查管路是否凹陷、弯曲变形、破裂等，若是，应更换管路。

（3）检查管路是否脏污、堵塞等，若是，应用无水乙醇清洗管路。

三、常用的汽车空调系统检修工具

常用的汽车空调系统检修工具包括歧管压力表、制冷剂加注阀、真空泵和检漏仪等。

1. 歧管压力表

（1）歧管压力表的结构

歧管压力表是汽车空调系统检修必不可少的重要工具，主要用于汽车空调系统抽真空、加注制冷剂、添加冷冻机油和诊断故障等。歧管压力表主要由两个压力表（低压表、高压表）、两个手动阀（低压手动阀、高压手动阀）、三个软管接头（低压接头、高压接头、真空泵或制冷剂罐接头）和歧管压力表座组成，其结构如图 7-3-1 所示。

图 7-3-1 歧管压力表的结构

1—低压手动阀（LO） 2—低压表（蓝） 3—高压表（红） 4—高压手动阀（HI）
5—高压接头 6—真空泵或制冷剂罐接头（中间接头） 7—低压接头 8—歧管压力表座

（2）歧管压力表的使用方法

歧管压力表上所标出的压力一般为表压力，为了抽真空时应用方便，压力表上还标有真空刻度。歧管压力表使用时，高、低压接头的接法永远不变，变化的只是中间接头。歧管压力表通过软管与汽车空调系统连接，在软管末端接头上带有快速阀门和顶销，用于顶开压缩机上的气门阀。软管有多种颜色，蓝色软管用于连接低压侧，红色软管用于连接高压侧。图 7-3-2 所示为使用歧管压力表对汽车空调系统抽真空时的管路连接，图 7-3-3 所示为使用歧管压力表加注制冷剂时的管路连接。

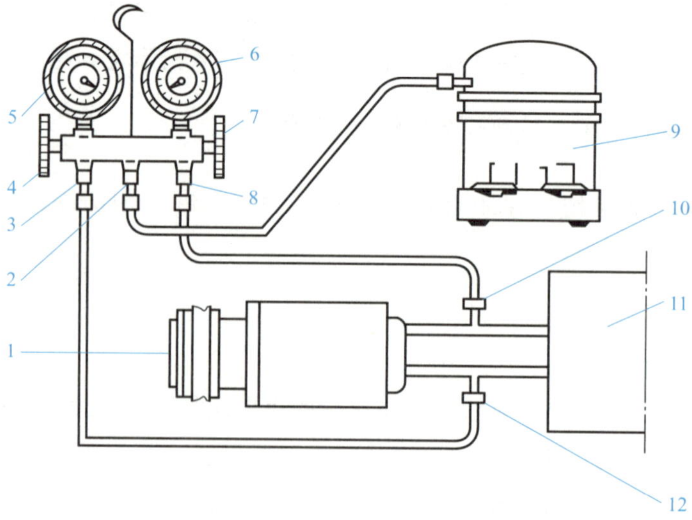

图 7-3-2 使用歧管压力表对汽车空调系统抽真空时的管路连接

1—压缩机 2—中间接头 3—低压接头 4—低压手动阀 5—低压表 6—高压表
7—高压手动阀 8—高压接头 9—真空泵 10—高压检修阀 11—汽车空调系统 12—低压检修阀

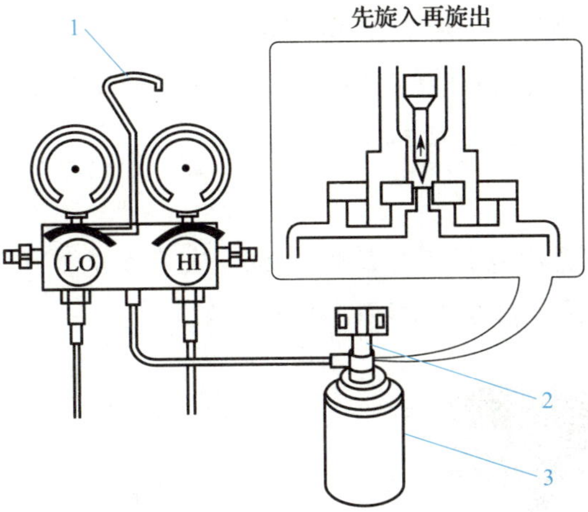

图 7-3-3　使用歧管压力表加注制冷剂时的管路连接

1—歧管压力表　2—制冷剂加注阀　3—制冷剂罐

（3）歧管压力表的功能

歧管压力表的功能如图 7-3-4 所示。

1）检测压力。高压手动阀和低压手动阀同时关闭，高、低压接头分别与高、低压管路连通，可对汽车空调系统高、低压侧压力进行检测，如图 7-3-4a 所示。

2）抽真空。高压手动阀和低压手动阀同时开启，高、低压接头分别与高、低压管路连通，中间接头接真空泵，可对汽车空调系统抽真空，如图 7-3-4b 所示。

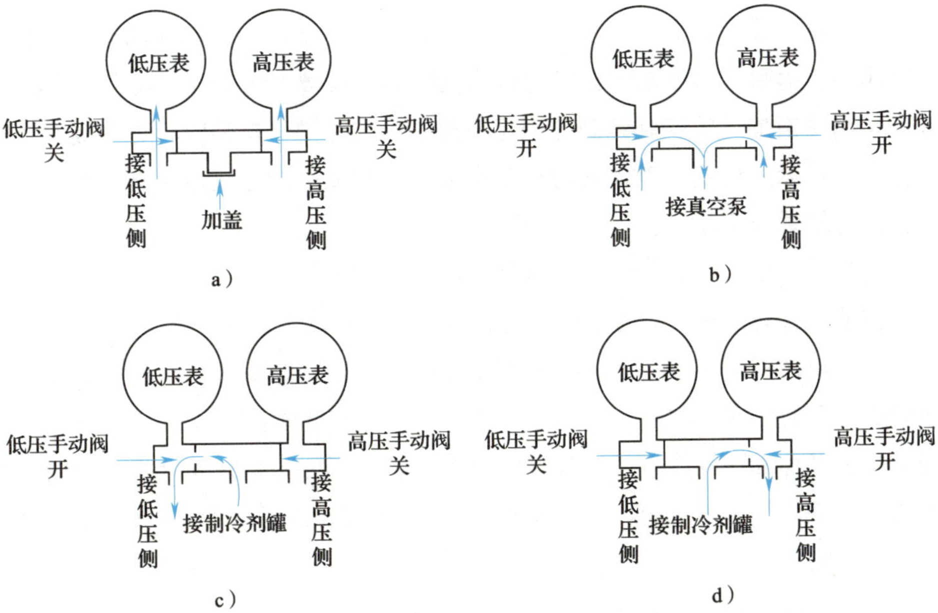

图 7-3-4　歧管压力表的功能

a）检测压力　b）抽真空　c）低压侧加注制冷剂　d）高压侧加注制冷剂

3）低压侧加注制冷剂。高压手动阀关闭，低压手动阀开启，中间接头接制冷剂罐，可由低压侧充注气态制冷剂，如图 7-3-4c 所示。

4）高压侧加注制冷剂。高压手动阀开启，低压手动阀关闭，中间接头接制冷剂罐，可由高压侧充注液态制冷剂，如图 7-3-4d 所示。

2. 制冷剂加注阀

制冷剂加注阀是打开小容量制冷剂罐（400 g 左右）的专用工具，它利用蝶形手柄前部的针阀刺破制冷剂罐，其结构如图 7-3-5 所示。

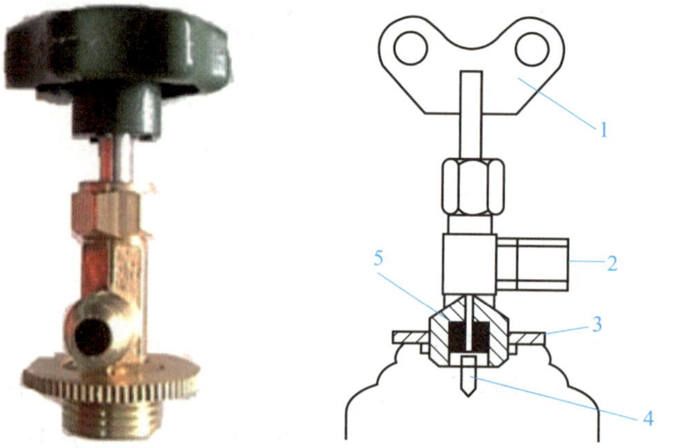

图 7-3-5　制冷剂加注阀的结构

1—蝶形手柄　2—螺纹接头　3—盘形锁紧螺母　4—针阀　5—密封圈

制冷剂加注阀的使用方法如下：

（1）在制冷剂罐上安装制冷剂加注阀之前，应先按逆时针方向转动蝶形手柄，使其前端的针阀完全缩回；再按逆时针方向转动盘形锁紧螺母，使其升到最高位置。

（2）将制冷剂加注阀安装到制冷剂罐顶部的螺纹槽内，按顺时针方向旋下盘形锁紧螺母，并充分拧紧，使制冷剂加注阀稳定牢靠，将制冷剂加注阀接头与歧管压力表上的中间接头通过软管连接起来。

（3）确认歧管压力表上的两个手动阀均处于关闭状态。

（4）按顺时针方向转动蝶形手柄，用针阀在制冷剂罐上刺一小孔。

（5）如果此时需要加注制冷剂，应按逆时针方向转动蝶形手柄，使针阀缩回，同时开启歧管压力表的相应手动阀，使制冷剂注入汽车空调系统。

（6）如要停止加注制冷剂，应按顺时针方向转动蝶形手柄，使针阀下落到制冷剂罐上刚开的小孔上，使小孔封闭，同时关闭歧管压力表的相应手动阀。

3. 真空泵

汽车空调系统初次加注制冷剂前或更换零部件后，必须对系统进行抽真空操作，然后才能加注制冷剂。

真空泵是抽真空的重要工具，如图 7–3–6 所示，利用真空泵可将汽车空调系统中的空气和水分排出，以防系统出现冰堵现象。

4. 检漏仪

检漏仪用于检测汽车空调系统制冷剂管路的泄漏部位。常用的检漏仪是电子卤素检漏仪等。

电子卤素检漏仪是根据卤素原子在一定的电场中极易发生电离而产生电流的原理制成的，如图 7–3–7 所示。制冷剂浓度越大，电离程度越高，产生的电流也越大，这些变化可以通过串联在回路中的电流表反映出来，也可以通过蜂鸣器的声音大小反映出来。

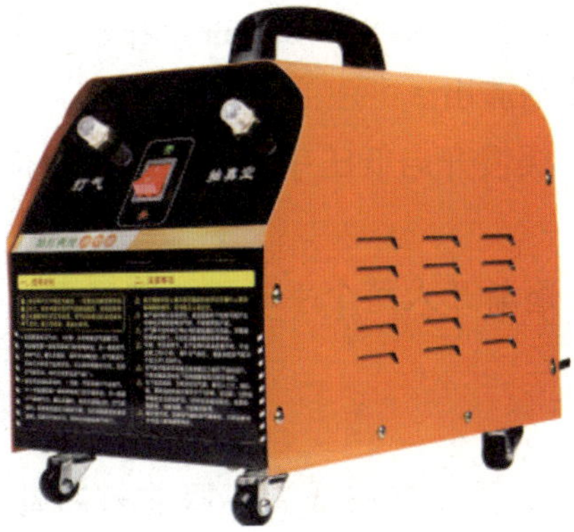

图 7–3–6　真空泵

图 7–3–7　电子卤素检漏仪

四、汽车空调系统制冷剂的回收与加注

1. 使用歧管压力表检测汽车空调系统压力

要了解汽车空调系统工作循环进行的情况，必须检测系统高压侧和低压侧的压力。汽车空调系统压力的检测方法如下：

（1）关闭歧管压力表的两个手动阀。

（2）将歧管压力表的接头通过软管连接到汽车空调系统相应的检修阀上，并开启快速阀门。

（3）拧松歧管压力表上高、低压软管的连接螺母，利用系统内的制冷剂将高、低压软管内的空气排出，然后再将连接螺母拧紧。

（4）起动发动机并使发动机转速保持在 1 000 ~ 1 500 r/min，然后打开汽车空调，并将风量调节至最大挡，温度调节至最低。

（5）关闭车门、车窗和发动机舱盖，预热发动机。

（6）将温度计插入仪表板出风口测量车内温度，正常情况下，当外界温度为 27 ℃

时，运行 5 min 后出风口温度应接近 7 ℃，并且车内外至少应有 8 ~ 10 ℃的温差。

（7）观察高、低压侧压力，正常情况下，低压侧压力应为 150 ~ 250 kPa，高压侧压力应为 1 400 ~ 1 600 kPa。

2. 使用歧管压力表回收与加注制冷剂

（1）制冷剂的回收

由于修理或其他原因需将汽车空调系统内的制冷剂排出时，为满足环境保护要求，必须使用制冷剂回收设备回收制冷剂。制冷剂回收操作步骤如下：

1）关闭歧管压力表的两个手动阀，将高、低压接头通过软管分别连接在汽车空调系统的高、低压检修阀上并开启高、低压快速阀门，将中间接头通过软管连接制冷剂回收设备。

2）缓慢开启高压手动阀，使制冷剂从中间软管流入回收设备。注意：阀门不能开得太大，否则压缩机内的冷冻机油也会随制冷剂流出。

3）当高压表读数降到 0.35 MPa 以下时，缓慢开启低压手动阀，使制冷剂从高、低压两侧同时回收。

4）观察压力表读数，随着压力的下降，逐渐开大两个手动阀，直至低压表的读数降到零。

（2）制冷剂的加注

制冷剂是汽车空调系统完成制冷循环的工质，它在低温下吸收被冷却物体的热量，然后在较高温度下转移给冷却空气。目前汽车空调系统常用的制冷剂为 R134a，如图 7-3-8 所示。

图 7-3-8　制冷剂 R134a

制冷剂加注一般包括抽真空、从高压侧加注液态制冷剂、检漏、从低压侧加注气态制冷剂和检查制冷剂量等基本流程。

1）抽真空。汽车空调系统维修后，由于接触了空气，必须使用真空泵抽真空，排出系统内的水分和空气。抽真空的步骤如下：

①按图 7–3–2 所示连接汽车空调系统、歧管压力表和真空泵。

②开启歧管压力表的高、低压手动阀，起动真空泵，观察高、低压表，应显示真空度。

③5 min 后，低压表读数应达到 30 kPa 左右，高压表读数应略低于零。

④15 min 后，观察高、低压表，如果系统无泄漏，高、低压表读数应达到 20 ~ 30 kPa 的绝对压力。

⑤如果达不到此压力值，应关闭高、低压手动阀，观察高、低压表，如果读数上升，说明系统有泄露。查找泄漏部位，进行检修后才能继续抽真空。

⑥抽真空的总时间不应少于 30 min，然后关闭高、低压手动阀。

提示：抽真空完成后，不要急于加注制冷剂，应保持系统真空状态一定的时间后，观察歧管压力表上的高、低压表读数是否发生变化。如果读数没有变化，说明系统无泄漏；如果读数上升，说明系统有泄漏。这种方法只能判断系统有无泄漏，无法具体指示泄漏部位，因此只用于加注制冷剂前的初步检漏。

2）从高压侧加注液态制冷剂。从高压侧加注液态制冷剂适合给新系统加注制冷剂，其方法如图 7–3–9 所示。

①抽真空完成后，将中间软管从真空泵上拆下，改接到制冷剂加注阀上，固定好制冷剂罐并用制冷剂加注阀打开制冷剂罐，然后将与歧管压力表相连接的中间软管接头稍微拧松一些，直到听到嘶嘶声后再拧紧，以排出中间软管内的空气。

②开启歧管压力表高压手动阀，制冷剂便经中间软管、高压软管进入汽车空调系统高压侧。

③观察低压表读数是否随高压表读数一起上升。若低压表读数不上升或上升很慢，说明系统内部堵塞，应停止加注并进行检修；若低压表读数随高压表读数一起正常上升，可将制冷剂罐倒立，使制冷剂呈液态进入汽车空调系统。

④当注入规定量的制冷剂后，关闭高压手动阀和制冷剂加注阀，进行检漏或试运行。

3）检漏。从高压侧加注一定量的液态制冷剂（一般 200 g 左右），以使汽车空调系统充有一定量的制冷剂并保持一定的压力后，使用检漏仪进行检漏。

4）从低压侧加注气态制冷剂。从低压侧加注气态制冷剂适合检漏后注满制冷剂或给系统内补充制冷剂，其方法如图 7–3–10 所示。

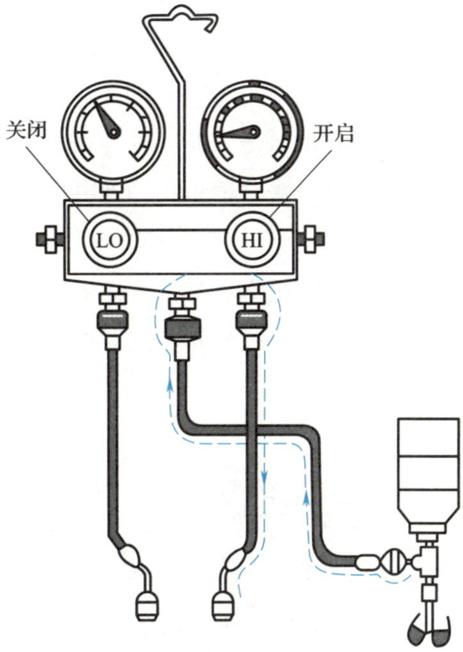

图 7–3–9　从高压侧加注液态制冷剂的方法

①将歧管压力表中间软管与制冷剂加注阀和制冷剂罐连接好，并排出中间软管内的空气。

②起动发动机并使发动机转速保持在1 500 ~ 2 000 r/min，然后打开汽车空调，并将风量调节至最大挡，温度调节至最低。

③用制冷剂加注阀打开制冷剂罐并保持罐体直立，缓慢开启歧管压力表低压手动阀，气态制冷剂便经中间软管、低压软管，被压缩机吸入汽车空调系统低压侧。调节低压手动阀开度，使低压表读数不超过 400 kPa。为加快加注速度，可将制冷剂罐直立放在温度为 40 ℃左右的水中，以保证制冷剂罐内的液态制冷剂具有一定的蒸发速度。

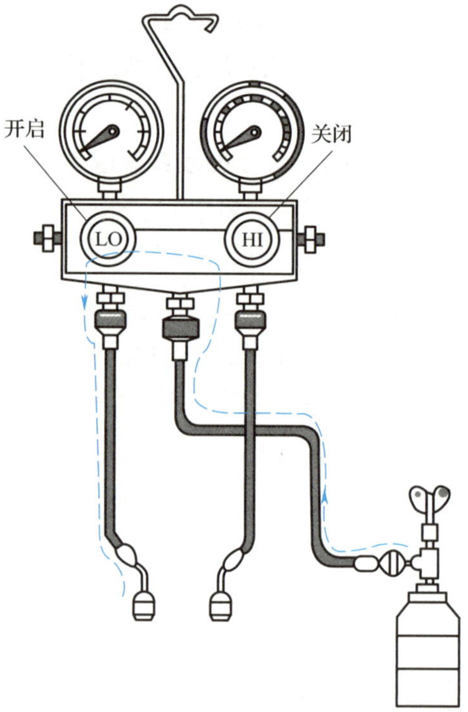

图 7-3-10　从低压侧加注气态制冷剂的方法

④若使用的是小容量制冷剂罐，在加注一罐后仍需加注时，可关闭歧管压力表上的低压手动阀，从空的制冷剂罐上拆下制冷剂加注阀，再装到新的制冷剂罐上，排出中间软管内的空气，继续加注到适量为止。

⑤当歧管压力表的压力表读数达到规定值（低压侧为 0.15 ~ 0.25 MPa，高压侧为 1.4 ~ 1.6 MPa）时，停止加注，关闭歧管压力表低压手动阀和制冷剂加注阀。

5）检查制冷剂量。通过视液窗检查制冷剂量，如图 7-3-11 所示。观察的现象和结论如下：

①制冷剂量适当时，视液窗下一片清晰，出风口有冷风吹出。在发动机转速提高或降低时，有少量气泡出现，断开空调 A/C 开关后，有大量气泡出现，然后逐渐消失，大约持续 45 s。

②制冷剂量不足时，发动机稳定运转，视液窗下有少量气泡流过。

③制冷剂量过大时，视液窗下没有气泡流过，甚至断开空调 A/C 开关 15 s 后，气泡仍不出现。

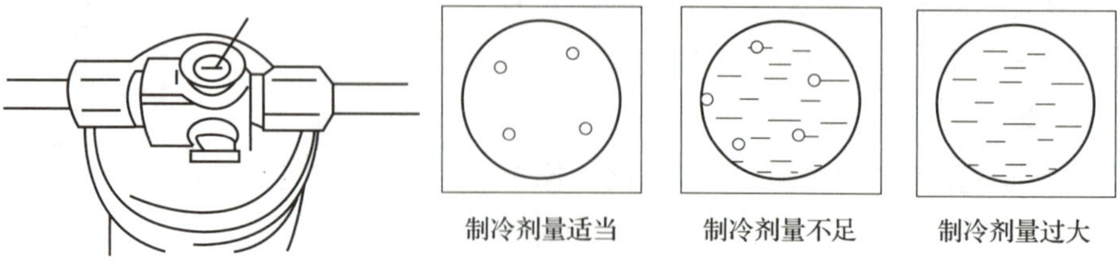

图 7-3-11　通过视液窗检查制冷剂量

3. 使用制冷剂回收加注机回收与加注制冷剂

为了提高工作效率，简化操作流程，制冷剂的回收与加注还可以使用制冷剂回收加注机。制冷剂回收加注机集制冷剂回收、净化、加注和抽真空、保压、加注冷冻机油等多种功能于一体，如图 7–3–12 所示。

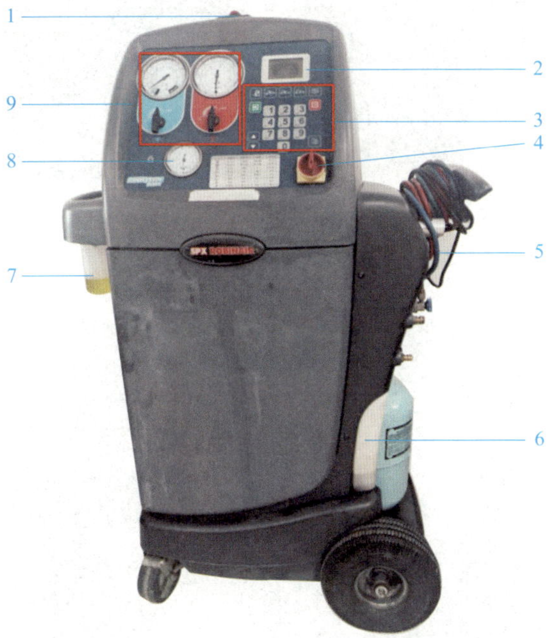

图 7–3–12　制冷剂回收加注机

1—指示灯　2—显示屏　3—操作面板　4—电源开关　5—高、低压软管
6—废油收集罐　7—冷冻机油储液罐　8—制冷剂罐压力表　9—高、低压手动阀和高、低压表

制冷剂回收加注机的使用方法如下：

（1）连接制冷剂回收加注机电源线，打开制冷剂回收加注机电源开关，并记录显示屏中制冷剂净重值。

（2）将制冷剂回收加注机的低压软管（蓝色）连接至汽车空调系统低压检修阀并开启低压快速阀门，高压软管（红色）连接至汽车空调系统高压检修阀并开启高压快速阀门。

（3）排气。当汽车空调系统压力过大时，可通过按压制冷剂回收加注机操作面板上的排气键来减小压力，如图 7–3–13 所示。

（4）回收制冷剂。开启高、低压手动阀，按压制冷剂回收加注机操作面板上的回收键，按照显示屏提示完成制冷剂回收作业，如图 7–3–14 所示。

（5）抽真空和保压。按压制冷剂回收加注机操作面板上的抽真空键，设置抽真空时间，观察高、低压表，按照显示屏提示完成抽真空和保压作业，如图 7–3–15 所示。

（6）加注冷冻机油。抽真空完毕后需要添加适量的冷冻机油。冷冻机油（见图 7–3–16）的作用是润滑摩擦面，使摩擦面完全被油膜分隔开来，从而降低摩擦热和

图 7-3-13　排气

图 7-3-14　回收制冷剂

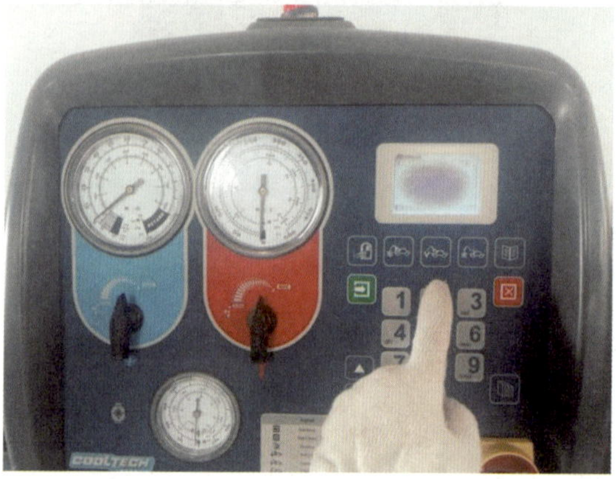

图 7-3-15　抽真空和保压

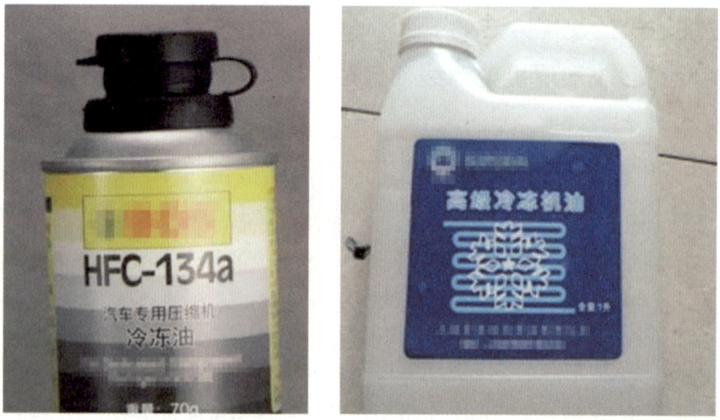

图 7-3-16　冷冻机油

磨损；保证密封性能，防止制冷剂泄漏；此外，冷冻机油的运动可以带走金属摩擦产生的磨屑，清洗摩擦面。

（7）加注制冷剂。加注冷冻机油后，开启高压手动阀，关闭低压手动阀，按压制冷剂回收加注机操作面板上的充注键，设置加注量，观察高、低压表，按照显示屏提示完成制冷剂加注作业，如图 7–3–17 所示。

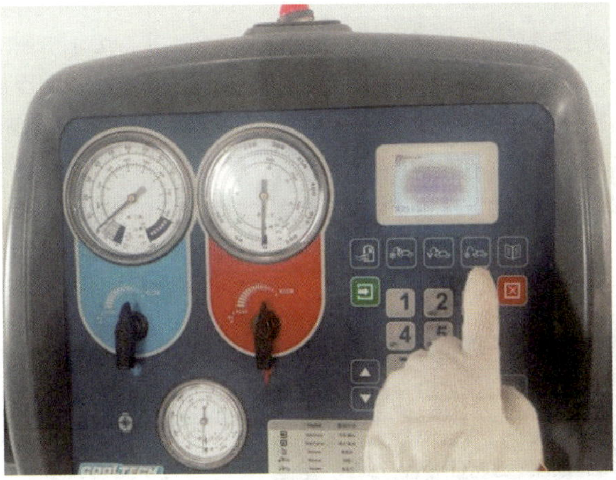

图 7–3–17　加注制冷剂

任务实施

一、任务准备

1. 设备：实训车辆、工具车、零件车、工作台、制冷剂回收加注机等。
2. 工具：常用工具、护目镜等。
3. 资料：维修手册、工作页。

二、操作步骤

汽车空调系统制冷剂回收与加注见表 7–3–1。

表 7–3–1　　**汽车空调系统制冷剂回收与加注**

图示	说明
	1. 安装车辆防护用品

续表

图示	说明
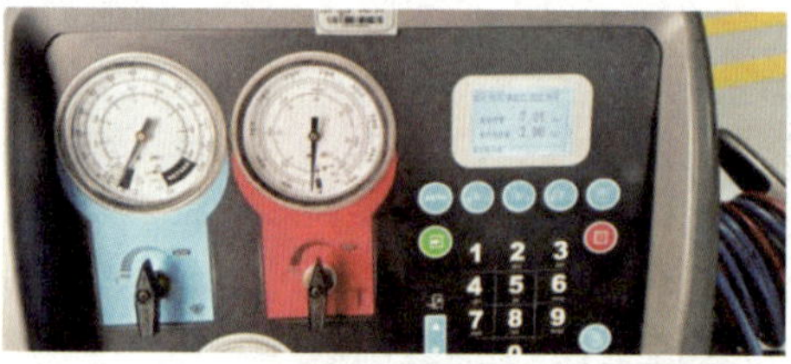	2. 打开制冷剂回收加注机 检查制冷剂回收加注机，打开电源开关，查看制冷剂净重 注意：制冷剂净重不超过标称质量的 80% 为宜
	3. 检查汽车空调制冷系统工作状况 起动发动机，打开汽车空调，打开外循环，将风量调节到最大挡，温度调节至最低，至车内温度合适后运行 3 ~ 5 min，关闭汽车空调
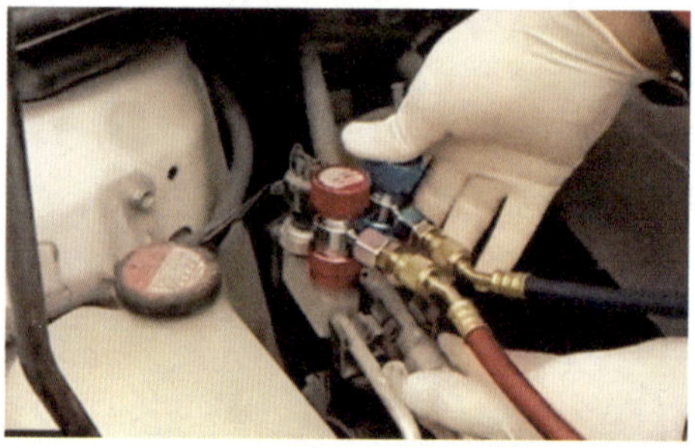	4. 连接制冷剂回收加注机和汽车空调系统 分别连接制冷剂回收加注机的高压软管（红色）、低压软管（蓝色）至汽车空调系统的高、低压检修阀，按顺时针方向拧开高、低压快速阀门
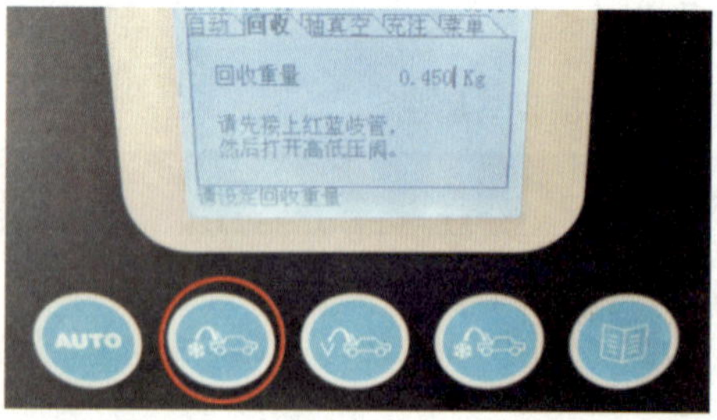	5. 回收制冷剂 （1）按压制冷剂回收加注机操作面板上的回收键，进入回收程序
	（2）开启制冷剂回收加注机的高、低压手动阀

续表

图示	说明
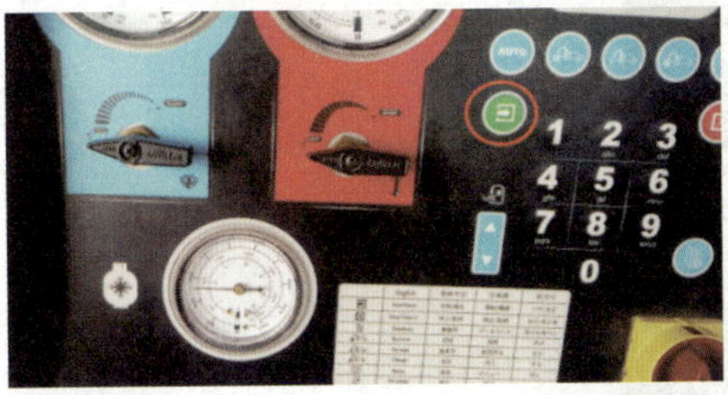	（3）按压制冷剂回收加注机操作面板上的确定键，制冷剂回收加注机自动启动清洁管路功能，清洁管路结束后，开始回收制冷剂 回收过程中，随时观察压力表，当压力表读数到达负压时，说明制冷剂回收完成，应及时按压取消键，停止回收
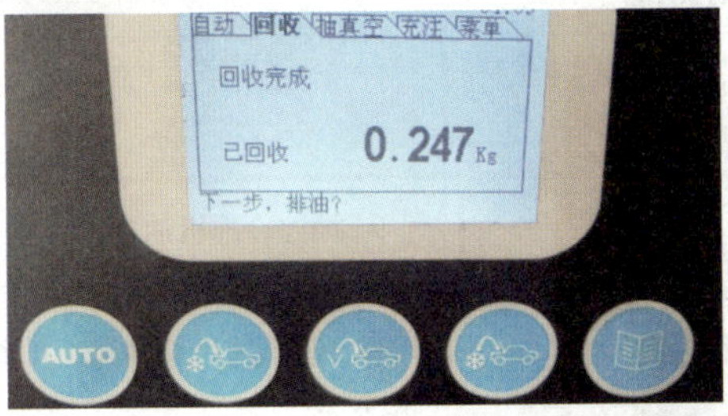	6. 排出冷冻机油 （1）制冷剂回收完成后，制冷剂回收加注机显示已回收的制冷剂质量 按压制冷剂回收加注机操作面板上的确定键，开始排出冷冻机油
	（2）冷冻机油排出完成后，查看废油收集罐，记录冷冻机油排出量
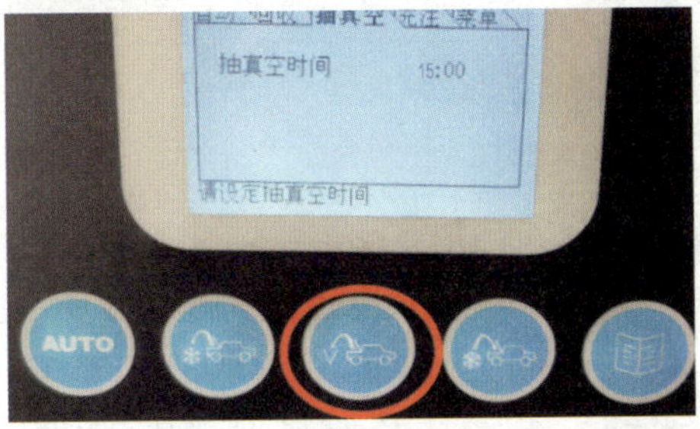	7. 抽真空 按压制冷剂回收加注机操作面板上的抽真空键，设置抽真空时间为15 min，再按压确定键，开始抽真空
	8. 保压 抽真空完成后，关闭制冷剂回收加注机的高、低压手动阀，开始保压1 min 提示：保压时应观察高、低压表读数是否上升，若是，说明汽车空调系统有泄漏

续表

图示	说明
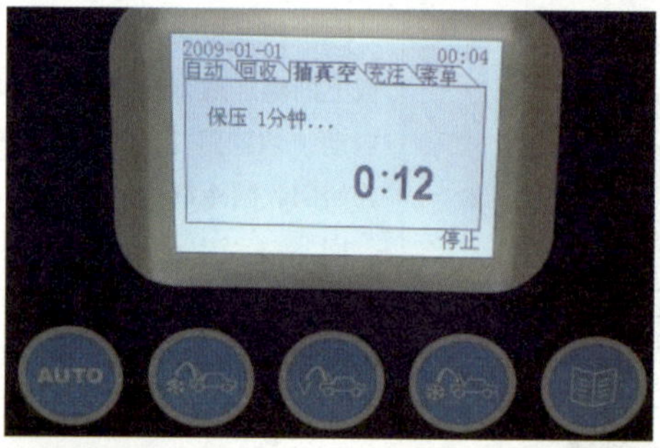	
 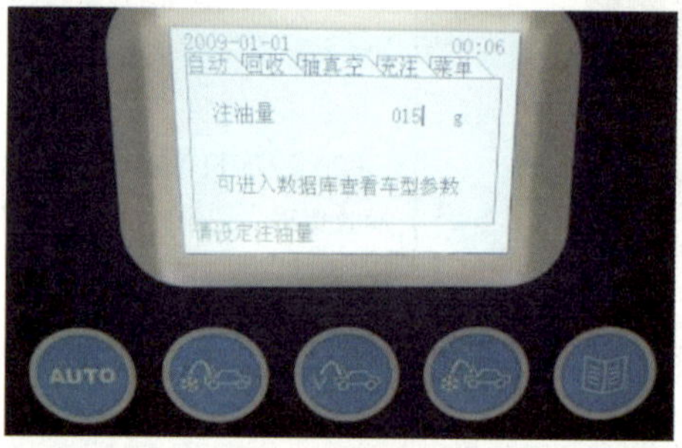	9. 加注冷冻机油 保压完成后，按压制冷剂回收加注机操作面板上的确认键，准备加注冷冻机油 先开启高压手动阀，关闭低压手动阀，通过高压软管加注冷冻机油，观察冷冻机油储液罐液位，当液位达到指定刻度时，停止注油（冷冻机油加注量等于排出量加上 15 g），注油结束后查看冷冻机油储液罐剩余油液的液位（根据剩余油液的液位可复核实际注油量）
 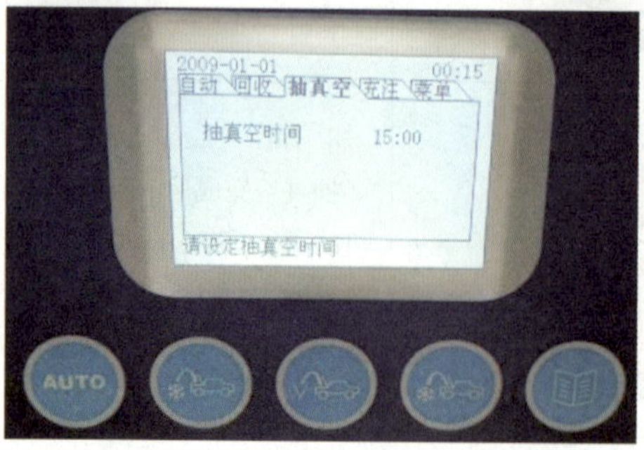	10. 二次抽真空 冷冻机油加注完成后，关闭高压手动阀，开启低压手动阀，进行二次抽真空，此时设置抽真空时间为 15 min 提示：二次抽真空完成后，保压 1 min，确认压力表无变化，才能加注制冷剂

续表

<table>
<tr><th>图示</th><th>说明</th></tr>
<tr><td>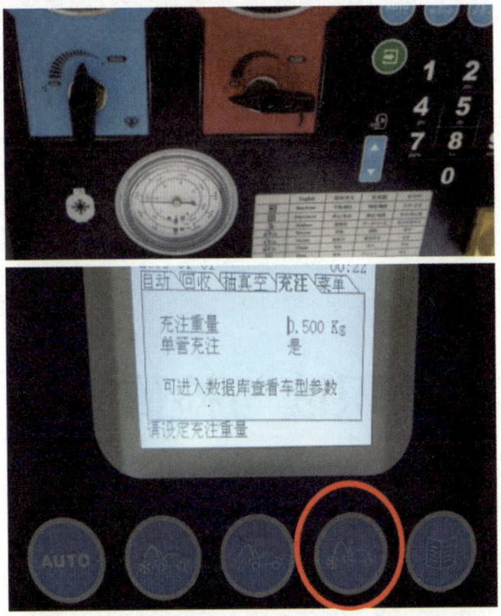
</td><td>11. 加注制冷剂
按压制冷剂回收加注机操作面板上的充注键，设置“充注重量”（参照维修手册），开启高压手动阀，关闭低压手动阀，关闭低压快速阀门，确认高压快速阀门处于开启状态，按压确定键，自动开始加注制冷剂
制冷剂加注完成后，关闭高压手动阀和高压快速阀门，拆下连接汽车空调系统的高、低压软管，并对制冷剂回收加注机管路进行清洁</td></tr>
<tr><td>
</td><td>12. 检查、验证汽车空调制冷效果
起动发动机，打开汽车空调，打开外循环，将风量调节到最大挡，温度调节至最低，至车内温度合适后运行 3 ~ 5 min，检查、验证制冷效果</td></tr>
<tr><td>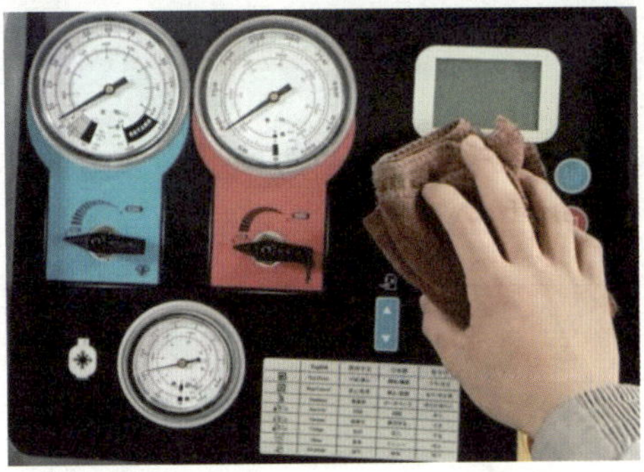</td><td>13. 整理
断开制冷剂回收加注机电源开关，并按照“8S”管理规定整理实训场地</td></tr>
</table>

项目八

—— 汽车电路分析

任务 1　汽车电路识读与检修

学习目标

1. 能描述汽车电路图的类型和识读方法。
2. 能描述汽车电路故障的检测方法。
3. 能以小组合作方式，在教师指导下，规范进行汽车线束维护与修理，遵循“8S”管理规定。

任务描述

一辆汽车进厂维修，班组长检查后，初步判断为汽车线束故障。现班组长安排你采用小组合作的方式，通过查阅维修手册等资料，在规定时间内完成汽车线束维护与修理的任务。

相关知识

一、汽车电路图的类型

汽车电路图是汽车电路的图示形式，是利用电气符号中的各种图形符号、文字符号等来表示汽车电路的构成、连接关系和工作原理的一种电路图。汽车电路图主要用于表达汽车各电气系统的组成、工作原理以及各电气设备之间的连接关系，还可以表达各种电气设备、线束等在汽车上的具体安装位置和安装要求，以便对汽车电路进行检查、维修、安装、配线等工作。汽车电路图的类型较多，常用的主要包括原理框图、电路原理图和线束图等。

1. 原理框图

原理框图是一种采用框形符号绘制，概略地表示电气系统的基本组成、相互关系和主要特征的简图。原理框图是从总体上来描述系统或分系统的，是系统或分系统设计初期的产物。图 8-1-1 所示为丰田汽车电动助力转向系统原理框图。

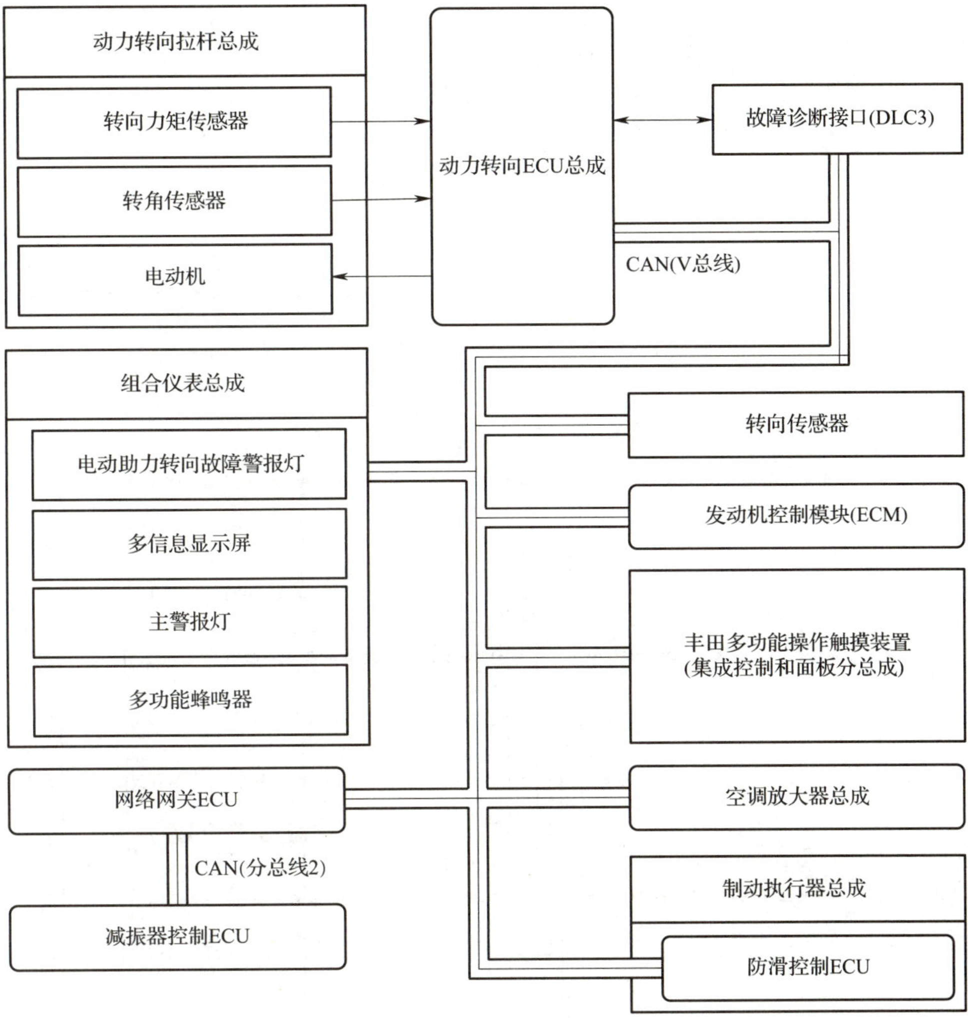

图 8-1-1　丰田汽车电动助力转向系统原理框图

2. 电路原理图

电路原理图是一种采用图形符号、文字符号等电气符号，较为详细、完整地表示汽车电路的组成、连接关系和工作原理，而不考虑其实际位置的图示方式。电路原理图简称电路图，是汽车电气技术领域使用最广泛的图形。图 8-1-2 所示为大众汽车照明系统电路原理图。

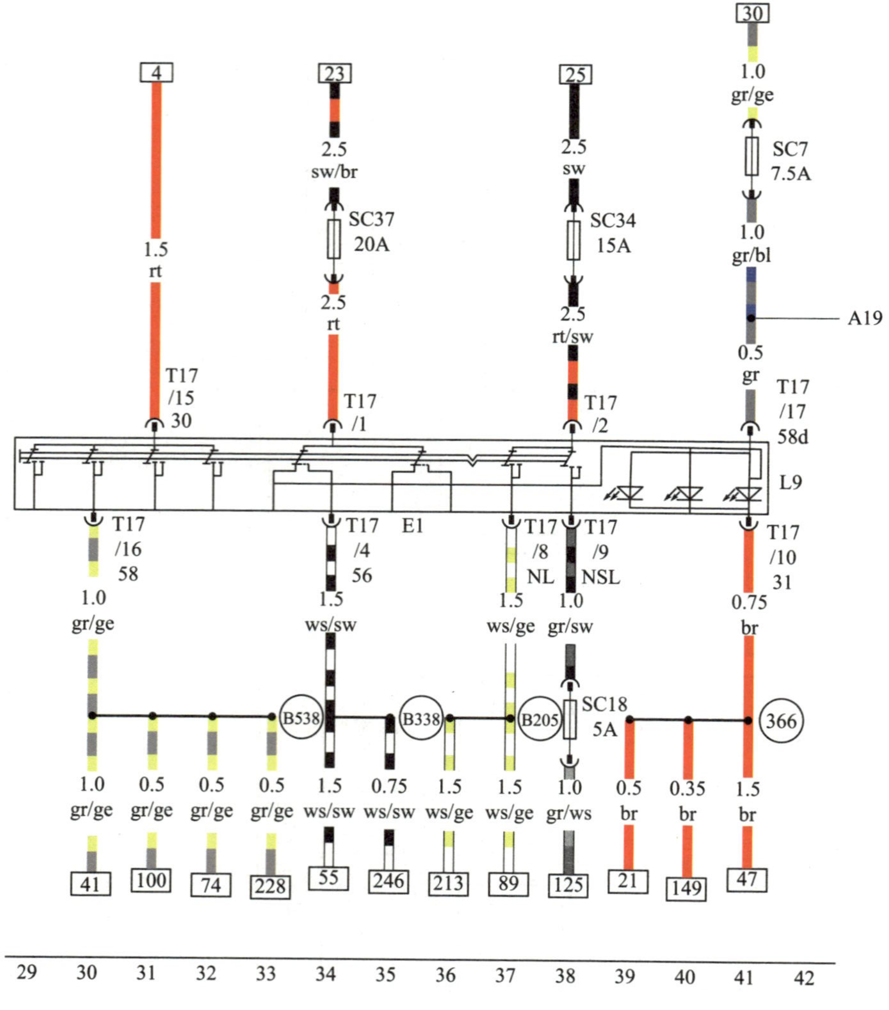

ws=白色
sw=黑色
ro =红色
rt =红色
br =褐色
gn=绿色
bl =蓝色
gr =灰色
li =淡紫色
vi =淡紫色
ge=黄色
or =橘黄色
rs =粉红色

图 8-1-2　大众汽车照明系统电路原理图

E1　车灯开关
L9　大灯开关照明灯泡
SC7　保险丝架C上的保险丝7
SC18　保险丝架C上的保险丝18
SC34　保险丝架C上的保险丝34
SC37　保险丝架C上的保险丝37
T17　17芯插头连接

(366) 接地连接1，在主线束中
(A19) 连接(58d)，在仪表板线束中
(B205) 连接(前雾灯)，在车内线束中
(B338) 连接1(56)，在主线束中
(B538) 连接29，在主线束中

3. 线束图

线束图是一种根据汽车线束在汽车上的布置、分段以及各分支导线端子的具体连接情况而绘制的简图，它表明了汽车线束与各电气设备的连接部位、接线柱的标记、插接器的形状和位置等信息。图 8-1-3 所示为比亚迪汽车右后车门线束图。

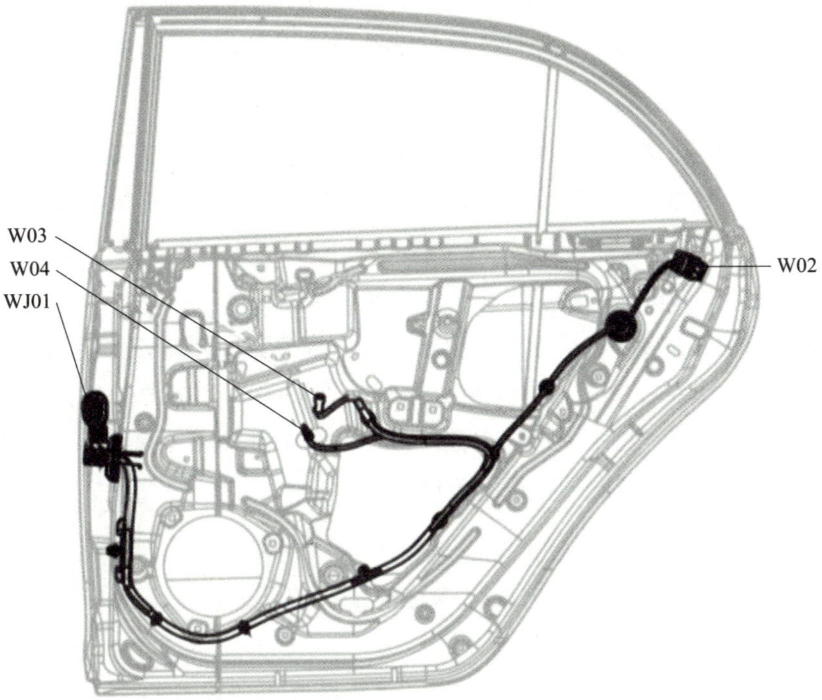

图 8-1-3　比亚迪汽车右后车门线束图

WJ01—接地板线束　W02—接右后车门门锁电动机

W03—接右后车门玻璃升降器开关　W04—接右后车门玻璃升降器电动机

二、汽车电路图的识读方法

由于绘制方法、符号、技术标准等不同，各汽车生产厂家绘制的汽车电路图不尽相同，因此掌握汽车电路图识读的基本方法非常重要。

1. 了解汽车电路图的一般规律

（1）电源部分到各用电设备熔丝（俗称保险丝）或开关的导线是电气设备的公共相线。

（2）开关的触点一般位于零位或静态，即开关处于断开状态或继电器线圈处于不通电状态，晶体管、晶闸管等具有开关特性的元器件的导通与截止视具体情况而定。

（3）汽车电路的特点是双电源、单线制，各用电设备相互并联，继电器和开关串联在电路中。

（4）用电设备都经过熔丝，受熔丝的保护。

（5）整车电路按功能和工作原理划分成若干独立的电路系统，这样可解决整车电路庞大复杂、分析困难的问题。现在汽车整车电路一般都按各个电路系统来绘制，如电源系统、起动系统、点火系统、照明系统、信号系统等。

2. 阅读图注

通过阅读图注，了解电路图的名称、技术规范，明确图形符号的含义，建立元器件与图形符号之间的对应关系，这样才能快速准确地识图。

3. 掌握回路

在电学中，回路是一个最基本、最重要的概念，任何一个完整的电路都由电源、用电设备、开关、导线等组成。对于直流电路，电流从电源的正极出发，通过导线、熔丝、开关到达用电设备，再经过导线（或搭铁）回到同一电源的负极。在这一过程中，只要有一个环节出现错误，此电路就不会正确、有效。

在汽车电路中，发电机和蓄电池都是电源，在寻找回路时，不能混为一谈，不能从一个电源的正极出发，经过若干用电设备后，回到另一个电源的负极，这种做法不会构成一个真正的回路，也不会产生电流。因此，必须强调回路是指从一个电源的正极出发，经过用电设备，回到同一电源的负极。

4. 熟悉开关的作用

开关是控制电路通、断的关键，电路中主要的开关往往汇集许多导线，如点火开关、灯光开关，读图时应注意以下问题：

（1）开关的接线柱哪些是接电源的、哪些是接用电设备的，接线柱旁有无接线符号，这些符号是否常见?

（2）开关共有几个挡位，在每个挡位中，哪些接线柱通电，哪些接线柱断电?

（3）蓄电池或发电机的电流是通过什么路径到达这个开关的，中间是否经过别的开关和熔丝，这个开关是手动的还是电控的?

（4）各个开关分别控制哪个用电设备，被控制的用电设备的作用和功能是什么?

（5）在被控制的用电设备中，哪些处于常通，哪些处于短暂接通，哪些应先接通，哪些应后接通，哪些应单独工作，哪些应同时工作，哪些允许同时接通?

5. 汽车电路图识读的一般方法

（1）先看全图，把单独的电路系统框出来。一般各电路系统的电源是公共的。任何一个电路系统都应该是一个完整的电路，都应遵循回路原则。

（2）分析各电路系统的工作过程、相互之间的联系。在分析某个电路系统之前，要清楚该电路系统所包含各部件的功能、作用和技术参数等。在分析过程中应特别注意开关、继电器触点的工作状态，大多数电路系统都是通过开关、继电器不同的工作状态来改变回路，实现不同功能的。

（3）通过对典型电路的分析，起到触类旁通的作用。不同型号汽车的电路图，很多部分都是类似或相近的，可举一反三，对照比较。掌握汽车电路图的共同规律后，再以这些规律为指导，就可以快速识读其他型号汽车的电路图。

三、汽车电路故障的检测方法

1. 直观法

直观法是指凭借经验和人体直观感觉来检查电路、判断故障的方法，即通过看、闻、听、摸等手段对汽车电气元件、电路等的外观现象进行检查，以此判断故障部位。例如，车辆行驶过程中，发现喇叭不响，用手触摸喇叭继电器，感觉喇叭继电器发热烫手，同时闻到有焦臭味，就可以判断喇叭继电器发生故障。

2. 断路法

断路法是指怀疑汽车电路发生短路故障时，将电路全部断开，再依次连接，观察是否还存在短路现象来判断故障的方法。此方法适用于电路中发生搭铁短路或内部短路故障的情况。搭铁短路通常是指电流在到达负载之前就搭铁的情况。例如，接通某一用电设备时，显示放电电流过大或熔丝烧断，说明电路发生搭铁短路或内部短路故障。可先将该系统电路全部断开，再从电源正极向后依次连接，若连接到某一部位后故障出现，说明故障发生在前面两次连接之间。

3. 短路法

短路法是指怀疑汽车电路发生断路故障时，用导线将怀疑断路的电气元件短接，观察是否还存在断路现象来判断故障的方法。此方法适用于开关类电气元件或电路发生断路故障的情况。使用导线跨接怀疑发生故障的开关类电气元件或电路，即人为短接该电气元件，根据系统工作情况判断该电气元件是否发生故障。若该电气元件被短接后，系统恢复正常或故障现象变化，说明该电气元件发生故障。

4. 替换法

替换法是指通过换件对比（即用完好的电气元件替换怀疑发生故障的电气元件）来判断故障的方法。此方法主要用于一些不能拆检的整体式电气元件，要求替换元件与被替换元件具有相同的规格型号、电路中故障较少，以避免替换元件损坏。

5. 试灯法

试灯法是指通过试灯的亮、灭及点亮程度来判断故障的方法。将试灯鳄鱼夹搭铁，测试端头依次接电路各连接点。若试灯亮度正常，说明测试点至蓄电池正极之间电路连接正常；若试灯暗淡，说明测试点至蓄电池正极之间电路接触不良；若试灯不亮，说明测试点至蓄电池正极之间电路不通或断路。

6. 仪表法

仪表法是指通过观察仪表板上各种仪表的指示情况来判断故障的方法。例如，若发动机运转后，蓄电池充电警报灯常亮，说明电源系统发生故障，如图 8–1–4 所示。

图 8–1–4　仪表法

7. 仪器诊断法

仪器诊断法是指汽车上需要检查的系统具有车载诊断系统（OBD）时，通过专用仪器读取故障码，然后根据故障码的提示进一步查找故障的方法，如图 8–1–5 所示。

图 8–1–5　仪器诊断法

四、汽车线束的维护与修理

1. 拆卸线束的插接器

断开线束的插接器时，必须压下锁止装置，切不可直接猛拉线束，如图 8–1–6 所示。

如果插接器损坏或锈蚀严重，应按照图 8–1–7 所示的方法，用插接器拆卸专用工具自插口端伸入并撬开锁紧环，拉出线头。若插接器锈蚀，可用细砂纸除去锈层；若插接器损坏，应更换。

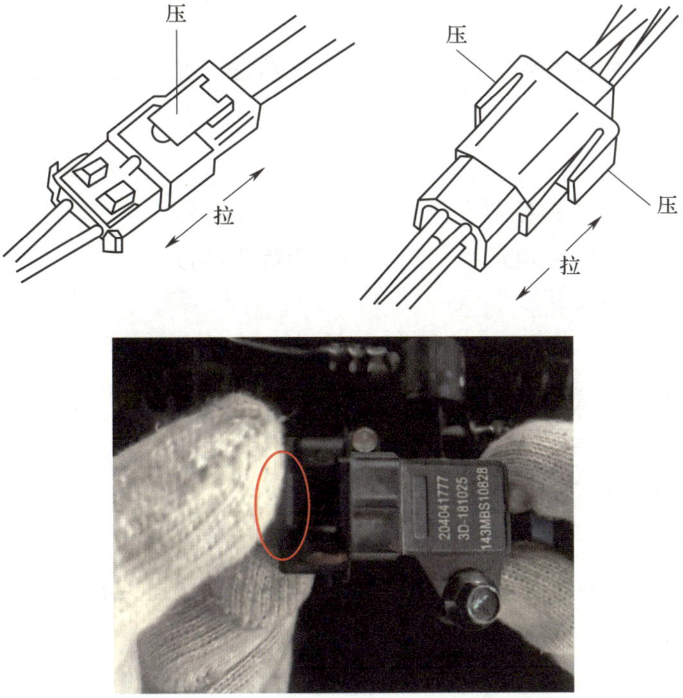

图 8-1-6　插接器的断开方法

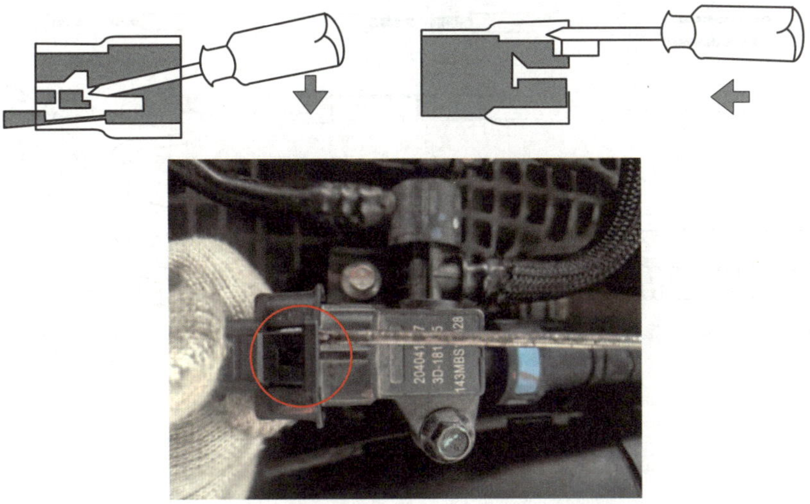

图 8-1-7　插接器的拆卸方法

2. 焊接导线接头

（1）使用剥线钳将导线一端线头剥去一段绝缘层。

（2）选用合适尺寸的套管和导线接头，套上线头。

（3）用压线钳将接头柄部分别与线头绝缘层和线芯夹紧。

（4）用电烙铁加热线芯，用焊锡与接头接触使其熔接，并趁热将套管拉到接头处，接头即可制成，如图 8-1-8 所示。

3. 修复断线

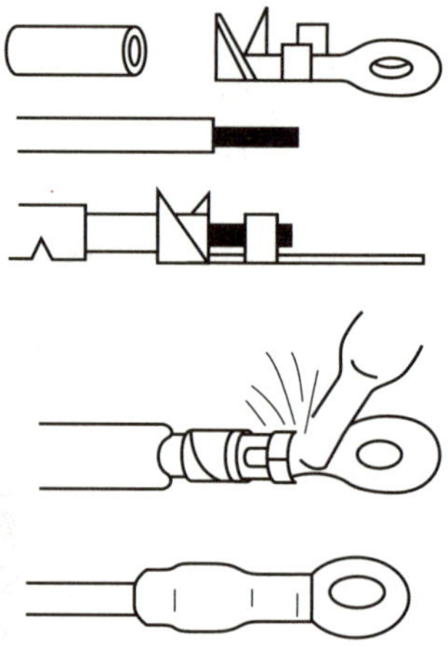
图 8-1-8 导线接头的焊接方法

断线的修复方法包括焊包法、压套法和插接器法，如图 8-1-9 所示。

（1）焊包法

将导线断开处两端线头各剥去一段绝缘层，将两端线芯相互缠绕在一起，然后用电烙铁加热线芯，用焊锡熔接断线，最后用绝缘材料包扎。

（2）压套法

将导线断开处两端线头各剥去一段绝缘层，各自套上套管，将两端线芯重叠在一起，然后将套管移至两端线芯重叠处，并在套管上加压压紧，最后用绝缘材料包扎。

（3）插接器法

将导线断开处两端线头各剥去一段绝缘层，按照制作插接器的方法制作一个新的插接器，并将插接器接上。

若导线严重损坏或烧毁，可用新线重新连接，并将新敷设的导线与原线束包扎成一体。注意：被接导线两端的颜色要一致。

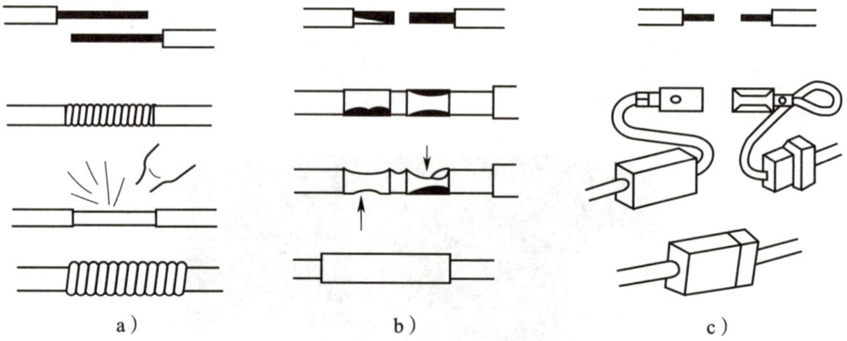

图 8-1-9 断线的修复方法

a）焊包法 b）压套法 c）插接器法

任务实施

一、任务准备

1. 设备：实训车辆、工具车、零件车、工作台等。
2. 工具：常用工具、电烙铁、热风枪、剥线钳、万用表等。
3. 资料：维修手册、工作页。

二、操作步骤

汽车线束维护与修理见表 8–1–1。

表 8–1–1　　　　　　　　　　汽车线束维护与修理

图示	说明
	1. 安装车辆防护用品
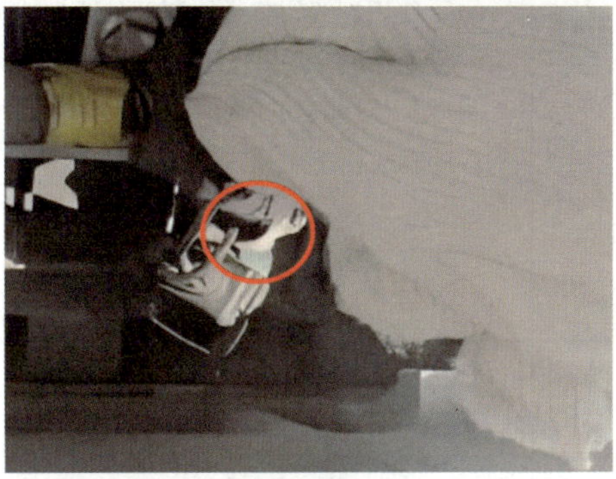	2. 检查车辆上的线束 检查喷油器线束是否松动、锈蚀、老化、断裂
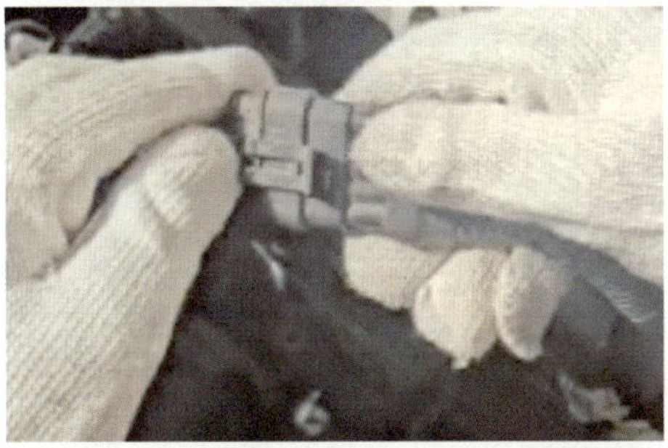	3. 断开线束的插接器 （1）断开喷油器线束总插接器 左手拇指按压插接器锁止装置，右手拔下插接器 注意：切不可猛拉线束
	（2）采用同样的方法断开四个喷油器的分插接器

续表

图示	说明
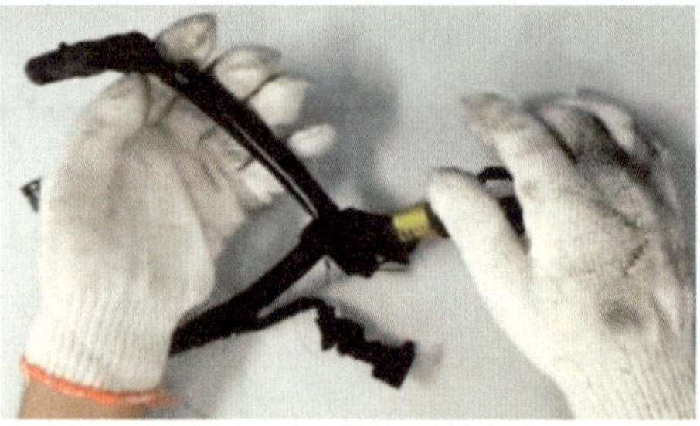	（3）再次检查喷油器线束是否锈蚀、老化、断裂，各插接器是否锈蚀、损坏
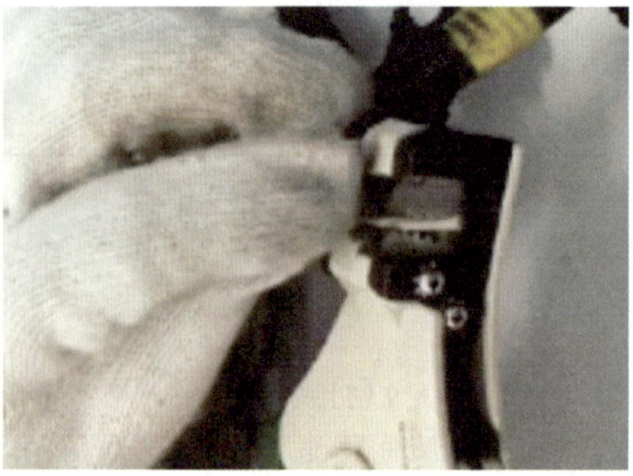	4. 连接新导线 （1）使用剥线钳将导线断开处两端线头各剥去一段绝缘层，露出长约 1.5 cm 的铜线芯 提示：使用剥线钳时，应根据线径大小选择对应的剥线孔
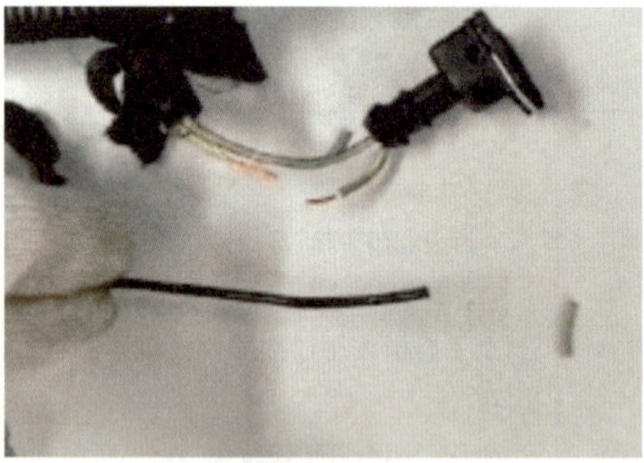	（2）选择与原导线颜色和线径大小相同的导线，裁剪合适长度，并使用剥线钳处理新导线的两端线头
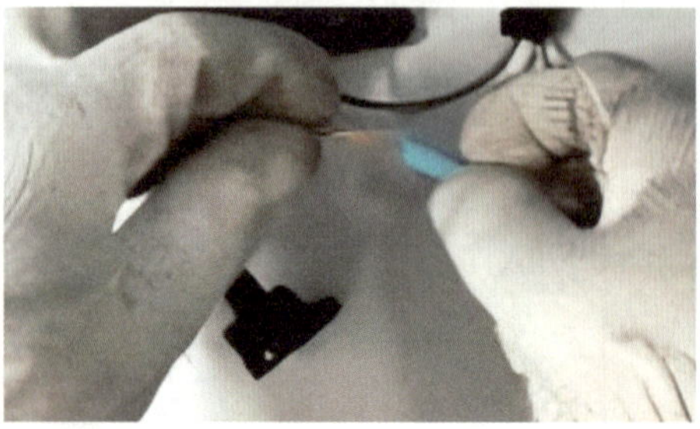	（3）安装套管

续表

图示	说明
	（4）将新导线的两端铜线芯部分分别与原导线断开处两端铜线芯部分相连，并缠绕紧实
	5. 焊接线束 （1）接通电烙铁电源开关，调节电烙铁温度为 200 ~ 300 ℃
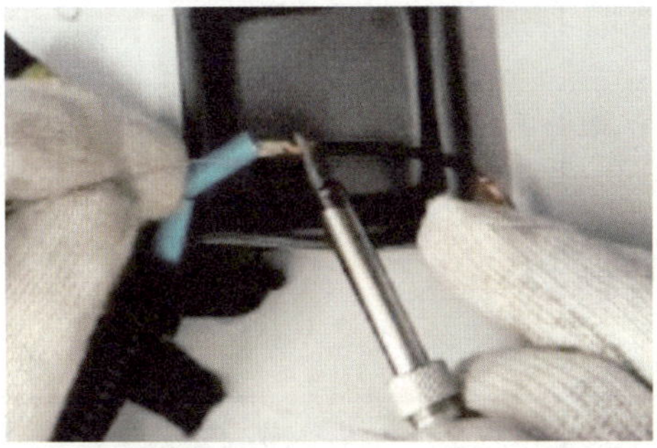	（2）焊接原导线与新导线连接处
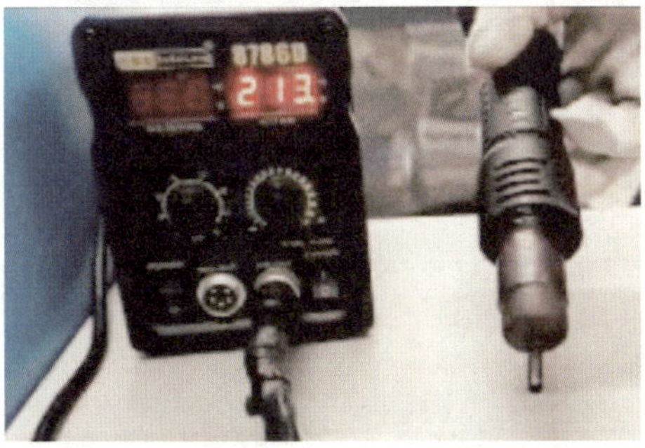	（3）接通热风枪电源开关，调节热风枪温度为 150 ~ 220 ℃

续表

图示	说明
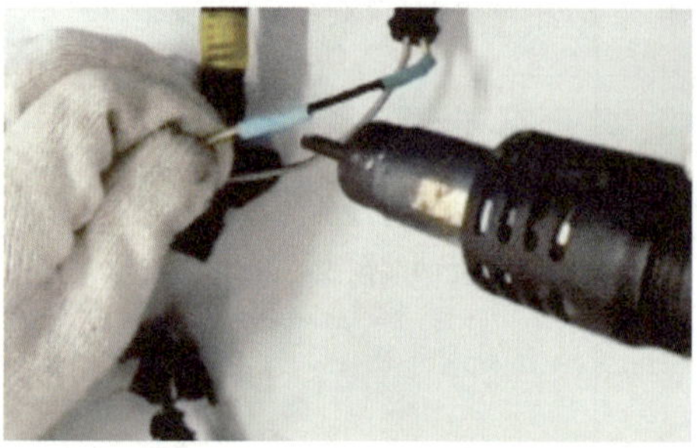	（4）将预热好的热风枪对准套管将其定型 提示：注意把握热风枪与套管的距离和定型时间
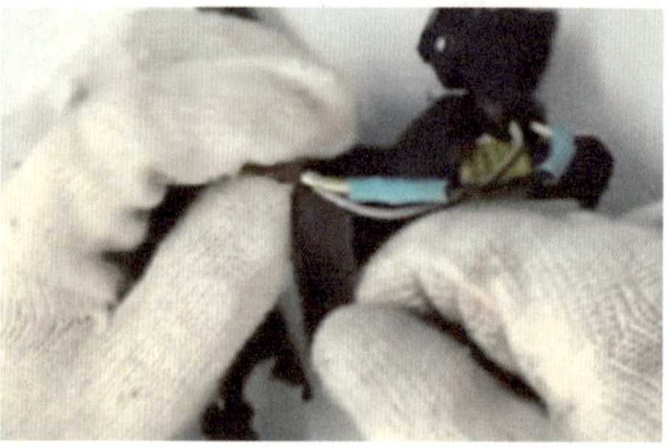	6. 包扎线束 使用绝缘胶带包扎维修后的线束，包扎要紧实
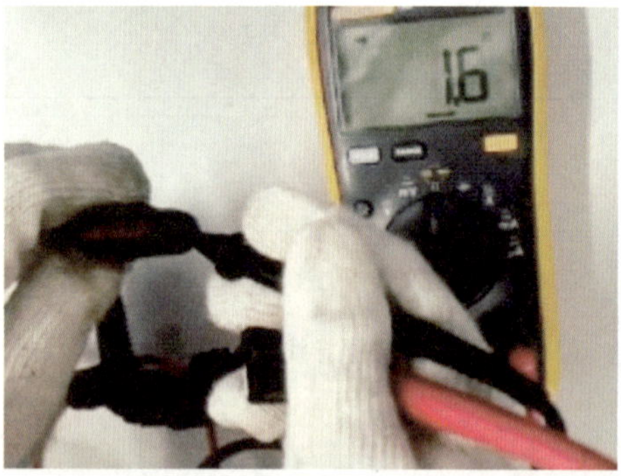	7. 检测线束 使用万用表检测维修后的线束是否导通
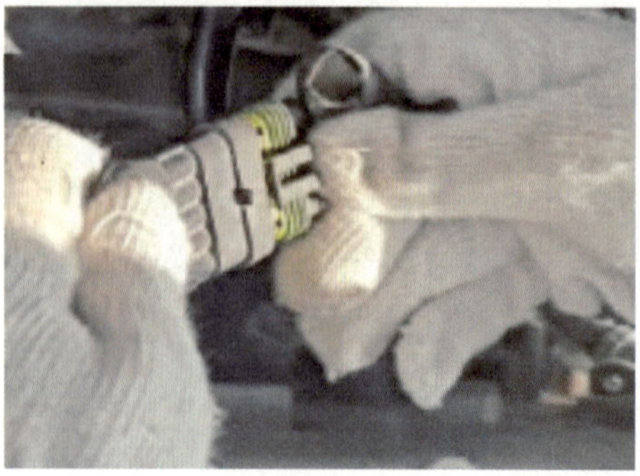	8. 安装线束 将维修后的喷油器线束装回汽车上

续表

图示	说明
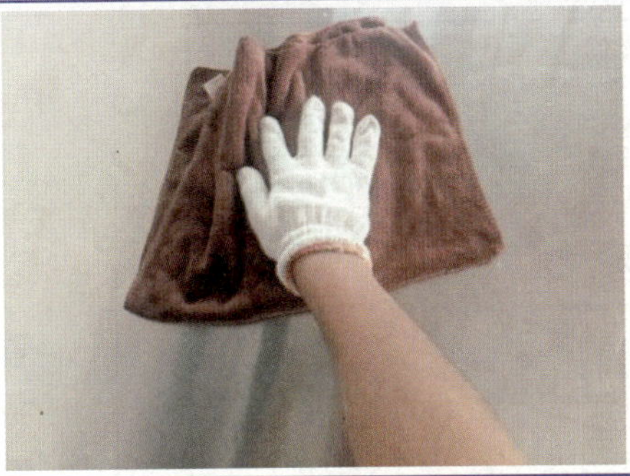	9. 按照“8S”管理规定整理实训场地

任务 2　比亚迪汽车电路图分析

学习目标

1. 能描述比亚迪汽车电路图册的组成。

2. 能认知比亚迪汽车电路图的图形符号。

3. 能以小组合作方式，在教师指导下，识读、分析比亚迪汽车电动车窗电路图，遵循“8S”管理规定。

任务描述

一辆比亚迪汽车进厂维修，班组长检查后，初步判断为电动车窗电路故障。现班组长安排你采用小组合作的方式，通过查阅维修手册等资料，在规定时间内完成比亚迪汽车电动车窗电路图识读与分析的任务。

相关知识

一、比亚迪汽车电路图册的组成

比亚迪汽车电路图册一般由电器件位置分布图，继电器、保险丝位置分布图，线束图，电器原理图，组件位置，系统框图，系统概述，诊断流程，故障症状表，终端诊断，全面诊断流程，拆卸与安装等组成，见表 8-2-1。

表 8-2-1　　比亚迪汽车电路图册的组成

序号	图示	说明
1	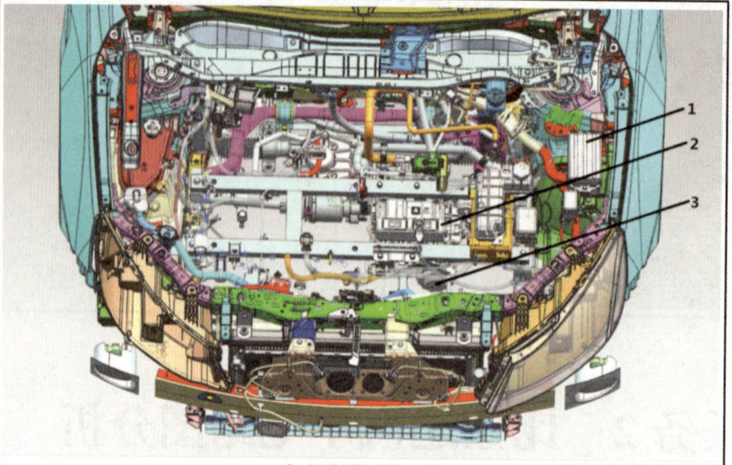 ● 电器件位置分布图 1（前舱） 1-前舱配电盒、2-PTC、3-电动压缩机	电器件位置分布图
2	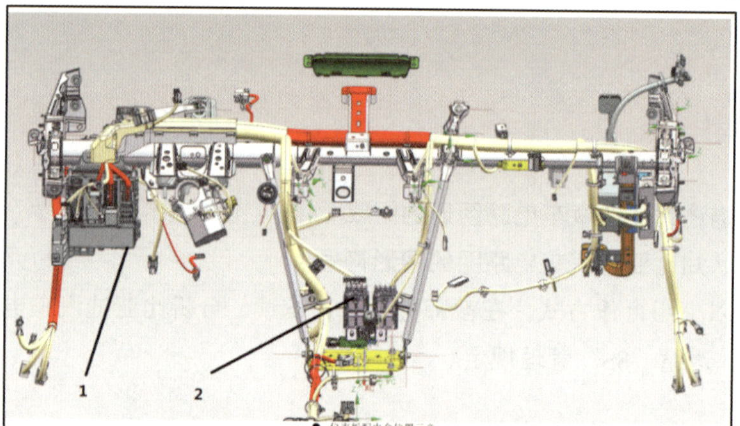 ● 仪表板配电盒位置示意 1-仪表板配电盒　2-仪表外挂继电器	继电器、保险丝位置分布图
3	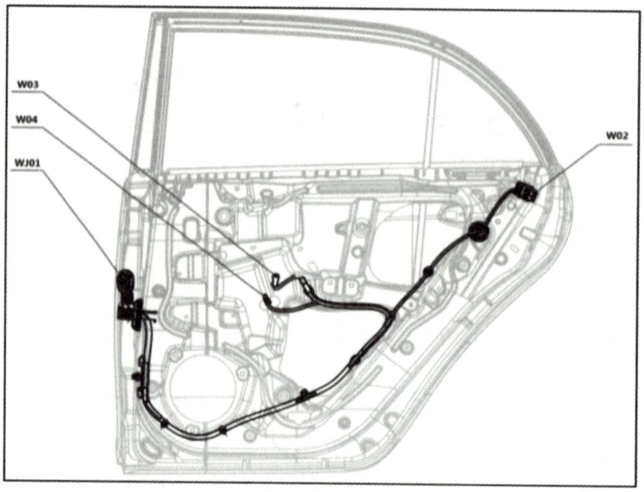	线束图

续表

<table>
<tr><th>序号</th><th>图示</th><th>说明</th></tr>
<tr><td>4</td><td>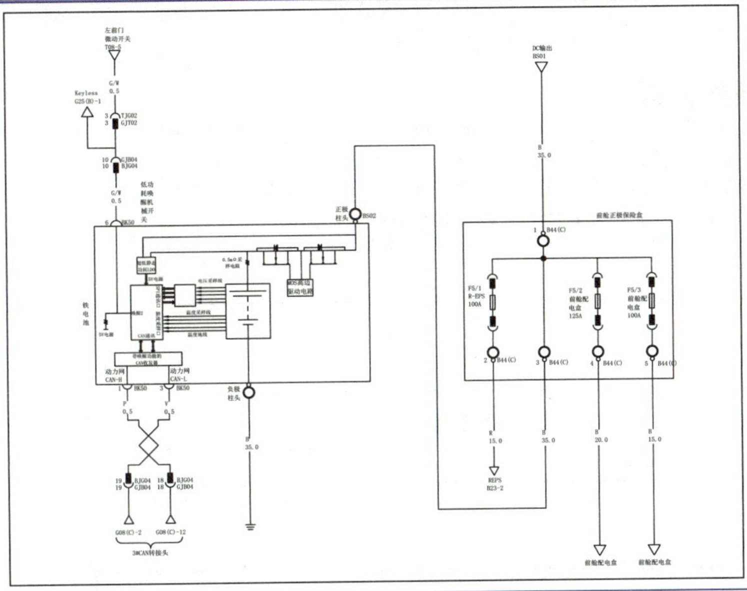</td><td>电器原理图</td></tr>
<tr><td>5</td><td></td><td>组件位置</td></tr>
<tr><td>6</td><td>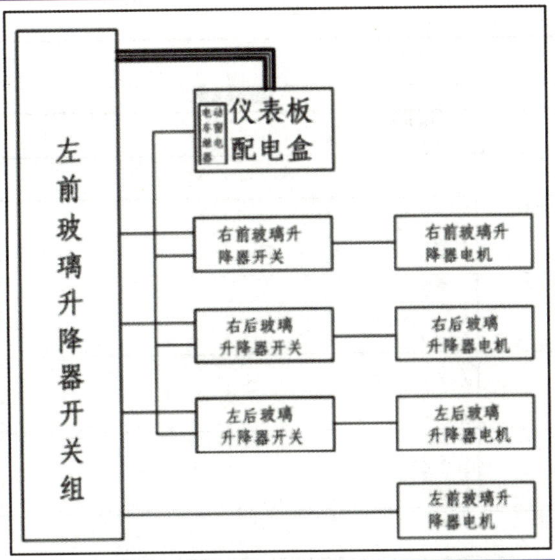
</td><td>系统框图</td></tr>
</table>

续表

<table>
<tr><th>序号</th><th>图示</th><th>说明</th></tr>
<tr><td>7</td><td>系统概述
电动车窗系统通过操作车门饰板上的开关来使车窗升降，驾驶员座椅位置上通过左前门玻璃升降器开关装饰板上的主开关来操作各车窗的开关。电动车窗闭锁开关位于驾驶员侧前门饰板上，它可以使驾驶员禁用所有乘客车窗开关。只有当启动按钮</td><td>系统概述</td></tr>
<tr><td>8</td><td>诊断流程
1 把车辆开入维修车间
用户所述故障分析：向用户询问车辆状况和故障产生时的环境。
下一步
2 检查蓄电池电压
标准电压：
11 至 14V
如果电压低于 11V，在转至下一步前对蓄电池充电或更换蓄电池。
下一步
3 参考故障症状表
<table><tr><td>结果</td><td>进行</td></tr><tr><td>故障不在故障症状表中</td><td>A</td></tr><tr><td>故障在故障症状表中</td><td>B</td></tr></table>B 转到第 5 步</td><td>诊断流程</td></tr>
<tr><td>9</td><td>故障症状表
<table><tr><th>故障描述</th><th>可能发生部位</th></tr><tr><td>整个窗控系统不工作</td><td>左前玻璃升降器开关组配电
玻璃升降器电机电源电路</td></tr><tr><td>只有左前玻璃升降器可以动作，其他玻璃升降器均无法动作</td><td>左前玻璃升降器开关组
线束</td></tr><tr><td>左前车窗开关无法控制左前车窗升降</td><td>1. 保险
2. 左前车窗电机
3. 左前车窗开关
4. 线束</td></tr><tr><td>右前车窗开关无法控制右前车窗升降</td><td>1. 保险
2. 右前车窗电机
3. 右前车窗开关
4. 线束</td></tr><tr><td>左后车窗开关无法控制左后车窗升降</td><td>1. 保险
2. 左后车窗电机
3. 左后车窗开关
4. 线束</td></tr><tr><td>右后车窗开关无法控制右后车窗升降</td><td>1. 保险
2. 右后车窗电机
3. 右后车窗开关
4. 线束</td></tr></table></td><td>故障症状表</td></tr>
</table>

续表

<table>
<tr><th>序号</th><th>图示</th><th>说明</th></tr>
<tr><td>10</td><td>

终端诊断

1. 检查左前车窗开关

(a) 拔下左前车窗开关 T05 连接器。

(b) 测量线束端连接器各端子间电压或电阻。

T05

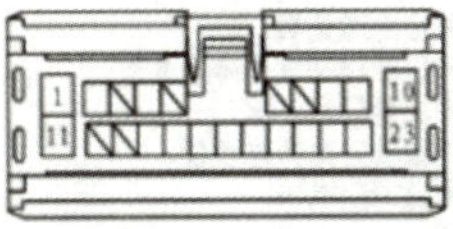

正常：

<table>
<tr><th>端子号</th><th>线色</th><th>端子描述</th><th>条件</th><th>正常值</th></tr>
<tr><td>T05-14 车身地</td><td>Y</td><td>ON 档电</td><td>电源上到 ON 档电</td><td>11~14V</td></tr>
<tr><td>T05-19-车身地</td><td>W/R</td><td>常电</td><td>始终</td><td>11~14V</td></tr>
<tr><td>T05-8-车身地</td><td>W/G</td><td>电动车窗继电器</td><td>始终</td><td>11~14V</td></tr>
<tr><td>T05-9-车身地</td><td>B</td><td>地</td><td>始终</td><td>小于 1V</td></tr>
<tr><td>T05-10-车身地</td><td>W/B</td><td>搭铁</td><td>始终</td><td>小于 1V</td></tr>
</table>

提示：

如果测试结果与所给正常值不符，则可能相应的线束有故障。

(c) 接上接插件 T05,从后端引线测量板端端子电压。

</td><td>终端诊断</td></tr>
<tr><td>11</td><td>

全面诊断流程

左前玻璃升降器开关组配电

描述：

窗控系统电源从仪表板配电盒引出。

电路图 aaaaaa

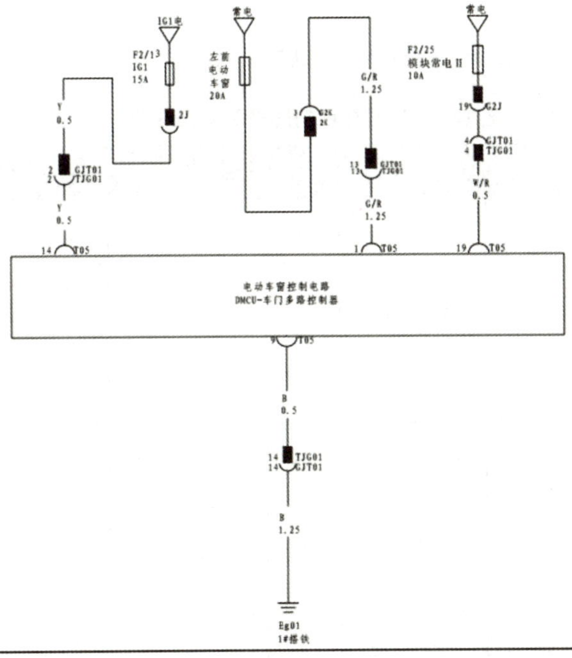

</td><td>全面诊断流程</td></tr>
</table>

续表

序号	图示	说明
12	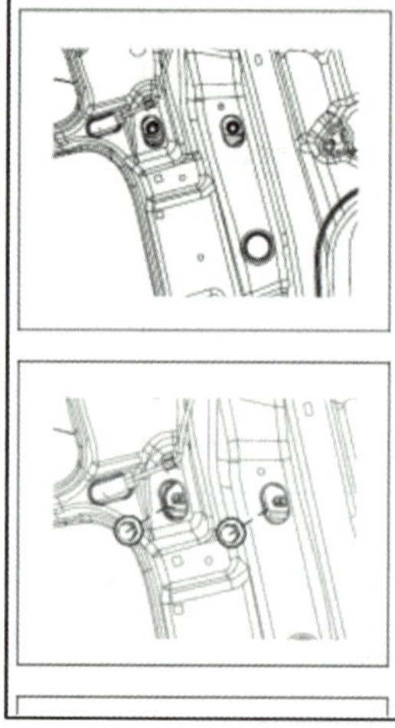 **拆卸与安装** **玻璃升降器拆装** **拆卸** **1. 断开蓄电池负极。** **2. 拆卸左前门玻璃升降器开关。** **3. 拆卸左前门内护板。** **4. 断开玻璃升降器连接器。** **5. 拆卸左前门玻璃。** （a）将左前门玻璃升降器开关接上，调节玻璃高度，从图示两个孔内可以看到玻璃安装点。 （b）用 10#套筒拆卸两个固定螺栓。 （c）拆卸左前玻璃导轨。 （d）拆卸玻璃。 **6. 拆卸左前门玻璃升降器。** （a）用 10#套筒拆卸 7 个固定螺栓。	拆卸与安装

二、比亚迪汽车电路图的图形符号

比亚迪汽车电路图常用的图形符号及含义见表 8-2-2。

表 8-2-2　　　　比亚迪汽车电路图常用的图形符号及含义

序号	图形符号	含义	序号	图形符号	含义
1	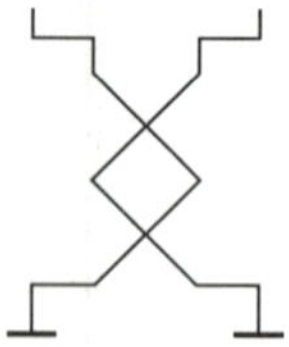	CAN 线	3	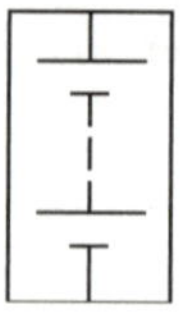	蓄电池
2		保险丝	4		插接器

续表

序号	图形符号	含义	序号	图形符号	含义
5	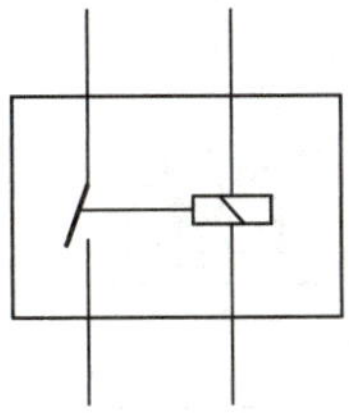	继电器	14		安全气囊游丝
6		搭铁	15	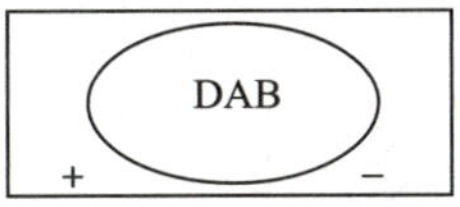	主驾驶安全气囊
7	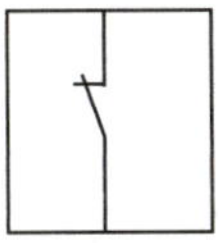	开关	16	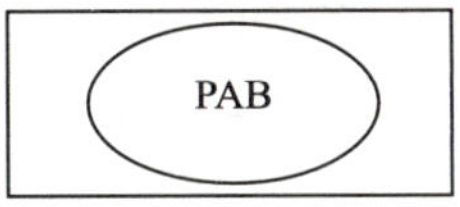	副驾驶安全气囊
8	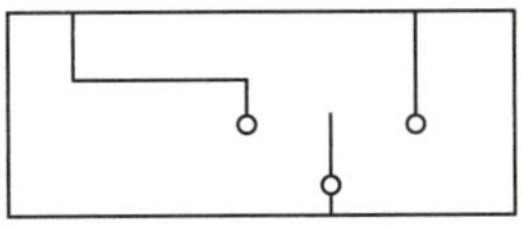	门锁开关	17	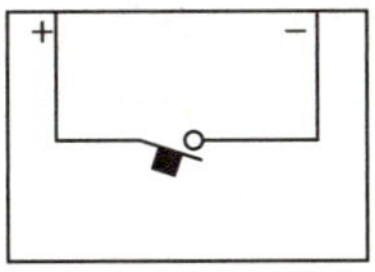	碰撞传感器
9	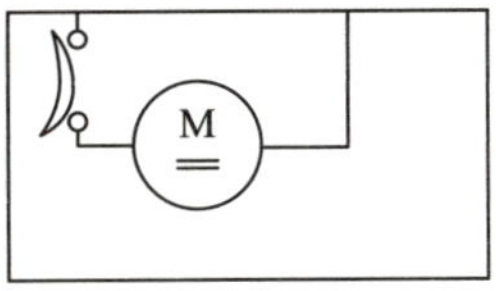	门锁电动机	18	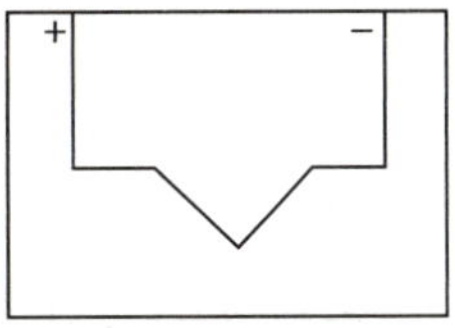	安全带预紧器
10	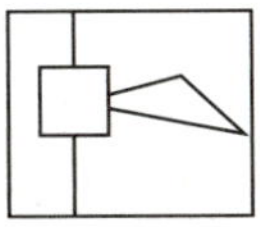	电喇叭	19	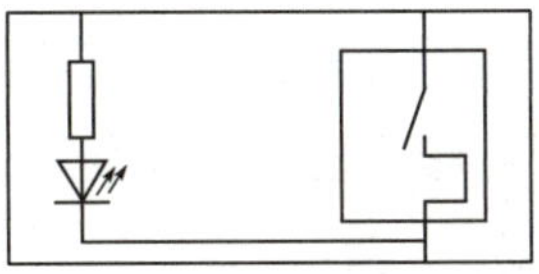	点烟器
11	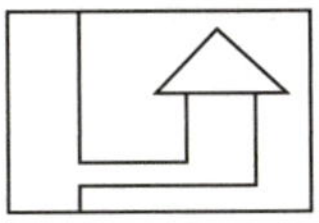	报警器	20	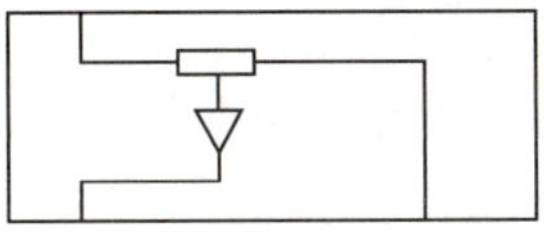	压力传感器
12	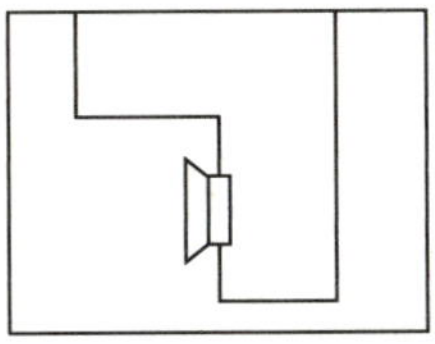	扬声器	21		后风窗加热丝
13	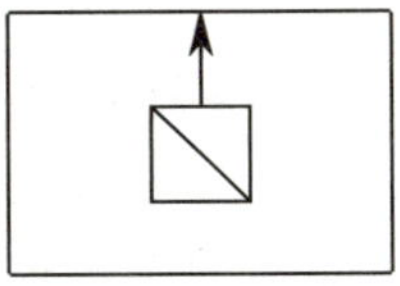	车内钥匙接收天线	22	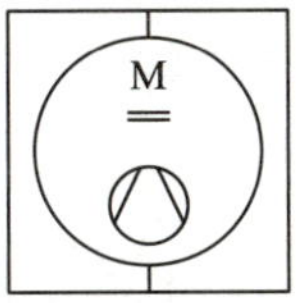	鼓风机

续表

序号	图形符号	含义	序号	图形符号	含义
23	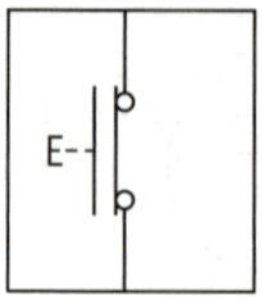	按压开关	26	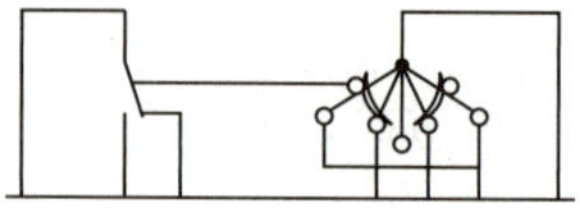	电动车窗开关
24	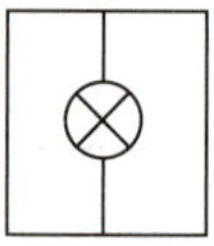	灯泡	27	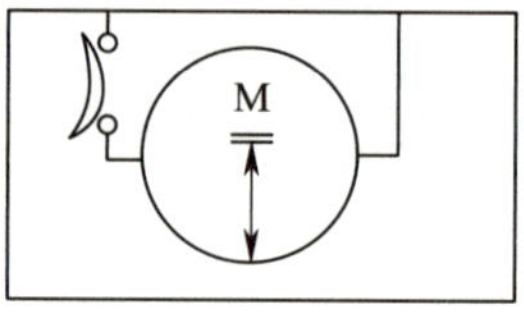	电动车窗电动机
25	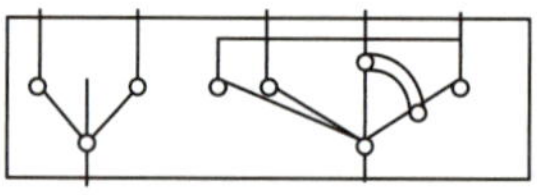	灯光开关和变光开关	28		天线

任务实施

一、任务准备

1. 设备：实训车辆（以比亚迪 E5 为例）、工具车、零件车、工作台等。
2. 工具：常用工具、手电筒等。
3. 资料：维修手册、工作页。

二、操作步骤

图 8–2–1 所示为比亚迪汽车右前电动车窗电路图。

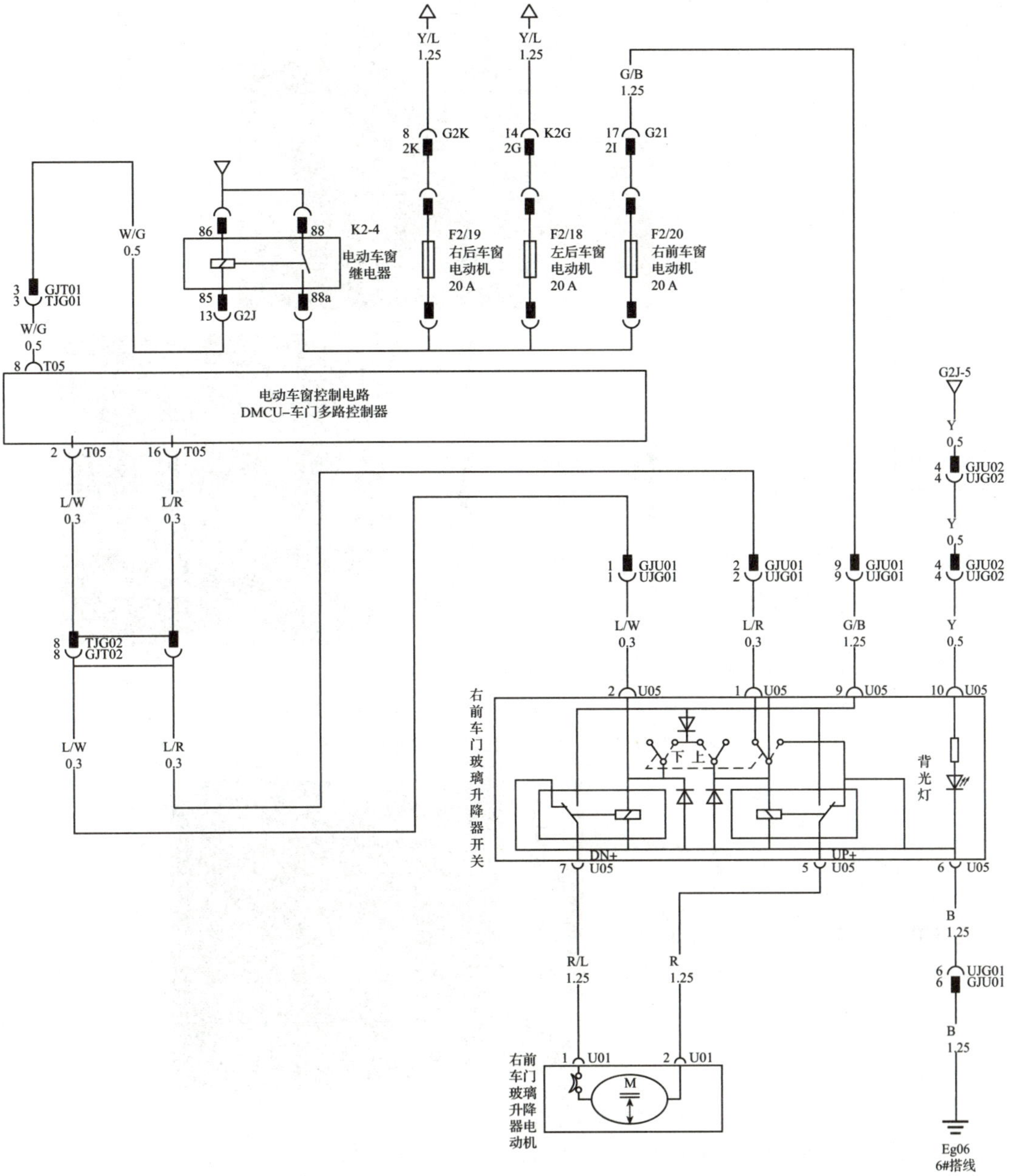

图 8-2-1　比亚迪汽车右前电动车窗电路图

比亚迪汽车电动车窗电路图识读与分析见表 8-2-3。

表 8-2-3　　　　比亚迪汽车电动车窗电路图识读与分析

步骤	图示和说明
1. 安装车辆防护用品	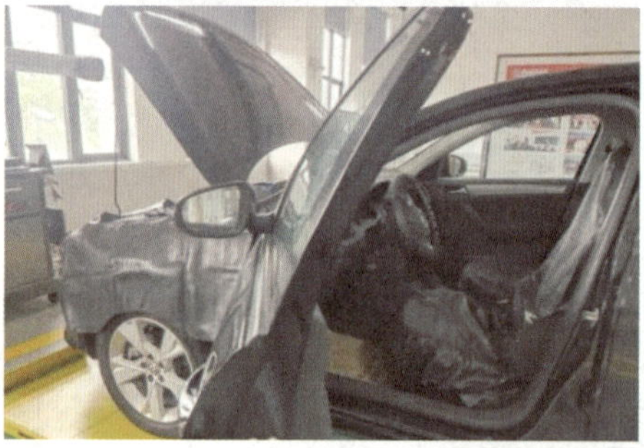
2. 分别在电路图和车辆上查找 K2-4 电动车窗继电器	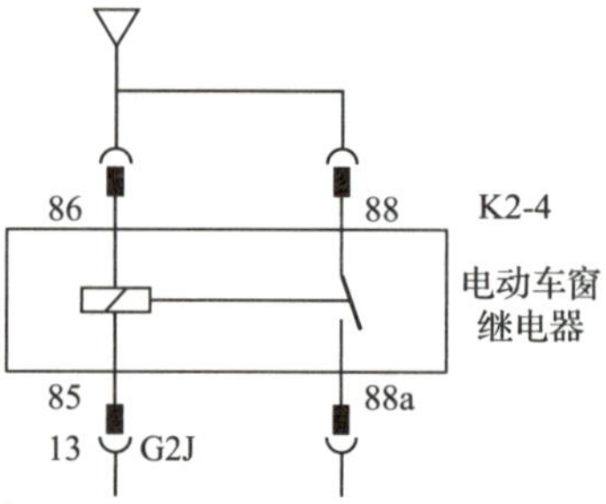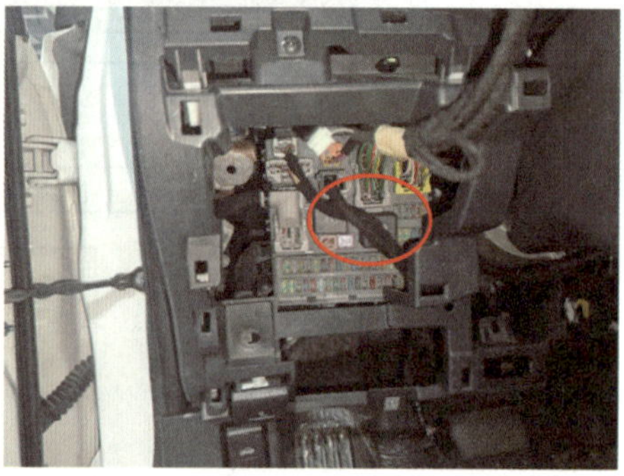 K2-4 电动车窗继电器在仪表板下方保险丝盒内 K2-4 电动车窗继电器 86、88 号端子由点火开关供电，85 号端子为控制端，88a 号端子为电源输出端，输出 12 V 电压通过 F2/20 保险丝和 G21 插接器的 17 号端子连接右前车门玻璃升降器开关的 U05/9 端子
3. 分别在电路图和车辆上查找 F2/20 保险丝	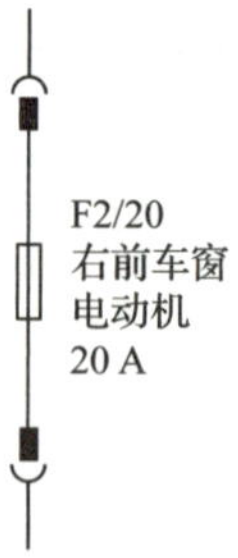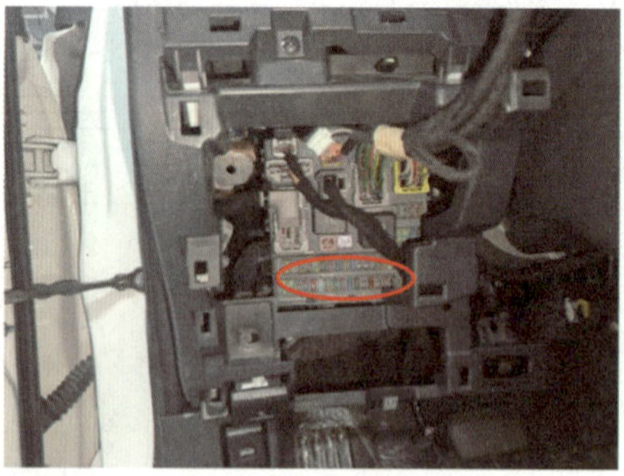 F2/20 保险丝在仪表板下方保险丝盒内 F2/20 保险丝连接 K2-4 电动车窗继电器为电动车窗控制开关供电
4. 分别在电路图和车辆上查找电动车窗控制器	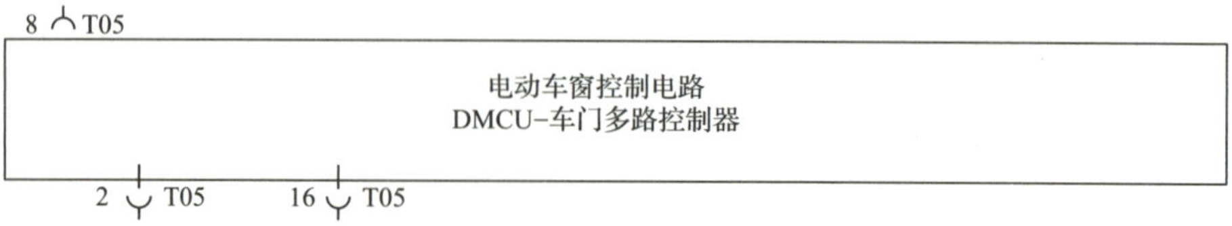

续表

步骤	图示和说明
	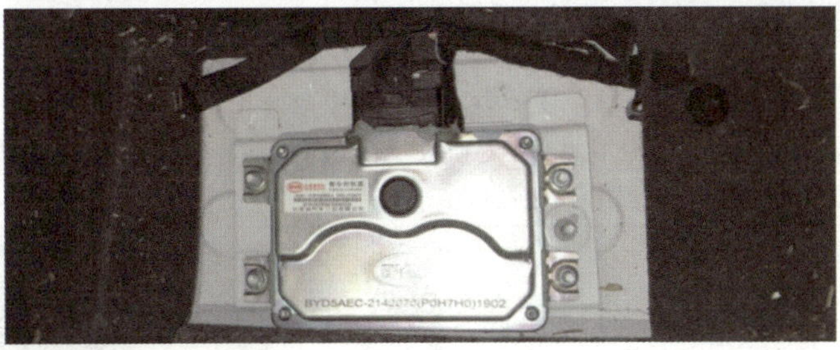 电动车窗控制器在副驾驶座椅下方 电动车窗控制器通过 T05/8 端子控制 K2-4 电动车窗继电器，T05/2 端子控制右前车门玻璃上升，T05/16 端子控制右前车门玻璃下降
5. 分别在电路图和车辆上查找右前车门玻璃升降器开关	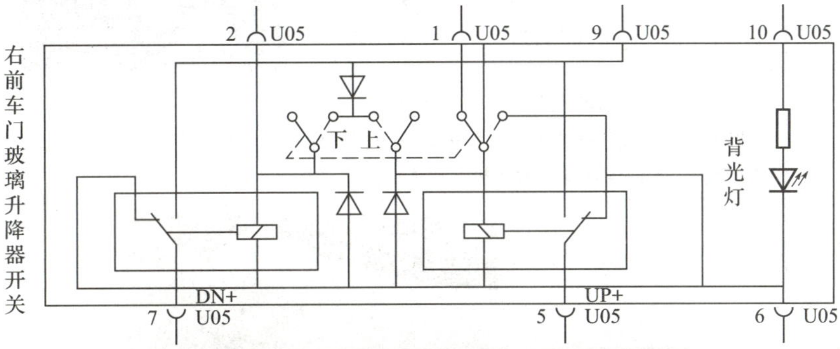  右前车门玻璃升降器开关在右前车门把手附近 当向上按右前车门玻璃升降器开关时，右侧 UP+（上升）继电器吸合，通过 U05/5 端子输出电压经右前车门玻璃升降器电动机后连接 U05/7 端子，通过左侧 DN+(下降）继电器与搭铁点导通形成回路；当向下按右前车门玻璃升降器开关时，左侧 DN+（下降）继电器吸合，通过 U05/7 端子输出电压经右前车门玻璃升降器电动机后连接 U05/5 端子，通过右侧 UP+（上升）继电器与搭铁点导通形成回路
6. 分别在电路图和车辆上查找右前车门玻璃升降器电动机	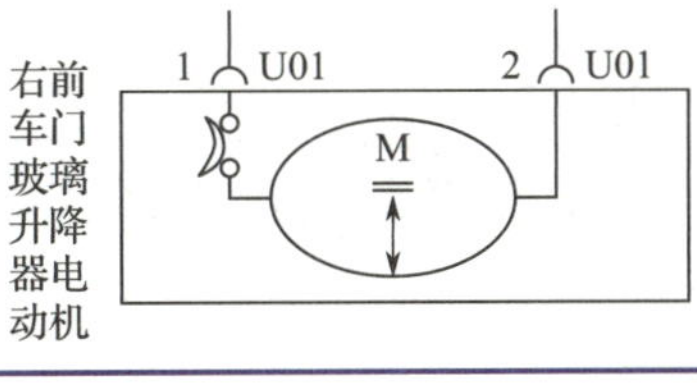 

续表

步骤	图示和说明
	右前车门玻璃升降器电动机在右前车门内 右前车门玻璃升降器电动机通过 U01 插接器连接电路，当 U01/1 端子接右前车门玻璃升降器开关 U05/7 端子与搭铁点导通时，右前车门玻璃升降器电动机正转，右前车门玻璃上升；反之，当 U01/2 端子接右前车门玻璃升降器开关 U05/5 端子与搭铁点导通时，右前车门玻璃下降。右前车门玻璃升降器电动机设有熔断器用于保护电路
7. 分别在电路图和车辆上查找电动车窗电路搭铁点	 Eg06 6#搭线 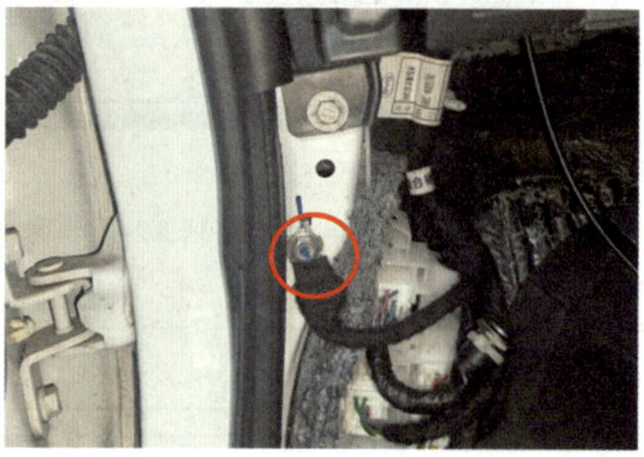 电动车窗电路搭铁点在左前车门 A 柱下方 将蓄电池负极和交流发电机负极与汽车车架相连，使汽车所有电气设备通过一根线连接车身（搭铁），另一根线连接蓄电池正极，构成回路
8. 按照“8S”管理规定整理实训场地	

任务 3　大众汽车电路图分析

学习目标

1. 能描述大众汽车电路图册的组成。

2. 能认知大众汽车电路图的图形符号。

3. 能以小组合作方式，在教师指导下，识读、分析大众汽车电源系统电路图，遵循“8S”管理规定。

任务描述

一辆大众汽车进厂维修，班组长检查后，初步判断为汽车电源系统电路故障。现班组长安排你采用小组合作的方式，通过查阅维修手册等资料，在规定时间内完成大众汽车电源系统电路图识读与分析的任务。

相关知识

一、大众汽车电路图册的组成

大众汽车电路图册一般由系统电路图、接地点位置、保险丝位置、继电器位置、控制单元位置、插头接线板和对接插头位置等组成，见表 8-3-1。

表 8-3-1　　大众汽车电路图册的组成

序号	图示	说明
1	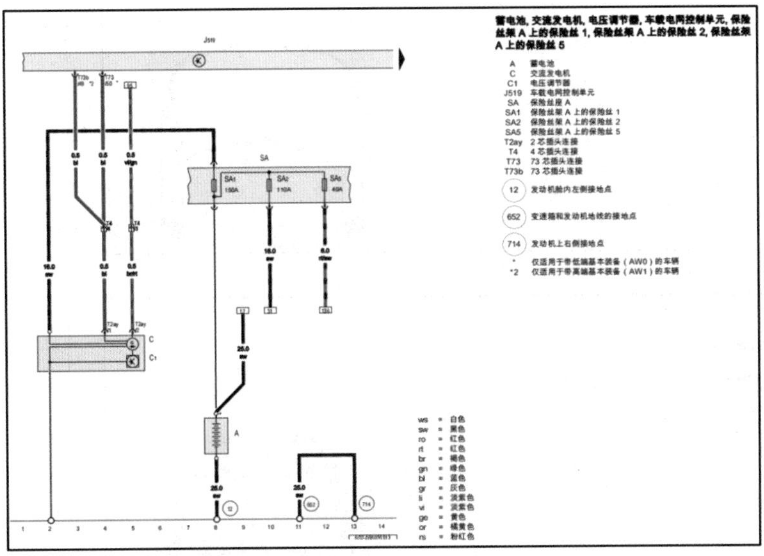	系统电路图

续表

<table>
<tr><th>序号</th><th>图示</th><th>说明</th></tr>
<tr><td>2</td><td>
1 接地点
1.1 发动机舱内接地点一览
1 - (15) 气缸盖上的接地点
❑ 拧紧力矩：15 Nm
❑ 安装位置 ⇒ 页 2
2 - (652) 变速箱和发动机地线的接地点
❑ 拧紧力矩：20 Nm
❑ 安装位置 ⇒ 页 2
3 - (714) 发动机上右侧接地点
❑ 拧紧力矩：20 Nm
❑ 安装位置 ⇒ 页 2
4 - (13) 发动机舱内右侧接地点
❑ 拧紧力矩：9 Nm
❑ 安装位置 ⇒ 页 3
5 - (640) 接地点 2-，在发动机舱内左侧
❑ 拧紧力矩：9 Nm
❑ 安装位置 ⇒ 页 3
6 - (641) 接地点 3-，在发动机舱内左侧
❑ 拧紧力矩：9 Nm
❑ 安装位置 ⇒ 页 3
7 - (12) 发动机舱内左侧接地点
❑ 拧紧力矩：20 Nm
❑ 安装位置 ⇒ 页 3
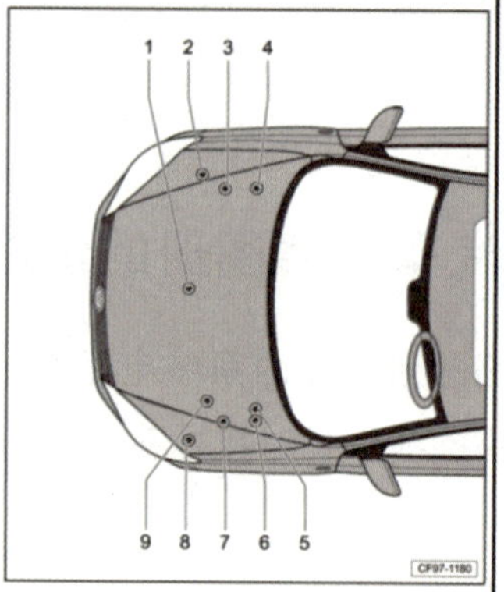

</td><td>接地点位置</td></tr>
<tr><td>3</td><td>
1 保险丝
1.1 保险丝 (SA)、(SB)、(SC) 一览
1 - 保险丝架 A 上的保险丝(SA)
❑ 保险丝架安装位置 ⇒ 页 2
❑ 保险丝位置分配 ⇒ 页 2
2 - 保险丝架 B 上的保险丝(SB)
❑ 保险丝架安装位置 ⇒ 页 4
❑ 保险丝位置分配 ⇒ 页 4
3 - 保险丝架 C 上的保险丝(SC)
❑ 保险丝架 C 的安装位置 ⇒ 页 6
❑ 保险丝位置分配 ⇒ 页 7
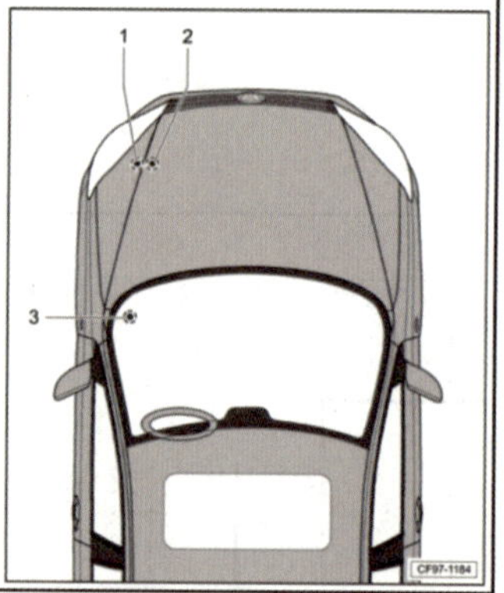

</td><td>保险丝位置</td></tr>
<tr><td>4</td><td>
1 继电器
1.1 继电器支架一览
1 - 仪表板左下方的继电器支架
❑ 侧仪表板左下方
❑ 继电器位置分配 ⇒ 页 2
2 - 蓄电池上的继电器支架
❑ 发动机舱内左侧
❑ 继电器位置分配 ⇒ 页 4
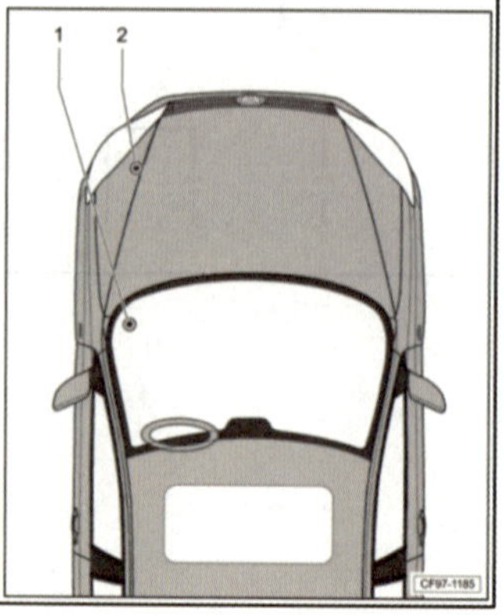

</td><td>继电器位置</td></tr>
</table>

续表

序号	图示	说明
5	1　控制单元 1.1　控制单元一览 1 - 安全气囊控制单元 -J234- ❑ 安装位置 ⇒ 页 2 ❑ 插头分布 ⇒ 页 3 2 - 新鲜空气鼓风机控制单元 -J126- ❑ 安装在副驾驶员侧脚部空间内的暖风装置和空调上 ❑ 插头分布 ⇒ 页 10 3 - 右前车窗升降器控制单元 -J296- ❑ 安装在副驾驶员车门内 ❑ 插头分布 ⇒ 页 6 4 - 全自动空调控制单元 -J255- / 空调器控制单元 -J301- ❑ 全自动空调控制单元 ⇒ 页 4 ❑ 空调控制单元 ⇒ 页 5 5 - 组合仪表 -K- / 组合仪表中的控制单元 -J285- / 防盗锁止系统控制单元 -J362- ❑ 插头分布 ⇒ 页 7 6 - 右后车窗升降器控制单元 -J298- ❑ 安装在右后车门内 ❑ 插头分布 ⇒ 页 9 7 - 外翻式滑动天窗控制单元 -J245- ❑ 安装在滑动天窗前部中间 ❑ 插头分布 ⇒ 页 8 8 - 驻车辅助控制单元 -J446- ❑ 在行李箱左侧饰板后部 ❑ 插头分布 ⇒ 页 11 9 - 左后车窗升降器控制单元 -J297- ❑ 安装在左后车门内 ❑ 插头分布 ⇒ 页 12 10 - 转向辅助装置控制单元 -J500- ❑ 安装位置 ⇒ 页 13 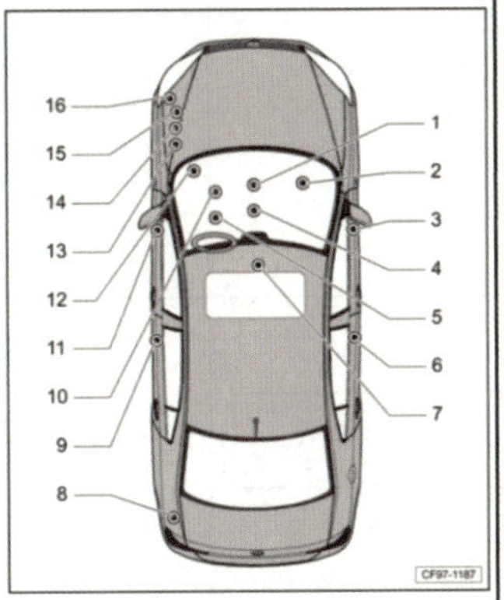 	控制单元位置
6	1　插头接线板和对接插头 1.1　连接插头一览 1 - 阳光照射光电传感器的对接插头，-T4ac- ❑ 安装位置 ⇒ 页 2 2 - 副驾驶员侧 A 柱旁的对接插头，-T28- ❑ 安装位置 ⇒ 页 2 3 - 驾驶员侧 B 柱旁的对接插头，-T28b- ❑ 安装位置 ⇒ 页 3 4 - 副驾驶员侧 B 柱旁的对接插头，-T28c- ❑ 安装位置 ⇒ 页 2 5 - 诊断接口 -U31-，-T16- ❑ 安装位置 ⇒ 页 3 6 - 驾驶员侧 A 柱旁的对接插头，-T28a- ❑ 安装位置 ⇒ 页 3 7 - 发电机对接插头，-T4- ❑ 安装位置 ⇒ 页 4 8 - 发动机对接插头，-T14a- ❑ 安装位置 ⇒ 页 4 9 - 散热器风扇对接插头，-T3a- ❑ 安装位置 ⇒ 页 5 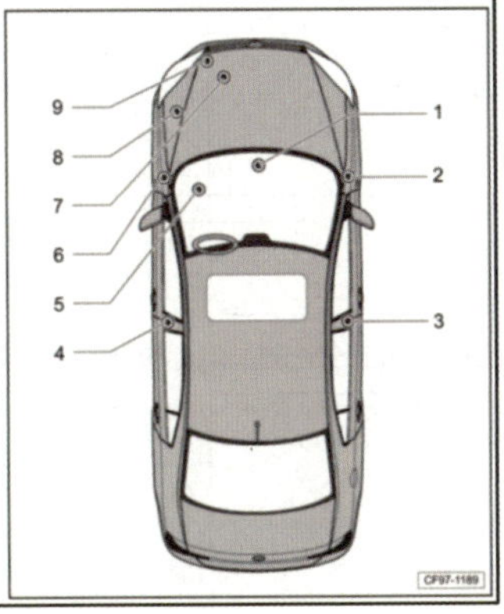 	插头接线板和对接插头位置

二、大众汽车电路图的图形符号

大众汽车电路图常用的图形符号及含义见表 8-3-2。

表 8-3-2　　大众汽车电路图常用的图形符号及含义

序号	图形符号	含义	序号	图形符号	含义
1	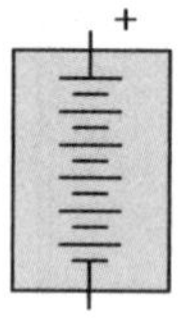	蓄电池	8	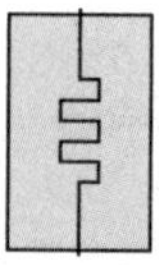	加热电阻丝
2	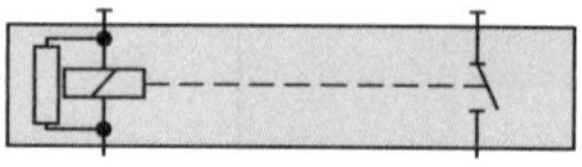	继电器	9	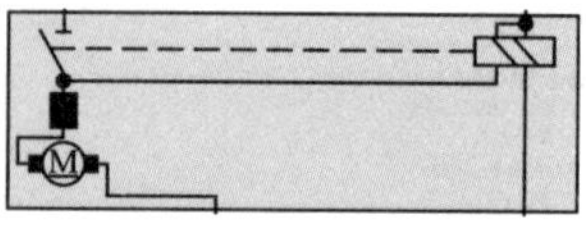	起动机
3	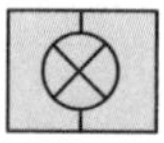	灯泡	10	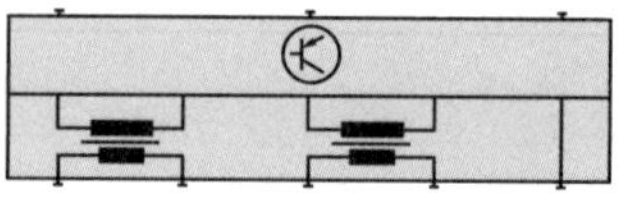	点火线圈
4	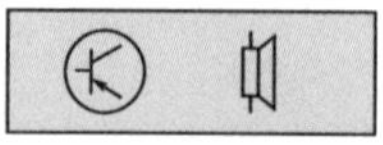	防盗报警装置	11	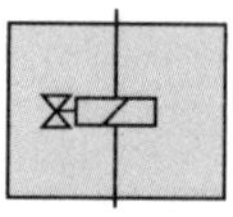	电磁阀
5	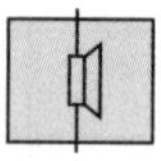	扬声器	12	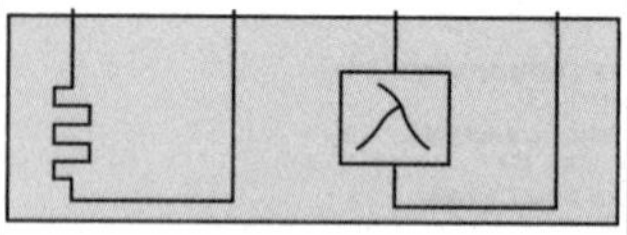	氧传感器
6	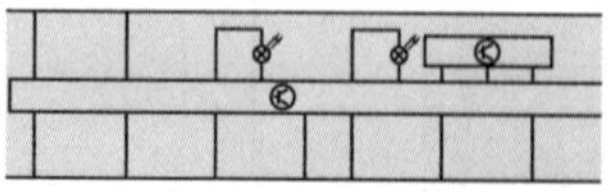	电子控制单元	13	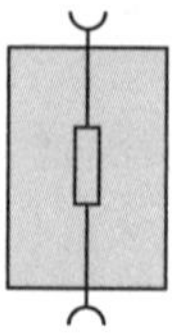	保险丝
7	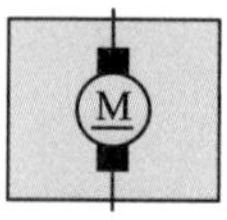	电动机	14	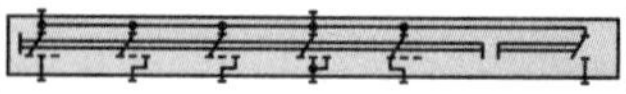	点火开关

续表

序号	图形符号	含义	序号	图形符号	含义
15	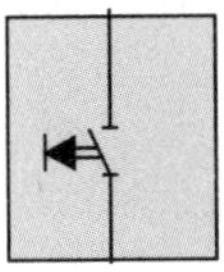	开关	20	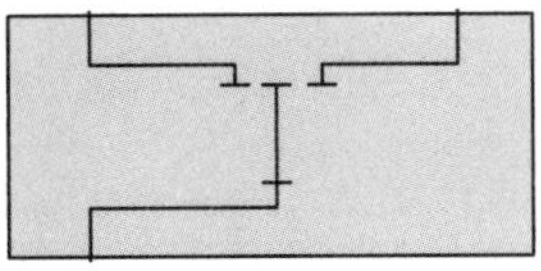	双掷开关
16	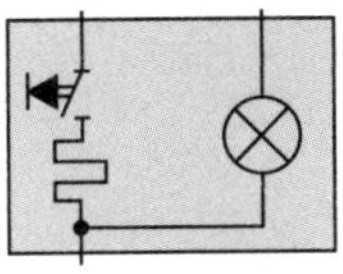	点烟器及其照明灯泡	21	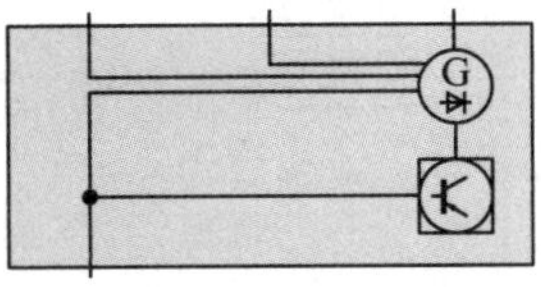	交流发电机
17	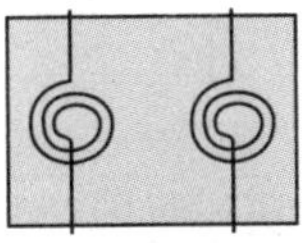	安全气囊卷簧	22		火花塞
18	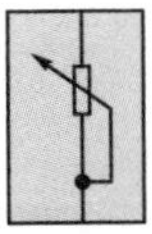	可调电阻器	23	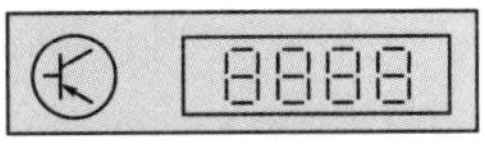	多功能显示器
19	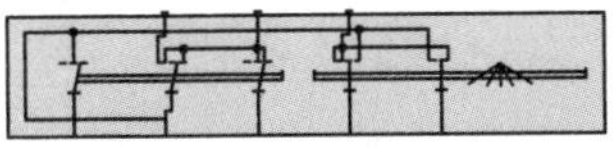	刮水器控制开关	24	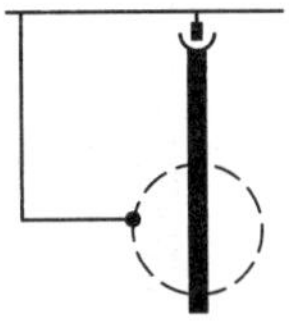	信号屏蔽

任务实施

一、任务准备

1. 设备：实训车辆（以大众捷达为例）、工具车、零件车、工作台等。
2. 工具：常用工具、手电筒等。
3. 资料：维修手册、工作页。

二、操作步骤

图 8-3-1 所示为大众汽车电源系统电路图。

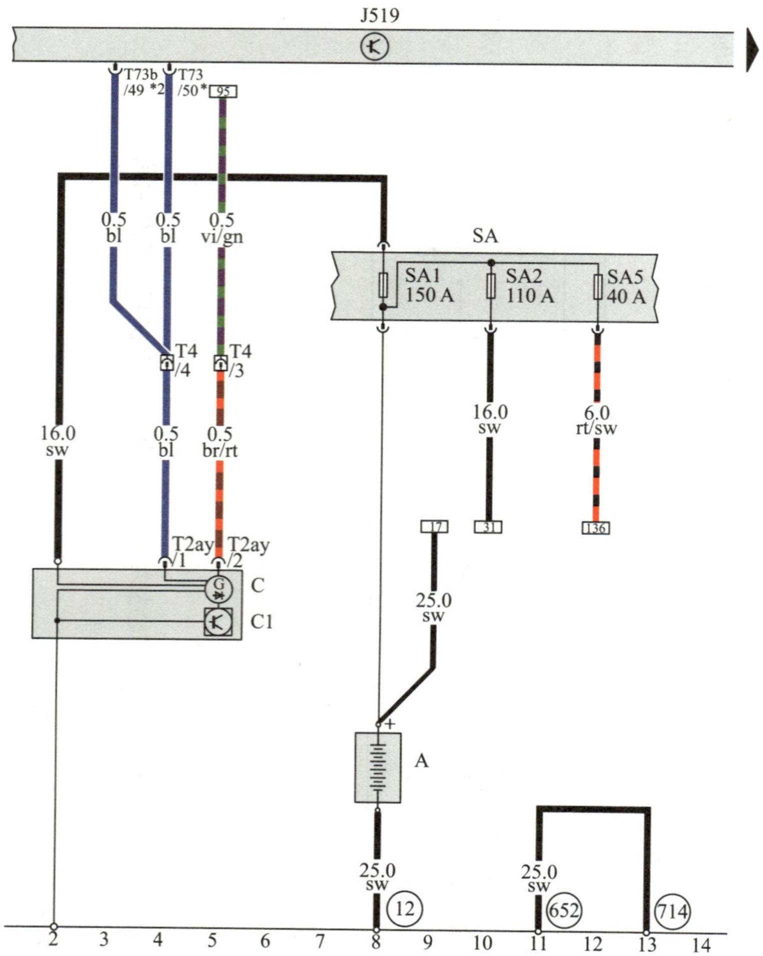

ws=白色
sw=黑色
ro =红色
rt =红色
br =褐色
gn=绿色
bl =蓝色
gr =灰色
li =淡紫色
vi =淡紫色
ge=黄色
or =橘黄色
rs =粉红色

A 蓄电池
C 交流发电机
C1 电压调节器
J519 车载电网控制单元
SA 保险丝架A
SA1 保险丝架A上的保险丝1
SA2 保险丝架A上的保险丝2
SA5 保险丝架A上的保险丝5
T2ay 2 芯插头连接
T4 4 芯插头连接
T73 73 芯插头连接
T73b 73 芯插头连接

(12) 发动机舱内左侧接地点

(652) 变速器和发动机地线的接地点

(714) 发动机上右侧接地点

* 仅适用于带低端基本装备（AW0）的车辆
*2 仅适用于带高端基本装备（AW1）的车辆

图 8-3-1　大众汽车电源系统电路图

大众汽车电源系统电路图识读与分析见表 8-3-3。

表 8-3-3　　大众汽车电源系统电路图识读与分析

步骤	图示和说明
1. 安装车辆防护用品	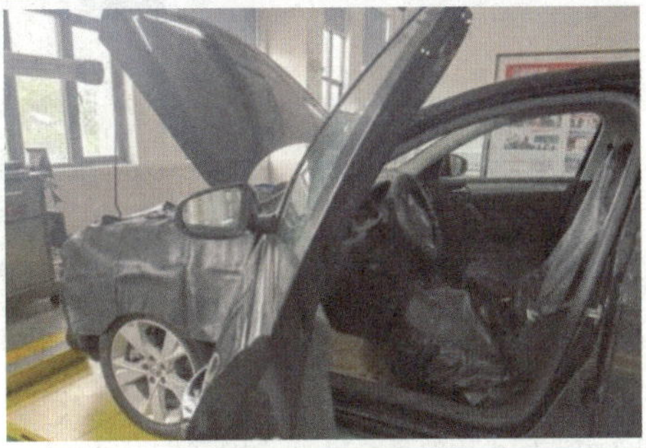
2. 分别在电路图和车辆上查找蓄电池	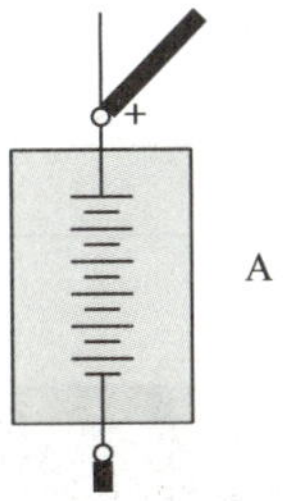  蓄电池在发动机舱内 蓄电池在电路图中用符号 A 表示，其负极连接车身搭铁，正极通过保险丝与交流发电机并联
3. 分别在电路图和车辆上查找 SA 保险丝架	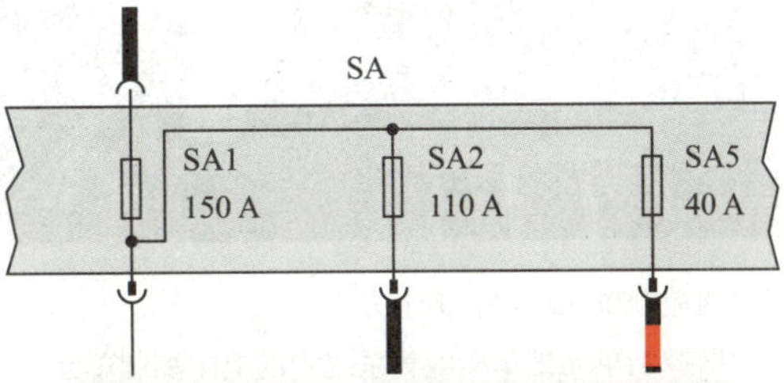  SA 保险丝架在蓄电池上方 SA1/150 A 保险丝连接交流发电机和蓄电池

续表

步骤	图示和说明
4. 分别在电路图和车辆上查找交流发电机	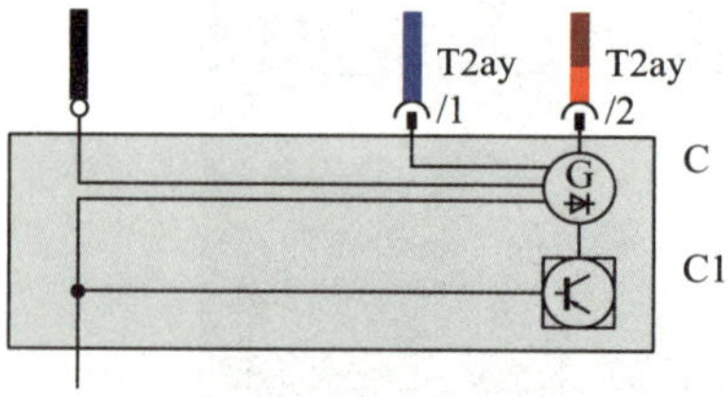 交流发电机在发动机舱内发动机侧面 交流发电机在电路图中用符号 C 表示，电压调节器用符号 C1 表示；交流发电机的 T2ay 插接器的 1 号端子连接 J519 车载电网控制单元以控制蓄电池充电警报灯，2 号端子连接 J623 发动机控制模块以接收励磁电流
5. 分别在电路图和车辆上查找 J519 车载电网控制单元	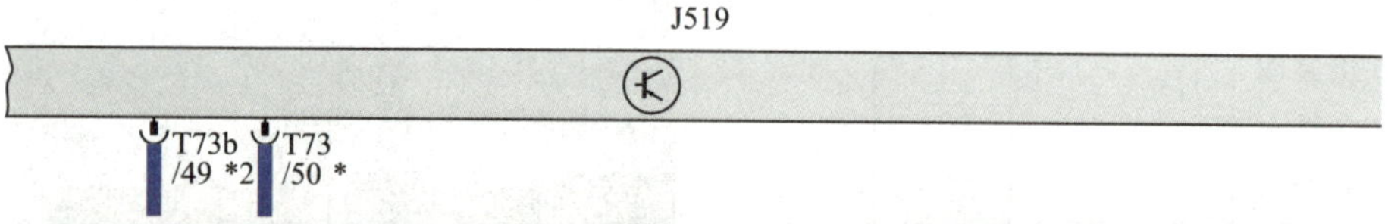 J519 车载电网控制单元在仪表板下方 J519 车载电网控制单元是车辆电气系统中的电子控制单元，其主要作用是对整个电气系统进行控制管理
6. 分别在电路图和车辆上查找 T4 插接器及线束	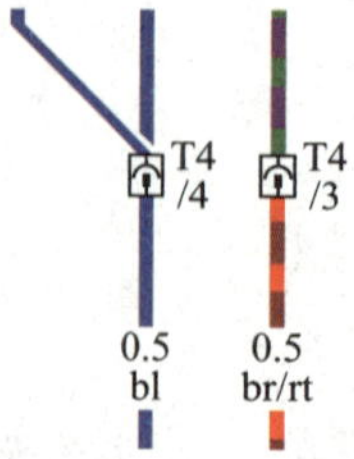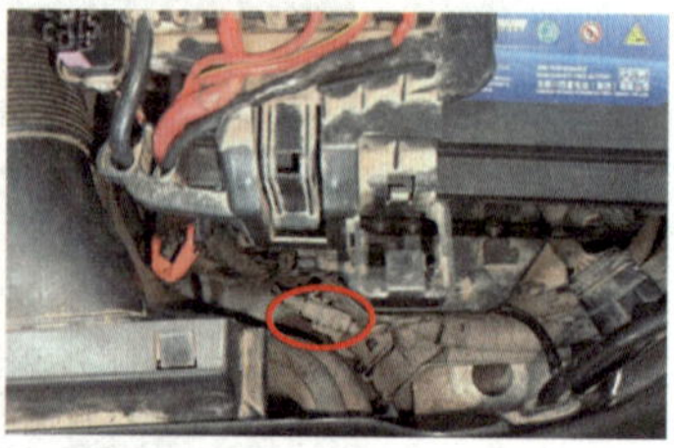 T4 插接器及线束在发动机舱内蓄电池底座附近 T4/3 表示 4 芯插接器 3 号端子，0.5 表示导线线芯截面积为 0.5 mm^2，br/rt 表示导线颜色为褐红线，其中 br 表示褐色（主色），rt 表示红色（辅色）

续表

步骤	图示和说明
7. 分别在电路图和车辆上查找交流发电机励磁线	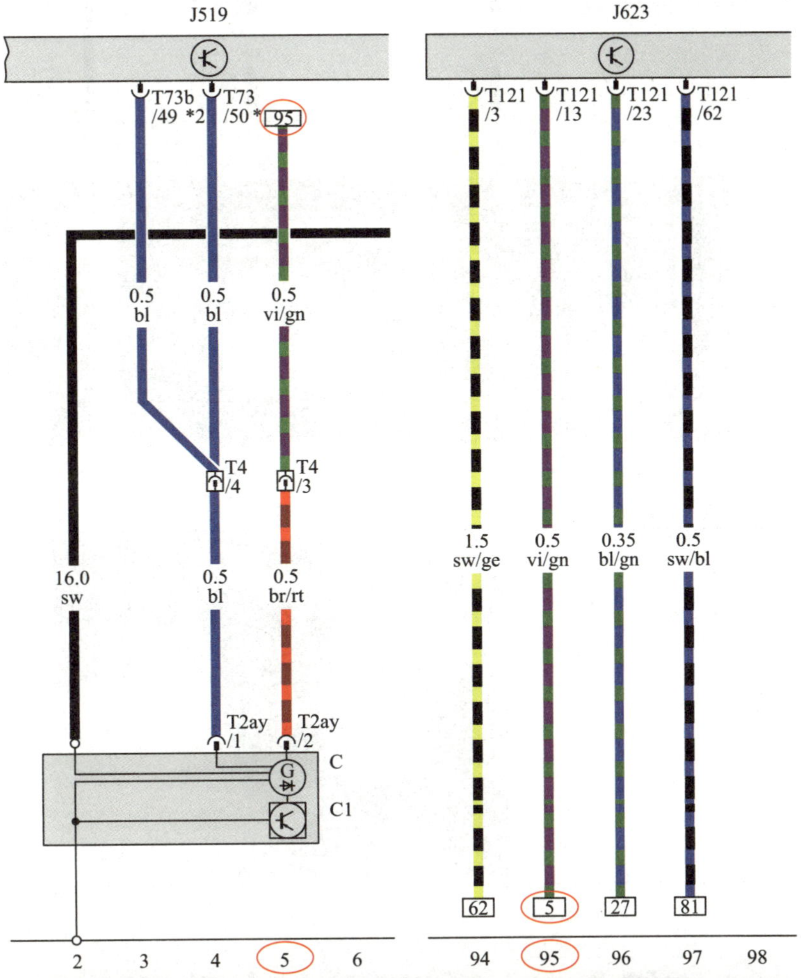  交流发电机励磁线在交流发电机后端盖罩上 交流发电机励磁线的一端连接 J623 发动机控制模块的 T121/13 端子，另一端连接交流发电机的 T2ay/2 端子。交流发电机励磁线编号为 5，连接编号为 95 的 J623 发动机控制模块端

续表

步骤	图示和说明
8. 分别在电路图和车辆上查找电源系统电路接地点	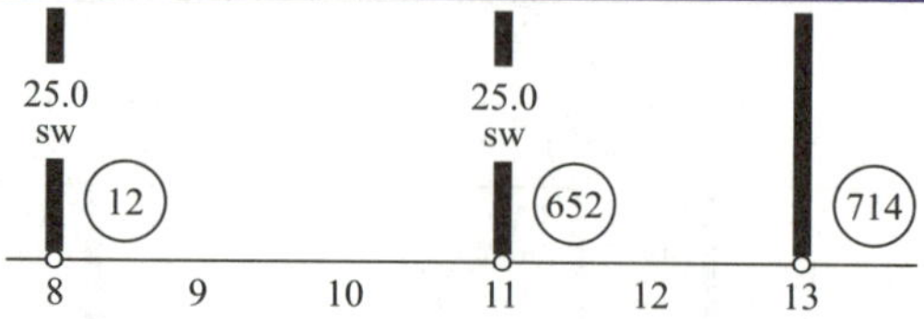    接地点有 3 个：12 接地点在发动机舱内左侧，652 接地点为变速器和发动机地线的接地点，714 接地点在发动机上右侧
9. 按照“8S”管理规定整理实训场地	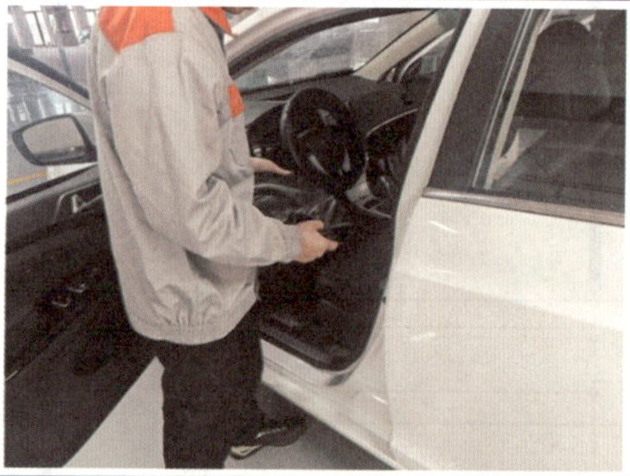

任务 4　丰田汽车电路图分析

学习目标

1. 能描述丰田汽车电路图手册的组成。

2. 能认知丰田汽车电路图的图形符号。

3. 能以小组合作方式，在教师指导下，识读、分析丰田汽车点火系统电路图，遵循“8S”管理规定。

任务描述

一辆丰田汽车进厂维修，班组长检查后，初步判断为汽车点火系统电路故障。现班组长安排你采用小组合作的方式，通过查阅维修手册等资料，在规定时间内完成丰田汽车点火系统电路图识读与分析的任务。

相关知识

一、丰田汽车电路图手册的组成

丰田汽车电路图手册一般由导言、如何使用本手册、故障排除、缩写、术语和符号表、继电器位置分布图、电路图、系统电路、搭铁点、电源（电流流程图）、连接器表、连接器零件号和总电路图等组成，见表 8-4-1。

表 8-4-1　丰田汽车电路图手册的组成

<table>
<tr><th>序号</th><th>图示</th><th>说明</th></tr>
<tr><td>1</td><td>
A 导言
本手册由以下 13 个章节组成：
<table>
<tr><th>代码</th><th>章节</th><th>简述</th></tr>
<tr><td rowspan="2">A</td><td>索引</td><td>本手册内容的索引。</td></tr>
<tr><td>导言</td><td>各章节的简要说明。</td></tr>
<tr><td>B</td><td>如何使用本手册</td><td>说明如何使用本手册。</td></tr>
<tr><td>C</td><td>故障排除</td><td>描述电路的基本检查步骤。</td></tr>
<tr><td>D</td><td>缩写</td><td>定义本手册中使用的缩写。</td></tr>
<tr><td>E</td><td>术语和符号表</td><td>定义主要零件的符号和功能。</td></tr>
<tr><td>F</td><td>继电器位置分布图</td><td>标示电子控制装置、继电器、继电器盒等的位置。
这一章与系统电路紧密相关。</td></tr>
<tr><td>G</td><td>电路图</td><td>标示零件连接器、接点、搭铁点等的位置。
这一章与系统电路紧密相关。</td></tr>
<tr><td rowspan="2">H</td><td>索引</td><td>系统电路的索引。</td></tr>
<tr><td>系统电路</td><td>各系统电路图显示从电源到搭铁点的全部电路。根据连接方法通过代码来显示和分类电路连接及其位置（参见“如何使用本手册”一章）。本章还包括用于故障排除的“系统概述”和“维修提示”。
（仅包含完整电路的配线信息。）</td></tr>
<tr><td>I</td><td>搭铁点</td><td>标示本手册中所有零件的搭铁位置。</td></tr>
<tr><td>J</td><td>电源（电流流程图）</td><td>描述从电源到各个电力负载的电源分配情况。</td></tr>
</table>
</td><td>导言</td></tr>
</table>

续表

<table>
<tr><th>序号</th><th>图示</th><th>说明</th></tr>
<tr><td>2</td><td>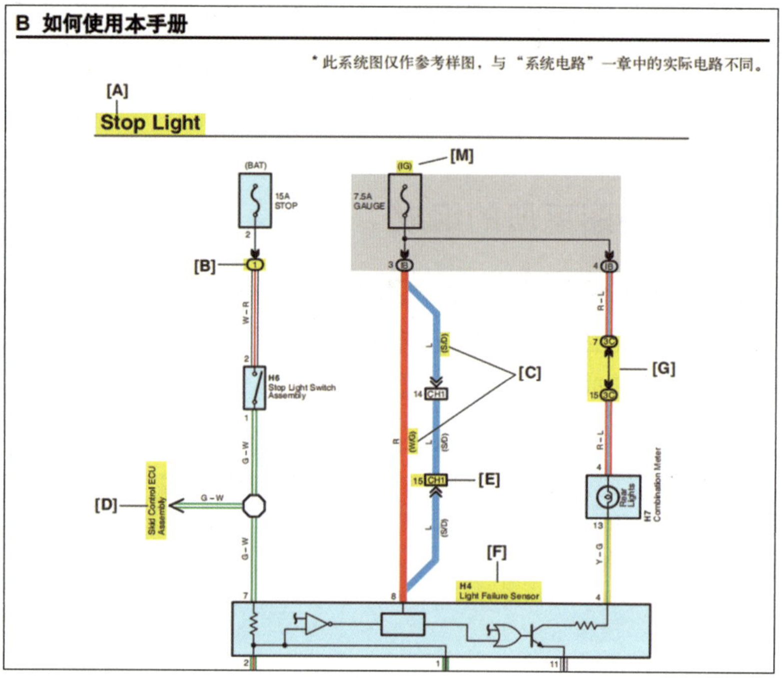
</td><td>如何使用本手册</td></tr>
<tr><td>3</td><td>C 故障排除
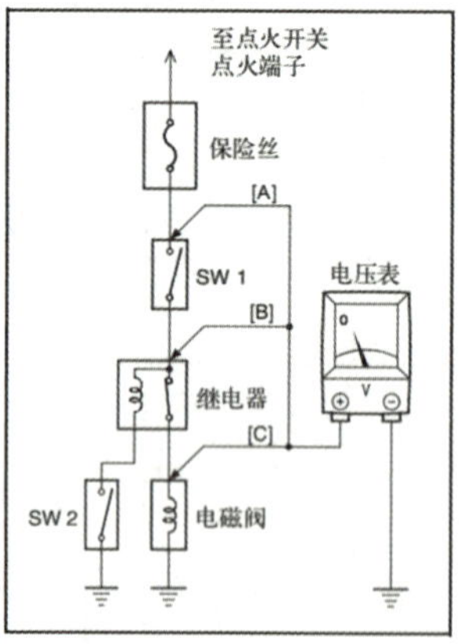

电压检查
(a) 在如下情况时检查点有电压。
例：
[A] - 点火开关打开
[B] - 点火开关和 SW 1 打开
[C] - 点火开关、SW 1 和继电器打开 (SW 2 关闭)
(b) 用电压表将负极导线连接到正常的搭铁点或蓄电池负极端子上，正极导线连接到连接器或零部件端子上。
也可使用测试灯代替电压表检查电压。
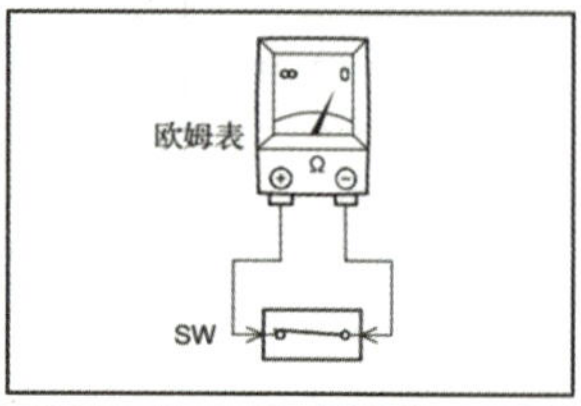

导通性和电阻检查
(a) 断开蓄电池端子或配线，使检查点间没有电压。
(b) 用欧姆表的两根导线接触检查点两端。</td><td>故障排除</td></tr>
</table>

续表

序号	图示	说明
4	**缩写 D** **缩写** 下列为本手册中使用的缩写。 A/C = 空调 A/T = 自动传动桥 ABS = 防抱死制动系统 CAN = 控制器区域网络 CPU = 中央处理器 DLC3 = 数据链路连接器 3 EBD = 电子制动力分配 ECM = 发动机控制模块 ECT = 电子控制变速器 ECU = 电子控制单元 EFI = 电子燃油喷射 EPS = 电动机动力转向 ESA = 电子点火提前 FL = 熔断丝 HID = 高强度放电 IC = 集成电路 J/B = 接线盒 LED = 发光二极管 LH = 左侧 R/B = 继电器盒 RH = 右侧	缩写
5	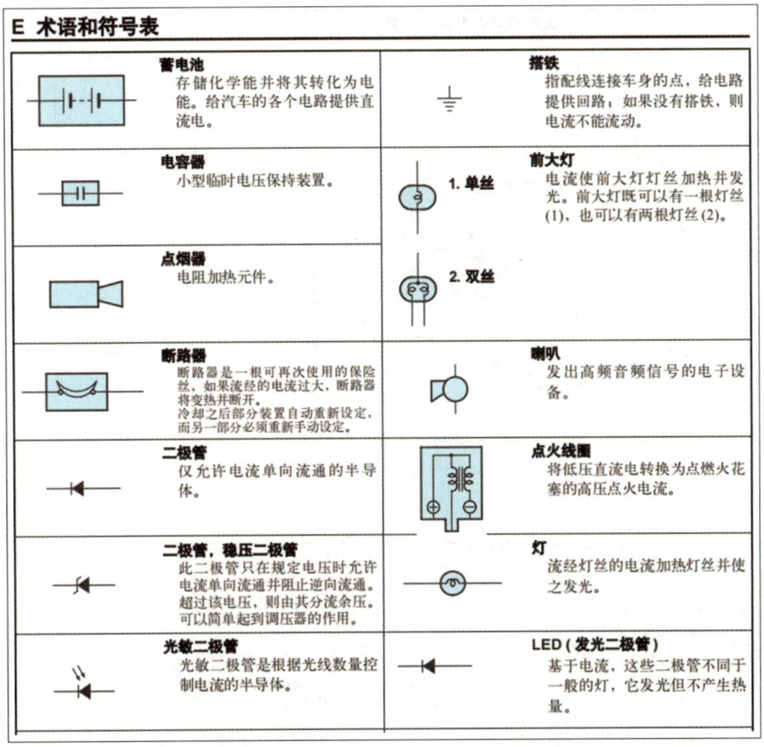 **E 术语和符号表** **蓄电池** 存储化学能并将其转化为电能。给汽车的各个电路提供直流电。 **搭铁** 指配线连接车身的点，给电路提供回路；如果没有搭铁，则电流不能流动。 **电容器** 小型临时电压保持装置。 **前大灯** 电流使前大灯灯丝加热并发光。前大灯既可以有一根灯丝(1)，也可以有两根灯丝(2)。 1. 单丝 2. 双丝 **点烟器** 电阻加热元件。 **断路器** 断路器是一根可再次使用的保险丝，如果流经的电流过大，断路器将变热并断开。冷却之后部分装置自动重新设定，而另一部分必须重新手动设定。 **喇叭** 发出高频音频信号的电子设备。 **二极管** 仅允许电流单向流通的半导体。 **点火线圈** 将低压直流电转换为点燃火花塞的高压点火电流。 **二极管，稳压二极管** 此二极管只在规定电压时允许电流单向流通并阻止逆向流通。超过该电压，则由其分流余压。可以简单起到调压器的作用。 **灯** 流经灯丝的电流加热灯丝并使之发光。 **光敏二极管** 光敏二极管是根据光线数量控制电流的半导体。 **LED（发光二极管）** 基于电流，这些二极管不同于一般的灯，它发光但不产生热量。	术语和符号表

续表

序号	图示	说明
6	**F 继电器位置分布图** **[发动机室]** 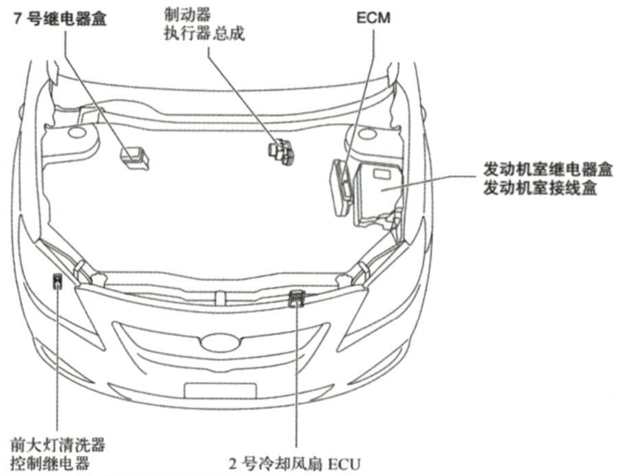 	继电器位置分布图
7	**G 电路图** **发动机室内零件的位置** 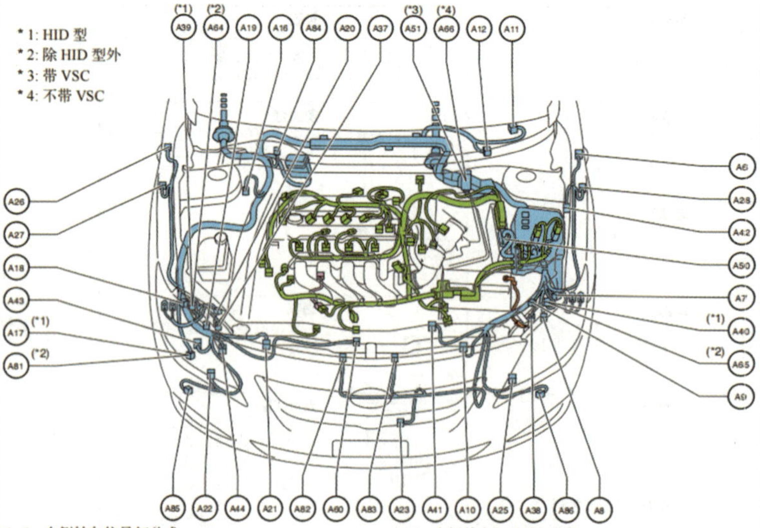 A 6 左侧转向信号灯总成 A 7 左前转向信号灯（左侧前大灯总成） A 8 左前示宽灯（左侧前大灯总成） A 9 左侧前大灯光束高度调整电动机（左侧前大灯总成） A10 左前气囊传感器 A11 挡风玻璃刮水器电动机总成 A12 制动液液位警告开关（制动主缸储液罐分总成） A37 右侧前大灯总成（远光） A38 左侧前大灯总成（远光） A39 右侧前大灯总成（近光） A40 左侧前大灯总成（近光） A41 2 号冷却风扇 ECU A42 遥控门锁蜂鸣器 A43 前大灯清洗器控制继电器 A44 前大灯清洗器喷嘴电动机和泵总成 A50 ECM	电路图

续表

<table>
<tr><th>序号</th><th>图示</th><th>说明</th></tr>
<tr><td>8</td><td>
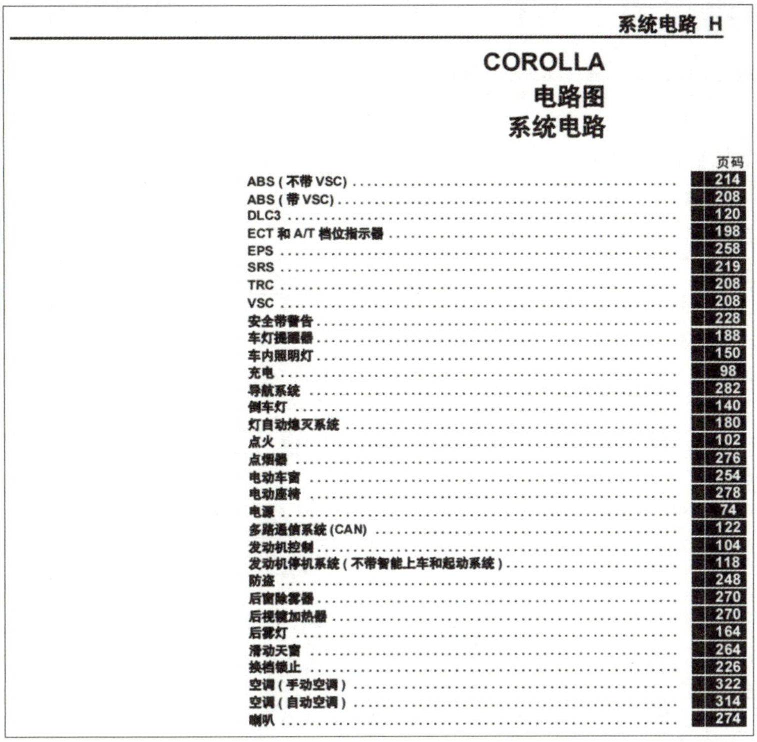

系统电路 H

COROLLA
电路图
系统电路

</td><td>系统电路</td></tr>
<tr><td>9</td><td>
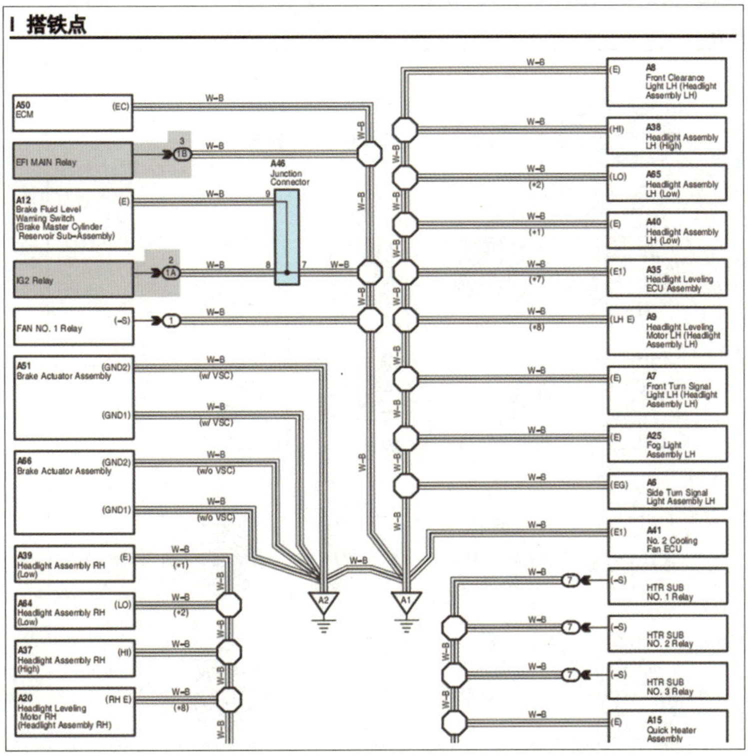

</td><td>搭铁点</td></tr>
</table>

续表

<table>
<tr><th>序号</th><th>图示</th><th>说明</th></tr>
<tr><td>10</td><td>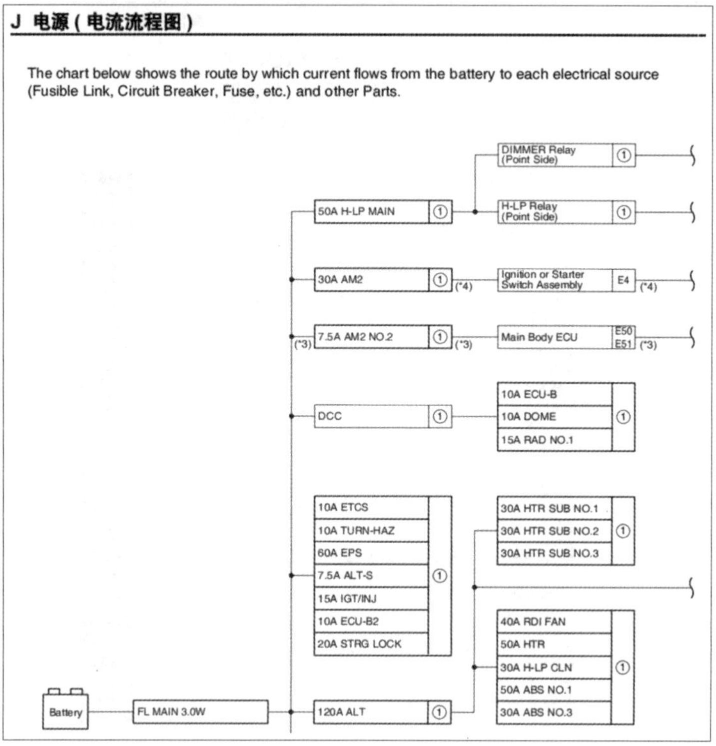
</td><td>电源（电流流程图）</td></tr>
<tr><td>11</td><td>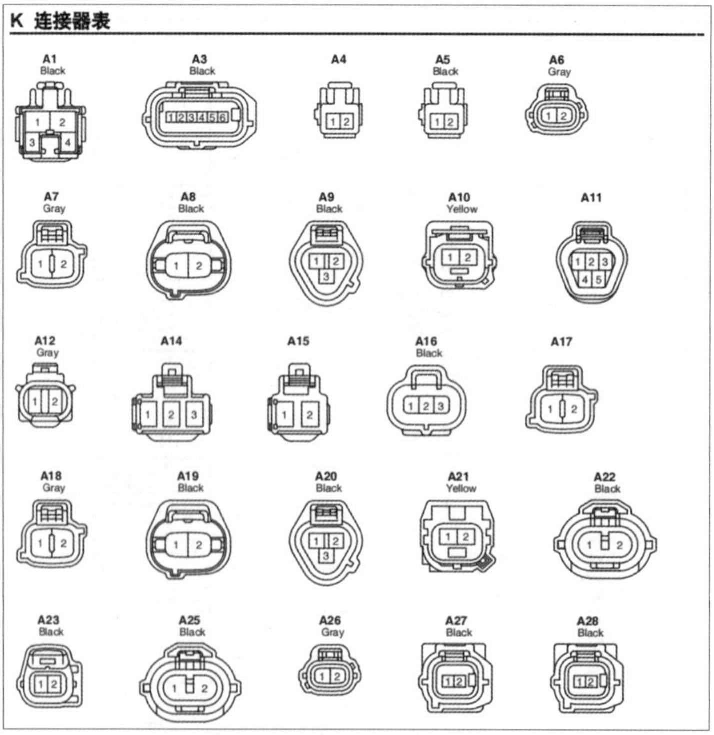
</td><td>连接器表</td></tr>
</table>

续表

<table>
<tr><th>序号</th><th>图示</th><th>说明</th></tr>
<tr><td>12</td><td>

L 连接器零件号

<table>
<tr><th>代码</th><th>零件名</th><th>零件号</th></tr>
<tr><td>A 1</td><td>刹车灯开关总成</td><td>90980 - 11118</td></tr>
<tr><td>A 3</td><td>油门踏板传感器总成</td><td>90980 - 12303</td></tr>
<tr><td>A 4</td><td>巡航控制离合器开关(离合器起动开关总成)</td><td rowspan="2">90980 - 10825</td></tr>
<tr><td>A 5</td><td>离合器起动开关总成</td></tr>
<tr><td>A 6</td><td>左侧转向信号灯总成</td><td>90980 - 11162</td></tr>
<tr><td>A 7</td><td>左前转向信号灯(左侧前大灯总成)</td><td>90980 - 11019</td></tr>
<tr><td>A 8</td><td>左前示宽灯(左侧前大灯总成)</td><td>90980 - 11156</td></tr>
<tr><td>A 9</td><td>左侧前大灯光束高度调整电动机(左侧前大灯总成)</td><td>90980 - 11016</td></tr>
<tr><td>A10</td><td>左前气囊传感器</td><td>90980 - 11856</td></tr>
<tr><td>A11</td><td>挡风玻璃刮水器电动机总成</td><td>90980 - 11599</td></tr>
<tr><td>A12</td><td>制动液液位警告开关(制动主缸储液罐分总成)</td><td>90980 - 11207</td></tr>
<tr><td>A14</td><td>快速加热器总成</td><td>90980 - 10956</td></tr>
<tr><td>A15</td><td>快速加热器总成</td><td>90980 - 10903</td></tr>
<tr><td>A16</td><td>空调压力传感器</td><td>90980 - 10845</td></tr>
<tr><td>A17</td><td>挡风玻璃清洗器电动机和泵总成</td><td rowspan="2">90980 - 11019</td></tr>
<tr><td>A18</td><td>右前转向信号灯(右侧前大灯总成)</td></tr>
<tr><td>A19</td><td>右前示宽灯(右侧前大灯总成)</td><td>90980 - 11156</td></tr>
<tr><td>A20</td><td>右侧前大灯光束高度调整电动机(右侧前大灯总成)</td><td>90980 - 11016</td></tr>
<tr><td>A21</td><td>右前气囊传感器</td><td>90980 - 12490</td></tr>
<tr><td>A22</td><td>右侧雾灯总成</td><td>82824 - 60460</td></tr>
<tr><td>A23</td><td>环境温度传感器</td><td>90980 - 11070</td></tr>
<tr><td>A25</td><td>左侧雾灯总成</td><td>82824 - 60460</td></tr>
<tr><td>A26</td><td>右侧转向信号灯总成</td><td>90980 - 11162</td></tr>
<tr><td>A27</td><td>右前转速传感器</td><td rowspan="2">90980 - 12416</td></tr>
<tr><td>A28</td><td>左前转速传感器</td></tr>
<tr><td>A35</td><td>前大灯光束高度调整 ECU 总成</td><td>90980 - 12404</td></tr>
<tr><td>A37</td><td>右侧前大灯总成(远光)</td><td>90980 - 11659</td></tr>
</table>

<table>
<tr><th>代码</th><th>零件名</th><th>零件号</th></tr>
<tr><td>A50</td><td>ECM</td><td>90980 - 12461</td></tr>
<tr><td>A51</td><td>制动器执行器总成</td><td>90980 - 12686</td></tr>
<tr><td>A60</td><td>发动机盖锁总成</td><td>90980 - 12416</td></tr>
<tr><td>A64</td><td>右侧前大灯总成(近光)</td><td rowspan="2">90980 - 11660</td></tr>
<tr><td>A65</td><td>左侧前大灯总成(近光)</td></tr>
<tr><td>A66</td><td>制动器执行器总成</td><td>90980 - 12687</td></tr>
<tr><td>A75</td><td>动力转向 ECU 总成</td><td>90980 - 12653</td></tr>
<tr><td>A81</td><td>挡风玻璃清洗器电动机和泵总成</td><td>90980 - 10981</td></tr>
<tr><td>A82</td><td>低音喇叭总成</td><td rowspan="3">90980 - 10619</td></tr>
<tr><td>A83</td><td>高音喇叭总成</td></tr>
<tr><td>A84</td><td>警报喇叭总成</td></tr>
<tr><td>A85</td><td>1 号右前超声波传感器</td><td rowspan="2">90980 - 12303</td></tr>
<tr><td>A86</td><td>1 号左前超声波传感器</td></tr>
<tr><td>B 1</td><td>发电机总成</td><td>82675 - 26220</td></tr>
<tr><td>B 2</td><td>质量空气流量计</td><td>90980 - 12292</td></tr>
<tr><td>B 3</td><td>E.F.I. 发动机冷却液温度传感器</td><td>90980 - 10735</td></tr>
<tr><td>B 4</td><td>起动机总成</td><td>90980 - 09463</td></tr>
<tr><td>B 6</td><td>发动机机油压力开关总成</td><td>90980 - 11363</td></tr>
<tr><td>B 7</td><td>带皮带轮压缩机总成</td><td>90980 - 11156</td></tr>
<tr><td>B 8</td><td>起动机总成</td><td>90980 - 11400</td></tr>
<tr><td>B 9</td><td>1 号喷油器总成</td><td rowspan="4">90980 - 11875</td></tr>
<tr><td>B10</td><td>2 号喷油器总成</td></tr>
<tr><td>B11</td><td>3 号喷油器总成</td></tr>
<tr><td>B12</td><td>4 号喷油器总成</td></tr>
<tr><td>B13</td><td>1 号曲轴位置传感器</td><td>90980 - 12611</td></tr>
<tr><td>B14</td><td>发电机总成</td><td>90980 - 11964</td></tr>
<tr><td>B15</td><td>氧传感器 (B1 S1)</td><td>90980 - 10869</td></tr>
<tr><td>B19</td><td>清污 VSV</td><td>90980 - 11156</td></tr>
<tr><td>B20</td><td>VVT 传感器(排气侧)</td><td rowspan="2">90980 - 12353</td></tr>
<tr><td>B21</td><td>VVT 传感器(进气侧)</td></tr>
</table>

</td><td>连接器零件号</td></tr>
<tr><td>13</td><td>

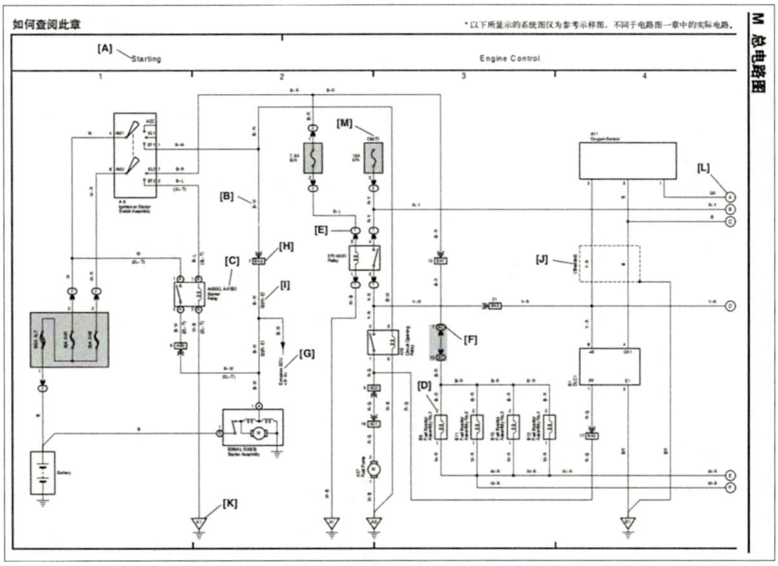

</td><td>总电路图</td></tr>
</table>

二、丰田汽车电路图的图形符号

丰田汽车电路图常用的图形符号及含义见表 8-4-2。

表 8-4-2　　丰田汽车电路图常用的图形符号及含义

序号	图形符号	含义	序号	图形符号	含义
1	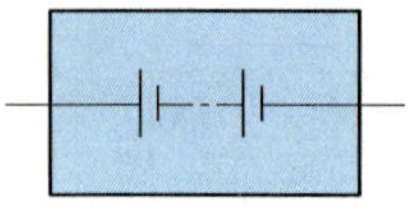	蓄电池	10	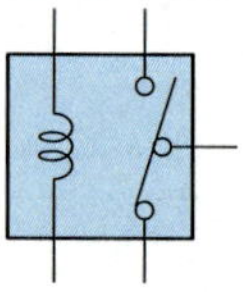	双投继电器
2	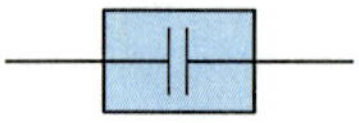	电容器	11	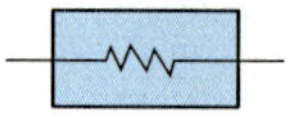	电阻器
3	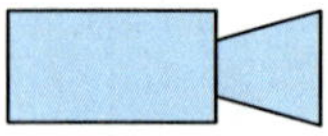	点烟器	12	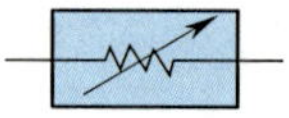	滑变电阻器 或 可变电阻器
4		断路器	13	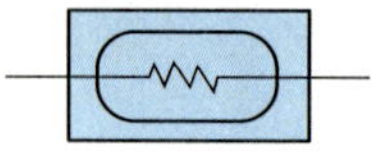	传感器 （热敏电阻）
5		二极管	14	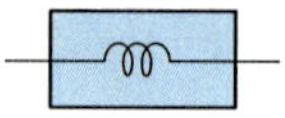	电磁阀
6	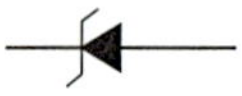	稳压二极管	15	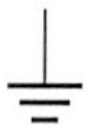	搭铁
7		光敏二极管	16	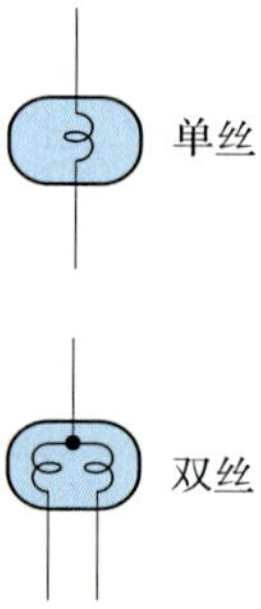	前照灯
8	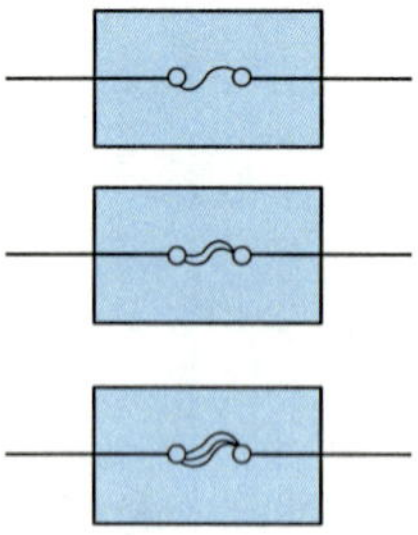	保险丝 / 熔断丝	17	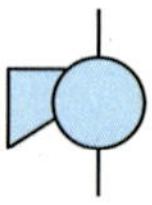	喇叭
9	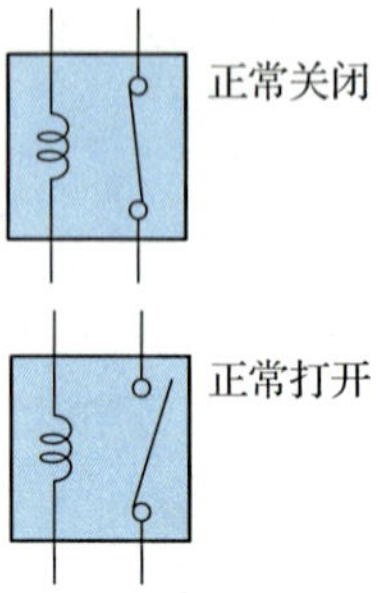	继电器	18	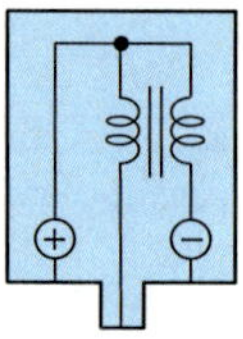	点火线圈

续表

序号	图形符号	含义	序号	图形符号	含义
19	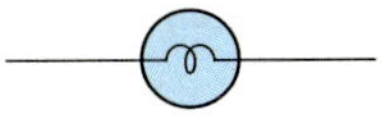	灯	24	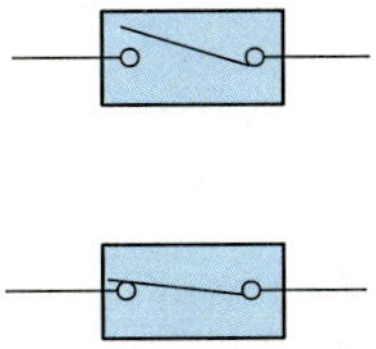 正常打开 正常关闭	手动开关
20		模拟型仪表	25	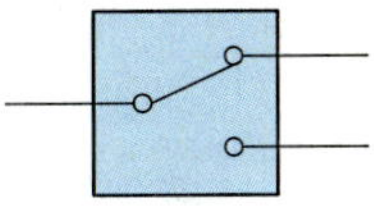	双投开关
21	FUEL	数字型仪表	26	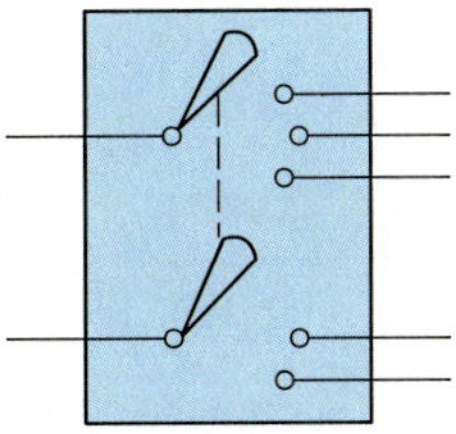	点火开关
22		电动机	27	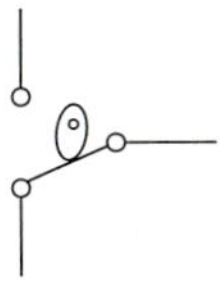	刮水器停止开关
23		扬声器	28	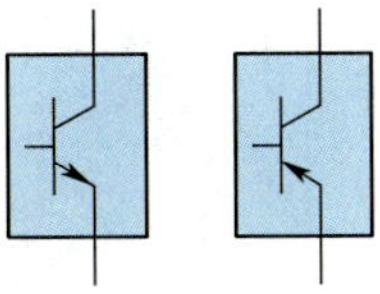	晶体管

任务实施

一、任务准备

1. 设备：实训车辆（以丰田卡罗拉为例）、工具车、零件车、工作台等。
2. 工具：常用工具、手电筒等。
3. 资料：维修手册、工作页。

二、操作步骤

图 8-4-1 所示为丰田汽车点火系统电路图。

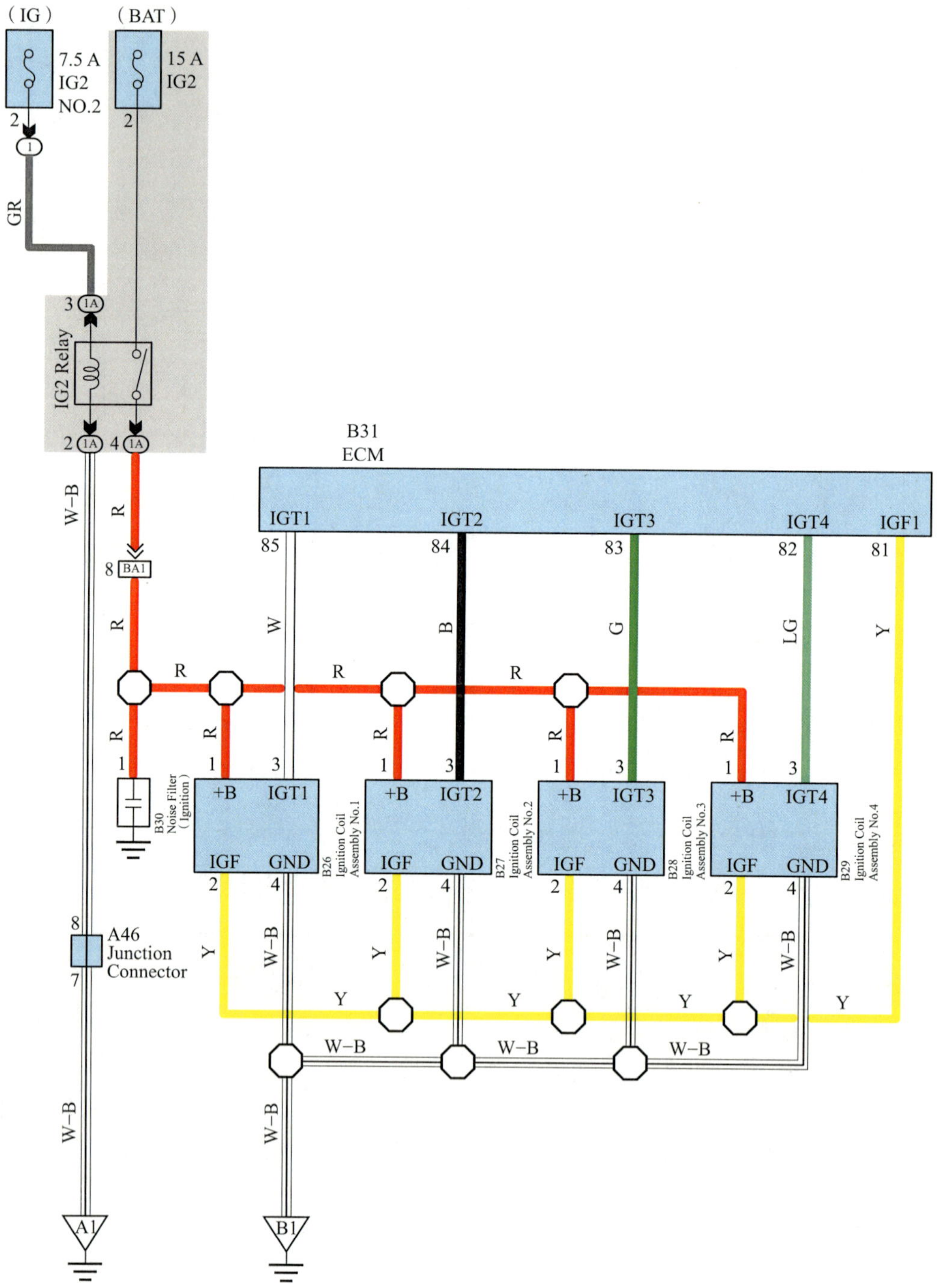

图 8-4-1　丰田汽车点火系统电路图

丰田汽车点火系统电路图识读与分析见表 8-4-3。

表 8-4-3　　丰田汽车点火系统电路图识读与分析

<table>
<tr><th>步骤</th><th>图示和说明</th></tr>
<tr><td>1. 安装车辆防护用品</td><td>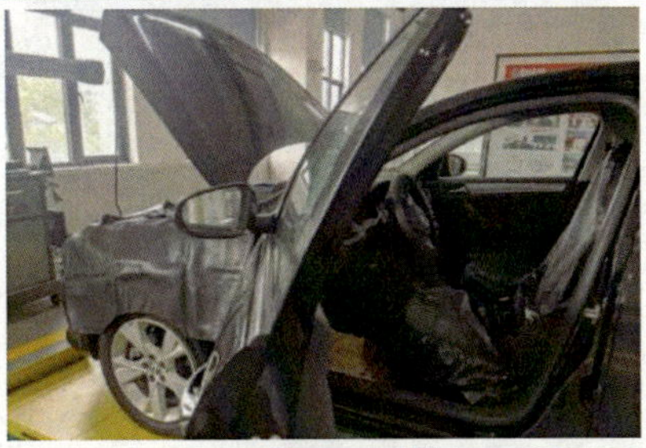</td></tr>
<tr><td>2. 分别在电路图和车辆上查找 IG2 Relay 继电器和 IG2 保险丝</td><td>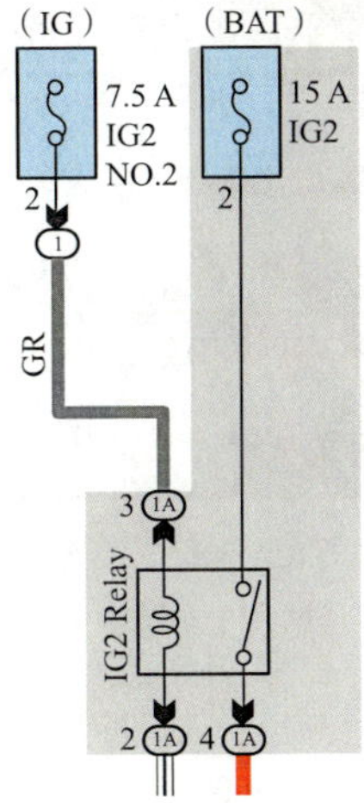

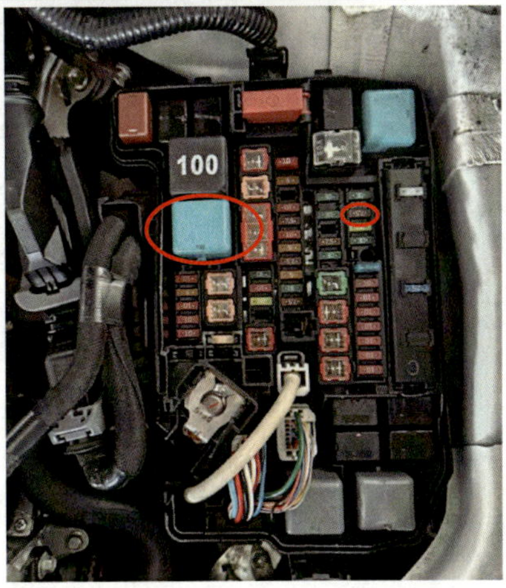

IG2 Relay 继电器和 IG2 保险丝在发动机舱内保险丝盒中
蓄电池（BAT）正极通过 IG2/15 A 保险丝连接 IG2 Relay 继电器 1 号端子，点火开关（IG）通过 IG2 NO.2/7.5 A 保险丝连接 IG2 Relay 继电器 3 号端子，IG2 Relay 继电器 2 号端子搭铁，4 号端子在继电器工作时输出 12 V 电压</td></tr>
<tr><td>3. 分别在电路图和车辆上查找 A46 接线连接器</td><td>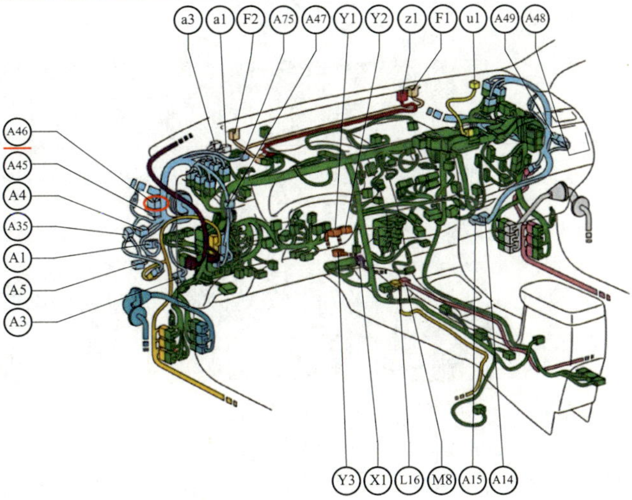

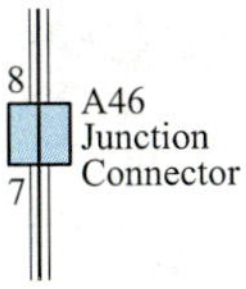

A46 接线连接器在左前车门 A 柱仪表板下方
接线连接器用于将不同线束进行连接，在维修时可以断开接线连接器，以便维修</td></tr>
</table>

续表

<table>
<tr><th>步骤</th><th>图示和说明</th></tr>
<tr><td>4. 分别在电路图和车辆上查找BA1插接器、B30静噪器和线束连接点</td><td>
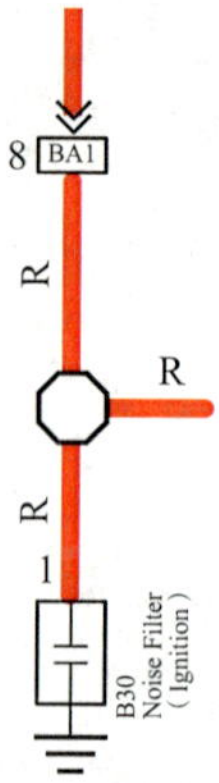

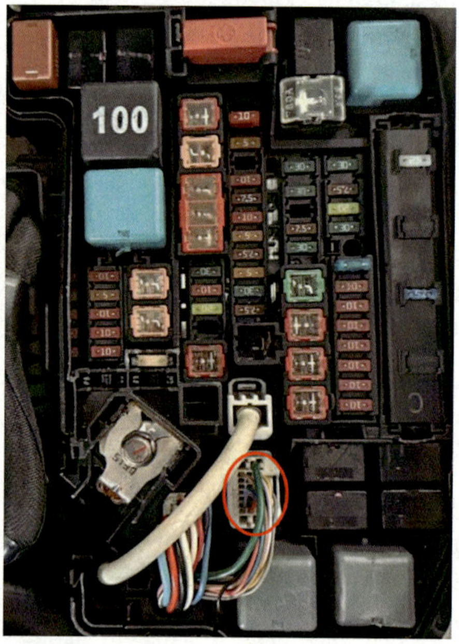

BA1 插接器在发动机舱内保险丝盒中，B30 静噪器在发动机气缸盖罩上
B30 静噪器是一个电容器，用于消除点火系统工作时产生的脉冲电压，保护车载用电设备
</td></tr>
<tr><td>5. 分别在电路图和车辆上查找B31发动机控制模块（ECM）</td><td>
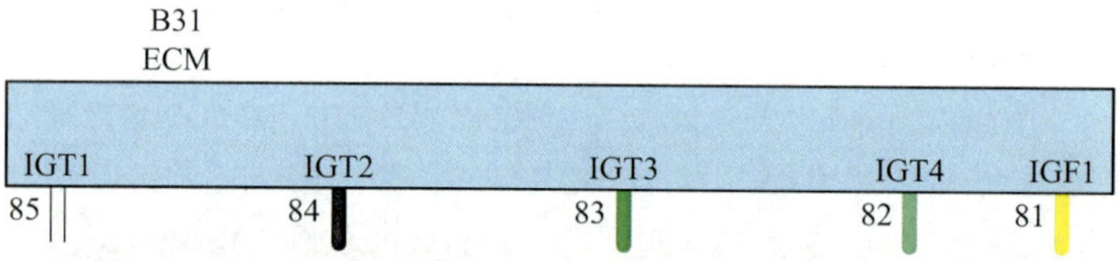

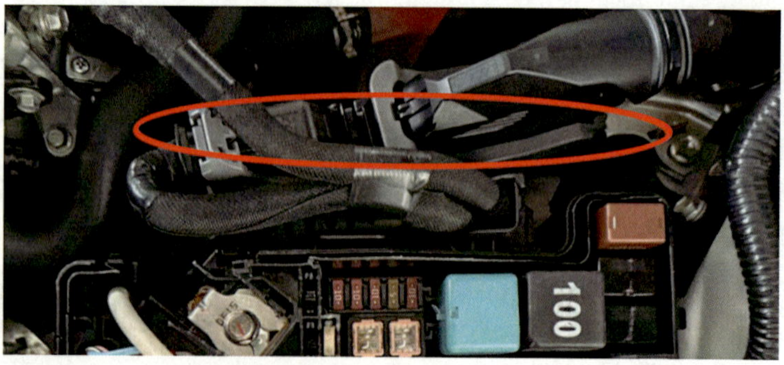

B31 发动机控制模块（ECM）在发动机舱内保险丝盒侧面
B31 发动机控制模块（ECM）在接收到曲轴位置传感器的信号后，经过处理，通过 82、83、84 和 85 号端子分别向四个点火线圈发出点火指令，并通过 81 号端子接收四个点火线圈的反馈信号
</td></tr>
</table>

续表

步骤	图示和说明
6. 分别在电路图和车辆上查找点火线圈	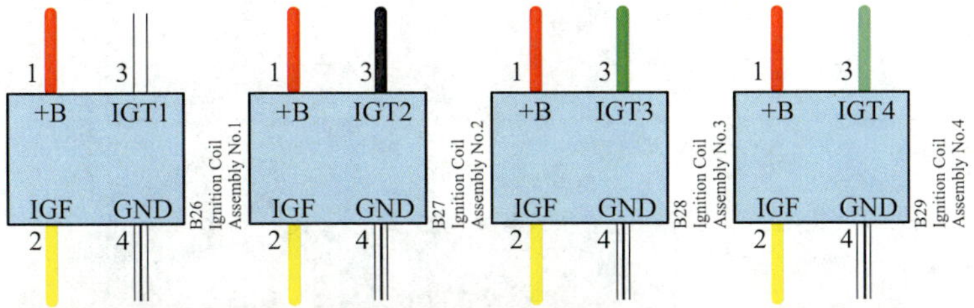  点火线圈在发动机气缸盖上方 B26、B27、B28、B29 为四个点火线圈，以 B29 点火线圈为例，其 1 号端子连接 IG2 Relay 继电器 4 号端子取电，3 号端子连接 B31 发动机控制模块（ECM）接收点火指令，2 号端子连接 B31 发动机控制模块（ECM）反馈点火情况，4 号端子搭铁形成回路
7. 分别在电路图和车辆上查找点火系统电路搭铁点	 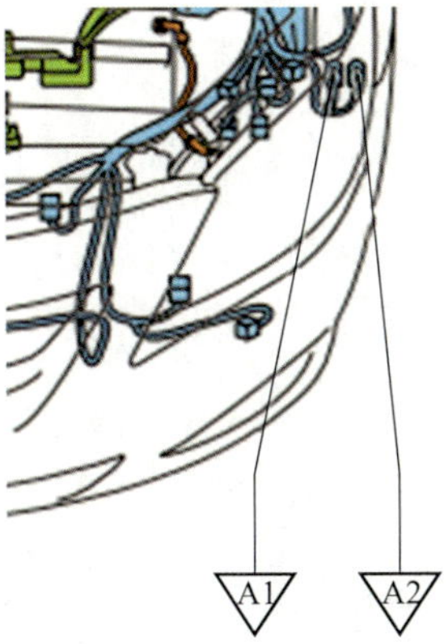  搭铁点有 2 个：A1 搭铁点在左侧前照灯旁边，B1 搭铁点在发动机气缸盖上方

续表

步骤	图示和说明
8. 按照“8S”管理规定整理实训场地	

任务 5　雪佛兰汽车电路图分析

学习目标

1. 能描述雪佛兰汽车电路图的组成。

2. 能认知雪佛兰汽车电路图的图形符号。

3. 能以小组合作方式，在教师指导下，识读、分析雪佛兰汽车起动系统电路图，遵循“8S”管理规定。

任务描述

一辆雪佛兰汽车进厂维修，班组长检查后，初步判断为汽车起动系统电路故障。现班组长安排你采用小组合作的方式，通过查阅维修手册等资料，在规定时间内完成雪佛兰汽车起动系统电路图识读与分析的任务。

相关知识

一、雪佛兰汽车电路图的组成

雪佛兰汽车电路图一般由示意图、布线图、部件定位图、诊断信息和程序、电气示意图符号、电源分布示意图、搭铁分布示意图、电气中心标识视图、连接器端视图等组成，见表 8-5-1。

表 8-5-1　　雪佛兰汽车电路图的组成

序号	图示	说明
1	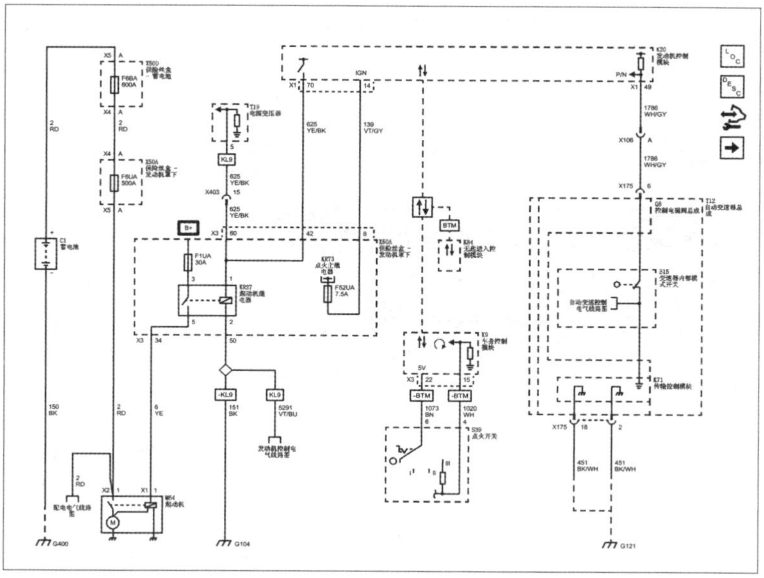	示意图
2	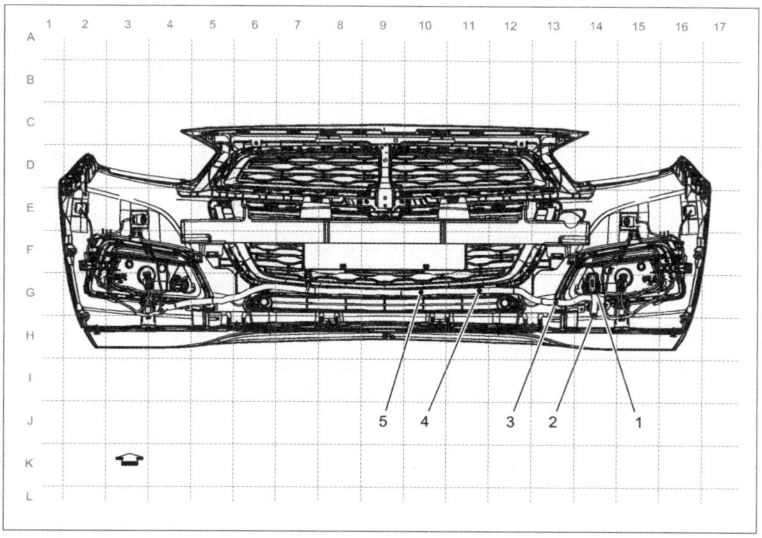	布线图

续表

序号	图示	说明
3		部件定位图
4	**11.3.4 诊断信息和程序** 11.3.4.1 DTC B097B 11.3.4.2 DTC B097C 11.3.4.3 DTC B1370（组合仪表） 11.3.4.4 DTC B1370-B1379、B1380-B1389或B1440-B1443 11.3.4.5 DTC B1445（车身控制模块） 11.3.4.6 DTC B1445（电源变压器） 11.3.4.7 DTC B144A 11.3.4.8 DTC B144B 11.3.4.9 DTC B144D 11.3.4.10 DTC B1451 11.3.4.11 DTC B305E 11.3.4.12 DTC P2534或P2535 11.3.4.13 DTC P2537 11.3.4.14 症状-接线系统 11.3.4.15 变速器在任一挡位时，点火开关可以/无法被关闭（不带ATH/BTM） 11.3.4.16 变速器在任一挡位时，点火开关可以/无法被关闭（带ATH/BTM） 11.3.4.17 点火开关模式开关指示灯故障 11.3.4.18 电源模式不匹配（不带ATH/BTM） 11.3.4.19 电源模式不匹配（带ATH/BTM） 11.3.4.20 保持型附件电源故障（带ATH/BTM） 11.3.4.21 保持型附件电源故障（不带ATH/BTM）	诊断信息和程序

续表

<table>
<tr><th>序号</th><th>图示</th><th>说明</th></tr>
<tr><td>5</td><td>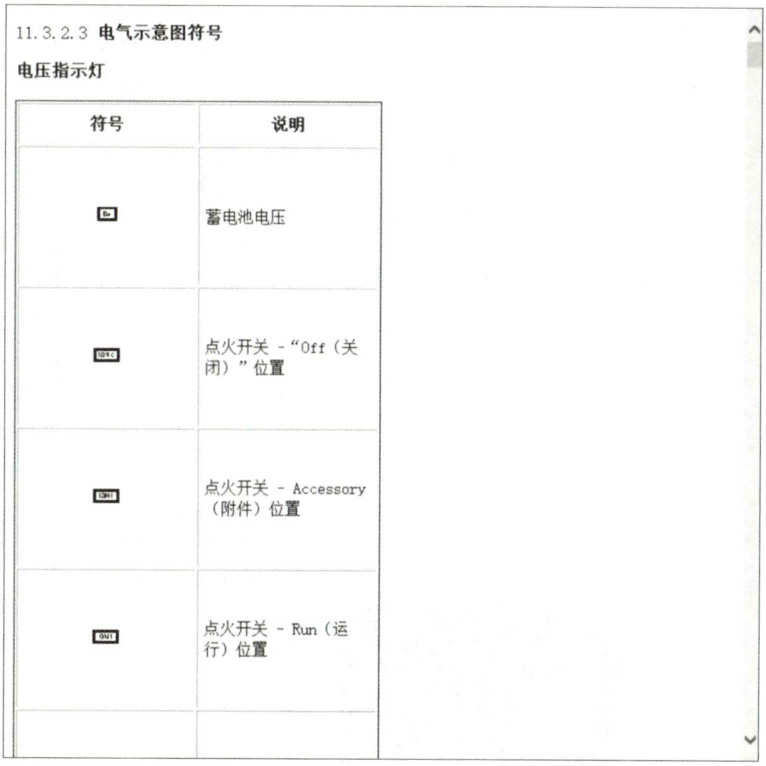

11.3.2.3 **电气示意图符号**

电压指示灯

符号	说明
B+	蓄电池电压
	点火开关 -“Off（关闭）”位置
	点火开关 - Accessory（附件）位置
	点火开关 - Run（运行）位置
</td><td>电气示意图符号</td></tr>
<tr><td>6</td><td>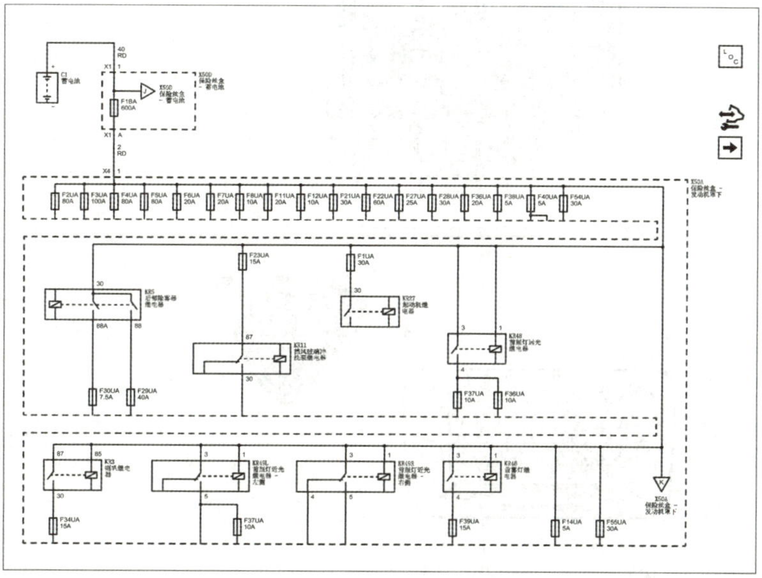</td><td>电源分布示意图</td></tr>
</table>

续表

序号	图示	说明
7	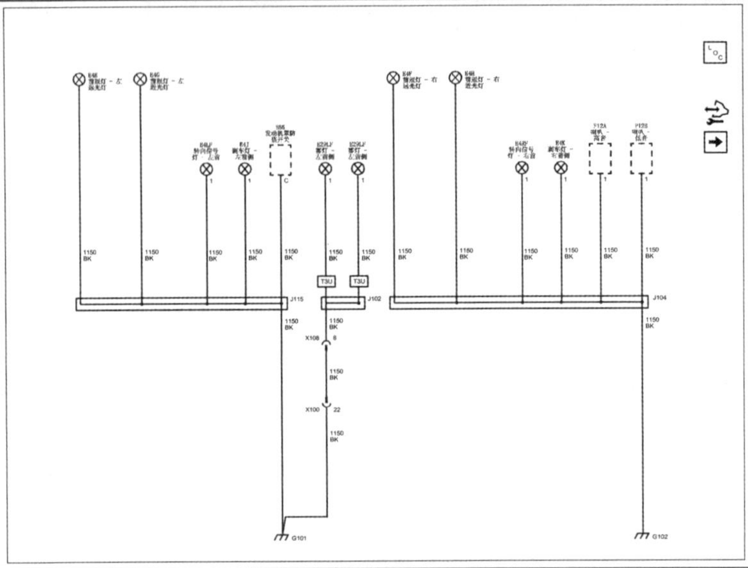	搭铁分布示意图
8	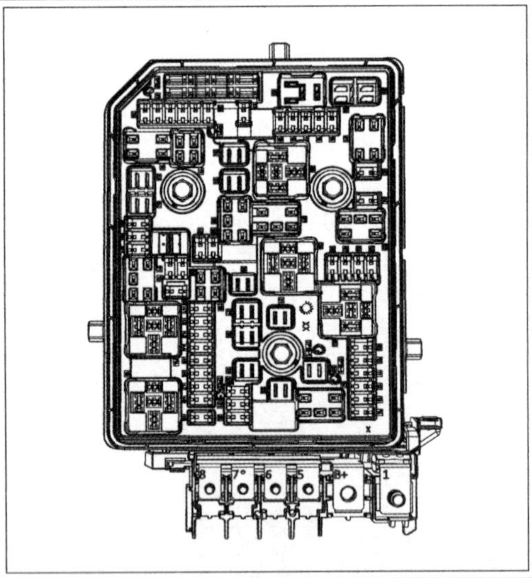	电气中心标识视图
9	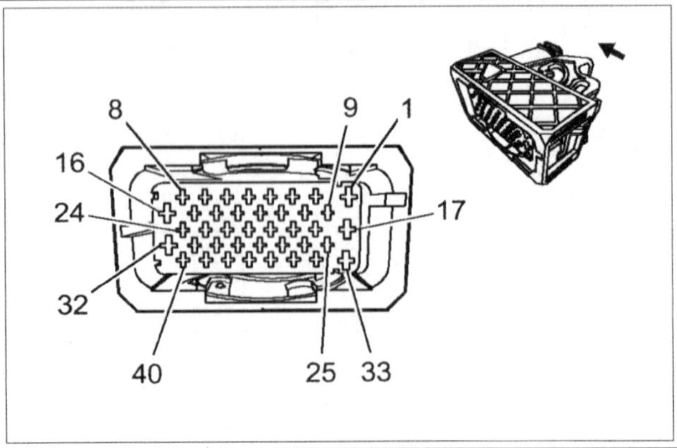	连接器端视图

二、雪佛兰汽车电路图的图形符号

雪佛兰汽车电路图常用的图形符号及含义见表 8–5–2。

表 8–5–2　　　雪佛兰汽车电路图常用的图形符号及含义

序号	图形符号	含义	序号	图形符号	含义
一、电压指示灯					
1	B+	蓄电池电压	3	IGN Ⅱ	点火开关 – RUN（运行）位置
2	IGN 0	点火开关 – OFF（断开）位置	4	IGN Ⅲ	点火开关 – START（起动）位置
二、一般图标					
5	L O C	主要部件列表图标	10		信息图标
6	D E S C	说明与操作图标	11		危险图标
7	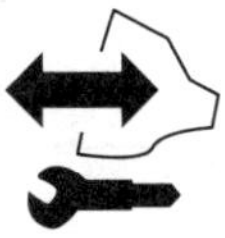	计算机编程图标	12		高压图标
8		下一页示意图图标	13		告诫图标
9		前一页示意图图标	14		串行数据通信功能
三、开关位置图标					
15		常规向上箭头	16		常规向下箭头

续表

序号	图形符号	含义	序号	图形符号	含义
17		常规向左箭头	21		常规锁止图标
18		常规向右箭头	22		常规解锁图标
19		常规快速向下箭头	23		常规车窗开关位置 -4 门
20		On/Off（开 / 关）图标	24		常规车窗开关位置 -2 门
四、模块电路功能图标					
25	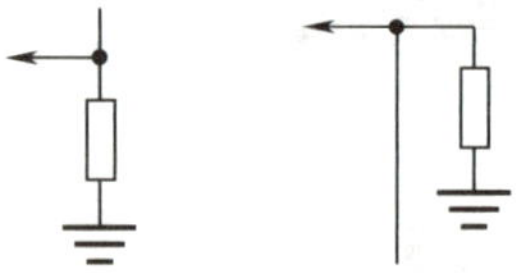	输入 / 输出下拉电阻器（-）	30		脉宽调制符号
26	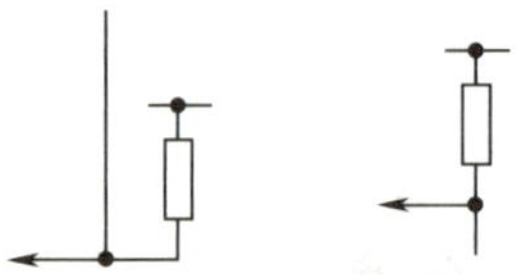	输入 / 输出上拉电阻器（+）	31		低电平参考电压
27	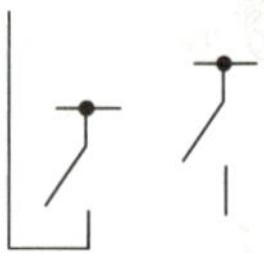	输入 / 输出高压侧驱动开关（+）	32		搭铁
28	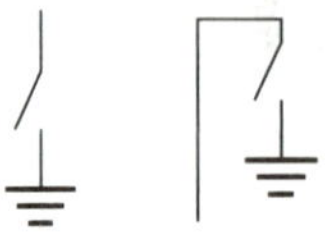	输入 / 输出低压侧驱动开关（+）	33		串行数据
29	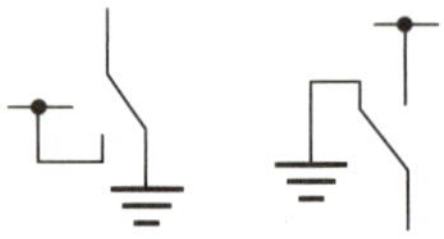	输入 / 输出双向开关（+/-）	34		天线信号 - 输入

续表

序号	图形符号	含义	序号	图形符号	含义
35	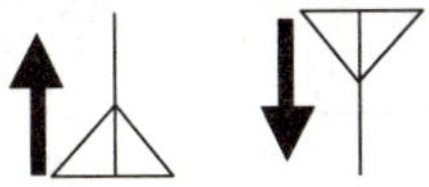	天线信号－输出	36		接合制动器
五、线束部件					
37	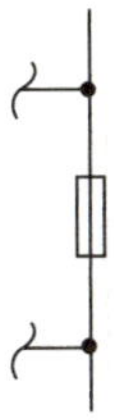	保险丝	40	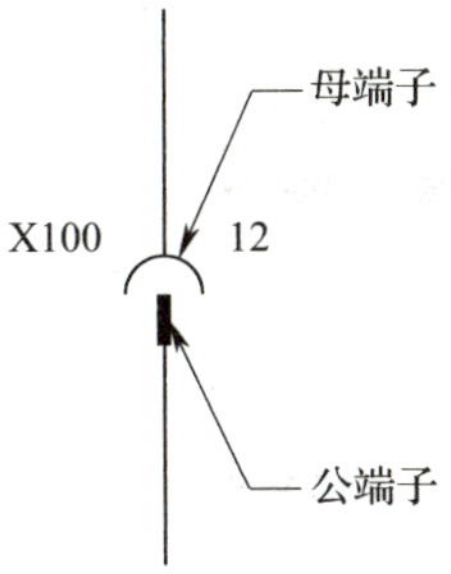	直列式线束连接器
38	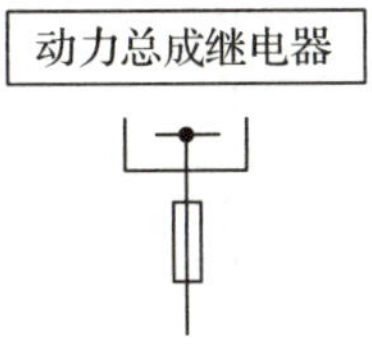	继电器供电的保险丝	41	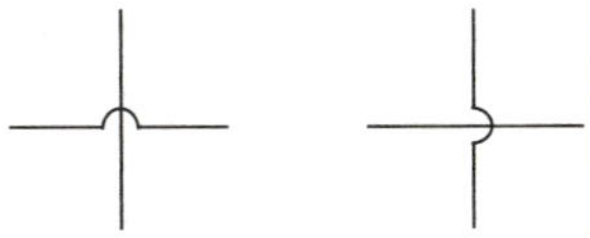	导线交叉
39	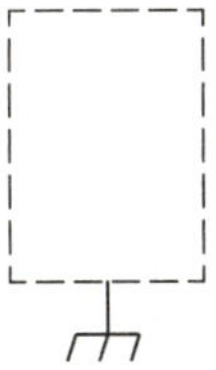	壳体搭铁	42	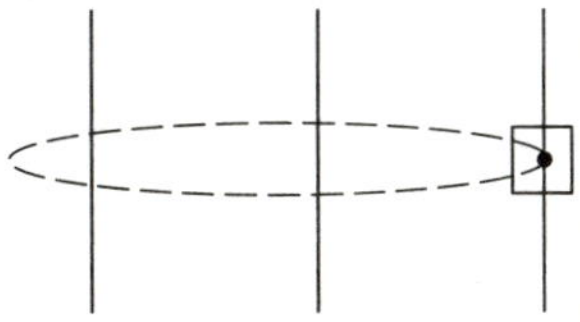	屏蔽
六、开关和继电器					
43	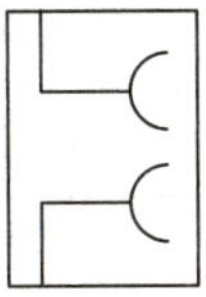	附件电源插座	46	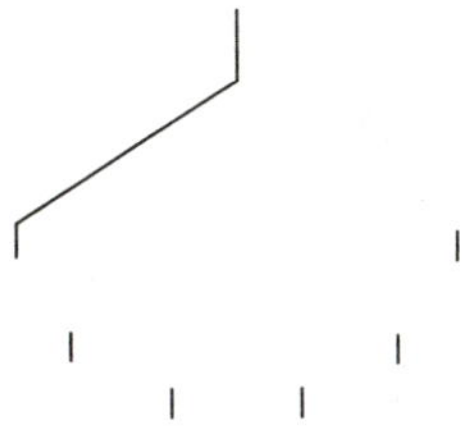	位置 6 开关
44	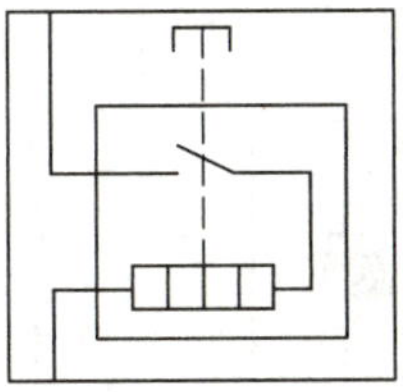	点烟器	47	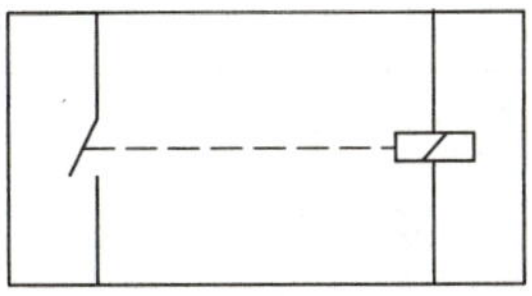	4 针单刀 / 单掷继电器－常开
45	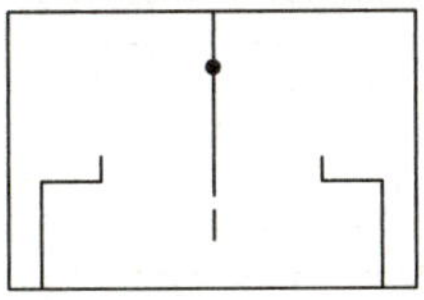	摇臂开关	48	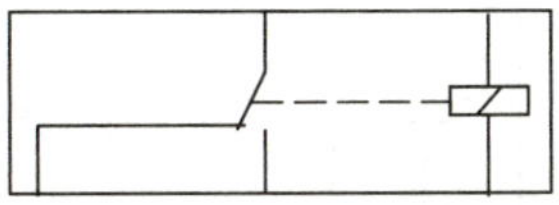	5 针继电器－常闭

续表

序号	图形符号	含义	序号	图形符号	含义
七、装置和传感器					
49	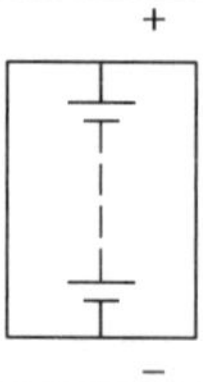	蓄电池	58	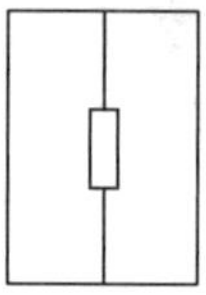	电阻器
50	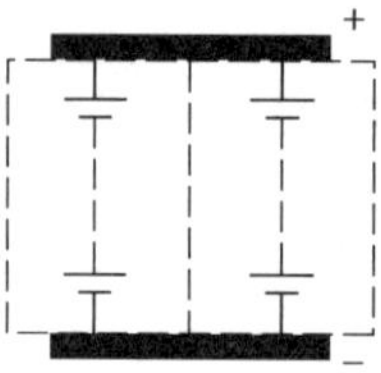	混合动力蓄电池总成	59	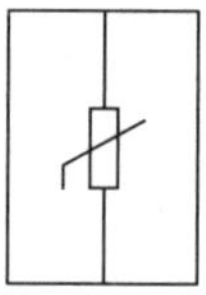	可变电阻器
51		单丝灯泡	60	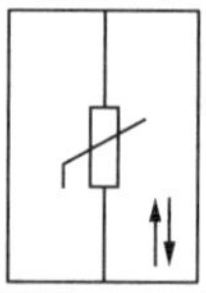	可变电阻器－负温度系数
52	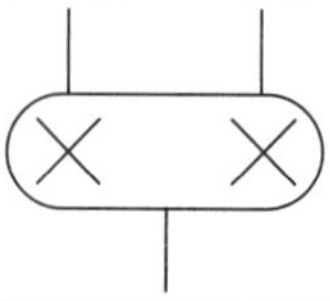	双丝灯泡	61	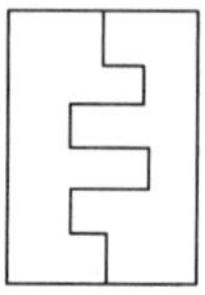	易断裂导线
53		发光二极管（LED）	62	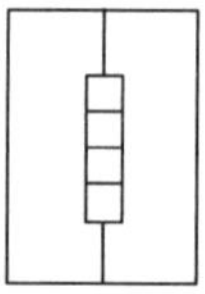	加热元件
54		光电传感器	63	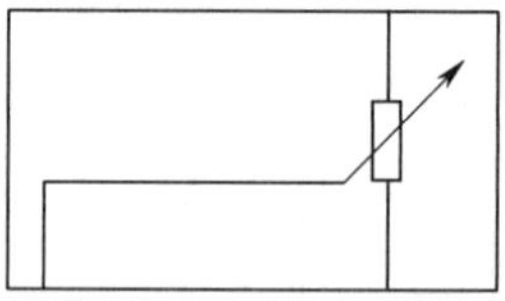	位置传感器
55		量表	64	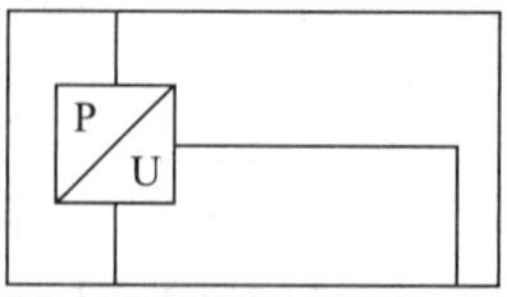	压力传感器
56	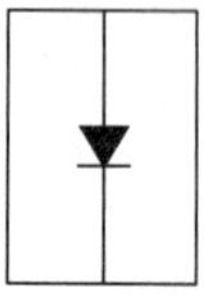	二极管	65	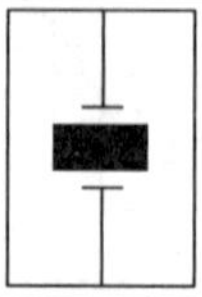	爆震传感器
57	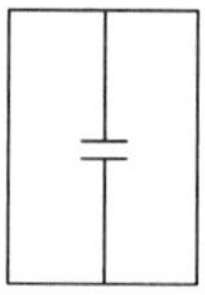	电容器	66	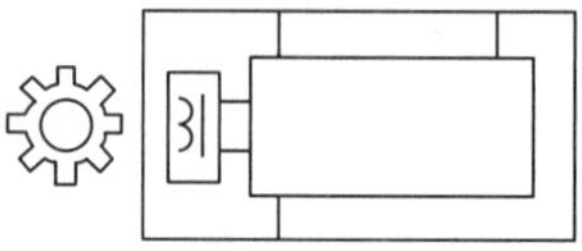	感应型传感器－3线

续表

序号	图形符号	含义	序号	图形符号	含义
67	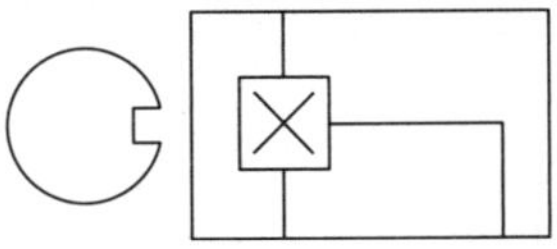	霍尔效应传感器 –3 线	73	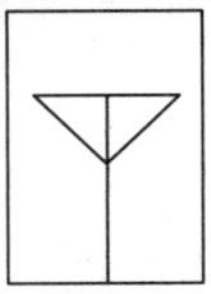	天线
68	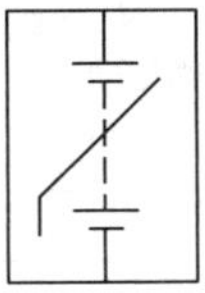	氧传感器 –2 线	74	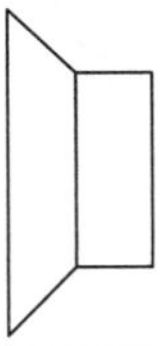	扬声器
69	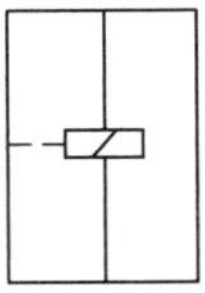	执行器电磁阀	75	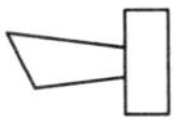	电喇叭
70	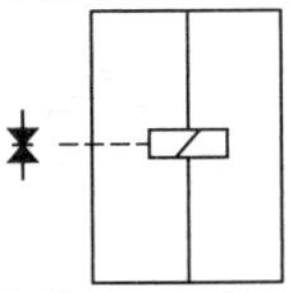	电磁阀	76	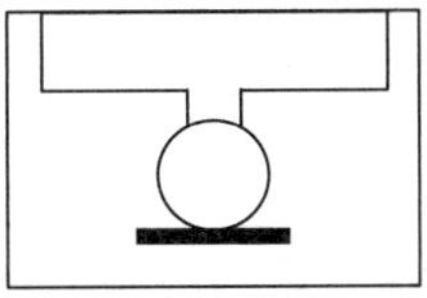	麦克风
71	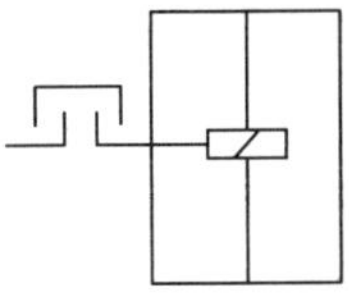	离合器	77	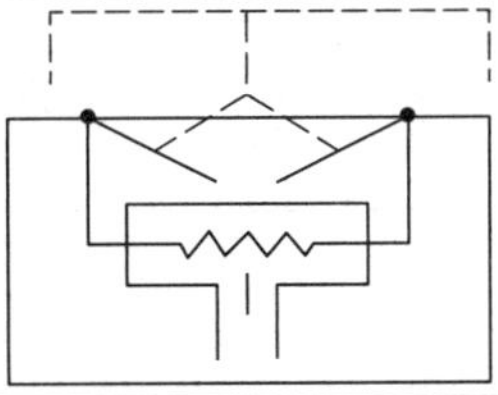	安全气囊
72	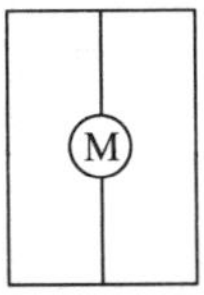	电动机	78	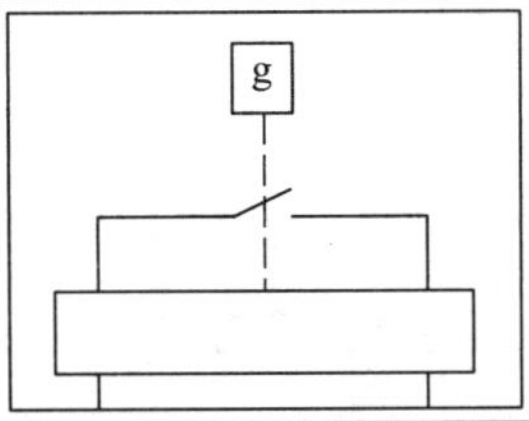	辅助充气式约束系统碰撞传感器

任务实施

一、任务准备

1. 设备：实训车辆（以雪佛兰科鲁兹为例）、工具车、零件车、工作台等。
2. 工具：常用工具、手电筒等。
3. 资料：维修手册、工作页。

二、操作步骤

图 8–5–1 所示为雪佛兰汽车起动系统电路图。

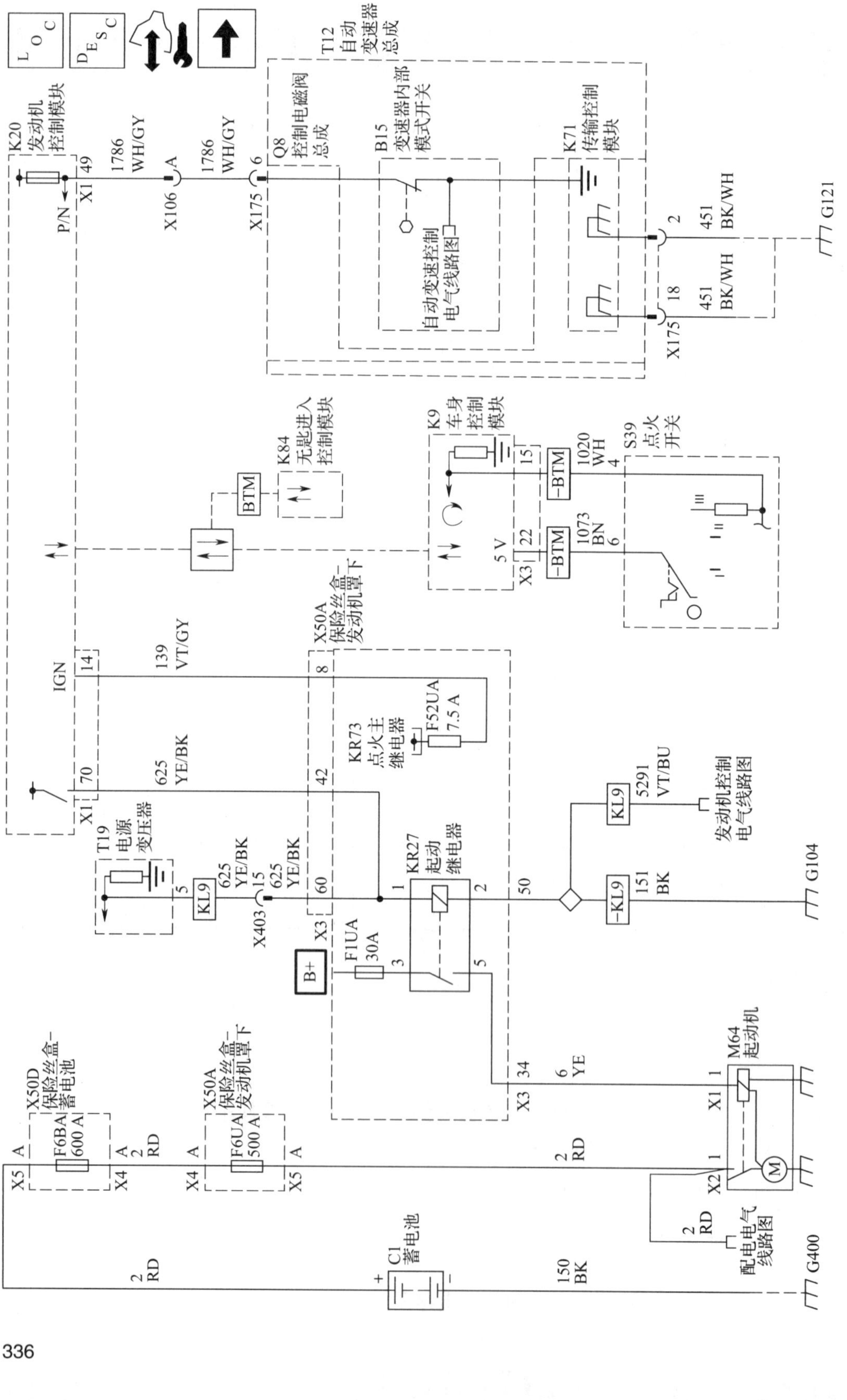

图 8-5-1　雪佛兰汽车起动系统电路图

雪佛兰汽车起动系统电路图识读与分析见表 8-5-3。

表 8-5-3　　雪佛兰汽车起动系统电路图识读与分析

步骤	图示和说明
1. 安装车辆防护用品	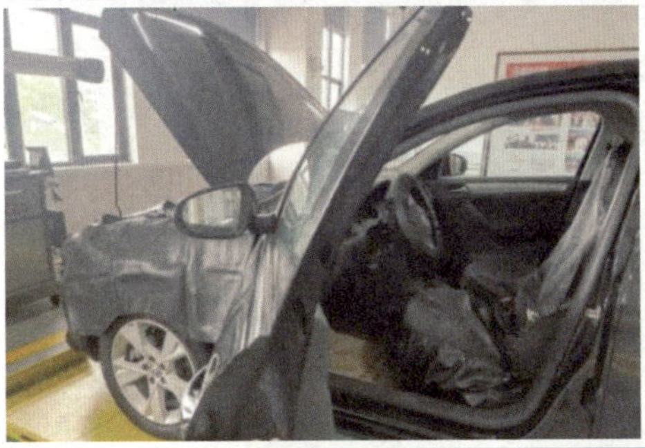
2. 识读起动机电源电路	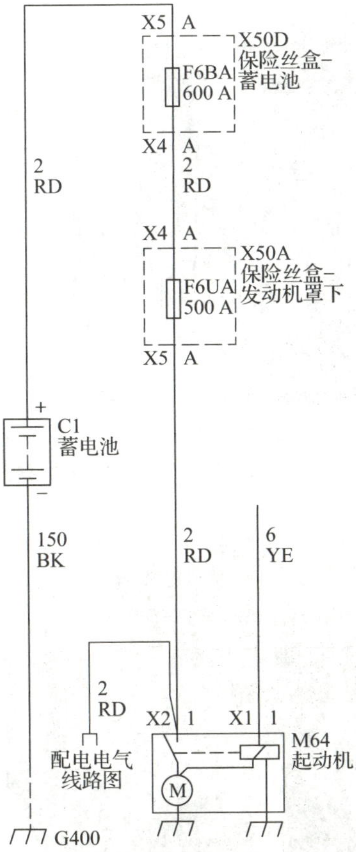 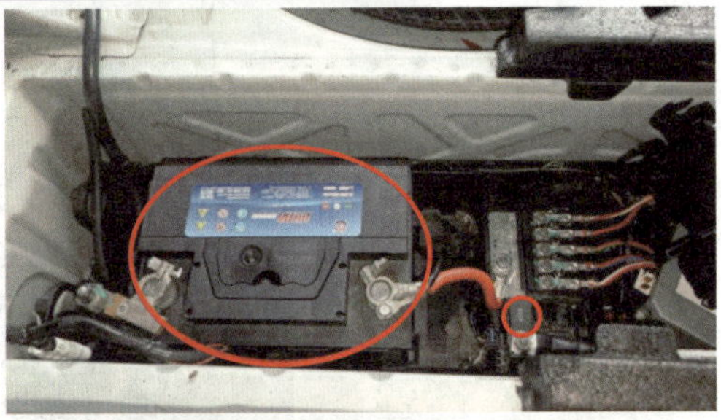   分别在电路图和车辆上查找 C1 蓄电池、F6BA/600 A 保险丝、F6UA/500 A 保险丝和 M64 起动机：蓄电池在行李舱内备胎侧面，F6BA/600 A 保险丝在蓄电池侧面的保险丝盒内，F6UA/500 A 保险丝在发动机罩下的保险丝盒内，M64 起动机在发动机飞轮侧面 C1 蓄电池的负极通过 G400 搭铁点与车身搭铁，正极通过 X50D 保险丝盒的 F6BA/600 A 保险丝和 X50A 保险丝盒的 F6UA/500 A 保险丝连接 M64 起动机的 X2/1 端子给起动机供电

续表

步骤	图示和说明
3. 识读 K20 发动机控制模块电源电路	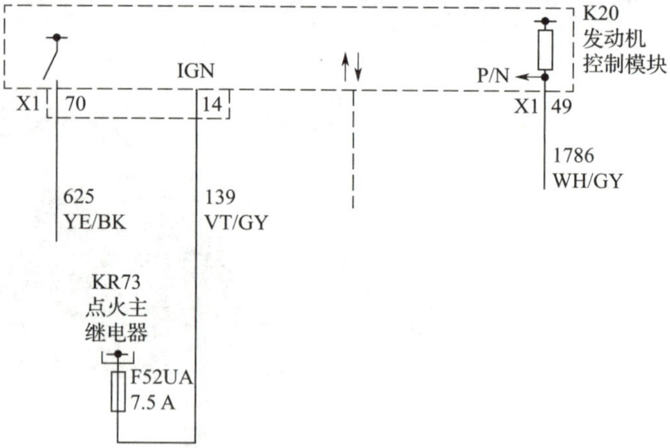  分别在电路图和车辆上查找 F52UA/7.5 A 保险丝：F52UA/7.5 A 保险丝在发动机罩下保险丝盒内 KR73 点火主继电器在接通点火开关后通过 F52UA/7.5 A 保险丝连接 K20 发动机控制模块的 X1/14 端子给发动机控制模块供电
4. 识读 KR27 起动继电器电源电路	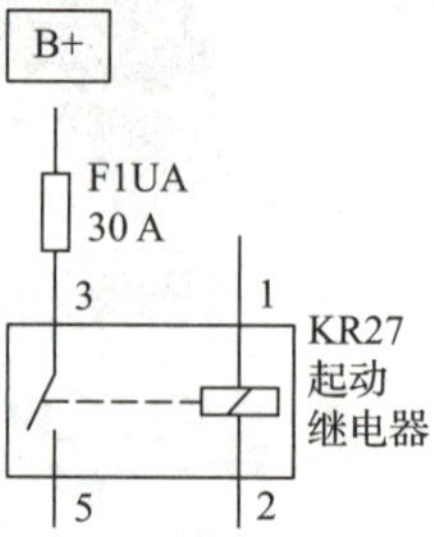  分别在电路图和车辆上查找 KR27 起动继电器和 F1UA/30 A 保险丝：KR27 起动继电器和 F1UA/30 A 保险丝在发动机罩下保险丝盒内 蓄电池通过 F1UA/30 A 保险丝连接 KR27 起动继电器的 3 号端子给起动继电器供电

续表

步骤	图示和说明
5. 识读自动变速器挡位信号电路	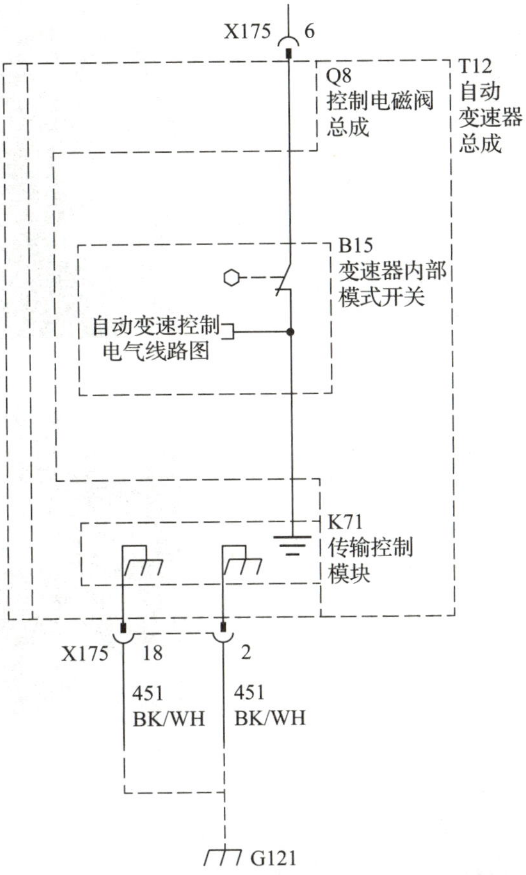  分别在电路图和车辆上查找自动变速器挡位信号线束插接器：自动变速器挡位信号线束插接器在自动变速器侧面 T12 自动变速器总成监测到当前位于 P 挡或 N 挡时，通过 X175/6 端子连接 K20 发动机控制模块的 X1/49 端子传输一个搭铁信号，表示起动准备就绪，可以起动

续表

<table>
<tr><th>步骤</th><th>图示和说明</th></tr>
<tr><td>6. 识读S39点火开关信号电路</td><td>
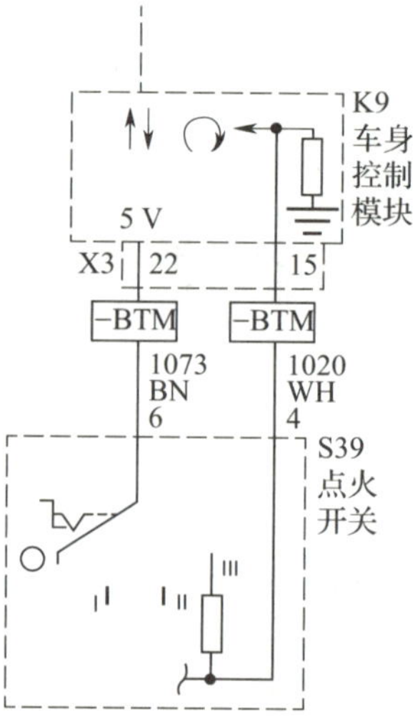

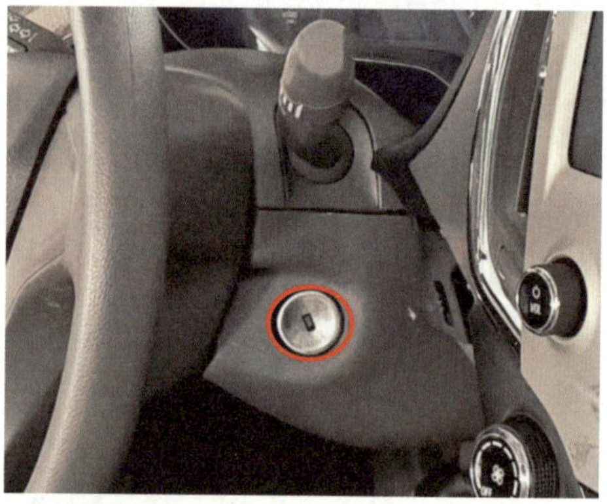
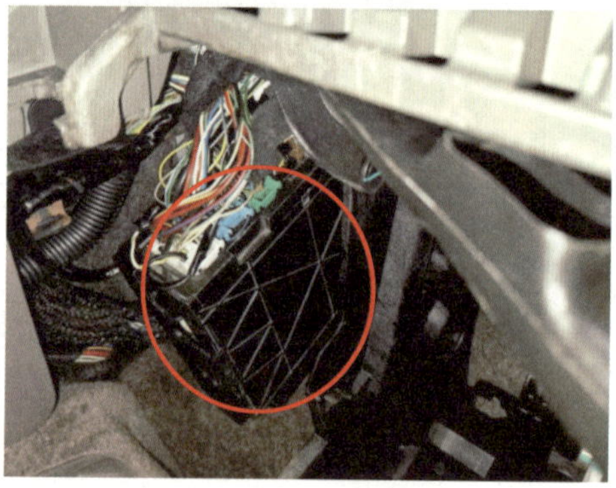

分别在电路图和车辆上查找S39点火开关和K9车身控制模块：S39点火开关在转向盘下方，K9车身控制模块在仪表板下方
接通S39点火开关时，K9车身控制模块接收点火开关信号并将该信号转换成串行数据传输给K20发动机控制模块
</td></tr>
<tr><td>7. 识读K84无匙进入控制模块信号电路</td><td>
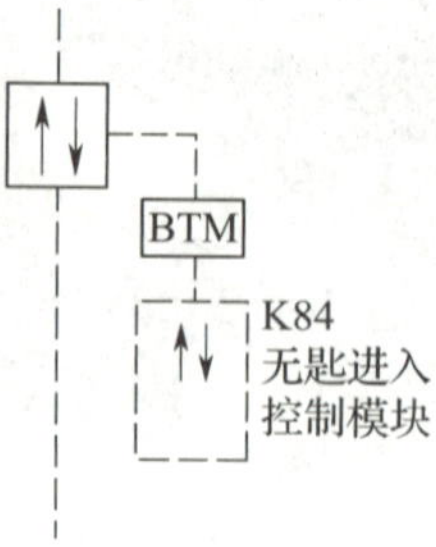

分别在电路图和车辆上查找K84无匙进入控制模块：K84无匙进入控制模块在副驾驶仪表板下方
K84无匙进入控制模块监测到正确钥匙后，解除发动机电子防盗以串行数据传输给K20发动机控制模块
</td></tr>
</table>

续表

步骤	图示和说明
8. 识读K20发动机控制模块电路	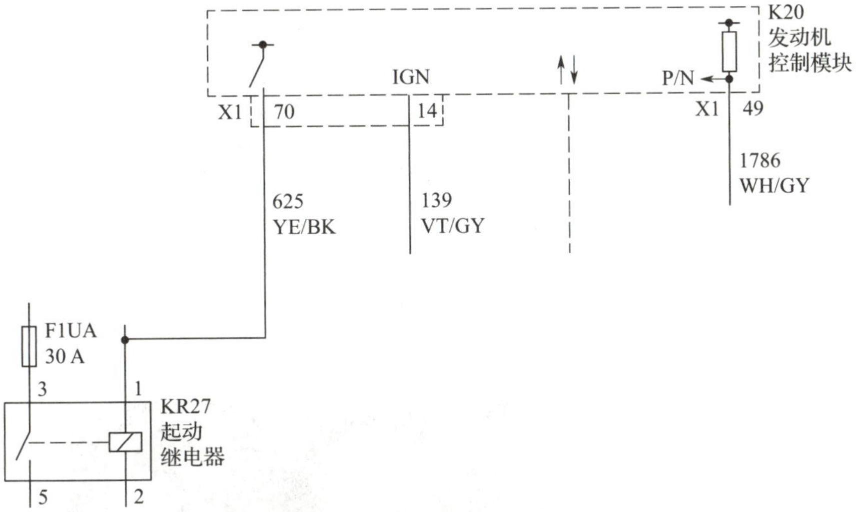  分别在电路图和车辆上查找K20发动机控制模块：K20发动机控制模块在发动机舱内保险丝盒旁边 K20发动机控制模块接通高压侧驱动开关，通过X1/70端子连接KR27起动继电器的1号端子给起动继电器供电，KR27起动继电器的2号端子通过G104搭铁点与蓄电池负极连接，此时KR27起动继电器开始工作

续表

<table>
<tr><th>步骤</th><th>图示和说明</th></tr>
<tr><td>9. 识读起动机工作电路</td><td>
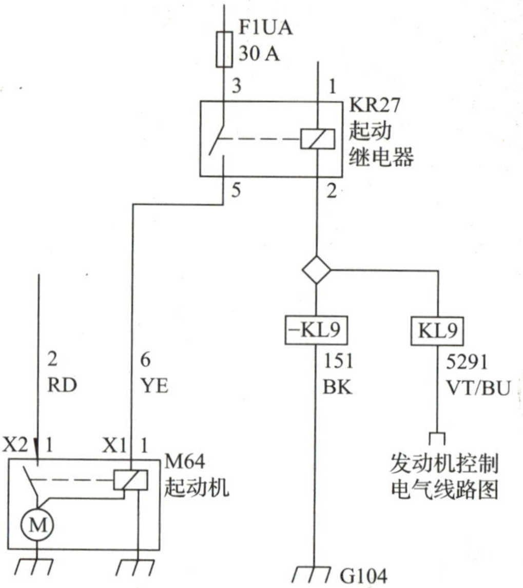

分别在电路图和车辆上查找起动机控制线束：起动机控制线束在起动机电磁开关附近
KR27 起动继电器的 3 号与 5 号端子导通，M64 起动机开始工作
</td></tr>
<tr><td>10. 按照“8S”管理规定整理实训场地</td><td>
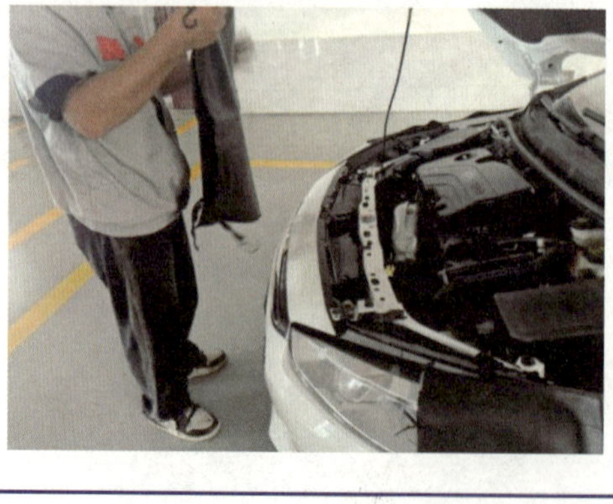
</td></tr>
</table>